拉美研究经典译丛

拉丁美洲的精神

文化与政治传统

THE SOUL OF LATIN AMERICA

The Cultural and Political Tradition

[美] 霍华德·J. 威亚尔达（Howard J. Wiarda） 著
郭存海 邓与评 叶健辉 译
张森根 审校

ZHEJIANG UNIVERSITY PRESS
浙江大学出版社

图书在版编目(CIP)数据

拉丁美洲的精神:文化与政治传统 / (美)霍华德·J.威亚尔达(Howard J. Wiarda)著;郭存海,邓与评,叶健辉译. —杭州:浙江大学出版社,2019.7
(拉美研究经典译丛)
书名原文:The Soul of Latin America: The Cultural and Political Tradition
ISBN 978-7-308-18681-0

Ⅰ.①拉… Ⅱ.①霍… ②郭… ③邓… ④叶… Ⅲ.①拉丁美洲—研究 Ⅳ.①D773

中国版本图书馆 CIP 数据核字 (2018) 第 228291 号

浙江省版权局著作合同登记图字:11-2018-508 号

拉丁美洲的精神:文化和政治传统
[美]霍华德·J.威亚尔达(Howard J. Wiarda) 著
郭存海 邓与评 叶健辉 译
张森根 审校

责任编辑 罗人智 寿勤文
责任校对 闻晓虹
封面设计 黄晓意 周 灵
出版发行 浙江大学出版社
(杭州市天目山路 148 号 邮政编码 310007)
(网址: http://www.zjupress.com)
排 版 杭州林智广告有限公司
印 刷 杭州钱江彩色印务有限公司
开 本 710mm×1000mm 1/16
印 张 29.25
字 数 355 千
版 印 次 2019 年 7 月第 1 版 2019 年 7 月第 1 次印刷
书 号 ISBN 978-7-308-18681-0
定 价 78.00 元

本书各章翻译具体分工如下：

郭存海：导论、第一章、第三章、第四章、第九章、第十章、第十一章、第十二章（并负责全书统稿）

邓与评：第五章、第六章、第七章

叶健辉：第二章、第八章

目录

导论

美国人很难理解拉美[1]。《纽约时报》资深记者詹姆斯·赖斯顿(James Reston)曾写道:"美国愿意为拉美做任何事情,就是不愿意理解它。"作为作者,我自然希望莱斯顿的告诫并不适用于我的书。实际上,我写这本书的目的正是要帮助北美人理解拉美。

北美人对拉美持有诸多成见,由此阻碍了对拉美的理解。古典的刻板印象大多来自传统电影和《纽约客》的漫画,比如在喜歌剧《革命》中,留着络腮胡的猛男们纵马驰骋,进进出出总统府,戴着宽边帽的农民在咖啡树下午睡,头上顶着橡胶和菠萝的妇女在大街上欢快地翩翩起舞。而在新的刻板印象里,昏睡的农民成了肩挑抢匪的勇敢的游击队员,向美国市场供应毒品的腰缠万贯的毒品贩子,或者在哈佛大学受过教育、声称要将美式民主和自由市场带到拉美的保守技术专家。不过,新旧刻板印象都不十分恰当,反倒阻碍了理解这个地区复杂性的诸多努力。

除了这些刻板印象,有碍于了解拉美的因素还包括:拒绝站在拉美的角度理解拉美。北美人往往将北美社会看作是高级的、比较发达的和其他社会

① 为行文方便,本书以下全部将拉丁美洲简称为"拉美",特此说明。——译者注

效仿的榜样。美国被视作灯塔、“山巅之城”[①]，美国人则被视作“上帝的选民”[②]。美国人总是将拉美与拉美人看作是需要接受教育的小孩子，教育其行为须合乎民主和经济规则。美国人认为拉美希望变得和美国一样，并朝着美国模式“发展”——想必是自由的、民主的、多元的和自由企业导向的。要想
vii 成功，拉美必须模仿美国，这样就可以赶上美国的政治、社会和经济发展水平。就像伍德罗·威尔逊、约翰·F.肯尼迪、吉米·卡特、罗纳德·里根，以及美国历史上其他无数的人一样，美国人试图教导拉美如何做一个好政府以捍卫社会正义和保持经济高效运行。美国人对待拉美的这种种族中心主义（即通过自己的眼睛看别人，拒绝站在对方的立场理解对方）贯穿整个历史，至今仍然如此，而这恰恰是其无法理解拉美的根本原因。

不过，这里谈论的并非只是刻板印象和种族中心主义，还掺杂着严重的偏见——我这里说的意思并不止于民族或种族偏见。这是因为拉美构建的基础是封建寡头、威权主义和精英主义。拉美是一系列因素作用的结果，比如反宗教改革运动、中世纪经院哲学和天主教、宗教裁判所以及赤裸裸的非平等、非多元主义和非民主的原则。这些早期特征中尽管有不少目前已经明显地被修正、更新或“现代化”了，但至今仍然深植于文化行为、社会行为、政治行为，以及该地区的主要制度中。大多数美国人坦承，他们对这些习性感到不舒服，因为这样一个社会不仅建立于不平等之上，而且——至少在私人领域——没有任何歉意、愧疚和不好意思。结果，他们就有了一种传教式的

---

① “山巅之城”一词语出《马太福音》第5章第14节耶稣登山宝训中关于盐和光的隐喻：“你们是世上的光。城造在山上，是不能隐藏的。”这个习语之广泛流传据信源于约翰·温斯罗普1630年在布道演说《基督徒慈善的典范》时的引用，后被美国总统约翰·肯尼迪和罗纳德·里根等政治家不断引用而成为美国政治流行语。温斯罗普的布道使得人们普遍相信有关美国的民间传说，即美国是“神的国家”，因为它被喻为是一座“山上光辉的城”，这是美国例外论的早期例子。——译者注

② “上帝的选民”概念源出《旧约全书》，指上帝挑选以色列民族作为自己的选民，拯救他们脱离埃及法老的奴役；基督教兴起后，该概念外延，泛指尘世中因崇拜上帝而蒙受其恩宠的基督徒。——译者注

态度：美国或者必须教导拉美人如何按美国方式行事，或者认为拉美不可避免地要向美式制度发展。因为另一条道路——一个不平等的、充斥着异端审判的和非民主的社会——是完全不可接受的。如此繁多的偏见、歧视和误解以及传教式的态度，阻碍了美国人按照拉美的方式与其打交道，即按照拉美自己的制度和机构的原则运转，而不强制灌输北美根深蒂固的价值观念和信仰。

本书将拉美看作是一个独特的文化区域或文明。我在本书中分析这个地区的路径是其文化、语言和制度，而非透过带着北美偏好的玫瑰色眼镜。我承认拉美发生了变化、演进和发展，我也承认外部影响的作用，比如美国对该地区的深刻影响。尽管如此，我仍力图洞察为什么拉美不同于美国，拉美如何不同于美国，以及为什么拉美的政治、社会和经济与美国存在着如此大 viii
的反差。我考察的是拉美文明的基础和本源，追溯其历史的演进过程，表明拉美和美国如何在历史上和当下存在着截然不同的运作方式。(注意：我说的是“不同的”，而非“新兴的”“欠发达的”或者“落后的”。)在本书中，我试图解释拉美如何作为一个独特的社会运转，其内部规范和运作规则是什么，拉美的独特性是什么，在一定程度上它是如何不同于美国文明以及这种不同为何会发生。尽管我竭力根据其内部动态了解拉美，但我仍试图暂时搁置我的观点。

不过，本书的目的并不止于帮助读者更好地理解拉美——尽管也非常值得这样做。它还有比较研究和理论构建的更高理想。通常而言，美国人将约翰·洛克、詹姆斯·麦迪逊和托马斯·杰斐逊看作是美国多元主义和代议制民主的哲学缔造人。但谁是拉美的哲学缔造者呢？答案肯定包括圣托马斯·阿奎那——中世纪天主教教义的缔造者，耶稣会的新经院哲学家弗朗西斯科·苏亚雷斯——他科学地解释了西班牙国家构建进程中形成的王权制度和殖民制度，让-雅克·卢梭——证明了自上而下的、有机的民主通常导致威权主义，实证主义的创始人奥古斯特·孔德——他设计了精英导向的进步模式，从而导致拉美迅速被同化且至今仍被信奉着。北美洲和拉美这两大哲学传统的差异是相当巨大的，而要解释这两个美洲之间的相对分化还有很长的路要走。不过，这两大概念，洛克的和阿奎那—苏亚雷斯的，当前仍处于困境中，因为这些社会是基于其自已的原则建设的；两大概念都可能是过时的，均面临合法性危机。因此，从一个层面上来说，这本书关注的焦点是拉美；但从另一个层面上来说，它是一种比较性研究，考察的是美国和拉美的形成原则，探究每一个系列原则是否都同今天复杂的社会（北方和南方）相联系。

我还要说说本书的研究方法，尽管这个话题在前言中已经详细地阐述过了。第一，我特别重视的是拉美的思想和政治文化史。这个主题在当代社会经济和制度方面的研究中常常被忽略，但我认为这是极其重要的。第二，我
ix 寻求将这些政治和社会思想同社会结构、阶级关系和国内政治制度的运作，以及国际压力和力量诸方面的现实结合起来，以编织一个同拉美的运作特点密切相关的多元性的复杂“织锦”。第三，多年研究这两个地区之后，我深信，如果不理解伊比利亚母国西班牙和葡萄牙运用于该地区的原则和制度，就不可能理解拉美。的确，我的观点是将伊比利亚和拉美看作是一个统一的、独特的文化区域，而不是将其看作是互不相干的地理区域的组成部分——尽管我们承认拉美和伊比利亚之间存在诸多差异，而且拉美还受到了其他外部影响（比如欧洲和美国）的冲击。当然，拉美和伊比利亚的各个国家在诸多方面都是独特的，应当给予细致的区别对待，但本书关注的是宏大图景、共通性，以及作为独特文明[1]的伊比利亚和拉美。

本书在诸多方面都是异乎寻常的。首先，几乎再没有人写关于拉美的政治理论或政治传统的书。最近一本关于这个主题的综合图书已是30年前出版的，而且已经不再重印了。其次，大多数关于拉美政治思想的书都是从独立时期开始写的，因此忽略了拉美至今仍在苦苦抗拒的、极其重要的殖民时

---

① 这里的“文明”一词大致同萨缪尔·P.亨廷顿的《文明的冲突》一书中的“文明”相似。

代。此外,其中并没有一本书关注拉美封建的和中世纪[1]的根源。拉美源于中世纪的西班牙和葡萄牙,这点是至关重要的。就我所知,没有一本关于拉美政治理论的书籍将这一主题看作是更广泛的地区政治文化的一部分而加以系统讨论,也没有一本书试图将政治理论同更广泛的社会经济和发展议题相联系。本书及其研究方法既新颖又独特,探讨的是经常被忽略的重要议题。本书也颇有刺激性,有可能引发讨论和辩论。

本书的写作目的有二：一是供对拉美感兴趣的普通读者阅读;二是作为有关拉美、比较政治学、政治理论和发展问题等课程或研讨会的教材或者补充阅读材料。本书最初的章节设计包括 22 个议题,对于一学期的课程而言是太多了;现在 12 章的结构使得对于每一个主要议题老师只需花费一周的时间。老师们也可以根据时间和兴趣对这些章节进行细分。 X

本书是我近 40 年来在伊比利亚半岛和拉美生活与工作,以及对两地区研究与写作的结晶。20 世纪 50 年代末和 60 年代初,我是密歇根大学的本科生,也正是在那时,我选修了拉美和西班牙课程,接着又攻读研究生,然后我成了一名学者,也从事过与拉美政策相关的职业。我的学术生涯始于 20 世纪 60 年代学习拉美课程之时,但我在拉美待的时间越长,我研究的国家越多,我就越相信：要理解拉美的共性,就必须回溯至西班牙和葡萄牙这一本源。这引领我在 20 世纪 70 年代动荡的 10 年(1974 年葡萄牙革命,1975 年大总统弗朗西斯科・佛朗哥去世,以及西班牙和葡萄牙两国的民主转型)里扩大了对伊比利亚的研究,围绕伊比利亚和拉美,以及 20 世纪 80 年代和 90 年代两地间的关系进行写作。在那 40 年间,伊比利亚和拉美发生了巨大的变化,但在我的心目中,社会结构和政治思想及行为(包括早期形成阶段和我所

① 中世纪是欧洲历史上从西罗马帝国灭亡(公元 476 年)到文艺复兴和大航海时代(15 世纪末到 17 世纪)之前的这段时期。这个时期的欧洲没有一个强有力的政权统治,封建割据导致战争频仍,天主教钳制人民思想,科技和生产力发展停滞,人民生活无望。中世纪在欧美普遍被称作"黑暗时代",传统上也被认为是欧洲文明史上发展比较缓慢的时期。——译者注

写的建国原则）的延续性同样令人印象深刻。

这 40 年间，我负恩累累。一些基金会和资助机构支持了我的研究，其中就包括洛克菲勒基金会、富布莱特项目、国家人文科学基金会、劳动关系和研究中心、马萨诸塞大学和莫尚中心等。

下列这些人曾审读或评论过书稿的全部或部分：玛格丽特·莫特、伊艾
xi 达·希凯拉·威亚尔达、豪尔赫·多明戈斯、理查德·莫斯、保罗·西格蒙
德、戴维·斯科特·帕尔默，以及耶鲁大学出版社的匿名评审者。本书的责
任编辑约翰·S. 克维尔提供了可靠的编辑指导，而多丽丝·霍尔登女士则做
了大量优秀的文字处理和编辑工作。伊艾达·希凯拉·威亚尔达在我研究
政治理论这一主题的 40 年间，有 36 年一直是我的伙伴和伴侣。有时候，我
的旅行和我需要她做我助手影响了她的事业，但却并未阻止她慷慨地奉献自
己的时间和智慧，她同时也是世界上最好的母亲、妻子、朋友、学者、教授和学
术同事。这并非我第一次借自己的书向她表示感激之情。我深信上述这些
xii 机构和个人，都从不同方面影响了我的思维，但本书的观点均由我个人负责。

第一章

建国根基的反差：美国和拉美

长期以来，人们想当然地认为条条大路通国家现代化。冷战时期，评论家们将国家按照发展程度划分为三个世界（three worlds of development）[①]：第一世界主要是北美和西欧发达的、奉行资本主义和多元主义的国家；第二世界主要是原苏联和东欧等发达的共产主义国家；第三世界主要是亚洲、非洲、拉美和中东等地区的新兴的或发展中国家。

在第三世界范畴内，又做了进一步的细分。有些国家被称作"新兴工业化国家"（NICS），另一些国家则被贴上"大型新兴市场"（BEMS）的标签，还有其他一些落伍国家。如果使用地区研究框架，则可以冠之以亚洲或"儒家"发展模式、中东或"伊斯兰"发展模式以及非洲和拉美正在推行的截然不同的发展模式[②]。

---

① Irving Louis Horowitz, *Three Worlds of Development*, 2d ed., New York: Oxford University Press, 1972.

② Howard J. Wiarda, ed., *Nonwestern Theories of Development*, Fort Worth: Harcourt Brace, 1998.

但现如今，这些分类方法有许多已经过时了，需要摒弃或者重构。苏联的解体，以及苏联和东欧的民主转型意味着由发达的共产主义国家构成的第二世界烟消云散了。而与此同时，由发达的资本主义国家构成的第一世界则变得有些焦躁，常常无法就共同的政策措施达成共识。第三世界——永远无法予以精准界定——甚至进一步分裂，各国之间及各地区之间的联系或接触相对较少。

加速这些变化的不只是冷战的终结，还有其他的全球性变化。弗朗西
斯·福山曾宣告“历史的终结”，意即民主观念取得了彻底的胜利[①]；无论是马 1
克思列宁主义，还是威权主义，都不再具有广泛的合法性。与此同时，摇滚音乐（包括其抗议歌词）、蓝色牛仔服、可口可乐、消费主义和民主与人权等“世界文化”（白鲁恂[②]语）已经打破早期的文化藩篱，创造了一种新的、关于品味和期望的普适文化[③]。全球化从文化、社会、经济和政治上影响了所有的国家。与此同时，现代研究已经表明，人的许多恒常行为乃权力、经济、阶级、环境、基因以及中枢神经系统使然——从人类普遍应对类似需要、需求和挑战的能力可窥一斑——更不用说从文化差异的角度进行解释了。

然而，我们都明白文化差异仍然重要。尽管民主已成为一种近乎普遍的现象，但很明显，美国的民主不同于欧陆的民主，欧陆的民主不同于亚洲的民主，亚洲的民主又不同于拉美的民主。但凡有过旅游体验的人都本能地感觉到欧洲地中海地区的景、音、味和政治文化不同于斯堪的纳维亚，亚洲不同于西方，非洲、拉美和中东之间也少有共性。尽管不同地区的权力布局、阶级结构和理想愿景貌似相同，但事实上，任一群体或民族的特定反应仍被观念、习惯和独特的社会政治制度——即被文化——所调和与过滤。

---

① Francis Fukuyama, *The End of History and the last Man*, New York: Free Press, 1992.

② 白鲁恂（Lucian Pye，1921—2008）：美国政治学家、著名汉学家，麻省理工学院教授。出生于中国山西省汾阳市。他的研究主要关注文化差异在第三世界国家政治的现代化发展中的特殊作用，被认为是政治文化概念最早的实践者和提倡者。——译者注

③ Lucian Pye, *Aspects of Political Development*, Boston: Little, Brown, 1966.

文化作为一种过滤、形塑和调和机制的重要性持续增强，由此产生了四种有趣的效果①。其一，由于价值、观念和行为模式迥异，各民族和各国之间的文化反应，甚至在其寻求满足的一系列可能的普遍需求方面，都表现出相当大的波动性。其二，文化反应一经习得通常就根深蒂固难以清除，因而绵延日久，不受最初形塑文化反应的时间和群体的限制。其三，文化是一系列的前提条件或外部参数，影响和限制人在既定时间或地点的行动范围和选择自由。其四，持续的文化模式和行为深植于当时通常具有自变量特征的各种制度。但文化
2 也是一个充满争议的概念，它随着时间的变化而变化；社会中的不同群体可能在何为主流文化或者主流文化应当为何问题上存在对立观点。

对我和大多数读者而言，文化差异的持续重要性几乎不可辩驳。文化并不仅仅是某种剩余范畴（residual category），它对于理解不同社会和不同政治制度如何运转、彼此之间如何不同及其为何不同是至关重要的。然而，这并不是说文化因素可以单独解释国家发展。经济要素、阶级要素、制度要素和依赖要素都需要作为考虑因素纳入解释范式。偶然因素、意外事件、地理，或许还有社会生物学，亦当如此。然而，文化，特别是当它同此类因素相结合时，仍然是理解拉美或其他任何地区或国家的关键解释要素，即文化是必要的而非充分的解释要素，是重要的而非单一因果的解释要素。

---

① 有关政治文化的文献广泛而丰富，但仍有些许争论。比较好的研究著作包括：Gabriel A. Almond and Sidney Verba, *The Civic Culture*, Boston: Little, Brown, 1965; Almond and Verba, eds., *The Civic Culture Revisited*, Boston: Little, Brown, 1980; A. H. Somjee, *Parallels and Actuals of Political Development*, London: Macmillan, 1986; Ronald Inglehart, *Culture Shift in Advanced Industrial Society*, Princeton: Princeton University Press, 1990; Robert Putnam, *Making Democracy Work: Civic Traditions in Modern Italy*, Princeton: Princeton University Press, 1993. 关于拉美政治文化的著作有：Claudio Veliz, *The Centralist Tradition in Latin America*, Princeton: Princeton University Press, 1980; Howard J. Wiarda, *Politics and Social Change in Latin America: Still a Distinct Tradition?* 3d ed., Boulder: Westview, 1992. 我本段的分析遵从了蒙特利尔大学人类学系主任保罗·托尔斯泰（Paul Tolstoy）教授1980年12月14日致信《纽约时报》的观点。

美国和拉美：建国原则

北美殖民地的定居者主要是逃离旧世界的封建束缚、王权专制和教会压迫的人。而与之相反的是，在拉美，征服者竭力在新世界重建他们从中世纪欧洲传承下来的封建社会、政治威权主义和宗教正统性[①]。

用路易斯·哈茨(Louis Hartz)的话来说，美国是“生而自由”[②]。和拉美不同，北美殖民地没有封建主义的历史(这里的“封建主义”是指中世纪时期的政治、社会、经济和宗教制度)。拉美于16世纪横遭殖民并伴有大量移民在此定居——这比北美殖民地早了一百多年，它是前现代的，饱受中世纪传统的重负，包括自上而下的威权主义政治体制、经济上的封建土地所有制和重商主义、没有广泛或稳固的中产阶级支撑的僵化的两阶级社会、以死记硬背和不科学的演绎推理为基础的教育制度、以强化国家概念的绝对主义和正统性为核心的宗教模式[③]。

---

① 关于美国的政治理念参阅 Hartz, *The Liberal Tradition in America*, New York: Harcourt, Brace, and World, 1955. 相反的政治理念参阅 Hartz, ed., *The Founding of New Societies*, New York: Harcourt Brace, 1964; Stephen Clissold, *Latin America: A Cultural Outline*, London: Hutchinson, 1965; Mariano Picón-Salas, *A Cultural History of Spanish America*, Berkeley: University of California Press, 1968; René Williamson, *Culture and Policy: The united States and the Hispanic World*, Knoxville: University of Tennessee Press, 1949; Octavio Paz, *The Labyrinthof Solitude*, New York: Grove Press, 1961; Angel del Rio, *The Clash and Attractions of Two Cultures: The Hispanic and Anglo-Saxon Worlds in America*, Baton Rouge: Louisiana State University Press, 1965; Glen Dealy, *The Public Man: An Interpretationof Latin American and Other Catholic Countries*, Amherst: University of Massachusetts Press, 1977; Emilio Willems, *Latin American Culture*, New York: Harper Row, 1975; Charles Wagley, *The Latin American Tradition* , New York: Columbia University Press, 1968.

② Hartz, *The Liberal Tradition and The Founding of New Societies* . 关于民主种类的定义及其经典论点参阅 Robert Dahl, A Preface to Democratic Theory, Chicago: University of Chicago Press,1956.

③ 详情参阅 Howard J. Wiarda and Harvey F. Kline, eds., *Latin American Politics and Development*, 4th ed., Boulder: Westview, 1996.

美国则是在17世纪和18世纪遭到殖民并有大量移民定居的，它从一开
始就属于现代世界。美国在建国初期就是资本主义和中产阶级的社会，它不
3 墨守成规，支持代议制政府，宗教多元，教育和司法则强调归纳和科学。它没
有封建主义的历史，在通往现代化的道路上也没有封建制度需要清除。与此相反，拉美从一开始就受到封建主义和中世纪思想和制度的支配。经典著作《西方文明史》有言，现代时期始于1500年前后——同时伴随着文艺复兴、宗教改革、启蒙运动、工业和科技革命，以及争取世俗政府、有限政府和代议制政府的运动——尔后美国建国，其立国原则和制度本质上都是现代性的（1500年后），而拉美的建国原则和制度本质上仍然是封建的（1500年前）和中世纪的。

北美殖民地脱胎于封建主义和中世纪制度的统治地位已经动摇的英国和荷兰，而拉美则孕育于反宗教改革、宗教裁判所、复古运动和中世纪制度仍占统治地位的西班牙和葡萄牙。实际上，自1492年以来的拉美500多年历史中，大部分时期都可以被解读为试图消除或摒弃其封建主义的过往；相反，生而自由、生而平等的美国（当然除了南北战争前的南方）则无须摆脱封建主义的束缚而得以继续其现代化之路。要理解拉美同美国之间的区别，需要花费很长时间去理解两个美洲之间、其各自母国之间以及各自建国制度之间的这些根本性的历史差异。

北美没有封建主义的历史，这意味着在通往现代化的道路上，美国与拉美及其他发展中国家不同，从来不需要像其他地区那样消除各种传统制度：占统治地位的封建大地产制，法团主义的、受保护的集体特权制度，寡头或僵化的两阶级的社会制度（这里也排除掉南方），官方的国家宗教或神权政治，以及自上而下的威权主义。当然，这些特征中的某些元素也存在于北美社会，但并不像在拉美那样构成其主要特征。因此，当北美13个殖民地于1776
年获得独立时，并没有多少“封建遗产”需要消除而可以径直迈向现代化。但
4 与此相反，拉美即使从其宗主国获得政治独立以后，在其社会、经济和主要政

治制度中仍然潜藏着封建主义和中世纪制度的特质。因此，拉美的独立史总是充满着诸多暴力、不稳定性，以及传统和现代之间的冲突。

美国由于没有右派复古和专制的传统，因此也从未形成一个强大的左派。社会主义、共产主义和游击革命在北美的历史上一直不存在或者影响极弱。的确，除了少数几个例外，美国政治始终呈中间趋向，即走中间道路，因而其政治是务实主义的而非意识形态化的。在拉美，因为右派、传统势力和机构的影响始终非常强大，左派运动和游击政治经常以其挑战者的面目出现。拉美的基础是封建主义，因而长期缺乏中产阶级以及与中产阶级相伴随的比较稳定、温和的中间政治。拉美的政治比美国的政治充满着更多的意识形态内容。美国缺乏真正的反动寡头，因而从来不曾有过罗伯斯庇尔或列宁那样的人物；而在传统和封建主义根深蒂固的拉美，出现菲德尔·卡斯特罗、切·格瓦拉和其他无数的游击运动绝不是偶然的。

哈茨认为，美国既缺乏强大的右派，又缺乏强大的左派，其主流传统是自由派。哈茨所谓的"自由派"意指，几乎每一个美国人——无论是德怀特·艾森豪威尔，还是阿雷·斯蒂文森；无论是罗纳德·里根，还是比尔·克林顿；无论是特伦特·洛特（Trent Lott），还是理查德·格普哈特（Richard Gephardt）——都信奉代议制民主政府，以及传统的五大自由，即言论自由、新闻自由、结社自由、请愿自由和宗教自由。这些基本的自由准则几乎没有遇到任何异议，它们构成了美国人的政治文化（即公民文化、民主文化和多元文化）共识的一部分。然而，历史上，这些意见并没有用于拉美。面对半封建的右派集团和强大的左派运动，自由主义很少——如果有过的话——成为拉美主流的意识形态。在政治社会的目的和手段上，其也少有共识。相反，卡尔曼·H.西尔弗特（Kalman H. Silvert）将拉美称为"冲突社会"（conflict society[①]），而查尔斯·W.安德森（Charles W. Anderson）则将其称为有史以来

① Kalman H. Silvert, *The Conflict Society: Reaction and Revolution in Latin America*, rev. ed., New York: Harper Row, 1968.

一切政治哲学的“活着的博物馆”(living museum①)，意即没有任何一种政治哲学占据主流，也没有任何一种政治哲学被彻底摒弃，这导致了拉美在社会发展方向上根本无法形成统一意见。

接着，哈茨认定 17 世纪的英国哲学家约翰·洛克是自由主义、个人主义、自由权利、代议制和有限政府等北美传统理念的主要启蒙者。此外，北美还受到了其他一些人的重要影响，比如孟德斯鸠(三权分立)、托马斯·杰斐逊(权利法案)和詹姆斯·麦迪逊(抵消性的多元主义)。此后，美国的自由主义的内容被杰克逊、林肯、约翰逊、克林顿等总统和其他人进一步扩充。因亚当·斯密和罗纳德·里根之故，不顾一切地扩大经济自由则被吸收到原有的政治自由之中。

但倘若这些人是北美民主制度的源泉，那么谁又是拉美传统背后的主要人物？回答这个问题并非易事，因为和北美一样，拉美传统也有几种源泉和思想谱系。况且——和美国再度相似的是——拉美选择性地借用了这些思想启迪，而且这些借用——正如我将在本书中指出的那样——常常是充满争议的。无论当时还是现在，并不是每个人都认同这些借用。然而，和美国一样，拉美的主流传统也源于希腊、罗马和《圣经》，只不过拉美通常强调这些思想中的等级制、有机论和法团主义(即按功能组织社会)等概念，而美国则不然。圣奥古斯丁和圣托马斯同样深刻地影响了拉美的宗教和制度(比如 1500 年前传至拉美的西班牙和葡萄牙特定形式的封建主义、社会和国家)的深层根基。16 世纪西班牙的新经院哲学派，即由耶稣会学者弗朗西斯科·苏亚雷斯领导的反宗教改革的门徒们，具有广泛的影响力。他们设计了以威权主义、法团主义和两阶级社会与政体为特征的哈布斯堡模式，并经由西班牙和

---

① Charles W. Anderson, *Politics and Economic Change in Latin America: The Governing of Restless Nations*, Princeton: D. Van Nostrand, 1967.

葡萄牙传入拉美。的确，苏亚雷斯之于拉美，一如洛克之于北美[①]。

拉美(除了古巴和波多黎各)于19世纪独立时，正式采纳了自由主义和民主体制，但给予其灵感的并不是杰斐逊或麦迪逊，而是卢梭——他的思想观念是有机论、中央集权制、法团主义和(有些人所称的)民主—帝政主义，甚或极权主义。为拉美经济发展提供方案的并不是亚当·斯密，而是让-巴蒂斯特·科尔贝(Jean-Baptiste Colbert)、奥古斯特·孔德和拿破仑三世——他们信奉的是精英主义、国家主义和自上而下的观点。随之而来的是相互竞争 6
的视点：先是法团主义 vs 马克思主义，后是官僚威权主义 vs 民主制度。差异不仅表现于政治、社会和经济诸方面的理想以及美国理想的影响等(比如苏亚雷斯对洛克)，而且诸如民主等核心概念的内涵亦有所不同(杰斐逊和麦迪逊对卢梭)。

鉴于北美殖民地的历史背景和洛克传统的强大影响，民主、自由主义和多元主义在美国几乎被视作理所当然，即政治常态。然而，在拉美，有机论、法团主义和强大的中央权威可能在历史上被视作政治常态——偶尔可能包括民主，但通常是自上而下的、有机的、卢梭式的民主。洛克帮助解释了北美普通法的司法传统、美国个人主义的深刻意义、美式民主、有限政府、权力制衡、重视选举和民主程序(不同于崇高目标)，实际上是解释了整个美式生活。但拉美并无这些特质，洛克也几无任何影响。拉美不得不考虑通过其他思想源泉寻求政治灵感，而这些思想源泉大多反映了拉美社会的半封建性质，因此并非如此民主或进步。

美国第二任总统约翰·亚当斯常常为13个殖民地的前辈们和起草《独立宣言》与美国宪法的同代人感到自豪，因为他们拒绝了欧洲受阶级支配的法团主义社会，摒弃了教会法和封建法。美国人都出身于同一等级，因此不

---

① Bernice Hamilton, *Political Thought in Sixteenth-Century Spain*, Oxford: Oxford University Press, 1963.

存在像拉美那样的以阶层和阶级为基础的等级制度。北美奉行自由主义和个人主义，并不受困于阶级结构、地域、行会，以及法团主义、封建主义和宗教上的僵化与教条。甚至这些简短评论都旨在表明，亚当斯批评的对象正是由教会法和封建法统治的、受阶级支配的法团主义社会——这种社会实际上在拉美根深蒂固，难以消除。现在的问题是，拉美是否仍然受困于传统制度，抑或换言之，是否最终取得了突破，成功地进入了现代民主世界。尽管近年来拉美至少在建立民主的正式架构方面取得了进展，但回答这个问题并非
7 易事。

至此，我已经呈现了美国和拉美的区别，而且特意以一种相当鲜明的、非此即彼的术语——现代 vs 封建、民主 vs 威权和法团主义、洛克 vs 苏亚雷斯。这种理想类型[1]使得两个美洲的对比不仅泾渭分明，而且浅显易懂——实际上，两个美洲的差距非常大。但是，理想类型趋于过度简化，且回避了现存的模糊地带和混合类型。比如，在北美，对洛克和自由传统的强调往往忽视了其他的更保守的影响、以南北战争为代表的围绕自由主义引发的冲突、土著美国人和非洲裔美国人长期被拒绝参与政治进程，以及主流自由传统内部不同集团之间的冲突和争执等。毕竟，美国南方也梦想过建立一个封建社会，一个以亚里士多德和保守原则为基础建立（像拉美一样）的阶级社会和种姓社会。或许绝非巧合的是，康德的精英主义和种族实证主义在拉美根深蒂固，而南方的约翰·卡尔霍恩（John Calhoun）则是在美国传统里为数不多的法团主义思想家——他以“协同（地理）多数”思想而闻名。本文在谈论拉美时，主要论点也需要受到一些限制：拉美有中产阶级，但规模不大；有些国家（智利、哥斯达黎加和乌拉圭）的民主化程度比其他国家更高；有洛克的追随者，但人数不多；在所有国家，民主传统刚刚萌芽，却常常遭到反动力量扼杀，或仍然是“非主流存在”。

---

① 理想类型分析法由马克斯·韦伯创立并运用；理想类型是一种分析概念或逻辑工具，是高度抽象出来的、反映事物本质特征的分类概念。——译者注

我们承认这些模糊地带和混合影响的存在，但也谨记要点：诚然理想类型过于简化，然而有助于我们更好地理解两个美洲。美国和拉美的建立是基于截然不同的原则。两个美洲不仅起点相殊，社会和经济基础迥异，政治制度也注定朝着完全不同的方向演进。一个是现代的，一个是封建的；一个是资本主义的，一个是重商主义和国家主义的；美国甚至在建国初期就比较自由和民主，而拉美则是自上而下的、法团主义的和有机主义的。这些差异有助于解释为何美国和拉美至今仍然存在巨大的发展差距。正因为两个美洲建国的社会学基础如此迥异，它们建国的政治原则——本书的讨论主题——也不相同。墨西哥桂冠诗人、散文家、诺贝尔文学奖获得者奥克塔维奥·帕斯（Octavio Paz）曾如是写道："跨越（美墨）边境就是变换文明。美国 8
人是宗教改革的子孙，诞生于现代世界；我们墨西哥人是西班牙帝国的后裔，它所捍卫的是反宗教改革——一场反对新现代性却以失败而告终的运动。"[①]

哈茨在 45 年前提出的问题正是我在本书中要问的：像美国这样一个生而自由、平等的国家和民族能否理解不那么受祝福的民族和国家？因此，这里提出的问题不仅适用于拉美，也适用于美国对非洲、亚洲、中东，以及不是基于美国原则建国的其他文化和社会的认识。北美人能够扔掉他们的眼罩和偏见，放下他们的优越感和玫瑰色的眼镜，充分理解与美国建国原则和社会现实不同的社会和整个文明吗？他们能够根据各国自身的条件，置身于各国的环境并依照非种族中心主义的方式——即不强加自己的经验和偏好，更不用说美国的制度了——来理解各国吗？哈茨对此并不乐观，而我在过去 20 年间努力帮助美国决策者更加全面地认识拉美和制定更加明智的对拉美的

---

① Octavio Paz. "Mexico and the U.S.: Ideology and Reality," *Time*, December 20, 1982, p.42.

政策的经历，通常也让我得出同样悲观的结论[1]。然而，本书致力于提出这样一种命题，即人们可以学习、理解，从而欣赏不同于自身文化的文化。纵使这项任务有些困难，但仍非常值得一试。

本书写作方法

本书探讨的是拉美的政治理论和政治传统，特别聚焦于伊比利亚和拉美的宗教传统、起源于西班牙和葡萄牙并传播至新世界的政治思想及其在新世界的发展、指引这些行动的法律和教育准则、这个时期的政治哲学，以及伊比利亚—拉美文明的主流价值观、信仰和行为规范。从这个意义上而言，本书研究的就是政治文化，亦即价值观念、信仰、思想、态度，以及形塑人们政治制度倾向的行为模式。本书呈现了人类学家克利福德·吉尔茨（Clifford Geertz）所称的“深描法”（thick description[2]），亦即马克斯·韦伯所称的“理解
9 法”（verstahen，即从内部理解）。[3]

我选择这个话题作为关注点，是因为：(1) 我对此感兴趣；(2) 它提供了一种便捷、可用、可控的写作和思考拉美的方法；(3) 我认为这个话题很重要。我无法想象有人认为他们在没有充分了解如下概念的情况下就能够理解拉美：天主教和罗马天主教会，哈布斯堡王朝的官僚威权主义和绝对主义思想，传播到新世界的（中世纪的）西班牙司法和教育基础（经院哲学），伊比利亚半岛关于精英和社会等级的思想，伊比利亚和拉美封建主义的特定形式和

---

[1] Howard J. Wiarda, *Ethnocentrism and Foreign Policy: Can We Understand the Third World?* Washington, D.C.: American Enterprise Institute for Public Policy Research, 1985.

[2] 深描法的核心简而言之是，要想“理解他人的理解”，就要站在“异文化”的位置上，反躬自省，回过头来反思自身的“本文化”；文化的研究，往往是在对某一文化（现象）的参与中，寻找文化共同体之间的对话、理解、沟通的途径，从而建构一种“交互文化性”，以及相互理解沟通的可能。——译者注

[3] Clifford Geertz, *The Interpretation of Cultures*, New York: Basic Books, 1973; Max Weber, *The Theory of Social and Economic Organization*, New York: Free Press, 1964.

制度，重商主义和中央集权主义的理念，西班牙语美洲精英如何看待那些低于自身的社会（和种族）等级的社会思想，以及和历史上盎格鲁—撒克逊文明截然相反的西班牙文明的价值观念和信仰。所有这些方面对于理解西班牙语美洲的政治文化都是至关重要的。

然而，我强调文化、社会和制度要素并不是要削弱其他因素，比如经济关系、阶级结构和依附关系的重要性[①]。实际上，我将经济变革（特别是从封建主义向资本主义转型，确切地说拉美当前就正在经历这种转型）看作是历史上一个极为强大的驱动力。我的分析广泛涉及社会结构和阶级关系，而长期以来我被劝说去相信外部力量（即依附关系）之于内部的拉美社会的重要性。在本书中，虽然我关注拉美的政治文化和政治传统，但我努力将经济、文化、阶级、制度和依附关系融会贯通，借以用更加多元和多因果的方式解释拉美当前现实背后的原因。虽然我聚焦伊比利亚—拉美的政治理论和传统，但我试图揭示这些思想是如何在其时代背景下被塑造出来的，又是如何顺应实际问题、社会变革和阶级结构而逐渐发展起来的。然而，我也相信，根据时代和环境的变迁，这个过程也可以反过来运转。也就是说，阶级结构、经济性质和政治制度是思想和政治文化的产物，就好像类似的其他力量塑造了政治文化和价值观念一样。我既不认为思想和政治文化是社会经济利益的完全反映，
也不认为思想和政治文化与社会经济利益无涉。两者存在着复杂的交织关 10
系：思想和政治文化塑造了社会、经济、政治和制度力量；这些力量反过来也

① 更详细地讨论政治文化概念的历史和方法论文献包括：Howard J. Wiarda, *Introduction to Comparative Politics*, Fort Worth: Harcourt Brace, 1999; Howard J. Wiarda, "Toward Consensus in Interpreting Latin American Politics: Developmentalism, Dependency, and The Latin American Tradition," *Studies in Comparative international Development*, 2000，也发表于 *Journal of intercultural Studies* 26 (1999), pp. 147 - 162. 亦可参阅 Marc Howard Ross, "Culture and Identity in Comparative Political Analysis," in Mark Lichbach and Alan S. Zuckerman, eds., *Comparative Politics: Rationality, Culture, and Structure*, Cambridge: Cambridge University Press, 1997; Ruth Lane, "Political Culture: Residual Category or General Theory?" *Comparative Political Studies* 25 (2) (1992), pp.362 - 387.

影响了思想和政治文化。

换言之，我认为文化和历史是解释拉美发展不可忽略的重要因素，但非首要因素。文化和历史（包括宗教、法律、哲学、教育、社会学）必须同其他解释因素结合起来。我不希望给予文化——宽泛定义的——以过高的解释力，或者将其拔高至一种全能的解释地位而忽视其他强有力的解释因素。同时，我认为文化因素也不能够被忽视。因此，本书努力将思想、价值观念和文化同更广泛的经济、阶级和制度变革诸方面的思潮联系起来。

此外，有几个注意事项需要说明。

第一，我的研究方法是概括性的、概念性的、比较性的和解释性的。诚然，我完全承认拉美国家之间存在着巨大的（和不断扩大的）差异，毕竟它们正逐渐抛弃其传统制度、开启现代性之路。但是，本书的方法是强调拉美作为一个整体，一种文明，一个文化区域。我当然认识到、也承认各个国家之间存在诸多差异，但我写作本书旨在呈现的是全局，即各部分之和而非单个部分本身。全局法和国别法都是有效的，前提是我们认识到我们正在做什么，并适时地承认每种方法的优势和劣势。

第二，我需要回到理想类型这一概念。理想类型是一种模式，一种范式，一种近似现实的方法，但不要混同为现实本身。如果我说殖民地拉美的模式是哈布斯堡模式（下文将详细解释），那就是理想类型；如果我说拉美对民主的理解是卢梭式民主而非洛克式民主，那也是理想类型。我的意思既不是说殖民地拉美在各个方面都是哈布斯堡模式，也不是说拉美人都信奉卢梭而非洛克。确切地说，我的意思是，两者都是主流的或者范式的传统。虽然理想类型极其有助于一个人更加清晰明了地看清现实，却是对现实的简单化。这就是称其为“理想类型”的原因所在。理想类型将现实简单化，作为教学和解
11 释手段是有用的，但并非现实的镜射。理想类型并不也无须恰好适用于所有情况；我们必须始终做好准备，用那些或多或少适用于单个国家的修饰语、倾向性陈述或者评论来调整理想类型。然而，这类解释对我们理解拉美是极其

有用的。

第三个注意事项涉及政治文化方法，事实上，其中包括一系列细微而重要的告诫。一，使用政治文化时，需要避免持有不必要的和误导性的成见（所有德国人都这样做，所有拉丁人都如此）。相反，使用政治文化方法必须小心谨慎、客观公正且要有分析，还须尽可能地以定量材料，比如民意调查为依据。二，虽然政治文化方法通常强调连续性，但也需要强调本书的核心——政治文化如何随时间而发生变化。三，我这里强调的政治文化通常是精英们官方的和主流的政治文化——特别是从历史上来看，因为精英们的政治文化是唯一有记载的政治文化。但我们应当承认，同时也存在民间的、大众的和本土的政治文化——通常居于少数地位或者被湮没了。四，政治文化在一个社会中从来不是毫无异议或者广泛适用的。我们不仅要承认差异和政治文化的冲突性，还要认识到主流政治文化的形成通常并不仅仅是达成共识的结果，也是权力斗争、战争、阶级冲突和外国干预的产物。最后，这意味着政治文化流动性更强且处于不断的变化中——政治文化本身就是一个高度政治化的概念。政治文化方法的这些复杂性在接下来的分析中需要得到体现。

本书计划

第二章追溯伊比利亚—拉美文明的源头：古希腊、罗马、《圣经》和中世
纪基督教。西班牙和葡萄牙深受希腊政治哲学两个层面的影响：一是其演
绎推理法，二是其按照法团主义和等级制原则组织的社会与政体的理论构
建。伊比利亚半岛成为罗马帝国的一部分后，变得比罗马还要罗马化。伊比
利亚半岛还用罗马的帝国思想统治其在美洲的帝国。伊比利亚半岛皈依基
督教后，变得——正如常说的那样——比罗马教皇还要狂热地信奉基督教：
西班牙本国和整个拉美地区都采用了政教紧密结合的、经院哲学式的神权政 12
治模式。因此，我们需要分析早期希腊、罗马和基督教对西班牙和葡萄牙的

这些影响的冲击作用，同时也要认识到伊比利亚以一种实际上截然不同于欧洲北部的形式有选择地借鉴了这些传统[①]。

除了希腊、罗马、基督教和托马斯传统之外，还有一个对伊比利亚半岛并最终对拉美产生巨大的决定性影响的因素，即中世纪时期西班牙和葡萄牙的独特经历及其制度。这种经历包括摩尔人对伊比利亚半岛的长期占领和基督教力量对伊比利亚半岛的再征服。这一主题——第三章做了概述——非常重要，因此值得详细讨论，然而甚至连研究拉美的学者对此大多都不甚了解。因为正是在这个时期，即从 11 世纪到 15 世纪，伊比利亚半岛的主要制度及其社会政治生活的动力才得以形成。当然，这些制度后来传播到了拉美并在那里产生了深刻的影响：西班牙社会僵化的两阶级性和等级性，通常低效的大地产模式，特殊的军事封建主义，世袭制和充斥整个社会的雇主—客户关系，上及国王下至当地地主自上而下的绝对主义的权力结构，以及独特的伊比利亚—拉美的国家—社会关系制度——由此也促成了西班牙语美洲对“民主”和“宪政主义”与众不同的界定。这个形成时期的重要性不仅在于其塑造了伊比利亚社会，而且可由此推论，也塑造了拉美社会[②]。

第四章的主题是对拉美的征服及西班牙和葡萄牙两宗主国移植到新世界的制度和实践。西班牙和葡萄牙对拉美的殖民统治延续了三个多世纪，并给这一地区打上了不可磨灭的伊比利亚文明的烙印。时至今日，拉美仍在许多方面苦于应付伊比利亚的遗产：有些群体对西班牙—葡萄牙的影响额手称庆，另一些群体则试图予以摈弃或消除——但没有人能够忽视这种影响。在本章，我也讨论了殖民者与拉美土著文明的交锋，殖民者如何将土著文明融入西班牙制度，以及如何将非洲黑人输入某些地区并如何对待他们。虽然

① 对希腊、罗马和基督教思想的简单而到位的总结参阅 George Sabine, *A History of Political Theory*, 3rd ed., New York: Holt, Rinehart and Winston, 1961; Sheldon S. Wolin, *Politics and Vision*, Boston: Little, Brown, 1960.

② Angus MacKay, *Spain in the Middle Ages: From Frontier to Empire, 1000 – 1500*, London: Macmillan, 1977.

西班牙的殖民制度是僵化的和绝对主义的，但在18世纪也开始发生改变，由 13
此引发西班牙和拉美在精神领域的分裂并延绵至今①。

18世纪末，受启蒙运动、美国革命和法国革命的影响，自由共和思想开始首次在拉美地区出现。然而，拉美的共和主义和民主思想主要源于充满浪漫主义和理想主义的卢梭，而不是比较平实的洛克。这些思想不仅助推大多数拉美国家在19世纪20—30年代实现独立，而且也被吸收进新独立国家的法律和宪法。但是，这些思想同拉美的现实发生了冲突：其基本制度主要是威权主义的和非民主的，而且拉美地区根本没有任何民主自治的经验。结果，正如第五章所描述的那样，在拉美独立后的前30年间，整个地区几乎陷入持续的冲突和不稳定，也没有取得什么进步②。

到19世纪50年代，一些早期的冲突开始得到解决，独立后的第一代——那些骑在马背上打天下的独裁者已经淡出视野，同时拉美还获得了一定程度的稳定并开启了经济发展的第一个阶段。因此，拉美的精英们开始寻找一种既能获得进步又能维持贵族统治的政治模式。有些精英继续奉行比较古老的或自由或保守的哲学，但19世纪的最后几十年直至整个第一次世界大战期间，实证主义是主流哲学③。在“秩序和进步”（至今仍饰印在巴西国旗上）的口号下，拉美的精英利用实证主义原则对其政府进行合理化和官僚化改革，以实现经济大发展，而同时又不损及精英统治。这种优势组合帮助解释了为什么实证主义在拉美远比在美国更加流行。这是第六章讨论的主题。

到头来，实证主义在20世纪前20年产生了逆反应，其主要表现是拉美

---

① Charles Gibson, *Spain in America*, New York: Harper and Row, 1967; C. H. Haring, *The Spanish Empire in America*, New York: Harcourt, Brace and World, 1963.

② Tulio Halperin-Donghi, *The Aftermath of Revolution in Latin America*, NewYork: Harper Row, 1973; Guillermo Céspedes, *Latin America: The Early Years*, New York: Knopf, 1974.

③ Roberto Cortes Conde, *The First Stages of Modernization in Latin America*, New York: Harper Row, 1974; Ralph Lee Woodward, Jr., ed., *Positivism in Latin America*, Lexington, Mass.: D. C. Heath, 1971.

民族主义高涨，不过具体表现存在巨大的差异。在墨西哥，其表现形式是1910—1920年的民族主义暴力革命。这场革命扫除了一个兼具旧威权主义和发展主义特征的体制及其实证主义顾问们。在古巴，在伟大的独立英雄何
14 塞·马蒂(José Martí)的作品里，其表现形式是强烈的民族主义，通常指向反对美帝——美国当时已经开始展示其扩张主义和干涉主义的力量。在乌拉圭，何塞·罗多(José Rodó)的作品——在整个拉美成了畅销书——也强调拉美所谓的文化、教养、理想主义和爱国主义，而这同北美人的贪婪、粗俗和享乐形成了鲜明对比。拉美民族主义高涨的另一种表现是西班牙主义(Hispanismo，即仰慕崇拜西班牙的一切——语言、文学、宗教、文化及其根源)，特别是与美国影响迥异的西班牙文化。最后，泛美主义在这个时期的兴起和美洲区域安全制度的早期机制建设也表明，拉美努力谋求西半球的团结，以应对其北方强邻。这些议题构成了第七章的主题①。

同样是在20世纪的最初几十年间，马克思主义在拉美郑重登场②。马克思主义先是在一些知识分子和研究团体内逐渐传播开来，到20世纪20和30年代，大量的政党、工会和农会在其影响下成立。20世纪40和50年代，产生了各种各样的社会主义和社会民主主义的运动与政党。1959年菲德尔·卡斯特罗的革命和冷战时期的许多游击队组织都从马克思主义的信条中汲取灵感。正如第八章所分析的那样，马克思主义在拉美具有不同的形式和趋向。马克思主义运动的多样性及其分裂反过来稀释了其政治权力，结果遭到了传统天主教会、军队、寡头和美国的一致反对。为了抵消反对力量，马克思

---

① José Martí, *The America of José Martí*, trans. Juan de Onis, New York: Noon-Notes to Pagesday, 1954; José Enrique Rodó, *Ariel*, trans. Margaret Sayers Peden, Austin: University of Texas Press, 1988; Fredrick Pike, *Hispanismo, 1898 – 1936: Spanish Liberals and Conservatives and Their Relations with Spanish America*, Notre Dame: University of Notre Dame Press, 1971.

② Sheldon B. Liss, *Marxist Thought in Latin America*, Berkeley: University of California Press, 1984; Luis E. Aguilar, *Marxism in Latin America*, Philadelphia: Temple University Press, 1978.

主义寻求同民族主义和土著人运动的联合。在第二次世界大战结束后的一个时期，马克思主义成为拉美地区的主要替代范式之一。

这个时期的另一个主要替代范式是法团主义[①]，第九章将对此予以分析。法团主义兴起与两大因素相关：一是民族主义、西班牙主义，对天主教和西班牙的事物感到与有荣焉；二是感受到马克思主义的威胁。这表明拉美（以及两次世界大战之间的欧洲）试图借助基督教的团结原则和阶级利益调和，而非马克思主义的阶级斗争理论来回应社会问题（和有组织劳工的兴起）。和此前的实证主义一样，法团主义在拉美远比在美国更加流行。实证 15
主义在 19 世纪后期的目标是笼络新兴的商业和中产阶级群体进入主流的精英组织，而法团主义在 20 世纪 30 年代及以后的目标则是笼络不断壮大的工会运动进入主流体系。法团主义标明自己是第三条道路，在其一侧是在拉美似乎行不太通的自由主义，而在其另一侧则是不被接受的俄国革命所代表的布尔什维克主义。法团主义成了拉美的另一大替代范式，至今仍能感觉到它的存在，不过是以其修正形式——新法团主义（neocorporatism）。

这些 19 世纪和 20 世纪的政治哲学都被叠加在一起，同时又没有摒弃任何一种旧的政治哲学。由此带来的结果是，到 20 世纪 30 年代，拉美变成了一个“冲突社会”，一座“活着的博物馆”[②]。拉美历史的主色调则成了不遗余力地寻找各种锦囊妙计、魔法配方和便捷方法，但这些方案几乎跟拉美的现实没有任何关系。威权主义、自由主义、实证主义、民族主义、马克思主义、法团主义、土著主义，以及庇隆主义、卡斯特罗主义和解放神学都被一一尝试，但都不令人满意。这些思想中既没有一个获得过多数支持，也没有一个取得

---

① Howard J. Wiarda, *Corporatism and National Development in Latin America*, Boulder: Westview, 1981; Wiarda, *Corporatism and Comparative Politics: The Other Great "Ism"*, New York: M. E. Sharpe, 1996.

② Silvert, *Conflict Society*; Anderson, *Governing of Restless Nations*. 这个时代出现的各种解决方案参阅权威著作：Ruth Berins Collier and David Collier, *Shaping the Political Arena: Critical Junctures, the Labor Movement, and Regime Dynamics in Latin America*, Princeton: Princeton University Press, 1991.

过毋庸置疑的合法性。的确，在20世纪60年代的几场选举中，每一种主要思想都能斩获10%、15%，甚或30%的选票，但却几乎从未获得多数票。此外，这些思想迄今都互不相容，而且实际上只是被用来代言不同的社会发展阶段——封建主义、自由主义和社会主义，这证明这些思想几无调和可能，甚至无法达成初步共识。结果——即第十章的主题——催生了一个从20世纪30年代到50年代，乃至延展更远的一个时期。这个时期充斥着激烈的冲突、论战，甚至在某些国家引发了相互竞争的意识形态之间的内战——这些意识形态迄今分歧严重，难以弥合，而且在截然不同的社会部门各有其社会基础。其结果是引发一场所有人反对所有人的虚拟战争，一场尖锐对立的权力争夺者之间的虚拟战争，一场引发普遍暴力的虚拟战争——这种普遍暴力虽不至于引爆全面革命（古巴是个例外），但似乎却导致了社会断裂和崩溃[①]。

面对不断加剧的病原政治（morbific politics[②]）和社会崩溃（这种情形开始类似于20世纪30年代——就在将佛朗哥将军推上权力巅峰的残酷内战爆发前夕——的西班牙），特别是由于社会下层的崛起和富有挑战性的动员，拉
16 美精英集团——教会、军队和寡头——奋起反抗，掀起反革命活动，试图恢复昔日的秩序、纪律和稳定。它们不仅重新论证威权主义的正当性，而且重拾法团主义（似乎已经死亡，并因其在20世纪30年代和第二次世界大战期间同垂死的法西斯主义的联系而名誉扫地），借此组织进而控制下层大众运动。在这些笼络手段不起作用的地方，当时执政的军事威权主义者则诉诸镇压、虐待和普遍侵犯基本人权——或者收买和欺诈双管齐下。这种威权主义的统治制度——大体发生在20世纪60年代到80年代（因国家而异）——被称

---

① 我详细分析了这一过程的国别案例，参阅 Howard J. Wiarda, Dictatorship, *Development, and Disintegration: Politics and Social Change in the Dominican Republic*, Ann Arbor: Center for Latin American Studies, University of Massachusetts, Xerox University Microfilms Monograph Series, 1976.

② 语出 Truman David B., *The Governmental Process*, New York, 1951.作者用这个术语描述群体过程的病理。——译者注

为“官僚威权主义”或“制度威权主义”，以将其同过去比较简单的“考迪罗”（即军事强人）统治区分开来[①]。

不过，让时光倒转并利用日益极权主义的方法解决拉美长期的、根深蒂固的问题，和早先过于简单化的短期方案并无二致，都被证明是无法实现预期效果的。面对普遍的反对，各国当权的军事威权主义者最终相继重返军营：“民主转型”的大潮开始了。到 20 世纪 90 年代中期，拉美 20 国（不包括古巴）里有 19 国处于民主统治之下，至少在形式上如此。此外，随着苏联的解体、其他实行马列主义体制的东欧国家的瓦解，以及东亚经济体的大获成功，政治领域的民主这一次则伴随着经济领域的自由主义（或新自由主义）——私有化、精简国家机构、降低关税、提高市场自由度和实施出口导向型增长模式。无论从政治还是经济上来看，拉美似乎已经做好充分的准备彻底放下过去——封建主义的沉重负担——并融入现代世界[②]。

但何谓现代世界？这是第十一章讨论的问题——这一章不仅分析了 20 世纪 60—70 年代的官僚威权主义，而且考察了 20 世纪 80—90 年代的民主转型。拉美目前已经是一个坚实的民主大陆了吗？或者换言之，当前是否只是钟摆在民主和威权之间周期摆动的一个时期？民主和经济自由主义真正扎根并深入人心了吗？抑或这些特征只是让美国人和国际主要机构为之激赏的门面？很明显，拉美改变了其政治制度并吸纳了民主的正式机制，但其
背后的政治文化——人们如何基于平等主义而非等级制对待彼此——也变 17
得更加民主了吗？而且，纵使我们看到的是民主，但它是洛克式的民主还是卢梭式的民主？前者具有真正的多元主义和有效的相互制衡，是个人主义的（一人一票）民主；后者仍然是有机的、法团主义的、有限的、不完整的或监护

---

① Guillermo O'Donnell, *Modernization and Bureaucratic-Authoritarianism in Latin America*, Berkeley: Institute of International Studies, University of California, 1973.

② Howard J. Wiarda, *The Democratic Revolution in Latin America: History, Politics, and U.S. Policy*, New York: Holmes and Meier, 1990; Roderic Ai Camp, ed., *Democracy in Latin America: Patterns and Cycles*, Wilmington, Del.: Scholarly Resources, 1996.

的民主——通常所称的带形容词的民主[1]。

在最后一章，我将评价这些趋势——通常是大杂烩和“百衲被”模式——并借以观察拉美是否已经抛却其沉重的历史包袱，抑或封建主义和历史的“重拳”是否仍在强烈地击打这一地区。这些问题的答案不仅取决于拉美的
18 未来，而且有赖于美国对拉美政策的影响。

① David Collier and Steven Levitsky, “Democracy with Adjectives: Conceptual Innovation in Comparative Politics,” *World Politics*, 49(3)(1997), pp.430 - 451.

第二章

起源：希腊、罗马、『圣经』和中世纪基督教

伊比利亚和拉美的文化与文明可以回溯很远。漫长又常常令人窒息的历史重负笼罩着这个区域。和印度、中国、埃及、波斯以及其他地方一样，西班牙(Hispania)也是一个古文明的发祥地，其早期历史迷雾重重①。人们很难轻易或迅速地克服或超越漫长的历史和文化而以“现代化”取而代之，生活在伊比利亚和拉美的人们也并不总是认为“现代化”是不可避免或值得争取的东西。实际上，根本的问题在于：是克服过去并在现代化中取得荣光，还是简单地适应现代化(这是绝大多数发展中国家走的道路)。这个问题长期以来是西班牙前途之争的核心所在。

尽管西班牙考古学家竭尽所能，尽管有阿尔塔米拉(Altamira)山洞绘画，伊比利亚无记录的历史依然迷雾重重，其有记录的历史则是相当悠久可观

① 公元前2世纪，罗马人用“西班牙”这个术语指称整个伊比利亚半岛(同时包括西班牙和葡萄牙)。因此，这里使用的“西班牙的”或“西班牙世界”指伊比利亚半岛和拉美的各民族和国家，既包括西班牙和葡萄牙，又包括它们在美洲的前殖民地。参阅*Library of Congress Gazette*, 1 (September 14,1990), p.1.

的。伊比利亚智识史——这正是本人兴趣之所在——就清晰明了了。当然，本章的焦点是对西班牙漫长历史的全景扫描，因而无法过多地追溯历史事件和种种细节，我将集中讨论对伊比利亚产生重大而持久影响的因素：古希腊、古罗马、《圣经》和中世纪基督教。在下一章，我们将会关注中世纪制度和政治实践在伊比利亚的历史发展，特别是关注征服美洲前的这个时期。在本章，我们要关注的则是西班牙的智识起源，支撑着西班牙和葡萄牙，并由此延伸至其新世界殖民地的观念和哲学。

希腊、罗马和《圣经》不仅构成了伊比利亚的基础，也是我们所说的西方文明的基础。但在回顾诸如亚里士多德、柏拉图、塞涅卡、西塞罗、奥古斯丁 19
和阿奎那等奠基性作家、思想家及有关文献的影响时，人们仍然会震惊于西班牙国家借用、强调一些概念时与西方其他地区的差异。亚里士多德、柏拉图等人也是英格兰、荷兰和北美所继承遗产的一部分，但北欧人、北美人从古典著作中得出相关概念和观念的方式跟伊比利亚人和拉美人很不一样。所有人对待历史都有自己的选择性，都会强化那些既成的结论、实践、文化和制度。这个结论似乎可以支持哈茨、理查德·莫尔斯(Richard Morse)等学者多年前提出的看法：尽管伊比利亚和拉美在其观念和取向上基本是西方的，但它们代表的是西方传统的一个分支或片段，与西方主流所在的欧洲其他地区很不一样①。

古希腊

古希腊构想出了民主的理论并付诸实践。对民主的发现以及身为民主

① Louis Hartz, ed., *The Founding of New Societies*, New York: Harcourt, Brace Jovanovich, 1964.特别是哈茨的导论及理查德·莫尔斯关于拉美的那一章。亦见收于 Howard J. Wiarda, ed., *Politics and Social Change in Latin America*, 3d ed., Boulder: Westview, 1992 中的文章。更近的著作参阅 Samuel P. Huntington, *The Clash of Civilizations*, New York: Simon and Schuster, 1996.

国家的骄傲和光荣是美国遗产的一部分，深入我们美国人的血液。就在最近，我参加了一次由前国会议员、现美国民主基金会董事会主席约翰·布拉德马斯(John Brademas)——一个希腊裔美国人——主持的会议。在这次会议上，布拉德马斯说民主是2500年前由希腊人“发明”的。不仅绝大多数北美人为这个将我们与古希腊连在一起的民主遗产而骄傲，而且当我们回顾历史、阅读希腊或罗马政治哲学的时候，我们就是要为我们深信不疑的政治制度的如下方面——民主、共和主义、多元主义，找到解释与辩护。

但是，希腊政治思想同样包含一些非常重要但并不特别民主的特征。西方人选择强调古希腊的民主遗产，因为这适合西方，但希腊政治理论中还有
20 很多并不民主但同样值得关注的方面。北美政治文化倾向于强调古希腊的民主化成就，而拉美政治文化在历史上则倾向于强调希腊思想里非民主的、保守的特征。

希腊政治思想并不基于对个体平等或男女平等的信仰。相反，希腊人相信等级，相信不同阶级之间天然的不平等。亚里士多德接受并认可人与人之间天然的不平等，认可奴隶制。“平等存在于平等的人之间，”他说，“并不存在于所有人之间。”相反，自由主义始于无阶级差别的自然平等这个观念。就像杰斐逊所说：“人人生而平等。”但在伊比利亚和拉美世界，对地位的接受依然与中世纪封建主义的“骄傲之塔”(proud tower)相连[1]。人被认为生而不平等，平等经常被宣称，但实际上人们相信的往往是等级、位阶、阶级、地位。从古至今，自然的不平等在伊比利亚和拉美一直是一个显而易见、不需要论证的基本事实。

更有甚者，等级秩序被视为某种不可更改的东西。希腊政治思想只有在极罕见的情况下才会承认社会变化、动态现代化的概念或在社会等级中提升自己的可能性。一个人生于某个特定的位置就将世世代代处于这个位置。

---

① 这个短语来自芭芭拉·塔奇曼(Barbara Tuchman)关于前现代欧洲的研究，*The Proud Tower*, New York: Macmillan, 1962.

其子孙将注定占据同一个固定的社会地位。因而，在拉美，很难找到像本·富兰克林-霍雷肖·阿尔杰(Ben Franklin-Horatio Alger)这样的通过勤勉劳动、通过擦很多皮鞋或卖很多报纸赚钱而改变自身命运的神话。“如果天主愿意”(Si dios quiere)，幸运将会照耀你；但跟你自己的努力没有半点关系。如果社会秩序注定不可改变，那么无论个人如何努力都不能带来丝毫不同。

接受人与人之间的不平等对古希腊而言还意味着接受奴隶制。奴隶占据社会等级的最低一级。亚里士多德接受并传播这个命题：有些人生而自由并拥有特权，而另一些人则生而为奴。这同样是不可更改的。亚里士多德论证道，人类的一部分天然就是“其主人的奴隶，以使其主人免于劳动，过有德的生活”。后来西班牙人和葡萄牙人在美洲碰到的土著以及由他们带到美洲的非洲人就被归于人类的这一部分。这个“贵族心性”将被带到新世界，在 21
那里，所有西班牙人都将成为骑士或绅士。亚里士多德说：“劣等人需要置于文明人、有德的统治者的看顾之下，这是为劣等人‘自己好’，因为由此他们也可以过上富足的生活并在德性上得到锤炼。”[①]

奴隶制可以基于军事征服，因为军事征服说明被征服者是劣等人；也可以基于肤色，肤色越深，占据的社会等级越低。亚里士多德关于自然奴隶或农民阶级的概念穿越时空，直到今天依然在很多人的头脑中盘旋。拉美的寡头们就是不相信印第安人和非洲血统的人跟他们完全平等。亚里士多德一开始就被西班牙和葡萄牙用来说明征服和奴役印第安人的正当性，之后则为输入非洲奴隶辩护。尽管今天拉美地区有许多宪法和法律宣称人人平等，但我在伊比利亚和拉美的经验是：中上阶级人士很少认为农民、印第安人、黑人和混血人(“他者”)能和他们相提并论[②]。

---

① Aristotle, *The Politics*. 在《政治学》第5卷，亚里士多德分析了变化和革命，但其思想的这个特征从来没有被拉美的开国元勋们所重视。

② 关于西班牙如何用希腊哲学为其对印第安人的奴役进行辩护的极富吸引力的研究，参阅 Lewis Hanke, *Aristotle and the American Indians*, Bloomington: Indiana University Press, 1970.

接受等级和人与人之间自然的或神授的不平等这样的观念使建立基于平等的民主制度变得非常困难。这种观念还为自上而下的统治和威权主义提供了逻辑辩护。如果人在本性上是不平等的，那就没必要考虑社会上每个人的看法或选票。如果有些人生来就具有高等技能、天赋或智力，那理所当然应当由他们而非大众来统治社会。在希腊思想中，在没有退化为群氓统治的情况下，民主制是一种可接受的政府形式——这是民主派所强调的；但开明寡头制或君主制也是可接受的，在绝大多数情况下其甚至比民主制更可取——这是伊比利亚和拉美倾向于强调的。要知道，在柏拉图那里，由开明的哲人王以公共事务的名义、为了公共福祉而进行的治理（不是民有、民治、民享）是最可取的政府形式①。这种概念可以原封不动地用来为伊比利亚和拉美自上而下的、寡头式的威权政治辩护。在那里，教育、土地、特权、政治权力专属于一小部分精英。

希腊人相信来自荷马时代的遗产：人常常为任性的诸神所统治。为了
22 改善自己的命运，人需要获得神的庇护。因此，人不仅依赖于跟人自身的才能或成就迥然相异的神赐的恩惠，而且还时时需要神的庇护。在希腊政治思想中，这个观念尚未得到充分发展。但在罗马和基督教中世纪哲学中，"恩赐"及互惠（庇护）概念发展成了一个关于社会关系的完整体系②。

对等级和神赐地位的接受严格地体现在生活的许多方面，这意味着安全和确定性。每一个人都有自己的位置，并在其位置上得到安全和保护。这种确定性适用于各个阶级、法团、功能性团体和族群，也适用于个人：每个人都在生活中有其安全的位置，这个位置既意味着种种义务，也受到种种保护。希腊城邦划分为不同的村社（demes），每个村社由来自阿提卡不同地理、经济

---

① Plato, *The Republic*.

② 参阅 Sidney Greenfield, "The Patrimonial State and Patron-Client Systems in the Fifteenth-Century Writings of the Infante Dom Pedro of Portugal," University of Massachusetts, Center for Latin American Studies, Occasional Papers Series, No. 1, 1976.

区域的氏族组成[①]。在希腊的政治结构中，作为公民的个人的身份源自其所在的某个村社。一个人通过其所在的群体或村社而参与政治生活。首要的政治问题不是对现代性个体自由的保障，而是要确定个人在社会中的位置。团体优先于个体；所有人的良善——后来由阿奎那发展为共善（common good），由卢梭发展为公意——高于个体的幸福。与多元主义和利益冲突不同，和谐才是希腊的理想，也是文明的标志。因而，希腊的概念天然具有法团主义（corporatist）和社群主义性质，即以群体为中心，不过要到罗马人那里才能找到充分发展的群体代表制度和功能代表制度。所有这些特质都将在西班牙及后来的拉美那里得到进一步发展[②]。

如果说希腊社会天然地是法团主义的，那么它也是有机主义（organicist）的。这就是说，政治社会是统一的整体，所有部分必须有机地联结在一起。另外，在亚里士多德及其后继者那里，社会——包括政治社会——被视为自然的、良善的。如果社会是自然、良善的，那么也就没有理由进行权力制衡，或者用现代术语来说，没有理由分权。相反，在有机概念中，所有部分都得联结在一起成为一个完全的、和谐的整体——这是又一个很容易导向专制的概念。就像人体各部分必须一起发挥各自的功能一样，政治社会的各个组成部分也需要和谐地联结在一起。根据希腊人的看法，正义在于将整个社会整合成一个和谐的统一体，每个人都在其中各得其所、各司其职。这种关于社会 23
和政治的有机概念在政治理论中源远流长。有机主义和法团主义（功能性群体和谐地共同参与，通常是在国家的控制之下）是紧密相连的两个概念，它们都与个人主义、权力监督与制衡、分权等后来在盎格鲁美洲民主制中形成的概念相对。人们已经可以从中窥见西班牙社会的有机主义、法团主义、一元

---

① John R. Wallach, "Politics and the Division of Human Activity in Ancient Greek Political Theory," paper delivered at the Annual Meeting of the American Political Science Association, Washington, D.C., August 30-September 2, 1984.

② George H. Sabine, *A History of Political Theory*, 3d ed., New York: Holt, Rinehart and Winston, 1961, chaps. 1-7.

主义将如何与北美社会的多元主义形成对立①。

和谐和有机主义不仅是氏族关系和政治社会的特征，也是社会各个方面的理想。没有分离、没有多元主义、没有权力制衡，相反，伦理、艺术、宗教和政治全都联结在一起，共同展示正道的可信性。对希腊人及后来流散的西班牙人而言，无法设想道德与政治、教会与国家的分离。国家必须有一个伦理目的，必须奠定于道德的、神赐的原则之上。现代人在很大程度上将政治与道德分开，但对希腊人及之后基督教的西班牙、葡萄牙和拉美人而言，社会必须以共同的目的为基础。他们认为，如果没有共同的道德，社会将会土崩瓦解：除了道德，还有什么可以确保社会的统一和团结呢？在伊比利亚和拉美，这个统一主要是由罗马天主教正统和自上而下、中央集权的国家来完成和保证的。他们认为，纯粹的实用主义、处境伦理或政教分离将不可避免地导致冲突和社会撕裂。

尽管亚里士多德是一个经验主义者、宪法的集大成者、史上第一个比较政治学家，尽管其逻辑方法和理想类型经常出现于托马斯主义—伊比利亚—拉丁的论证和话语中，但西班牙社会的政治思想最终却源自柏拉图。像亚里士多德一样，柏拉图也将人视为自然不可分离的一部分，服从同样的自然的和超自然的力量。自然、人类社会和政治共同体都是连续体的一部分②。但柏拉图比亚里士多德更加明确地将政治社会视为一个系统的一部分。这个系统由各司其职的各个群体——军人、教士、工匠、仆从——组成。在这个理
24 想国家里，有劳动分工和功能的专业化，每个人都有其位置并得其所应得。每个功能群体也都有自己的期望、权利和义务。它们和谐地整合成一个有机的整体。每个人的职责都清楚明了。整个社会的构建基于其功能性和法

① Glen Dealy, *The Public Man: An Interpretation of Latin American and Other Catholic Countries*, Amherst: University of Massachusetts Press, 1977.

② 参阅 Sheldon S. Wolin, *Politics and Vision: Continuity and Innovation in Western Political Thought*, Boston: Little, Brown, 1960.

团性。

甚至在今天的拉美，社会仍然似乎由各种群体组成：寡头、教士、军官、官员、工会领袖、学生和农民等[1]。多元主义存在，但常常受到节制，跟美国不受限制的、近乎无政府式的利益群体冲突场景迥然有别。甚至这有限的、获得柏拉图式制度许可的群体斗争也必须在一个共同的道德宇宙（伊比利亚、拉美罗马天主教的道德宇宙）中进行，接受其所支持的关于共善的观念。这个“善”是由道德、伦理领袖、寡头、柏拉图式的哲人王们所定义的。在柏拉图那里，公共意见没什么意义，哲人王们的领导才重要，因为他们最了解人民。所以，毫不奇怪的是，美国重视实用主义者担任政治职务，而伊比利亚和拉美常常青睐小说家、作家和知识分子。因为在柏拉图那里，只有这样的哲人王才有“真正的知识”，可以为其他缺乏教育的大众指明方向。

所有这些概念——秩序、权威、等级、有机主义、法团主义、道德与政治的统一——都必然意味着一个由精英统治的、保守的、自上而下的政体。变化可以发生，但只能是缓慢的、可控的变化。希腊人对民主制疑虑重重，柏拉图偏好理论上无私的政治精英的治国模式，不需要大众或群众的参与。但我们知道，如果没有像洛克和麦迪逊这样的政治哲学家倡导的制度制衡的话，这种无私的政治是不可能的。希腊人理想化的统一与和谐是哲人王世界观的产物，但这个世界观有其局限性，其包含着阶级偏见，并不像柏拉图所设想的那样无私[2]。这也是为什么我们能够看到，托马斯·阿奎那——伊比利亚—拉美文明唯一真正的奠基人——运用了亚里士多德的逻辑和演绎推理，但却采用了柏拉图的权威的（authoritative）——不是威权主义的（authoritarian）——政
治制度。因为除了人与人之间自然的不平等这个概念之外，亚里士多德的政治 25
太贴近经验，难以为经院哲学家所用。经院哲学家更倾向于柏拉图及其权威

---

① Robert F. Adie and Guy E. Poitras, *Latin America: The Politics of Immobility*, Englewood Cliffs: Prentice-Hall, 1974.

② Wolin, *Politics and Vision*, chap. 2.

的、精英主义的、神权统治的概念。

希腊政治思想和实践中其他两个影响了伊比利亚和拉美的特征是有逻辑关联的。第一个是哪种希腊模式对西班牙和拉美的影响最大，是雅典模式，还是斯巴达模式？虽然雅典对西方人而言是民主的源泉，但斯巴达同样有其为人所珍视的特点。唐纳德·C.伍斯特(Donald C. Worcester)在其关于拉美历史的研究中写道，雅典传统意味着智识创造性和变化，强调思想和言论的自由，反感僭越的暴君[①]。相反，更加军事化的斯巴达规范则强调职责、责任、纪律和权威。纪律和权威在那些缺乏基础设施、公民社会和强大制度的社会——如拉美——特别必要。雅典支持变化和进步，而斯巴达则代表着一种稳定的、缺乏创造力的政治，一种贵族政府。两种观念在历史上各有其追随者。雅典传统和模式最适合北美政体，而斯巴达模式则在伊比利亚和拉美有其深厚根基，尽管雅典也是其所追求的理想。我们将会看到，像加图和西塞罗这样的罗马人就公开担心希腊传统所带来的无序、纪律松弛和权威涣散，一般而言，他们更偏向有序、静止的斯巴达模式。需要提醒的是，西班牙正是罗马诸行省中罗马化程度最高的行省。

影响伊比利亚和拉美的第二个特征是希腊的人际小城邦制度：在城邦里，每个人都认识其他(重要的)人或者说都是相互关联的。古希腊不是一个延伸的民族国家，而是城邦国家的集合体，有一个主城及环绕主城的乡村。西班牙的大区制度部分来自希腊模式，出身于某个大区的人首先忠于的是该大区而非大型的、跟个人无关的民族国家。重要的是朋友、邻居、小祖国(patria chica，字面意思为“小国家”)而不是遥远的、官僚主义的民族国家或几乎陌生的中央政府。如果有人怀疑这种思想在拉美的持久影响，就应当想一
26 想独立后玻利瓦尔梦想建立一个单一泛美政治实体的命运，大哥伦比亚的命运——其最终分裂成了厄瓜多尔、委内瑞拉、哥伦比亚等独立国家；想一想中

① Donald C. Worcester, "Historical and Cultural Sources of Spanish Resistance to Change," *Journal of Inter-American Studies* 6 (April 1964), pp.173 - 180.

美洲邦联(1821—1839)——分裂成的几个城邦国家至今犹存；想一想直至现代拉美人仍然忠诚难舍的小祖国[①]。

因而，构成今日伊比利亚和拉美的很多要素都植根于古希腊，其中包括如下观念：人与人之间的自然不平等；等级和社会地位；自上而下的权威，甚至绝对主义，或至少是明智而强大的政府；基于互惠义务的父权社会；有机主义、整体主义和法团主义；精英主义和神赐权威的统治；军国主义和纪律，特别是在边境地区和社会混乱、纷争时期；个人化的小祖国而非遥远、抽象的大祖国。很多这些概念和体现这些概念的制度将直接来到伊比利亚和拉美社会，稍加修改就获得应用。还有一些则经过调整而适应于西班牙的社会、文化新环境。我们已经注意到，伊比利亚和拉美选择性地借用了希腊人的这些概念，其往往忽视民主的方面而聚焦于有机、威权的方面，以支持自身的统治制度。当然，这些观念经常受到挑战，同样有人追随更加民主的雅典模式，将雅典视为努力的目标，尽管这往往被视为只有在长远的未来才能达成的目标。但在广阔、混乱、战争频仍、无组织、“不开化”的中世纪伊比利亚，以及殖民地时期乃至独立之后的拉美，自由民主模式一直只有少数人追随，而官僚的、威权的、斯巴达式的、哈布斯堡式的模式则往往占据统治地位。

罗马

希腊政治哲学来到伊比利亚的路径有二：一是早期的地中海贸易；二是罗马人的征服——希腊政治哲学影响了罗马政治思想。随着12世纪希腊和罗马的逻辑与法律观念的复兴，圣托马斯·阿奎那的基督教经院哲学得以形

---

① Frank Tannenbaum, *Ten Keys to Latin America*, New York: Vintage, 1962; Roland H. Ebel, "The Development and Decline of the Central American City State," in Howard J. Wiarda, ed., *Rift and Revolution: The Central American Imbroglio*, Washington, D.C.: The American Enterprise Institute for Public Policy Research, 1984, pp.70 - 104.

成。之后，希腊的演绎逻辑方法和理念则成为伊比利亚和拉美教育体制的一
27 部分。不过，北欧和北美倾向于强调希腊思想中的民主化规范和论证，而伊
比利亚和拉美则倾向于强调这种思想中保守的、自上而下的、柏拉图模式和
斯巴达模式相互交融的特征。

罗马吸取了希腊政治哲学的许多特征，但又对其进行了改进和调整，以适应变化了的新情况。也许政治上最重要的变化是广漠的罗马帝国的崛起，这跟希腊小型城邦国家截然不同。罗马帝国提出了之前从未想过的大规模治理观念①。

今天伊比利亚的绝大部分在公元前 2 世纪被罗马征服。只有西班牙北部几个省份的一些小定居点能够幸免于罗马的征服。罗马为这个半岛带来了之前没有的统一(以及其名字——西班牙)。就此而言，可以说，我们今天所知的西班牙和葡萄牙曾是一片无组织、不开化的区域，由一些分别控制有限领土的小型部落或氏族组成。罗马给了伊比利亚一个覆盖整个半岛的(中央集权的、威权的、帝国式的)行政制度，一种共同的语言(拉丁语)，一套共同的法律(罗马法)，一套社会制度(基于阶级、等级的制度)，大规模的城市化，以及一种共同的宗教(天主教)。为了将整个半岛联系在一起，罗马建造了道路、桥梁、水道和公共建筑——许多至今可见。通过这些方式，罗马提供了之前在伊比利亚不存在的统一和一整套制度。罗马人的观念和制度对半岛人具有持久且不断扩大的控制力。罗马的统治是深刻的，是影响西班牙和葡萄牙历史发展的两大或三大因素之一②。

许多由罗马带到伊比利亚的规范可以在之前分析过的古希腊信仰和概念中找到根源。比如，罗马斯多葛派(Stoics)相信世界由一个理性、公正的神所统治；应该有机地看待国家，将其视为一个家庭，神是这个家庭权威的父

---

① Wolin, *Politics and Vision*, chap.3.

② Francisco José Moreno, *Legitimacy and Stability in Latin America*, New York: New York University Press, 1969.

亲，人则是兄弟；必须遵从法律，当然，在斯多葛派看来，法律应当自然地出自守法的立法者，因为这才是道德上正确的事。因而，幸福不是来自主观性展现或原始情感，而是来自对神意的接受和遵循——这种哲学和行为叫作斯多 28
葛主义[①]。

罗马带给西班牙最主要的影响是其法律概念。在罗马的概念里，法律演绎自圣规、自然和正道，而非更加实际的盎格鲁美洲普通法传统所认为的日常经验。对罗马人而言，法律首先是一种对生活的道德解释，一种界定社会为之奋斗的伦理目标的努力。法规是一种对理想主义思考的表达，常常远离生活实际。法律代表了社会为之奋斗的目标，而非实际存在的现实。不像日耳曼和盎格鲁—撒克逊传统将法律视为务实的、切实可行的、植根于日常现实的一种对共同风俗习惯的表达，罗马法，即成文法传统——伊比利亚和拉美是这个传统的一部分——很少考虑现实基础。法律与日常实践相互分离、隔绝——这导致大范围的违法行为[②]。

皇帝或国王（及其在地区、地方、大领地等层次上的代表）被假定高于法律。由于共同体的目标是完成一项伦理使命，就需要有人来解释并领导这项使命：一个明智的君主、皇帝或柏拉图的哲人王。统治者的权力是绝对的。统治者的作用是超越日常斗争，成为统一的象征，成为法律的解释者。同时，统治者实际上拥有无限的权威，能够调停互相竞争的各方。他可能是一个绝对君主，但由于他的职责是践行共同体的伦理原则，他得为共善而统治。因而，在西班牙、葡萄牙和拉美，理想的政府形式——在此可以看到即将出现的对“民主”的定义——既不是极权君主制，也不是无机的民主制，而是某种父权式的家长制、教父制或民主的恺撒制。一点也不奇怪的是（并非缺少技术或发达的制度），伊比利亚和拉美从来没有产生过一个货真价实的纳粹或法

① Sabine, *A History of Political Theory*, chap. 8.

② Moreno, *Legitimacy and Stability*; and John Henry Merryman, *The Civil Law Tradition*, Stanford: Stanford University Press, 1969.

西斯政权(有些政权接近这种状况)，无活力的民主制也很少成功地发挥作用。相反，主流的传统是某种中间状态：理论上为共善而进行统治的君主制、威权制(比如西班牙的佛朗哥，葡萄牙的安东尼奥·萨拉萨尔，墨西哥的波菲里奥·迪亚斯，阿根廷的胡安·庇隆)或暗含强力领导的民主制(比如秘鲁的阿尔贝托·藤森，阿根廷的卡洛斯·梅内姆，委内瑞拉的乌戈·查
29 韦斯)。

西塞罗以其对法律和法治主义——如今已经与神圣的天意同受尊崇——的贡献而闻名于世。西塞罗论证说，所有人都服从于法律，都是同侪。因而，所有人都配得上人道尊严，都应得到尊重，甚至靠受雇而生的奴隶也是如此。在西塞罗的概念里，国家是人民的事务(基于人民的意志)，是共同福祉之所在。而一个良好的国家是这样的："人们由于共同的关于法律和权利的协议(契约理论)而聚在一起，共同致力于互相帮助的事业。"所有这些概念——法治政府、互相尊重、人民意志、契约理论——都经常用来为平等、民主和代议制政府提供基础。

但这并非西塞罗的全部意思，也不是西塞罗思想的全景。在此可以与古希腊思想相对照。古希腊人发明了民主，但他们同样也发明并论证了绝对主义、寡头制、奴隶制、军国主义、威权主义等不那么吸引人的观念。西塞罗当然说过每个人都服从于法律，但这并不意味着每个人都平等地服从于法律，都服从于同样的法律。事实上，西塞罗构想了不同类别的法律，分别适用于不同的人。这一点也谈不上平等。第二，当西塞罗说甚至奴隶也有其权利的时候，他并不相信奴隶拥有与社会上其他人同等的权利。事实上，他接受了希腊人关于人与人之间自然不平等的概念，认为有些人拥有比其他人更多的权利。第三，尽管西塞罗说权威来自人民，但他并不提倡现代民主意义上的大众参与或一人一票哲学。他所说的政治权威来自人民没什么民主意涵。相反，由于持有法律等级和社会类别观念，西塞罗跟希腊人一样相信政府应当由一小群贵族管理，人民代表应当在法团性、群体性权利的基础上组织起

来，而非基于个人主义。最后，尽管西塞罗的构想看上去倾向于人民政府，但他想指向的却是一种由罗马公民的意志打造的开明专制，这跟柏拉图的哲人王相差不远。盎格鲁美洲的民主派倾向于在西塞罗那里强调平等主义和共和主义特征，但同样可以在那里找到非平等主义、法团主义等本质上并不民主的概念①。 30

罗马观念中的另一个重要元素来自在西班牙（科尔多瓦）出生的塞涅卡。塞涅卡首先是臭名昭著的罗马皇帝尼禄的老师。当然，塞涅卡也是一名政治哲学家，其关于恩惠（gift）的概念是日后伊比利亚和拉美的庇护主义（clientelism）和恩庇关系（patronage）的哲学基础。“重要的是一个人对财富的态度，”他在《论幸福生活》中写道，“财富是贤人的良仆，却是愚人的恶主。”他说，赐予穷人以财富乃是富人的职责。对塞涅卡来说，这是一条实践原则（一个人赐予他人恩惠但同样也接受他人赐予的恩惠），也是一种善。在后来的基督教概念中，上帝赐其独子死于十字架上，经常被认为是这个互惠型社会制度的开端。

在持有希腊—罗马关于人与人之间自然不平等的观念的同时，塞涅卡还根据人的社会等级区分了三种不同类型的恩惠：赐予最低阶层必要的恩惠以保障其生存，赐予中间阶层有益的恩惠以使之能够过上更好的生活，赐予最高阶层以舒适的恩惠以使之能够享受生活。反过来，那些接受恩惠的人要忠诚并服从于他们的恩主。恩惠可以是金钱、土地、庇护、支持、赞助等形式。从中可以看到不平等的恩庇关系和庇护主义的社会制度基础；一小群精英通过恩惠和庇护统治、安抚群众，而群众则反过来要支持、顺从他们（如今是以选票的形式）。在墨西哥这样的国家，原始的恩惠概念最终发展成为一种全国性的恩庇、庇护主义和恩主—受恩者关系的体系。从塞涅卡对待财富的态

① Sabine, *A History of Political Theory*, chap. 9; Wolin, *Politics and Vision*, chap. 3. 西塞罗及其源头波利比乌斯相信大众因素可以成为罗马“混合”制度的一部分，但他对此做出了这里指出的各种限定，实际上占主导地位的是贵族元老自上而下的统治。

度（“智者的良仆”）中，人们可以依稀看到后来伊比利亚和拉美对待金钱的消极态度：反感对金钱的获取，反感资本主义，不喜欢进行生产性投资。

塞涅卡被视为斯多葛主义之父。斯多葛派哲人教导说，幸福和社会正义来自对自己在生命中的位置的接受。一个人不应该反抗合法的权威，或试图打破微妙的社会平衡。所有人都有义务服从权威，平静地调整以适应变化。斯多葛派思想中没有质疑权威的倾向，甚至无权反抗不义的权威。在后来的
31 基督教思想中，这个服从的义务将拥有神圣的性质：如果你反抗或试图改变社会制度，你不仅要冒险面对世俗权威的怒火，还将面临神圣的惩戒——永恒的诅咒。不难看到，斯多葛主义和服从的义务如何在后来的伊比利亚和拉美导致在现代政治学看来消极、胆怯、不参与政治的人的大量出现[①]。这种消极和对现状不加反思的接受将导致权力的滥用、镇压和独裁。

罗马——就像其“孩子”葡萄牙和西班牙及其“继子”拉美一样——相信等级和位阶。罗马的等级概念在希腊概念的基础上进一步发展并制度化：执政者（君主的利益），元老（贵族的利益），公民大会（人民的利益）。就像在希腊一样，每一个人都是世袭的、固定的，很少有社会和政治流动；一个人生于某种特定的位置就将保持在这个位置上，其子孙世世代代亦将如是。等级的地位是不可变换的；在后来的基督教托马斯主义概念中，社会和政治的等级基础将获得神授性。可以注意到，在这种非平等的概念中，奴隶是完全得不到代表权的。

甚至在前基督教的罗马，国家也像在希腊那样被视为一种伦理的统一，在道德上要求其臣民的忠诚。像希腊一样，罗马诸神也被视为理性和良善的神。统治者必须像父亲对待孩子一样对待其臣民；统治同时基于权威和仁慈，就像恩惠这一概念所意涵的那样。人在本性上就是一个社会存在，政府被认为是自然的和良善的。政治领导因而应当基于正确（权威但公正）的行

① Gabriel A. Almond and Sidney Verba, *The Civic Culture: Political Attitudes and Democracy in Five Nations*, Boston: Little, Brown, 1965.

为准则，就像公民有义务服从法律一样，统治者同样有义务公正地治理[1]。

国家像社会一样依赖于相互的义务。如果我作为统治者赞助了你，那么你就要相应地服从并忠诚于我。这是经典的恩主—受恩者关系。这种关系在实践中使恩主安于其统治权力，使受恩者成为乞求统治者施恩的臣民。但要记住，每个人至少都有某些权利，政治和社会奠定于一个道德共同体的基础上。因此，尽管开明专制——后来拉美共和派作家所说的民主恺撒主
义——被视为最好的政府形式，但它不能变成赤裸裸的暴政。统治者被赋予 32
威权式治理的权力，但同时必须公正地治理。全然的独裁或极权主义是会遭到谴责的。跨过这些界限、侵犯人民权利的统治者（比如近代多米尼加共和国的血腥独裁者拉斐尔·特鲁西略）将使人民有权反抗，用相当晚近的基督教术语来说就是，人民有权反抗不义的权威。因此，虽然统治者可以施行强力统治，但这并不意味着统治者可以侵犯其公民的基本权利而不招致人民革命。

罗马国家不只是精英主义和威权主义国家，也是法团主义国家。也就是说，社会及其代表是在功能性和群体性基础上而非个人基础上组织起来的。罗马社会偶尔出现过宝贵的个人主义，但就像在希腊一样，群体和共同体的利益优先于个体的利益，权利也倾向于跟群体而非个体相关联[2]。

罗马的制度由三种法团组成：国家居于顶层，被视为法团性集体；市镇获准享有半独立实体特权，有环绕主城的周边领地（像希腊城邦国家）；私人性法团或功能性单元，得到国家的种种特许权利。私人性单元包括工匠行会、教士或军人协会、修道协会、殡葬及其他法团，以及各种专业团体，比如医生、律师等职业团体（由此可以理解梵蒂冈为什么仍使用“枢机团”这一术语）。

---

① Sabine, *A History of Political Theory*, chap. 9.

② 同上，pp.166 - 172.

这些实体要获得特许以能够发挥其功能，必须得到国家的承认。在罗马法之下，一个群体不能自己发展某种法人状态或拥有政治地位，它得从国家那里获得特许，才能得到承认。人们不能像在美国那样自己组织一个利益群体，然后出去游说，而必须先获得国家的批准才行。其必须达到某种规定的标准，由国家审核其成员资格、领导机构、目的和内部运作情况，审核通过之后才能合法地进行自己的活动。通常这些标准是相当严格的，这便使国家能够有效地调节这样的群体活动，因而，授予一个新群体以特许的情况很少发生。国家可以承认或授予一个团体以法律人格并许可其活动，当然也可以否
33 定、延迟、扣留其许可，或增加别的条件。没有这种官方承认（跟自由主义、多元主义国家的情况很不一样），这个群体就无法合法地发挥作用。因而，在法团主义作为一种社会政治制度复兴的 20 世纪，我们尤其可以在伊比利亚和拉美看到，认可一个新群体的能力赋予国家以强大的权力，使之可以调节或压制新兴利益群体的活动[①]。

政治代表同样基于法团主义群体，也就是说，基于功能性群体而非个人。各群体自己选择自己的领导人，在罗马立法系统中代表自己。国家同样经常强有力地干预这个过程，告诉该群体其会接受哪些领导人成为代表。这些法团群体的代表被称为代理人（procuratores）或工团长（syndics，“工团主义”这个术语与此相关，后来指一种没有支配一切的国家机器而由法团代表直接统治的政府形式）。随着时间的推移，法团代理人获得委托人的全部权力（plena potestas），代表法团在政府和法院中的利益[②]。

尽管甚至在罗马，这些代表所拥有的具体权力都千差万别，尽管罗马人

---

① W. W. Buckland and Arnold D. McNair, *Roman Law and Common Law: A Comparison in Outline*, Cambridge: Cambridge University Press, 1965, pp.54－59; W. W. Buckland, *A Text Book of Roman Law from Augustus to Justinian*, Cambridge: Cambridge University Press, 1966, pp.174－179, 292－293, 512－513.

② Gaines Post, *Studies in Medieval Legal Thought: Public Law and the State, 1100－1322*, Princeton: Princeton University Press, 1964.

从来没有充分发展出后来的法团主义国家所拥有的完整的互惠权利和义务体系，但令人震惊的是，法团—有机的概念和制度甚至在古罗马就已经存在了。这些概念有许多在“野蛮人”入侵罗马之后及在整个黑暗时代消失了，但罗马法在12世纪被重新发现。随着现代西班牙、葡萄牙国家在中世纪晚期的发展，正是这个重新发现的罗马法模式塑造了其社会、政治生活的基本结构。之后被带到拉美的，也正是这些法团的、有机的规范和制度。拉美大学中有数以万计的学生以罗马法的这些特征作为论文的题目。

罗马还将其他特征传到了伊比利亚，进而传到了拉美。唐纳德·C.伍斯特认为，西班牙、葡萄牙和拉美对土地和大地产的热爱源自罗马[①]。他声称，和对土地的热爱相联系的是这样一种信念，即大规模农业之外的其他追求被认为不怎么光彩。大地产需要农民或奴隶协助劳动。罗马法允许地主利用 34
那些生活在其地产上的劳动力，在征服的土地上尤其如此。应该记住，西班牙就是罗马征服的众多土地中的一块。在罗马法那里，所有无主的土地（根据定义，所有征服的土地都是无主地）都属于国家，因而国家可以将这些土地作为恩惠赐给那些会报以忠诚与支持的人。

就西班牙而言，罗马将大量土地分给了取得胜利的军团，这些人之后就住在西班牙。这是封建大地产制度的基础，也是严格的地主—农民关系的基础。这个模式后来在伊比利亚及其在拉美的殖民地大行其道。尽管这些地产在摩尔人征服半岛期间被重新划分和分配，但这个理想延续了下来。拥有大地产及在该地产上劳动的大量农民依然被视为权力和威望的象征，而这进一步强化了中世纪社会的等级鸿沟。在拉美，征服者们也可以攫取大量土地，并有现成的“农民”——印第安土著人可以奴役。在此，曾经有过一场关于印第安人是否有灵魂，即他们是不是天然的奴隶阶级的辩论。辩论既基于亚里士多德的观念，也基于罗马法。如果他们有灵魂，那就是说，他们是人

---

① Worcester, “Historical and Cultural Sources,” pp.173 - 174.

(尽管是原始等级的人)，也就至少拥有得到西班牙法律保护的基本权利；如果他们没有灵魂，即他们不是人，那么就根本配不上最基本的权利——这意味着，可以杀掉或奴役他们[1]。

伊比利亚承继罗马的另一个特征是对战争、征服和武士等级的尊崇。西班牙是罗马帝国的边疆地区，像早期美国西部一样，根本没有法律和共和主义观念。相反，如果借用当代术语的话，可以说，这是一个“枪杆子里面出政权”的边疆地区。征服者、强人、军人、罗马军团的代表极受尊崇。毕竟，像后来拉美的征服者一样，这些人代表了文明，代表了反对这些地区野蛮人的力量。就像在民族主义观念兴起时西班牙曾试图驱逐侵略者一样，西班牙也曾一度试图驱逐罗马侵略者，但由于做不到这一点，他们转而模仿罗马人
35 的生活[2]。

罗马用于管理西班牙的治理制度一直在持续，该制度后来还被带到了拉美。这是一种绝对主义和威权主义的制度：一切决策权力集中于罗马或皇帝一人；西班牙被视为征服的土地加以统治；中央政府可以任命或派遣代表其权威的副王(viceroy)或总督，他们同样拥有绝对的权力。这个等级制度的下一级是市政府或领主：地方长官或地主在其辖域内同样拥有绝对的生杀大权。所有这些权威都得向中央复命，至少在理论上是这样(但实际上，中央远在天边，地方有一定的自治权)，而中央也是有机的政府，少有权力制衡。当西班牙和葡萄牙从摩尔人手里重新夺回被征服的土地(见第三章)后，他们寻找一种治理边疆社会的模式；后来，当他们在拉美发现并征服新的边疆领

---

① Lewis Hanke, *All Mankind Is One: A Study of the Disputation between Bartolomé de las Casas and Juan Ginés de Sepúlveda in 1550 on the Intellectual and Religious Capacity of the American Indians*, DeKalb: Northern Illinois University Press, 1974.

② Elena Lourie, "A Society Organized for War: Medieval Spain," *Past and Present* 35 (December 1966), pp.54 - 76; also Claudio Sánchez-Albernoz, "The Frontier and Castilian Liberties," in Archibald R. Lewis and Thomas F. McGann, eds., *The New World Looks at Its History*, Austin: University of Texas Press, 1963, pp.27 - 46.

地时，他们自然而然地转向他们唯一了解、熟悉的模式：罗马帝国模式。[1]

我们已经看到，尽管斯多葛主义哲学所要求的——一个人得接受其在生活中的位置——这个观念一般而言是统治性的，但罗马的许多法律和政治规范同样演绎自自然和理性。当然，在基督教成为罗马国教之后，基督教所提出的道德原则将指导整个帝国的行为。早期的哲学家和法学家的伦理信条大多与此世相关，但基督教教父们所宣讲的教义却是彼世性的。异教的影响之后从法律中清除了出去，基督教原则取而代之。尽管法律的目的从世俗关怀转到了灵性关怀，但演绎性、理想主义的法律体系的基本原则依然如故。法律的目的依然是提供关于正道的教诲，提供社会的伦理和道德基础。就像何塞·莫雷诺(José Moreno)所说："罗马的理想主义和个人主义被译成了基督教术语，塑造了西班牙的法律和政治观念。"[2]这意味着高蹈的伦理原则(或法律和宪法)与当地习俗或现实的分离。伊比利亚和拉美的命运已经注定：堂吉诃德徒劳地与风车战斗，而桑丘·潘沙明智而实用的建议却经常被忽视。

罗马对伊比利亚和拉美的影响是深远的。罗马文化在其各个方面主宰了伊比利亚达 6 个世纪(前 219—409)。罗马的影响不仅是持久的，而且是深 36
入而全面的。罗马的语言和文化统一了整个半岛并赋予其一贯性。传播到伊比利亚的罗马法和社会政治组织制度产生了深远的影响——不仅直接影响了当时的西班牙，而且作为一种模式影响了其长远的发展。接受罗马法及其理想主义的哲学基础决定了西班牙(和拉美的)政治思想的方向及其社会和政治结构。随着基督教的引入，一种新的强有力的原料添加到伊比利亚的炖锅之中。就像人们常说的，西班牙不仅是罗马行省中最罗马化的，而且也是最基督教化的。

---

① Charles Julian Bishko, "The Iberian Background of Latin American History," *Hispanic American Historical Review* 36 (February 1956), pp.50－80.

② Moreno, *Legitimacy and Stability*.

基督教

公元1、2两个世纪，基督教传播得比较慢。基督徒经常因其信仰而遭迫害。罗马为这个新宗教设置了很多障碍。这个缓慢发展的宗教运动缺少可以深入扩展其信仰的经济权势或政治结构。基督教一开始对社会和政治哲学或组织等宏大观念也非常淡漠。其提出了当时看来比较新颖的共同体和休戚与共的思想，但仍然是一种松散的信徒团体，缺乏基本的组织和政治结构。当然，随着基督教在整个帝国的扩散，它开始发展出一种与其庞大信徒团体相匹配的制度结构——在基督教成为罗马国家法定和受鼓励的国教之后，尤其如此。

我们这里的目的不是追溯基督教的整个历史，而是要关注对西班牙、葡萄牙及其在新世界殖民地产生特殊影响的基督教信仰、教义和制度。我们恰好从《圣经》开始。

《圣经》中有许多段落谈及权威的本性、基督徒的义务，以及国家和社会的理想的（基督教的）结构。我们引用这些段落时，要谨记：这些都是神的思想；它们是永恒的，是不可改变的，而不遵奉这些思想将引起神的愤怒和审判，意即永恒的诅咒。这种概念听起来很老套，但我们必须如此对待这些古代和中世纪的术语。在那时，人们真的相信不服从神是一种道德上的罪，将
37 引来永恒的地狱之火。这些观念和戒律在其中生根开花的社会和文化（罗马、西班牙、葡萄牙和拉美）不是民主的、讲究竞争的、多元主义的，人们不能自己选择接受或拒绝，抑或忽视这些基督教律令。确切地说，它们所造访的社会是绝对主义的、神权统治的、一元的和宗教裁判的；在这样的社会里，人必须接受神和宗教权威的福音，或其他东西！这个"或其他东西"并不令人舒服。当然，我们想要说的是，要理解伊比利亚和拉美，就必须置身于它们所处的时代和它们的条件——尽管这有时让人感觉不舒服——而不是透过我们的有色眼镜，带着偏见去理解。

让我们从《罗马人书》第 13 章第 1—2 节关于权威本性和人应当服从权威的段落开始："每个人要服从上级有权柄的人，因为没有权柄不是从天主来的，所有的权柄都是由天主规定的。所以，谁反抗权柄，就是反抗天主的规定，而反抗的人就是自取处罚。"①

接下来的两个段落，第一段来自《罗马人书》第 12 章第 4—7 节，第二段来自《哥林多前书》第 12 章第 12—27 节，强调社会是有机的、法团主义的、功能性的组织，与美国毫无限制的个人主义天差地别：

> 正如我们一个身子上有好些肢体，肢体也不都是一样的用处。我们这许多人，在基督里成为一身，互相联络作肢体，也是如此。按我们所得的恩赐，各有不同。或说预言，就当照着信心的程度说预言；或作执事，就当专一执事；或作教导的，就当专一教导……

> 就如身子是一个，却有许多肢体；而且肢体虽多，仍是一个身子。基督也是这样。我们不拘是犹太人，是希利尼人，是为奴的，是自主的，都从一位圣灵受洗，成了一个身体，饮于一位圣灵。身子原不是一个肢体，乃是许多肢体。设若脚说"我不是手，所以不属乎身子"，它不能因此就不属乎身子；设若耳说"我不是眼，所以不属乎身子"，它也不能因此就不属乎身子。若全身是眼，从哪里听声呢？若全身是耳，从哪里闻味呢？但如今神随自己的意思把肢体俱各安排在身上了。若都是一个肢体，身子在哪里呢？但如今肢体是多的， 38
> 身子却是一个。眼不能对手说"我用不着你"，头也不能对脚说"我用不着你"。不但如此，身上肢体，人以为软弱的，更是不可少的。身上肢体，我们看为不体面的，越发给它加上体面；不俊美的，越发得

① 考虑到拉美大部分国家以天主教为主体，此处译文采用的是《圣经》(天主教思高版)。下同。——译者注

> 着俊美。我们俊美的肢体，自然用不着装饰；但神配搭这身子，把加倍的体面给那有缺欠的肢体，免得身上分门别类，总要肢体彼此相顾。若一个肢体受苦，所有的肢体就一同受苦；若一个肢体得荣耀，所有的肢体就一同快乐。你们就是基督的身子，并且各自作肢体。

这是《圣经》关于威权、有机、法团主义的社会和政治秩序的一种看法。基督徒有义务服从而非质疑神赐的权威。神是宇宙的中心，人所有的事务都掌握在他全能的手里。思维方法必须是演绎法：从神法开始，最终到达神的教会（及教宗）的训示，其他东西演绎自神的诫命和教会的解释。就像在亚里士多德那里一样，社会和政府基于自然集群：家庭、氏族、地方团体或教区。社会的形式是统一的、有机的和整合的，所有部分都连在一起。社会是一个功能性、法团性地组织起来的共同体。在这里，个人主义或个人权利是没有意义的。作为对神的宇宙的反映，政治权威也必须是自上而下的、中央集权的和绝对主义的。君主或统治者的作用是维持基督教共福体，并服务于共善。所有这些都是神的意志，永恒且不可改变、不容挑战。

这些特征正是伊比利亚和拉美政治经验的核心。随着基督教教会的壮大和教会制度的发展，出现了服从外部政治权威与服从神两种义务的区分（“恺撒的归恺撒；天主的归天主”）。基督徒也被鼓励去适应外部的（罗马）政治秩序，就像谢尔登·沃林（Sheldon Wolin）所指出的那样：这说明基督徒尽管仍深陷于旧生活，但已经开始为新生活而奋斗[①]。服从的义务反映出政治势力阻碍了一个完全基督教的国家和社会的建立。在公元5世纪，圣奥古斯
39 丁用“双剑”——一把基督之剑，一把世俗之剑——这个术语来描述这两种服从的义务。在中世纪晚期，漫长而激烈的争辩焦点是宗教干预世俗事务的权利问题。对信徒而言，基督之剑高于世俗之剑。当这两把剑发生冲突的时

① Wolin, *Politics and Vision*, chap. 3.

候，信徒首先要忠于基督的福音。

尽管基督徒欢迎罗马司法制度，因为它提供了基督教得以在其中繁荣的和平与秩序；但基督徒相信，教会或宗教共同体高于世俗共同体、高于国家。奥古斯丁坚持认为，即使一个疏远真神的社会也可以成为壮大基督教的有用工具；但这种世俗秩序只是一种次好的安排，因为他并非基于基督教的爱，而是基于强制。同时，基督教共福体也已经不再只是分散在各地、经常遭受迫害的信徒的集合，而已经成为一个需要组织、管理、信条、权威、等级和纪律的共同体。教会必须处理异端、异议者和对原始教条的败坏。为此，教会有时试图强化对其追随者的统一，强化纪律，因为如果统一是好的，那么强化的统一（后来西班牙的宗教裁判所）当然也就是好的[①]。统一被视为社会的本质性因素，因为统一有助于维持和平和秩序良好，这使基督教生活成为可能[②]。

就像《福音书》、保罗书信及奥古斯丁的著作所写的那样，下面列出的这些观念主导了基督教共福体（Christian commonwealth）[③]。由于许多早期教会领袖接受过古典训练，我们可以注意到这些观念有许多源自早期的希腊和罗马。

1. 所有生活都要基于基督教原则；所有人类制度都要反映神法。

2. 法律、政治与宗教之间没有明确的界限；法律和政治须融于基督教原则。

3. 一个人有义务献出该献给神的东西，同样有义务献出该献给恺撒的东西。但在基督教义务与世俗义务发生冲突的情况下，基督教义务必须优先。

4. 世俗权威必须服从基督教原则；如果宗教之“剑”与世俗之“剑”相抵触，基督徒首先要忠于宗教之“剑”。

5. 人类秩序必须追随神圣的原型。就像我们早先时候引用的《圣经》段落 40
所说的，这意味着一种有机的、功能性的、法团主义的国家和社会概念，意味着

① Margaret Mott, “The Inquisition in New Spain: The Rule of Faith over Reason,” *Journal of Church and State* 40 (Winter 1998), pp.57 – 81.

② Sabine, *A History of Political Theory*; Wolin, *Politics and Vision*.

③ 特别是参阅 Anton-Hermann Chroust, “The Corporate Idea and the Body Politic in the Middle Ages,” *Review of Politics* 9 (October 1947), pp.423 – 452.

服从上级权威特别是宗教权威，意味着将父权式家庭视为政治权威的模型。

6. 法律和文化必须融于(基督教的)道德和伦理原则；社会与道德不分离。

7. 人类在此世的目标是建立基督教共福体(奥古斯丁)；这样的共福体不是多元主义的，而是一元的、统一的和完整的。

8. 基督教提出了一种不同于个人主义的共同体新思想：信徒共同体。信徒要统一并团结成一个共同体以此召唤信徒的参与，这种参与反过来又可以重振共同体的活力。

9. 政治社会的目标是体现并提倡良好有序的基督教共福体原则，鼓励基督教生活和基督教团体，注重统一以避免政治义务与宗教义务之间的冲突。

10. 关于人类有机统一的基督教概念基于下面这种信念：所有阶级和人民都是神所爱的孩子，在神无限的爱中统一和联结在一起，神赐给人类其独子尤其是所有人类关系的神圣模型。

11. 政治社会(根据之前引用的《圣经》段落)也类似地被视为单个统一的整体，在神圣的普世整体与同样神圣的部分之间存在一种有机的关系。

12. 宇宙中的每一个存在都有其恰当的位置(“存在巨链”)，与所有其他存在也都有其恰当的关系；存在的秩序由一个神圣的等级体系所决定，其顶峰是神。不仅每一个有机体及组成该有机体的每一个部分在宇宙万物的秩序中有其位置，而且该有机体自身特殊的组成和秩序也是如此(索尔兹伯里的约翰[John of Salisbury]发展了这个有机法团主义的概念：良好的社会秩序仰赖于社会的不同部分恰当地发挥其社会功能)。

13. 人类整体是神为宇宙安排的神圣计划的一部分；一切都统一于神的主权。统一原则因而是一切的基础；统一也是所有社会和社会实存的基础。

14. 基督教世界的天命和天定目标同整个人类的目标相同。人类不过是
41 一个由神创造并指引的单一的、普遍的共同体。所有人类事务，包括自由本身，全都掌握在神及其包纳万有的统一之中。

15. 由于人类整体不过是一副身躯，而基督是其唯一的头；因而进一步假

定：基督在这个地球上唯一的代表（教宗）就可以被称为身体政治（body politic）的合法和临时的统治者。

这些都是强有力的原则，而且它们具有一种内在的逻辑和一贯性。作为现代人，我们也许不会再接受这些原则，但我们可以清楚地看到，如果接受这些设定，那么，其逻辑将把我们带到更远的地方。而且不管我们是否赞同，这是一些非常基本的原则，有力地支撑了伊比利亚和拉美的文明和政治社会。

无论是以整个社会为范围阐释这个以宗教为中心的、有机的、法团主义的概念，还是在系统分析教会—国家关系的内在困境方面，奥古斯丁都堪称第一人；与此同时，奥古斯丁还成功地将基督教理想牢牢地植入西方文明的希腊—罗马根源。奥古斯丁想要国家推行基督宗教的神圣使命，同时保持教会的至上权力。在成为罗马官方宗教之后，基督教面临失去其独特身份的危险。基督教如何能够在支持国家、获得国家支持的同时而避免成为只是另一个公民宗教？如果国家不只是推进宗教，而且进一步试图控制宗教怎么办？在奥古斯丁看来，灵性领域与政治领域不同但又互相补充，双方都应致力于相同的目的——一个基督教共福体。奥古斯丁理论中的秩序是一种高度结构化的、等级性的和具有分布律（即进行高低善恶之分）的秩序。奥古斯丁的国家也是自上而下的、权威的——如果不是威权主义的话——国家，致力于其最重要的任务：传播和深化基督教[①]。我们可以在奥古斯丁的秩序里看到，一些最重要的信念成为西班牙—拉美的社会和政治组织的基础。

奥古斯丁的著作非常适合罗马帝国（包括整个环地中海地区和包括伊比利亚在内的西欧的相当一部分）的结构和幅员。但在公元5世纪，这个广漠的帝国开始衰落、解体。这既是源于帝国内部的各种冲突，也是由于帝国漫
长边境线上各蛮族的反复攻击。其中一支蛮族是西哥特人，生活在罗马帝国 42
北边的日耳曼部落中的一支。西哥特人涌入了今天的意大利，征服了罗马，

① Wolin, *Politics and Vision*, chap. 4.

这是导致罗马帝国衰落的重要因素。当然，在征服罗马的过程中，西哥特人为罗马所吸引并将基督教视同己出。后来，西哥特人从意大利行进到伊比利亚，也降服了这个前罗马帝国的行省。

从公元前 2 世纪到公元 5 世纪，罗马统治伊比利亚长达 6 个世纪，在伊比利亚半岛留下了不可磨灭的印记。之后的两个世纪属于西哥特人。尽管西哥特人的影响没有罗马那么强烈、那么深刻，但至少有三种主要影响值得一提。第一，西哥特人重新将以部落或氏族为基础的、非中央集权化的和按照区域组织起来的政治结构引入了西班牙，由此引发了中央政府权威与区域自治之间似乎永不停歇的冲突，至今不绝。第二，西哥特人引入了克里斯玛型英雄的领袖，即考迪罗的观念。这种领袖迅速掌权，依靠其力量、技巧和个人魅力，克服千难万险，最终拯救了整个国家——虚构的电影角色熙德(*El Cid*)就是其最好的例证。第三，西哥特人引入了一种"官方、国家、教会"的结构和要求。因此，天主教不仅在罗马时期的西班牙就居垄断地位，如今还是唯一的官方国家教会。教会与国家之间的联合比以前还要紧密。国家为教会提供土地和其他资源，所有西班牙人都有义务信奉这个官方宗教，否则将面临法律的惩罚①。

随着罗马帝国的衰落，欧洲大部分地区进入了被称为"黑暗时代"的漫长时期。对西班牙而言，"黑暗时代"由于西哥特人的征服和摩尔人的征服而不那么黑暗。当然，我们这里想说的是，所谓的"黑暗时代"实际上在伊比利亚从来没有像在欧洲其他地区那么黑暗。首先是因为有西哥特人和他们的官方国家教会；虽然以罗马帝国的标准来看还比较原始，但毕竟保存了基督教的火种，并使之繁荣了两个多世纪。第二，尽管伊比利亚后来处在(北非)摩
43 尔人的统治之下，但摩尔人营造了一种惊人的、生机勃勃的、自由开明的文化，使西班牙在中世纪成为欧洲最重要的哲学、艺术、建筑和神学中心。而

① Stanley Payne, *A History of Spain and Portugal*, 2 vols., Madison: University of Wisconsin Press, 1973.

且，正是经过北非、东地中海，通过西班牙，在黑暗时代失落的希腊、罗马经典（亚里士多德、柏拉图、西塞罗等）在几百年之后得以重新引入欧洲，之后激发了一种新的智识觉醒，使欧洲跨入现代之门。

将强大的希腊学识、方法与基督教结合在一起，形成一种巨大的综合，使之构成一种新的宗教正统和社会政治结构的人是圣托马斯·阿奎那。后来较为现代的西班牙、葡萄牙，还有拉丁美洲，接受的正是圣托马斯所完成的这种综合。圣托马斯是西方政治思想史上最有影响力的人物之一，无疑也是基督教历史上最重要的哲学家。在西南欧，托马斯主义原则构成了整个文化和社会的基础。托马斯的贡献在于建造了一个融逻辑、理性、真理于一体的大厦，不仅支撑了基督教，赋予基督教信仰一种新的活力，而且还为社会组织和政治制度提供了基础。在伊比利亚和拉美很多地区，这种制度持存至今[①]。

托马斯主义哲学对中世纪思想及政治发展产生了双重影响。一方面，其哲学非常强调通过纪律、权威和等级来创建秩序。圣托马斯基本上接受了奥古斯丁的观念，即强调有机秩序，每个群体和个人都安于其神授的位置，以及（回到亚里士多德的）社会等级体系。亚里士多德认为世界是对观念的反映；托马斯从这个思想出发，认为人注定要成为终极至善的神的一个复本。不过，这种理想主义是静态的、不变的——宇宙的本性也是如此。在托马斯看来，社会是不完善的人的集合，人的来世比此世要重要得多。托马斯认为信仰与理性互相补充，对两者都加以利用；其社会概念也是一个文化和法律（而非社会经济的）概念。

托马斯·阿奎那是西方思想史上的一座高峰。他建造了一座哲学和宗
教大厦，试图用以神为中心的术语解释生命中的一切。一旦接受托马斯的基 44
本前提，一整套的社会、文化、哲学、政治和宗教等就都水到渠成了。托马斯比任何其他人都更致力于打造自然法哲学体系。这个体系不仅支撑了中世

① Jacques Maritain, *St. Thomas Aquinas*, New York: Meridian Books, 1964; Bernice Hamilton, *Political Thought in Sixteenth-Century Spain*, London: Oxford University Press, 1963.

纪晚期，而且也是现代（至少到梵二会议之前）天主教政治思想和社会的基础。当然，我们知道，在新教改革、在西北欧和现代世俗思想那里，托马斯主义的假说逐渐式微或遭到拒绝。但在南欧，特别是在西班牙和葡萄牙，在这个反宗教改革的心脏地带及其在新世界的殖民地，情况并非如此。在那里，托马斯主义大厦及其关于秩序、权威、法律、等级、不平等和以神为中心的宇宙等设定依然如故。当然，我们这里的目的不是要详细讨论托马斯——尽管其复杂的哲学完全值得细致地讨论——而只是要强调其主要特征及其对伊比利亚和拉美的强大而持久的影响。

像奥古斯丁一样，托马斯的概念也是关于人与宇宙有机统一的概念。托马斯认为，宇宙是一种等级体系，反映了神的神圣计划。社会和政治共同体都要以等级的方式加以组织，以反映人与人之间的自然不平等。托马斯也构想了一个与社会等级体系相匹配的法律的等级体系：有神法（神公开的教导，如十诫），永恒法（也源自神，如星星和月亮的行为），自然法（人在基督教神学引导下通过正确的理性演绎出来的法），以及人法。很明显，人法处于最低等级，只是"单纯的"典章、此世性的规章，如果跟更高级的法有冲突的话，经常可以忽略不计。

圣托马斯是亚里士多德、柏拉图、西塞罗、《圣经》和奥古斯丁的延续，推进了关于社会的有机和功能性组织的概念："社会是一个由不同部分组成的有机体。人类活动也是一个功能等级体系，可以分门别类，各有其意义，每一种活动在其所在的等级上都有其价值。这一切最终指向社会的共同目的。"[1]这个出自（之前引用过的）保罗书信的有机法团主义概念不仅可以在自然法和人法中，而且可以在神自己的指令中找到根源。就像著名的德国宗教社会
45 学家 R.H.托尼（R. H. Tawney）解释的那样："社会的每一个成员都有其作用……每个人都必须接受且恰恰接受与其位置相应的东西（公道的奖赏）……阶级之内必须平等，但阶级之间必须不平等；否则，每个阶级都不能

---

① 转引自 Hamilton，*Political Thought*.

发挥其作用,‘享有其权利’。”[1]社会由功能性组织组成一体,是一个互惠体系,但义务和权利根据社会位置的不同而不同。

托马斯关于政治社会的概念同样源自全能神的观念。神的权威是不受质疑的,一切都要服从他。国王也与此类似：一旦共同体将统治权转让给国王(当时适值民族国家在欧洲初兴的时代),国王就按照神授的自然权利进行统治。世间践行的神授君权反映了神对整个宇宙的神圣权威。这是绝对的,不可侵犯的。宗教领域也与此类似：权威是自上而下的,教宗及其神圣的教廷是领导和统治基督教实体的机构,代表并执行神的意志。

托马斯论证的逻辑是有力的,权威的和令人信服的。神拥有最高的权威,所有人都要服从。所有在他之下的权威人物也都是他设立的,因而同样值得尊重、服从和爱戴。用托马斯自己的话来说就是:“神创造了万物;万物皆臣服其天意。他是主权,是宇宙的王。在他的王国的所有地方都有一种固定的等级和秩序。他的智慧遍布周流,一切都还仰赖于他,倾向于他。”[2]因此,神、教宗、皇帝、王、地主或父亲代表神圣的既定权威,所有在他们下面的人都要服从他们。这就是奥古斯丁所说的基督教共福体的等级性社会组织：一个由互惠义务联结在一起、致力于共善、服从于神的律令及其他权威的社会。奥古斯丁写道(托马斯也同样强调):“不管是家庭、村庄、国家、修道院、教区还是普世教会(再次提醒这里是功能的或法团的概念),除非有一个全体成员都要服从的权威,否则,社会生活是不可能的。” 46

托马斯的社会等级理念带来一系列广泛的实践意义：

神

大天使

---

① R. H. Tawney, *Religion and the Rise of Capitalism*, London: J. Murray, 1929.

② Lawrence Littwin, *Latin America: Catholicism and Class Conflict*, Encino, Calif.: Dickmen, 1974; John A. McKay, *The Other Spanish Christ: A Study in the Spiritual History of Spain and South America*, London: Student Christian Movement Press, 1932.

天使

智天使

炽天使

权天使

王

贵族

艺匠

工匠

商人

士兵

官员

农民

奴隶

狮子、狐狸、海豚

较小的动物

树木、植物

无生命物

首先，要记住，这是神定的等级体系。一个人不能反抗神的意志却指望不承受严重的惩罚——永恒的诅咒。第二，神在最上面，而王、贵族及所有其他人是从神那里获得其位置的。第三，可以注意到，农民和奴隶构成这个等级体系的人类部分的最低一级，此后是多少有点智能的动物。但后来发生的事情是，非洲黑人和美洲印第安人也得进入这个体系：他们的位置在哪里？实际上，西班牙人为此进行了激烈的争论。因为如果黑人或印第安人有灵魂的话，那么他们就是人类，至少应当享有西班牙法律规定的某些权利；而如果他们没有灵魂，那么他们就将与动物同类，应当作为动物加以对待。这里，我们回到了亚里士多德关于天然奴隶阶级的概念。

圣托马斯所建立的政治思想和社会学的结构是清楚、一贯、逻辑上强有力的。一旦接受其以神为中心的宇宙、有机法团主义的政治社会、人与人之间自然的不平等等设定，其逻辑将把我们带到更远的地方。实际上，正是托 47
马斯的思想构成了在中世纪晚期兴起的西班牙、葡萄牙国家以及拉美的基础。托马斯体系的精义是以服务于神为目的的等级性，自上而下、功能性地组织起来的社会。与霍布斯、马基雅维利等现代作家所描绘的世俗性、充满利益冲突的宇宙相反，托马斯的宇宙是一个秩序井然的、自然法统治着的、持存的宇宙。而伊比利亚和拉美几个世纪以来正是在这个结构和体系中得到祝福或受到限制，甚至直到今天依然能够看到其强大的影响。

但托马斯并没有他经常被描绘的那样刻板、坚持威权主义。虽然一方面，他强调通过等级制创建秩序，但另一方面，他也宣称人民有权选择由谁来统治他们。人们有服从的义务，但统治者也有为共善施行公正的治理的义务。因而，世俗权威有其限制，这个主题在下一章讨论西班牙中央权力与地方或群体自治权时会浮出水面。不仅如此，托马斯的著作还透露出共同体的同意和权力制衡的重要性，但两者均需经由正式通过的宪法或社会契约施行。托马斯还简短地讨论了腐败的或残暴的统治者问题，以及随之而来的人民改变集体心意寻找新君主的能力问题。托马斯写道："地上的王是由神定的，但不是为了他们自己的利益，而是为了让他们服务于共善。"托马斯思想中的所有这些内容将为进一步讨论伊比利亚和拉美的治理结构提供根据[1]。

---

[1] Guenter Lewy, *Constitutionalism and Statecraft during the Golden Era of Spain*, Geneva: Droz, 1960. 在阿奎那那里能够看到对同意的需要、有限政府、立宪主义等思想的闪光，但不应过分解读。首先，其论证压倒性地出自权威的神及威权—等级性宇宙等概念；第二，与现代世俗观点相反，托马斯写作的处境和生活的世界强调权力是灵性的、遥远的、不可知的；第三，托马斯那里对同意的注重代表了 12 世纪寻找民主种子的一种努力，但其哲学本质上是非民主的。对阿奎那作品的细致解读揭示，其政府模式是驾船航行模式，而非契约关系或代表模式。参阅 Paul Sigmund, ed., *St. Thomas Aquinas on Politics and Ethics*, New York: Norton, 1988; Jean Bethke Elshtain, *Augustine and the Limits of Politics*, Notre Dame: Notre Dame University Press, 1995.

尽管托马斯·阿奎那强调结构、秩序和服从的义务，但在其著作中他也相当多地讨论了分权化、责任、社会契约等可资争论的内容。实际上，随着西班牙和葡萄牙作为独特的民族国家在中世纪晚期的崛起，托马斯的名字和著作在每次争议中都被争议各方提起。因为中央集权的、官僚化的、宗教裁判的和威权主义的制度并非西班牙、葡萄牙和拉美的宿命。的确，西班牙分权、原初议会和原初民主等诸方面的倾向至少与其相反的倾向一样强大。问题
48 不在于历史的不可避免性，而在于要找到解决长期以来存在的政治冲突和分歧的出路。下面，我们将讨论这些冲突及与此相伴随的现代西班牙和葡萄牙的崛起。

尽管如此，这里反映出来的是一个强大的思想传统——权威的且通常是威权主义的、有机主义的、功能主义的、非个人主义的、法团主义的、演绎的、自上而下的、绝对主义的、宗教裁判的、等级的、基于自然不平等的、经院哲学的和精英主义的传统。这种思想传统对西班牙、葡萄牙、拉美、菲律宾和其他一些国家影响巨大。一个社会事实上不平等是一回事，但一个社会对不平等如此不加掩饰则是另一回事。因此，对于那些政治传统与此截然不同的美国人而言，就尤其难以理解——更不用说同情——这种基于明显具有宗教裁判意味的和精英主义设定之上的社会了。美国人接受的是水平多元化，且个人之间的关系通常是由世俗动机驱动的，因而他们不喜欢与这样的社会打交道：统治这种社会的是自上而下的垂直关系、自上的权威，以及已经进入了历史但仍然主宰一切的神。这一切看起来真是太离奇、太陈旧、太充满中世纪的味道了。但症结就在这里：长期以来，伊比利亚和拉美一直是封建的、
49 中世纪的，并由中世纪原则所支配着。现在的问题是：它们是否依然如故？

第三章

中世纪的伊比利亚：独特的传统

中世纪的西班牙和葡萄牙经历了一段不同于西欧其他国家的历史。首先是摩尔人的入侵和占领，始于公元 712 年，持续时间超过 7 个世纪。这段历史让西班牙拥有了独特的风情、艺术和建筑风格，也让西班牙人形成了一套行为特征和制度。这一切导致西班牙独立于其他西方国家而存在。接下来，到了公元 722 年，旨在从摩尔人手中收复伊比利亚半岛的"再征服"(the Reconquest)运动爆发。这场运动也持续了 7 个世纪，可以认为，它对后期西班牙的制度所产生的影响甚至超过对摩尔人征服运动本身的影响。

正是由于再征服运动，西班牙和葡萄牙的封建制度才表现出独一无二的特征，与法国的情况截然不同。[①] 同样，再征服也使得西班牙人和葡萄牙人形成了特有的权利观、民主和宪政思想，以及国家—社会关系。这些习俗是新兴的西班牙和葡萄牙民族国家的建国之本，最后又被传播到新世界，并且一直保存下来，现在仍时有见闻。西班牙、葡萄牙及其拉美殖民地都脱胎于强

---

① Marc Bloch, *Feudal Society*, Chicago: University of Chicago Press, 1961.

大的封建主义和中世纪制度，尽管这些传统从未踏足北美地区。再进一步说，是伊比利亚半岛特殊的、绝无仅有的封建主义和中世纪制度，孕育了这两个国家及其殖民地。为了理解当代正在崛起中的伊比利亚半岛和拉美，我们首先必须挖掘促使其诞生的中世纪根源。

西哥特人和摩尔人统治下的伊比利亚半岛

罗马帝国于公元423年灭亡，在此之前，潮水般的日耳曼部族（苏维汇人、阿兰人、汪达尔人和西哥特人）就已经开始涌入伊比利亚半岛。其中最重
要的部族是西哥特人。他们对伊比利亚文化、社会和政治的影响虽然远不如 50
罗马人那样深厚而持久，但的确波及了一些领域。在我看来，这些领域中，最重要的是教会和国家合二为一，以及罗马天主教作为国家教会的创立。不过，我们在其他领域也会感受到西哥特人的存在，例如：日耳曼民间契约的某些特性被引入伊比利亚；罗马人被驱逐之后，半岛开始出现权力分散和领土分裂的现象；考迪罗统治的传统形成；伊比利亚社会重组为规模更小的家族、部落和地区组织，与罗马帝国强制性的团结和统一形成对比。[1] 西哥特人的区域主义和本土主义与罗马人理想化的普适主义和中央集权相对立，前者至今仍是伊比利亚半岛紧张局势的根源之一。

由于分歧严重，中央政府缺失，加之若干西哥特领袖之间的持续内讧，公元712年，居住在阿特拉斯山脉以北非洲沿海平原地区的摩尔人借机开始入侵伊比利亚半岛。摩尔人是闪米特民族，发源地是今天的叙利亚和中东地区。他们从地中海沿岸非洲一侧的山崖出发，沿着狭窄的直布罗陀海峡横穿地中海，在那里，北非与西班牙仅相隔18英里（1英里合1.6093公里）海域。伴随着摩尔人的是他们对伊斯兰教的狂热信仰。两个世纪前，伊斯兰教起源

① Julian Marias, *Understanding Spain*, Ann Arbor: University of Michigan Press, 1990.

于今天的沙特阿拉伯，然后如野火般在整个中东蔓延开来，向东扩张远至印度和印度尼西亚，向西则覆盖了东地中海大部分地区。从这个根据地出发，伊斯兰教征服了巴尔干半岛和东欧，将触角从裂缝中伸进西欧基督教世界；它还扩张至北非的沿海平原地区，从那里开始了对伊比利亚的侵略。

摩尔人的宗教狂热、征伐风气和圣战(军事与宗教结合的征伐行动)意识驱动他们深入伊比利亚半岛腹地。在大约数十年的时间里，他们征服了如今西班牙和葡萄牙版图内的大部分领土。只有位于西班牙北部偏远地区的坎塔布里亚山脉的几块飞地，也就是加利西亚、莱昂、安达卢西亚和巴斯克乡村地区，能够坚持反抗侵略者。其祖辈们有能力抵抗摩尔人，捍卫基督教和民族文化，使之完好无损；今天，这种能力已成为这些地区民众的自豪感和地方
51 民族主义的一个源泉。不过，摩尔人毕竟控制了90%—95%的土地，而且他们的统治持续了大约7个世纪，尽管时盛时衰。直到1492年，摩尔人才最终被彻底逐出伊比利亚半岛。①

罗马统治伊比利亚达6个世纪，西哥特人的统治持续了2个世纪，而摩尔人的统治达到7个世纪。因此，有人会认为，摩尔人对西班牙和葡萄牙的影响至少像罗马人那样深厚。事实上，尽管摩尔人对各领域的影响长达7个世纪，这一点很重要，但就社会形态塑造力和真正持久性而言，罗马人的影响远远超过摩尔人，而且更具穿透力。

摩尔人对今日西班牙和葡萄牙最明显的影响，莫过于艺术、建筑风格、烹饪、住宅和语言。西班牙和葡萄牙金银工艺品的精致设计，还有他们的陶瓷品，体现了摩尔人的艺术；而曾经的摩尔中心城市，例如托莱多、科尔多瓦和格拉纳达，则以其精美的圆形石柱和宣礼塔展示了摩尔式建筑风格。西班牙

---

① Américo Castro, *The Structure of Spanish* History, Princeton: Princeton University Press, 1954; John A. Crow, *Spain: The Root and the Flower*, Berkeley: University of California Press, 1985; Stanley Payne, *A History of Spain and Portugal*, Madison: University of Wisconsin Press, 1973.

烹饪中对杏仁、石榴和鸡蛋之类食材的处理显露出摩尔人的痕迹。在地中海的阳光下熠熠发光的粉白色村庄，特别是人们在西班牙和葡萄牙南部看到的那些村庄，也体现出摩尔人的建筑风格。在两国的语言中，以 al 起始（alma、almacén、almuerzo）的单词也是摩尔人统治的结果。

而摩尔人的影响还不止于此。虽然伊比利亚本土居民与摩尔人通常被强制隔离，但还是会有混居者，生育出混血后代。有些学者认为，除此之外，摩尔人几代同堂的大家族和准部落政治对西班牙和葡萄牙产生了持久的影响，尽管这些习俗在摩尔人到来之前就已经存在。西班牙传统文化中的尚武精神、游击战、对英勇的军事领袖的崇敬以及考迪罗主义，也许在一定程度上同样带有摩尔传统的印记。还有人认为，西班牙大男子主义和历史上女性在西班牙社会的从属地位根源于摩尔人的统治。[①]

在长期统治过程中，本土居民对摩尔社会表现出惊人的包容性。这一点非常令人惊讶，与我们现在对伊斯兰社会的态度形成了鲜明对比。对此应该简短解释一下。在摩尔人统治的大部分时间里，生活在伊比利亚半岛的摩尔人、基督徒和犹太人和谐相处，没有公开的冲突。摩尔人容许基督徒和犹太人信仰的存在，从未开展过大规模的改宗运动。与此同时，犹太人在哈里发 52
王朝内获得了很高的经济、政治、文化或知识界地位，他们的贡献得到了重视。

摩尔人统治下的西班牙也是文化和精神生活的中心。这一时期欧洲大部分国家处于“黑暗时代”，但在西班牙，精神生活却很丰富。在这几个世纪里，美术、教育、音乐、哲学、建筑学、神学都呈现出欣欣向荣的景象，而在欧洲大陆的其他地区，则是万马齐喑。最重要的是，古希腊和古罗马的逻辑学、知识和政治哲学在西欧各国消失了数百年，只有在西班牙得到了长足发展，并通过摩尔人经由北非再次传播到欧洲大陆。具体而言，在罗马帝国灭亡后，

① W. Montgomery Watt, *A History of Islamic Spain*, Edinburgh: University of Edinburgh Press, 1965.

古希腊和古罗马的思想在西欧基本上销声匿迹，但是被东欧人（拜占庭帝国）保存下来，而后又被融入伊斯兰教的思想中，最后在西班牙重见光明，这要归功于摩尔人的占领。希腊和罗马的思想从西班牙出发，传播到欧洲其他国家，引发了 12 世纪[①]托马斯主义的基督教的复兴，最终有助于文艺复兴和启蒙运动的发生。从本书的角度来说，古希腊和古罗马对托马斯主义和基督教复兴的影响尤为重要，因为如前一章所述，正是托马斯主义所主张的基督教和神权国家形式又传回到西班牙，从而对早期西班牙、葡萄牙乃至拉美的国家和社会的形成都产生了深远的影响。[②]

摩尔人对伊比利亚半岛的征服催生了一个完全负面的因素，这个因素很少被提及，即欧洲其他国家对西班牙和葡萄牙公然表现出的种族和民族偏见。由于摩尔人长期存在于西班牙和葡萄牙，两国民众经常受到轻视，并被认为沾染了北非血统。他们被描绘为深肤色的、血气方刚的非洲人。一句古老的欧洲谚语反映了这种轻视："非洲人起源于比利牛斯山。"也就是说，起源地不是在地中海彼岸，而是在法国和西班牙交界处。几乎每一名欧洲小学生都了解圣骑士罗兰（Roland）的传奇故事。根据故事内容，就在摩尔人到来之前，查理曼大帝的英勇骑士挺身而出，抗击邪恶的撒拉逊人和穆斯林部落，结果他们不仅拯救了西方基督教世界，还使其人民避免了种族和民族"混血化"。

因为摩尔人对西班牙的影响，罗兰传奇和中世纪文学中处处可见针对西班牙和西班牙人的公开的种族主义祭文。种族和民族偏见也出现在所谓的
53 "黑色传奇"（black legend）中。在英国人和其他人的笔下，西班牙的美洲征服者被想象为残暴和臭名昭著之徒，与之形成对比的是，英国殖民者被认为是

① 原文如此，但应为 13 世纪，托马斯·阿奎那出生于 1225 年。——译者注

② Claudio Sánchez-Albernoz, *La españa musulmana*, Madrid: Espasa Calpe, 1973; Harold Livermore, *The Origins of Spain and Portugal*, London: Allen and Unwin, 1971.

仁慈和开明的人。[1] 如此明显的污蔑使伊比利亚以北欧洲地区形成一种优越感，而西班牙和葡萄牙则因此产生了自卑感，继而对欧洲其他国家感到愤恨，这样的感受一直持续到现代。甚至在西班牙和葡萄牙内部，同样滋生出种族偏见，尽管从未像欧洲其他国家看待伊比利亚那样强烈。主要是北部民众对“肤色更黑”的南方人心存偏见，前者深受蜂拥而至的日耳曼人和西哥特人的影响。

因此，摩尔人的统治在西班牙和葡萄牙诸多社会细节的形成方面发挥了重要作用，但就根本性而言，仍然无法与早期罗马人的影响相比。罗马使西班牙和葡萄牙形成了自己的法律、语言、宗教、文化、政治和社会形态及语言、教育和知识体系模式，还有统一性、集权制、道路系统和高架渠。这一切，对西葡两国形成有组织的习俗和行为，以及在不同时期推行不同发展模式，都具有根本性的意义。摩尔人在各个领域产生的影响虽深，但不如罗马的影响那样强烈、深刻、普遍、具有根本性，并且做不到自我延续。相比之下，摩尔人的征服主要是军事占领，从未像罗马人那样深入、全面地渗透到伊比利亚半岛的社会和文化结构中。这解释了为什么直到今天，西班牙和葡萄牙本质上仍属于西方阵营，仍是一个有着罗马印记、信奉天主教的南欧拉丁国家，而不是像阿尔巴尼亚和波斯尼亚部分地区那样沦为欧洲腹地的穆斯林飞地。

再征服运动

摩尔人在伊比利亚半岛的统治超过 7 个世纪。他们于公元 712 年开始入侵，最终在 1492 年被击败并被逐出半岛。不过，在彻底失败之前，摩尔人就已经基本上被限制在西班牙南部一块越来越小的飞地上。即使在鼎盛时

---

① Charles Gibson, ed., *The Black legend: Anti-Spanish Attitudes in the Old World and the New*, New York: Knopf, 1971.

期，摩尔人也不能征服北部顽强的山区部落。基督徒对半岛的再征服就是从这些面积不大的北部飞地开始的。再征服运动是伊比利亚半岛历史上最重大的事件之一，可以认为比穆斯林的征服本身还要重要，它对西班牙和葡萄
54 牙封建社会发展道路特殊性的形成具有不可磨灭的影响力。

第一次反对摩尔人统治的起义，也就是再征服运动的第一步，始于公元722年的科瓦东加。在那个年代，既没有大规模的职业军队，也没有拿破仑式宏大的军事战略，只有小型的非职业化的武装团伙，通常类似于游击队。当时基督徒没有发动一场针对摩尔异教徒的正规战争，只有一系列通常不具备决定意义的小规模冲突，断断续续坚持了几个世纪。在这么长的时间内，双方的战斗时而高潮迭起，时而偃旗息鼓。与之同步的是，基督教王国的疆域渐渐扩大，而穆斯林的飞地则慢慢缩小。整体模式是从北向南移动，即西班牙和葡萄牙的基督教军队首先兴起于北部，然后逐渐将摩尔人的控制区挤压至遥远的南部，直到1492年，摩尔人被彻底赶出半岛，渡过直布罗陀海峡，回到老巢。

这场长达数个世纪的运动深刻地影响了西班牙和葡萄牙后来的社会形态和发展道路，使得伊比利亚的封建制度与法国和欧洲的典型范例大相径庭。它还决定了伊比利亚半岛政治文化和社会政治制度的鲜明特性。许多西班牙和葡萄牙历史学家认为，再征服运动对伊比利亚发展道路的影响比穆斯林的征服本身更重要，其地位仅次于罗马时期，是影响西班牙和葡萄牙国家生活最重要的两个或三个历史因素之一。[①] 再征服运动产生了一系列制度，传播到拉美的制度便主要源于此。最终战胜摩尔人的年份——1492年，也正是西班牙发现和征服美洲的起始时间。对拉美的征服是此前对摩尔人的再征服战争的延续。

再征服运动在许多方面影响了西班牙和葡萄牙的发展道路。首先，冲突

① Américo Castro, *The Spaniards*, Berkeley: University of California Press, 1971; and Claudio Sánchez-Albernoz, *España: Un enigma histórico*, Buenos Aires: Ed. Sudamericana, 1956.

意味着伊比利亚的乡村经常被杀伐、动荡、战争、破坏和混乱所撕裂。当然，这数百年间并不是始终存在杀戮，而经常会出现长时间的相对和平，但是也会爆发长期冲突，出现数个世纪的动荡。战争、盗窃、暴力和抢劫成为地方特色。乡村地区遭受了广泛的时断时续的冲突和动乱，其结果是，西班牙和葡萄牙的农业发展滞后，从未达到盈余状态，而农业盈余本可以成为未来工业化的根基；此外，两国的封建制度也比法国模式更加暴力和混乱。在所有这些因素的共同作用下，西班牙和葡萄牙在长达数百年的封建社会后期和早期 55
现代化进程中，进一步落后于欧洲其他国家。与之相比，在摩尔人的统治下，两国经历了一段思想启蒙时期，在当时成为欧洲精神生活的引领者。

其次，西班牙和葡萄牙封建主义的军国主义色彩远甚于法国模式。伊比利亚半岛的军事冲突几乎持续不断，军事实力和领导者（考迪罗）的价值高于一切。在边界线持续移动和变化的背景下，至关重要的事实是，谁征服了土地，谁就有权拥有它，而且这种权力通常得到地方贵族的认可。经济因素有助于进一步提高军事实力的价值。此外，地方军事领导人所获得的权力不仅仅是拥有其征服的土地，而且还掌控生活在被征服土地上的劳动者。领袖为民众提供军事保护，而作为回报，后者有义务为他劳动并提供军事服务。西班牙和葡萄牙的封建政权通过上述方式与征服联系在一起，因此远比法国的同类政权更加穷兵黩武。不仅如此，从军事征服中脱胎而出的封建制度，以及土地所有权和对劳动者的控制权，都根源于罗马人的征服观；正是这些元素，体现出西班牙和葡萄牙征服美洲的模式特征。[①]

再征服运动的第三个结果可以称为不成熟的或者说前工业化时期的城市化。在多数欧洲国家，工业化进程诱使农民离开乡村，前往城市的工厂，从而引发大规模的城市化。而在西班牙和葡萄牙，现代化进程启动之前，乡村地区几乎持续不断的战争迫使农民在城墙内寻求庇护。这有助于解释为什

① Lyle N. McAlister, *Spain and Portugal in the New World, 1492－1700*, Minneapolis: University of Minnesota Press, 1984.

么两国存在飞地城郭群：整个伊比利亚半岛的城市都被围墙包围，在市中心的山岗上通常还建有城堡，目的是防范抢劫团伙。农民们从这些飞地出发，呈扇形地去往乡村，在土地上劳作，晚上又回到设防城市寻求保护。这种未经工业化的城市化现象打断了我们所说的正常的社会发展进程，时机未到便让西班牙和葡萄牙进入城市化阶段，最终妨碍了日后它们实现现代化。①

西班牙和葡萄牙的压迫阶级和土地所有制也是再征服运动的结果。西
56 哥特人统治时期，西班牙相当落后，但同时却是一个或多或少讲求平等的社会。土地通常实行公有制，或者分成适合家庭耕种的小块。再征服运动改变了这一切。运动的领导者，通常是像万世英雄熙德这样的军队和天主教组织的领袖，在取得军事胜利后，变为富人，形成了一个上层集团。他们因为使乡村免受穆斯林的威胁而被当时新生的王国授予大片土地和皇家头衔。征服者对摩尔人取得军事胜利后，通常会得到奖励，也就是被授权永久使用其所征服的土地及居住在那里的农民（即委托监护制，encomienda），但这种授权经常转变为事实上的土地授予和对当地农民的封建权力。西班牙和葡萄牙过去并没有真正的土地寡头政治，可是现在由于对摩尔人的征服，大片新的领地得以开放，伊比利亚半岛第一次出现了拥有大量土地的精英。这个富有、放纵、保守的土地寡头集团所发挥的作用，就是阻碍西班牙、葡萄牙以及其后拉美的发展，直到进入 20 世纪，情况才有所改变。②

再征服运动不仅是一场军事运动，首先，也是最重要的，它是一场宗教圣战。曾经最能体现基督徒、穆斯林和犹太人关系的是包容性，现在让位于党同伐异和宗教狂热。在这场冲突中，没有人要求或给予宽恕。人们只是互相屠杀，暴力成为生活方式。运动的口号是“杀死异教徒！”所谓异教徒，即摩尔

① Richard M. Morse, "Some Characteristics of Latin American Urban History," *American Historical Review* 67 (January 1962), pp.317 – 338.

② Gerald Brennan, *Spanish Labyrinth*, Cambridge: Cambridge University Press, 1971; and Archibald R. Lewis, *The Development of Southern French and Catalán Society, 718 – 1050*, Austin: University of Texas Press, 1975.

人和非基督徒。在几个世纪里，再征服运动有起有伏，也曾出现过具有一定包容性的和平时期，但在更大程度上，双方已经进入一种相互排斥的模式：不仅与敌人战斗，而且以宗教的名义杀死、折磨和虐待对方。最终，这种模式导致了宗教裁判所的建立；通过这个机构，所有与官方信仰体系（包括宗教和政治两方面）相背离的异端分子都被迫放弃异端思想，改信天主教，否则将受到迫害、折磨和驱逐。所有这些伤害行为都是以这样一种名义进行的：净化西班牙的血统、种族和宗教，清除一切据说具有腐蚀性的不纯洁元素。[①]

令人意想不到的是，再征服运动也为伊比利亚半岛注入了自由观念。这是一种不同于盎格鲁美洲人的自由观，它是近代这两个地区人权长期差异的源头。在伊比利亚，自由权利（西班牙语为 fuero）的观念在基督徒和穆斯林对战的阵地上经过锤炼成形。城镇居民、宗教组织和修道院、牧羊人公会以及 57
其他团体可以与对阵的军队谈判，内容涉及土地、民众自治、不受干涉和在战斗中保持中立的权利。当他们获得自治权、享有独立于本地或区域统治者之外的特权时，也许会通过这样或那样的方式与一方匪军结盟，以此作为回报。这样的盟约常表现为半封建特权的形式，例如阵地后方就出现这样一种现象：协助基督徒与摩尔人战斗，以从任何政府或地区实体那里换取不同程度的独立。此种意义上的“自由”，从源头上说，属于准封建性质，即以义务换取义务。再进一步说，权利的概念也带有封建性质，它指的是城镇、宗教组织、行会（事实上还有大学和其他团体）的集体权利，而非盎格鲁美洲人普通法传统所涉及的个人权利。[②] 这些“权利”意义上的分歧一直困扰着西班牙语国

---

① Cecil Roth, *The Spanish inquisition*, New York: Norton, 1964; Margaret Mott, "The Inquisition in New Spain: The Rule of Faith over Reason," *Journal of Church and State* 40 (Winter 1998), pp.57 - 81.

② Claudio Sánchez-Albernoz, "The Frontier and Castilian Liberties," in Archibald R. Lewis and Thomas F. McGann, eds., *The New World Looks at Its History*, Austin: University of Texas Press, 1963, pp.27 - 46.

家(拉美和伊比利亚半岛国家)和美国的相互理解,今天仍然如此。[①]

早期罗马法传统是伊比利亚—拉美法团主义观念的根源,我们也可以此为基础,来审视上述这种集体权利观。这里所说的法团主义,并非指 20 世纪的某种法西斯形态,而是指其历史上的形态,即罗纳德·牛顿(Ronald Newton)所谓的“天然法团主义”,因为它历史渊源深厚,早在西班牙这个伊比利亚国家“创建之时就已存在”:通常而言,它要么早于西班牙,要么与后者同时出现。[②] 在伊比利亚半岛国家建国之初,这里的人重视集体权利,轻视个人权利;随着时间的流逝,这样的传统使得上述团体得以特权化。作为法团,他们拥有自己的标志、旗帜、徽章、制服、入团仪式、学徒制和自我管理制度。最后,当某个或几个西班牙语和葡萄牙语国家开始成形时,宫廷内或者议会中也会有这些团体的代表。但是,同样的,这种代表身份指代的是集体,而不是建立在个体代表或者一人一票的基础上。利益集团与政府融合,或二者建立受契约约束的关系,这样的观念恰恰符合法团主义的含义。[③]

因此,再征服运动最终有助于西班牙语国家形成自己的特性。此时的西班牙语和葡萄牙语国家仍然还不成熟,政府权力分散,民众在地区基础上建立组织,国家制度也不完善;另一方面,它们通常表现出军国主义色彩,党同伐异,自上而下实行威权统治。从根本上看,它们是由法团组成的国家。这
58 些法团组织起来,主要是为了战争,为了与摩尔异教徒作战。它们所组成的国家并非生于幸福、富饶、和平与包容的时代,而是伴随着血腥的冲突、征伐

---

① John Henry Merryman, *The Civil Law Tradition*, Stanford: Stanford University Press, 1969; and Kenneth Karst and Keith Rosen, *Law and Development in Latin America*, Berkeley: University of California Press, 1975.

② Ronald C. Newton, "Natural Corporatism and the Passing of Populism in Spanish America," *Review of Politics* 36 (January 1974), pp.34 – 51; Anton-Hermann Chroust, "The Corporate Idea and the Body Politic in the Middle Ages," *Review of Politics* 9 (October 1947), pp.423 – 452.

③ 了解法团主义历史及各种版本,参阅 Howard J. Wiarda, *Corporatism and Comparative Politics: The Other Great "Ism"*, Armonk, NY: M. E. Sharpe, 1997.

和宗教压迫来到世间。[1] 西班牙最著名的历史学家克劳迪奥·桑切斯·阿尔贝奴茨(Claudio Sánchez Albernoz)指出，面对广阔、混乱和似乎无法管理的荒野阵地，无怪乎这些西班牙征服者选择了自上而下的威权政权，因为这种政权强调秩序和纪律，此后几个世纪它们的继承者在辽阔、混乱的拉美荒野采取了同样的做法。[2] 所以毫不奇怪，在此之后出现的组织更加健全、内部更加巩固的西班牙语和葡萄牙语国家，乃至拉美国家，即便同样面对诸多不可治理的情况，也仍继续表现出许多同样的自上而下的、威权主义的、半封建的、有机的和法团主义的特性。

西班牙语和葡萄牙语国家的形成

随着边界逐渐由北向南移动，摩尔人被驱逐出去，新生的基督教政治实体开始出现在从摩尔人手中解放的土地上。起初，这些实体仅限于莱昂、加利西亚、老卡斯提尔、纳瓦拉、巴斯克、阿拉贡和加泰罗尼亚这些北方省份。但是，随着再征服运动向南扩张，瓦伦西亚、新卡斯提尔、埃斯特雷马杜拉和穆尔西亚等省份也被纳入版图，最后是安达卢西亚，这是摩尔人的最后一个据点。构成今日葡萄牙版图的地区也经历了从北至南的解放过程。到 1492 年，随着科尔多瓦被攻陷，伊比利亚半岛全境得以解放，基督教政权建立。[3]

伊比利亚第一批王国出现于 7—12 世纪，是以地区为基础建立起来的。他们面积都比较小，差不多相当于一个希腊城邦国家或者美国的一个大县。也就是说，他们有一座主城或者一个区域首府，周围被乡村环绕。这一时期

① José Antonio Maravall, "The Origins of the Modern State," *Journal of World History* 6 (1961), pp.789 - 808.

② Sánchez-Albernoz, "The Frontier"; Elena Lourie, "A Society Organized for War: Medieval Spain," *Past and Present* 35 (December 1966), pp.54 - 76.

③ 最好的研究来自 Angus McKay, *Spain in the Middle Ages: From Frontier to Empire, 1000 - 1500*, London: Macmillan, 1977.

的葡萄牙（当时被称为卢西塔尼亚）仅仅是半岛上开始出现的6个区域性王国中的一员。只是到了后来，这批小王国才融合成集权制民族国家——西班牙，同时葡萄牙则继续作为面积小得多的独立王国而存在。因此，为了理解西班牙、葡萄牙乃至拉美最终形成的政治和管理模式，人们必须首先了解这些早期王国的统治准则。

59 第一点要记住的是，这些王国都是基督教王国。毕竟，再征服运动所宣称的首要目标是：让基督教重新执掌伊比利亚。故而，早期的西班牙诸王国必须依照基督教的以下准则进行管理：有机统一，坚守真正的基督教信仰，服从神权和第二章概述的《圣经》律法。宗教包容或政治宽容、多元化没有存在的空间，主要是因为基督徒所获成果被穆斯林重新夺回的可能性始终存在。因此，这些王国需要警惕异端邪说以及任何对宗教或政治真理和权威性的质疑。在威胁始终显现的背景下，宗教裁判所的种子就这样被种下。与此同时，罗马天主教会发展为一种世俗政权，除了政府角色外，它还负责教育、审查制度、道德和慈善。事实上，教会成了构成国家基础的王室中央政权的一部分。①

第二点，这些新王国必须是有机的、统一的、等级制的和威权的。他们面对的不仅是强大的外部威胁——摩尔人，还有内部混乱、劫掠行径和法律缺失。位于西班牙中心区域的广阔平原处于无政府状态，混乱常常是这里的主宰者。为应对这些内外威胁，国家必须有实力、有魄力、有纪律，即便实际情况不一定相符，至少也要有这样的雄心。国家实行中央集权制的观念来自于柏拉图和罗马人的构想，后成为西班牙及其殖民地为之奋斗的理想。虎头蛇尾（loose ends）、权力制衡和多元化都是绝对不能容忍的，一切都必须整合为

---

① Donald C. Worcester 提供了极佳的概述，"Historical and Cultural Sources of Spanish Resistance to Change," *Journal of inter-American Studies* 6 (April 1964): 173 - 180; and "The Spanish American Past-Enemy of Change," *Journal of inter-American Studies* 11 (January 1969), pp.66 - 75.

统一的形式。为了保持中世纪的理想，众生均须在圣托马斯“存在巨链（the great chain of being）”上的等级社会安排中找到自己的位置。除了绝对的统一和威权统治，其他任何因素都可能危及王国的完整性，使王国陷于被摩尔人夺回的危险境地。[①]

第三点，新王国由军事、经济和宗教精英统治。这些精英关系密切，经常集中在一个家族或一组家族（即寡头集团）中，甚至一人集多重精英身份于一身。新王国终归是通过军事征服而建立的，因此，征服者——可能是骑士团、宗教组织或者一个军事领袖——就有权拥有被征服的土地和生活在这块土地上的劳动者。征服和土地接管反过来又会得到天主教神职人员的认可，后者通常来自同样的精英家族。征服和定居行为在当时会获得奖励，被授予王
室头衔，这是西班牙世袭贵族制的肇端。因此，军事、政治、经济和宗教权力 60
不仅向精英集中，而且相互交织。由于这种现象几乎经常发生，所以有这样一句西班牙格言：如果一人有三子，长子会继承土地，次子会加入骑士团或者（之后）参军，三子则会成为主教。

这一时期新兴的伊比利亚国家的第四个特征是，社会和政治的法团体制。[②] 和整个中世纪欧洲的情况相同，西班牙社会也是由各种独立的法团机构组成的，其中包括贵族、教会、行会、大学、骑士团，诸如此类。这些机构珍视自己的独立，力图扩大，竭力反对任何侵犯其独立地位的尝试。对法团的忠诚几乎不存在横向联系，成员很少向其他法团寻求支持，只有在极少数情况下，一个人会不只是一个团体的成员。从这个意义上说，西班牙社会不仅按照阶级和社会界限实行等级制管理，而且在水平方向上被分隔为独立的核心团体，彼此完全隔绝，仅在顶层有联系。各法团的成员只关心自己的个人

---

① Chroust, “The Corporate Idea”; Glen Dealy, *The Public Man: An Interpretation of Latin American and Other Catholic Countries*, Amherst: University of Massachusetts Press, 1977.

② Otto Gierke, *Political Theories of the Middle Ages*, Cambridge: Cambridge Notes to Pages University Press, 1968; Gaines Post, *Studies in Medieval Legal Thought: Public Law and the State, 1100 - 1322*, Princeton: Princeton University Press, 1964.

利益，都期待一位英明、有魄力的所罗门王来维护公平和统一，保护各自的权利。唯一能在这些高度孤立的法团之间架起桥梁的组织是大家族，它只存在于本地或区域内。因此，这一时期，摩尔人被赶走后，局部地区在一定程度上保持了稳定，而全国则是一片动荡。西班牙人以这种方式凝聚在一起，完成了从中世纪向现代世界的转型。这次转型晚于欧洲其他国家，也与后者有所区别。它的法团主义理想，也就是人人各司其职、根据职责行使代表权，是中世纪解决秩序问题的答案。无论是在伊比利亚半岛，还是在拉美，这种理想一直还没有消失。[①]

彼时罗马法在欧洲得以复兴，为伊比利亚法团主义提供了帮助和合法性。早期伊比利亚诸国形成之际正是罗马法开始被欧洲人重新发掘和复兴之时。此外，罗马法和罗马的法律准则此时披上了一件厚实的基督教托马斯主义哲学和神学的外衣，这不仅强化了罗马人的观念，而且使之得到神的认可。[②] 现在披上了托马斯主义外衣的罗马法，既强调社会的等级制，也重视社
61 会的法团性和行业性组织。和（大致同一时期）源于《大宪章》（*Magna Carta*）的英国普通法不同，罗马法和现在的西班牙基督教律法强调集体权利优于个体权利，也就是说，人并非自动获得或者生来就享有权利，而是通过他在集体中的成员身份获得的。杰斐逊在美国《独立宣言》中表达了这一理念，即人生来就具有某些不可剥夺的权利；相比之下，在西班牙，这样的自由权利（西班牙语为 fueros，葡萄牙语为 foros）必须通过授予来获得。上层势力，也就是伊比利亚半岛新生的政权或王国和控制它们的精英，让渡了这些权利。如果权利来自授予，而非不可剥夺，那就意味着这些权利也可以被取消。以这个观点为纽带，社会和政治的这种法团体制就与西葡两国历史的形成基础紧密联

---

① Chroust, The Corporate Idea; Worcester, "Spanish American Past"; McKay, "Spain in the Middle Ages."

② Gaines Post, "Roman Law and Early Representation in Spain and Italy, 1150 – 1250," *Speculum: A Journal of Medieval Studies* 18 (April 1943), pp.211 – 232; also McKay, "Spain in the Middle Ages."

系在了一起。[1]

上述分析的法团的集体权利观意味着对基本自由权利的严格制约，这与前面讨论过的西班牙社会对有机统一和威权主义的重视特别契合。如果权利必须自上而下地授予，且只授予那些值得帮助的团体，那就意味着这些团体及其自由权利行使权就得受到控制和监管。这里至少有三层监管职能，用于限制被授予的权利，甚至边境地区的权利也不能幸免。第一层主要是自我监管，除非某人是值得帮助的团体中的成员（即非穆斯林的天主教信徒），否则他没有资格享有最低层次的权利。照此规定，不仅穆斯林，还有犹太人和吉普赛人，都被西班牙社会排除在外，几乎不能享有任何权利。因此，从这时起，人们形成了这样一种认知：要成为西班牙人，首先绝对有必要成为天主教徒。

第二层监管职能由法团自己履行，它会审查成员，精心培训和教化他们。团体、行会或法团（这几个词经常可以互换）允许某人加入团体，然后依次授予他学徒、熟练工和大师头衔，使其得到晋升。通过这种手段，他们不仅控制了此人的经济来源和技能培训，还支配他的道德、政治生活和行为方式。

第三层，国家也会控制、审批和监管法团自身的活动。这是因为，在国家未批准或授予法人资格的情况下，法团不能在政治过程中履行职能。而且，没有国家的认可，法团根本没有合法性，其可以被合法取缔。同样，除非某人是合法组织的成员，否则他几乎完全没有权利。对这些权利和团体活动的制 62
约是威权统治的有力工具。

---

[1] Gaines Post, *Studies in Medieval Political Thought*.这一时期伊比利亚半岛的法团主义，尽管更倾向于军国主义，但与英国法团主义并没有太大的差异。法团主义可能会产生相互矛盾的结果，不一定总是威权主义或集权的非参与式制度。在英国，法团主义可以赋予法团成员控制权，对领导者进行合法的、组织层面的约束，从而有助于为英国向民主制度转型打下基础，或者像瑞典那样，为建立民主协商机制夯实基础。但是，在伊比利亚和拉美，最后获胜的是法团主义的威权主义和自上而下控制的特性。

这一时期的主要法团都带有军事、宗教、地域、文化和经济色彩。阿尔坎塔拉骑士团、医院骑士团、卡拉特拉瓦骑士团、圣地亚哥骑士团和圣殿骑士团经常率军与摩尔人战斗。当骑士团将摩尔人赶到南方时，他们有权获得土地和生活在被征服土地上的劳动者。他们也因为战功而荣誉加身，而且新生国家在法律上承认他们的法团身份。要知道，骑士团有时与新生国家可是竞争关系。今天，伊比利亚半岛和拉美普遍存在这样一种观点：从时间上来说，军事力量先于国家出现，而从合法性来说，前者地位也高于后者，因此美国的文职领军观念是不适宜于伊比利亚和拉美的土壤的。①

同样，宗教组织也经常认为自己先于并高于国家，不仅从时间上说是这样的，而且根据神原本对宇宙的安排，也确实如此。但是，如果宗教高于并优于国家，如果在正统天主教尚未改革的时代，人们认为国家深受基督教教义的影响和支配，那么，美国式的政教分离如何能够实现？此外，大量这样的宗教组织同时也是武装组织，有时兼具骑士团的身份。当宗教组织从摩尔人手中解放了更多的土地时，他们同样得到授权拥有被解放的土地及其上的劳动者。故而罗马天主教廷及其下属各种组织也成了大地主，控制着大量省份。他们是由不同阶级、法团和财富群体组成的封建体系（军事封建制度）的一部分。教廷及其各分支机构，包括修道院、教团、修女会，成为王国内主要法团（确实存在大量法团）之一，他们经常以管理者自居，声称拥有司法权，当然，

---

① Elena Lourie, "A Society Organized for War: Medieval Spain," *Past and Present* 35 (December 1966), pp.54 – 76; James F. Powers, "The Origins and Development of Municipal Military Service in the Leonese and Castilian Reconquest, 800 – 1250," *Traditio* 26 (1970), pp.91 – 111; and Powers, "Townsmen and Soldiers: The Interaction of Urban and Military Organization in the Militias of Medieval Castile," *Speculum* 46 (October 1971), pp.641 – 655. 关于拉美骑士团与国家的关系，参阅 Lyle N. McAlister, *The "Fuero Militar" in New Spain, 1746 – 1800*, Gainesville: University of Florida Press, 1957.

道德地位也高于纯粹的新生国家。[1]

在数百年的时间里，随着基督教控制的西班牙地区和穆斯林控制区之间的边界逐渐由北向南移动，基督教控制区的领土不断扩张，新的城镇和地区政府在新近解放的土地上建立起来。通常是这些城镇的居民联合军队和骑 63
士团，与摩尔人战斗。因此，这些城镇也要求国家承认其为自由城镇，并颁发法团特许状。除了特许状奖赏外，军队、骑士团和精英家族还会被授予封地。尽管特许状和封地奖赏详情不尽相同，但二者通常都会让它们享有自主性和实质性的城镇自治权。这是对国王的忠诚和封建义务换来的回报，也是因为承担了保卫治下领土免受摩尔人侵犯的责任而获得的奖励。就这样，城镇成为王国内部最重要的自治性实体或“法团”之一。到 15 世纪，西班牙的村镇增至 1360 个，其中 650 个是自由的，即拥有自治特许权。[2]

最后，还有以经济为导向的法团，一般称为行会。早期最著名的行会是梅斯塔（mesta），即牧羊人公会。[3] 在中世纪的西班牙，养羊和羊毛是重要行业。在这个行业，羊群要进行大规模季节性迁移，秋冬季从恶劣、寒冷的老卡斯提尔平原迁往南方的新卡斯提尔牧场，春夏季再返回。在长途跋涉的过程中，牧羊人要走数百英里的路程，还必须捍卫自己进入和穿越沿途各领地的权利。因此，这个强大的游说集团也会与新生国家商定一份契约，这些国家给予牧羊人进入领地的权利和自主权，以回报后者所承担的两项封建义务：效忠和服务。在 12 和 13 世纪，数以百计的其他行会建立起来。它们也从国

---

[1] 经典论述参阅 E. H. Kontorowicz, *The King's Two Bodies: A Study in Medieval Political Theology*, Princeton: Princeton University Press, 1957; also Evelyn Stefanos Procter, *Curia and Cortes in Leon and Castile, 1072－1295*, Cambridge: Cambridge University Press, 1980. 关于英国的差异，参阅 Brian Tierney. *Foundations of the Concilian Theory: The Contribution of the Medieval Canonists from Gratian to the Great Schism*, Cambridge: Cambridge University Press, 1955.

[2] Sánchez-Albernoz, "The Frontier and Castilian Liberties," p.36.

[3] Julius Klein, *The Mesta: A Study in Spanish Economic History, 1273－1836*, Port Washington, N.Y.: Kennikat Press, 1964.

家那里获得特许状，其方式与军队、骑士团和城镇相同或类似。[①]

如此一来，在12世纪初露曙光之时，伊比利亚半岛普遍存在以下情形：(1) 越来越多的领土得以从摩尔人手中解放；(2) 占领这些新空间的是数量日益增多的新生政权或王国，它们的组织局限于区域范围内；(3) 在这些新生的区域性国家内部，出现了数量庞大、形形色色的法团实体，包括军队、骑士团、城镇、地方政府和行会，还有大学和其他团体；它们不断壮大，有时还与国家相互交叠，二者通常会建立某种契约关系；(4) 在前线锤炼成形的权利意识和自由意识经过演变后，开始聚焦于集体或法团权利，而非个人权利，对此前文已有说明。现在，摆在我们面前的问题是，这些经常相互竞争的王国、
64 法团和区域性实体所形成的旋涡，如何孕育出一个真正的西班牙和葡萄牙民族国家？西班牙和葡萄牙国家体系的本质是什么？由此产生的问题是，西班牙和葡萄牙的政治体系与盎格鲁美洲的政治体系有何区别？

西班牙和葡萄牙诸王国

当区域性王国成立并扩张领土置于其治下时，它们间或召开法团代表会议，借此协商、征税和允许代表们表达其众多且通常多样化的利益诉求。西方世界的首批议会(西班牙语称为 cortes)不是在英国产生的，而是在西班牙。西班牙第一个议会于1163年在阿拉贡成立；第二个于1188年在已经爆发反抗摩尔人起义的莱昂王国成立。二者都比1215年英国首个议会早数十年。接下来分别是1218年加泰罗尼亚议会、1254年葡萄牙议会、1274年阿拉贡第二个议会、1283年瓦伦西亚议会和1300年纳瓦拉议会。这些早期议会的目标基本上是维护和捍卫其所代表的团体的权利，同时效忠王室，为其治理

---

① Anthony Black 从实践和理论两方面提供了极有价值的研究，*Guilds and Civil Society in European Political Thought from the Twelfth Century to the Present*, Ithaca: Cornell University Press, 1984.

国家、对抗摩尔人提供帮助。[①]

要理解后来的伊比利亚半岛和拉美的政治制度和代表制，重要的是要认识到：上述议会建立的基础是集体或法团代表制，而非个人代表制（一人一票）。此外，代表们由上层权贵任命，并不是由民意选举产生的。这些观念本质上属于封建主义，并非现代民主思想的范畴。被代表的团体包括骑士团和教团、各类法团以及专业团体。他们被召集起来并按照身份分成不同等级：教士、贵族和平民（指的是城镇代表）。鉴于这些法团拥有强大的经济、宗教和政治权力，与其领袖商讨战争、司法、行政管理和税收等事务，对王室而言是一种最明智之举。后期的伊比利亚法团主义思想认为，在西班牙和葡萄牙形成的法团代表制是英国传统文化中政党制度的对应物。它还宣称，没有任何必要的理由认为政党制比法团主义更发达、更现代化。[②] *65*

有代表权的只有精英团体，他们包括教士、贵族、骑士团和城镇领导者，也就是说，都是优秀的人，良人，而非乌合之众。这是内部结构严密的托马斯主义阶级体系。普通民众没有代表权，普选制是不存在的。取而代之的是，团体领导人在议会召开之前，选择他们青睐的代言人作为团体代表，通常要得到王室的批准。这些代言人被称为“代理人”（procurators）。他们的工作是代表法团觐见王室，而不是为普通民众说话。当人们为西班牙式议会制反复倡导的代表制原则欢呼时，不应该将其误认为民主制度，甚至以为最终它将发展为民主实体。这是不可能的，也是从未发生过的。

西班牙和葡萄牙议会不像英国议会那样形成了独立职权，可以制定规

---

① Joseph F. O'Callaghan, "The Beginning of the Cortes of Leon-Castile," *American Historical Review* 74 (1969), pp.1503 - 1537; Lesley Byrd Simpson, "The Cortes of Castile," *Americas* 12 (January 1956), pp.223 - 233; R. B. Merriman, "The Cortes of the Spanish Kingdoms in the Later Middle Ages," *American Historical Review* 16 (April 1911), pp.476 - 495; and Dámaso de Lario, *Los Parlamentos de España*, Madrid: Ed.Anaya, 1991.

② 讨论参阅 Howard J. Wiarda, *Corporatism and Development: The Portuguese Experience*, Amherst: University of Massachusetts Press, 1977.

则、征税、制约王室权力。议员们不定期召开会议，完全没有单独的个人生活。当国王感到方便时，就会召集议员开会，只有在这个时候，他们才会聚集起来。他们没有工作人员，没有永久性的住所，没有制度化的职务。13 世纪有一段时间，议会似乎在短期内增强了独立权力和影响力，但是“蜜月期”转瞬即逝。议员们被召集开会的频率越来越低，最后国王完全取消了他们的服务。到了哈布斯堡王朝时期，中央集权的官僚国家基本上取代了权力分散的法团代表制（不一定是民主制）国家，后者曾经存在了数个世纪。[①]

西班牙和葡萄牙兴起于 13—15 世纪，这段时期，其政治体系的推动力为伊比利亚半岛和拉美的未来发展提供了一笔具有重要影响力的遗产，现在我们可以开始对这种动力进行分析了。一方面，国王，或者更确切地说，国王们（因为存在若干个王国）的领地通常难以管理，混乱无序，他们试图在领地上加强合法性，扩大统治权，同时让摩尔人走投无路。另一方面，大量的法团利益群体，包括城镇、行会、骑士团、教团乃至大学（萨拉曼卡大学和科英布拉大学）及其他团体，它们在议会的代表想方设法维护本法团的独立性不受国家干预，并通过法团特许状来捍卫自己的地位。法团的忠诚和封建义务（包含
66 作战）所换来的回报就是特许状，它们试图以此来维持自主性和自治权。

不断扩张和集权的王权与形形色色的自治法团之间的矛盾，产生了一种具有鲜明的西班牙风格的契约论，我们称之为立宪主义。它不同于 17 世纪英国哲学家约翰·洛克的《第二政府论》（*Second Treatise on Government*）或《五月花号公约》（*Mayflower Compact*）意义上的契约理论，即个体公民聚集在一起，通过民主方式，同意将部分权利让渡给权力非常有限的政府，以换取保护和服务。西班牙式契约涉及的是已经建立的或新生的绝对主义体制，稍

① De Lario, *Los Parlamentos*; Evelyn Proctor, “The Towns of León and Castile as Suitors before the King’s Court in the Thirteenth Century,” *English Historical Review* 290 (January 1959), pp.1 - 22; Joseph F. O’Callaghan, “The Cortes and Royal Taxation during the Reign of Alfonso X of Castile,” *Traditio* 27(1971), pp.379 - 398.

稍受制于神的永恒法则和传统习俗，后者包括王室对法团权利的尊重。这里根本不存在有限政府、人民主权和初级民主的概念，只有受制于基督教义务和既有团体权利的半封建性质的君主制。

上述意义的契约论体现的是王室或国家权力、区域自治实体和法团权利。在西班牙历史上，这些对象都经历过兴衰起伏。王权的统治被称为君主制，最终发展为绝对王权；区域实体或法团的自治得到了法律保障，被称为民主制、代议制政府、立宪主义或契约国家。但是，这与现代意义上的民主有着天壤之别，后者属于个人主义性质，追求一人一票，包含了得到保障的、不可剥夺的人权和民权。法团自治和不断侵入的国家权力之间的紧张关系会长期存在于西班牙和葡萄牙的政治生活；20 世纪 70 年代中期独裁者佛朗哥死后，这种紧张关系又重新抬头，甚至在 1977 年的宪法中也有所体现。伊比利亚半岛的契约论思想，尽管有可能变得更倾向于分权，并且在一定程度上蕴含着代议制和多元化，但其含义与盎格鲁美洲传统文化中的立宪主义截然不同。[①]

这是一场艰苦卓绝的斗争，历经数个世纪。斗争过程经常混乱无序，脉络不是非常清晰，这里只是有意将其描绘成一种相对简单的理想型模式。此外，在这场斗争发生的同时，对摩尔人的征战也在持续。至少有两场大规模的和许多小规模的战斗在同时进行，它们经常以不可思议的方式交织在一起。

在西班牙和葡萄牙发生的斗争不仅仅是针对摩尔人，基督教势力内部及各势力之间也经常爆发冲突。例如，葡萄牙的独立通常可追溯到 1143 年，但 67
定下这个年份，并不是要纪念葡萄牙人对摩尔人的一次历史性胜利，而是为

① Howard J. Wiarda, *Politics in Iberia: The Political Systems of Spain and Portugal*, New York: Harper Collins, 1992; Wiarda, "State-Society Relations in Latin America: Toward a Theory of the Contract State," chap. 8 in *American Foreign Policy toward latin America in the 80s and 90s: Issues and Controversies from Reagan to Bush*, New York: New York University Press, 1992.

了庆祝新生的葡萄牙王国反抗并遏止了莱昂的扩张主义倾向，后者是新生的西班牙王国之一，与前者接壤。莱昂王国最终又被并入一个更大的西班牙王国：卡斯提尔。到了后来，葡萄牙人才能够将注意力转向清除南部残存的摩尔人飞地，甚至在这个时候，他们还必须同时抵御莱昂和卡斯提尔几乎持续不断的进攻。①

不过，即使存在这些限制条件，这场宏大的内部政治斗争的整体模式仍然是清晰的。一方面，伊比利亚半岛上几个王国展现出王室权威，它们试图巩固、集中和扩大手中的权力；另一方面，各种法团（骑士团、宗教组织、经济团体、大学）和地方政治势力及其议会代表也会产生影响，它们试图保住来之不易的权利、自由和自治权，这些是它们经过数十年甚至数百年的斗争才赢得的。

但是，请注意下面这场经典交锋所用的措辞：法团权利和地方自治的支持者试图为其立场进行辩解，声称是为了支持古典的西班牙式自由。可是，这种背景下的自由带有浓厚的西班牙色彩，在盎格鲁美洲人看来，是一种不伦不类的风格。它根本没有提及民权或人权，而是强调中世纪的集体或法团权利观念。它所关联的制度，从根本上说是基于契约的中世纪政治制度，也就是说，以服务和效忠来换取公正、保护和秩序。② 人们争辩说，长期来看，注重集体权利也许会转变为注重现代的个人权利和民权，就像英国发生的那样；但事实是，伊比利亚不是英国。当人们破天荒地探讨权利这个概念时，仍然只是局限于中世纪的、前现代的意义。直到最近，现代的个人权利观才得以形成；而在西班牙和葡萄牙，就是这样的权利观也会因为对集体或法团权利的重视而受到约束。不言而喻，正是这种带有封建性质的中世纪集体权利

---

① Walter Opello, *Portugal's Political Development: A Comparative Approach*, Boulder: Westview, 1985.

② Barbara Tuchman, *A Distant Mirror: The Calamitous 14th Century*, New York: Knopf, 1978, p.17.

观，传播到了拉美。

关于法团自由权利的争论在精英集团内部和精英之间展开，但与真正的民主毫无关系。一个团体要求权力更加集中，另一个则支持权力分散，但二者都受上等阶层的领导和支配。这场关于地方权利和集体权利的争论也从 68
未让大众或平民阶层参与，因为他们没有投票权。需要提醒的是，在描述这场斗争之时，我们应当加上“前现代”和“精英内部”这样的字眼；直到现代，人民主权和民主的观念才形成。

与最后这段结论不相符的例外情况几乎没有；即使存在，也是比较缺乏说服力的。首先，从托马斯·阿奎那开始（阿奎那的政治哲学在这一时期重新活跃起来，对于西班牙和葡萄牙终究要建立的自上而下的、罗马帝国式的等级制度而言，他的哲学提供了基督教的正当性），就存在这样一种观点：统治者必须遵照神的旨意，为了共善而公平地管理国家。这意味着统治是仁慈的、家长式的，并且在基督教共福体的架构内进行。统治者不能成为暴君，不应践踏基本（即法团享有的）自由。如果他们违背了这些戒律，变为暴君，那么可以认为，他们的臣民有权反对这样的篡权行为，甚或起兵抗之。不过，后一条准则是后来才有的，主要出现于 16 世纪耶稣会会士胡安·德玛丽安娜(Juan de Mariana)的著作中。其次，塞涅卡认为，伊比利亚半岛的权力授予及其发展形成了一个由共同责任甚至是契约责任构成的复杂体系（见第二章）。大体上说，这意味着，如果一方未能履行公平治理国家的职责，另一方就不再认为自己有义务服从对方。但是，以上准则尽管偶尔被提及，却极少得到执行。与此同时，西班牙和葡萄牙继续在绝对主义的、中央集权的和威权主义的统治道路上前进。

在 13 世纪和 14 世纪部分时期，艰苦卓绝的西班牙政治斗争似乎停滞不前。中央王权巩固并扩大了权力，但是步伐非常缓慢。同时，法团生活和权利制度看起来有了长足发展。许多新的行会和法团得到国家承认，并被授予特许状。在西班牙许多地区，独立的骑士团和教团形成了近乎独立的主权，坚持对抗不断扩张的国家权力。越来越多的城镇正在争取允许更大独立性的特许状。在这几个世纪里，议会仍然会召开，它们的作用是制衡王室专制。当时西班牙有许多法律文件，例如阿方索国王（智者阿方索）在位时期编纂的
69 被称为《七部法》（*Siete Partidas*）的法律文献，都规定过去所强调的法团权利和自治权将被整合到国家的基本法中，它们似乎正在成为宪法准则（实际上，阿方索相信，民众享有的自由已经太多了，将其编入法典，既减少了数量，又会强化中央集权）。当时有一种观点认为，国王也要遵守法律，这种观点，连同上述法团特许状、互惠权利和相互职责，以及中世纪的法团主义，让一些文字工作者意识到，英国的立宪主义在西班牙也有对应的概念。不过，《七部法》预设了前提，即社会的基本元素不是个人主义的、洛克式的或者原子式的，而是有机的、基督教的、社会的和法团主义的。[①]

此后，在 14 世纪和 15 世纪，这些历史传承下来的自由权利也逐渐消失了，尽管它们本应成为后来西班牙民主制度的根基。在西班牙和葡萄牙，权力日益集中，部分原因是针对摩尔人的战争（圣战）还在继续。王室集中了越来越大的权力，而议会召集开会的频率则减少了。绝对君主制和绝对王权学说传入半岛地区，其影响力也许在西班牙达到了顶峰。此前一直存在的自治城镇和法团的权利逐渐被纳入王袍之下。单独一次战斗或一场冲突无法促成这种结果，其根源是王室地位和君权逐渐增强，地方团体和法团的独立性和权利相应地逐渐减弱。[②]

此时，有两种大趋势同时出现。第一种就是上文描述的：自治性地方实体和自我管理的法团日渐式微，绝对君权日益增强。第二种趋势也许同样重要，涉及西班牙君主政权自身的联合。过去伊比利亚半岛有 13 个独立的王

---

① José Antonio Maravall, "Del regimen feudal al régimen corporativo en el pensamiento de Alfonso X," *Boletín de la Real Academia de la Historia* (Madrid) 157 (1958); Richard M. Morse, "Toward a Theory of Spanish American Government," *Journal of the History of Ideas* 15 (1964), pp.71 - 93.

② De Lario, *Los Parlamentos*; McKay, *Spain in the Middle Ages*.

国成长壮大，而现在它们开始合并成更大的王国。莱昂起初被并入老卡斯提尔，随着摩尔人被驱逐至更偏远的南部，新王国又与位于西班牙中部心脏地带（包括现在的马德里地区）的新卡斯提尔合并，最终与南部和西南部的王国合为一体。与此类似，阿拉贡最初吞并了北部的纳瓦拉，最后又与东部加泰罗尼亚和瓦伦西亚地区的王国合并。因此，除了王权对法团和地方团体权利的控制加强之外，王权自身也在逐渐合并，数量越来越少。 70

斐迪南、伊莎贝拉和哈布斯堡模式

15世纪中叶，伊比利亚半岛分裂为三个主要的王国。北部和东部是阿拉贡，它是诸王国中国际化程度最高的，毗邻法国和地中海，文化和贸易繁荣，教育发达。中部是卡斯提尔，它位于半岛的心脏地带，注定要成为半岛最终的统治者。这个王国地域辽阔，仿佛一幅巨大的全景图。这里私自执法（frontier justice）盛行，通常难以管理。它远非阿拉贡那样国际化、组织化，文化程度也与其相距甚远。半岛西部是葡萄牙，又称卢西塔尼亚，已经成为独立而巩固的民族国家。它的政治、语言和文化与伊比利亚半岛其他王国截然不同。几个世纪以来，这些王国相互竞争，相互影响；不仅如此，如前文所示，它们还会与国境内拥有自治权、基本上自我管理的法团展开竞争，互相影响。竞争者还有那些通常主张独立的小王国，大王国颇费了一番周折才吞并了这些小国家。

就这样，为有史以来最重要的王室联姻之一所准备的舞台搭建好了。联姻的一方是阿拉贡王室继承人斐迪南。他是一位受过良好教育的君主，精明干练，足智多谋。佛罗伦萨政治学家马基雅维利在《君主论》一书中将斐迪南作为注重实际、深谙韬略、不顾道德的统治者的典范。另一方是卡斯提尔女王伊莎贝拉，一位性格暴烈的虔诚的天主教徒。她的聪慧绝不亚于斐迪南，同样长袖善舞，政治手腕高明。两人的婚姻契约规定，在他们一生中，两个王国将保持独立，斐迪南统治阿拉贡，伊莎贝拉掌管卡斯提尔，他们将住在阿拉贡。在两人过世后，阿拉贡与卡斯提尔将合并，由王位继承人统治这个联合王国。后来，斐迪南和伊莎贝拉通过各种努力，试图利用王室联姻来实现葡萄牙的统一，但都失败了（这些尝试本身是一个引人入胜的故事，但与本书中心思想无关）。就这样，从此以后伊比利亚半岛只剩下两个王国：一定程度上统一的西班牙和独立的葡萄牙王国。

斐迪南和伊莎贝拉的统治有许多有趣的方面，笔者主要的关注点是，他们为了实现统一和加强中央集权，采取了哪些内部政治策略。集权化和一体化措施所带来的结果是，前文分析的各种法团和自治势力都被清除了，这样就为哈布斯堡王朝的绝对主义铺平了道路。一同被清除的还有西班牙和葡
71 萄牙未来民主的希望，一个独断专行的威权主义政治经济组织将在新的世纪里取而代之，笔者称之为哈布斯堡模式。[①]

因为阿拉贡已经比其他王国更加国际化，且内部更加统一，所以这里集中讨论卡斯提尔王国和伊莎贝拉，她是古往今来最典型的马基雅维利型统治者之一。伊莎贝拉是托马斯·霍布斯理论的实践者，建立了欧洲第一个真正中央集权的利维坦国家。她的首要目标是统一卡斯提尔王国，以为实现同阿拉贡的最终统一做好准备。为了这个目标，她巧妙地采取了一系列政治行动，其广度和成就令人惊叹。举例来说，卡斯提尔新兴的寡头集团成了一股享有自主权的政治力量，于是伊莎贝拉剥夺了集团成员的土地，赶走了佃农，同时赐予他们头衔，以此引诱他们离开自己的城堡，前往女王的宫廷，在这里她可以监控这些寡头。就这样，这个集团基本上被摧毁了。此外，伊莎贝拉废除了过去自治骑士团所拥有的特权，同样诱使他们前往宫廷，将其改组为国家军队。当时还有其他区域中心反对她的集权化事业，她就派遣这支军队征讨之。通过以上手段，伊莎贝拉不仅成功地清除了这些不服从于她的势

① Claudio Veliz, *The Centralist Tradition in Latin America*, Princeton: Princeton University Press, 1980.

力，而且消灭了骑士团的诸多军事领袖。[1]

伊莎贝拉废除独立城镇和自治地区特权的举措激起了叛乱，她迅速进行了镇压。直到伊莎贝拉离世之后的1520年，这场镇压运动才告结束，当时最后一次所谓的“考姆奈罗”（comunero[2]）起义被彻底扑灭。她的另一项政策——异端裁判所，通常被视为西班牙（以及后来的葡萄牙）一次残忍的、有害的尝试，目的是消灭犹太人、摩尔人和其他不同信仰者所建立的国家，或者是强迫他们改信天主教。异端裁判所的确达到了这些效果。此外，它还使西班牙的宗教权威集中化，进而削弱甚至剥夺了国境内大量宗教兄弟会和修女会的独立自主能力，而在此之前，许多这样的宗教组织基本上仍实行自我管理。从这个意义上说，异端裁判所与伊莎贝拉的其他许多政策一样，旨在完全收回地方政权和独立法团的权力，使全部权力实际上集中于中央政府。契约（协约）理念、宪政的一切可能性（尽管是西班牙风格的）以及有限的代议制政府，都让位于绝对王权。[3]

伊莎贝拉于1504年去世，当时她的集权化、统一西班牙和精简权力的事业并未完成。叛乱仍然没有被彻底镇压，国内其他地方还有小规模的抵抗中 72
心和自治中心。不言而喻，卡斯提尔和阿拉贡完成统一还需要时间。这是一场持续到今天的纷争，它表现为马德里和巴塞罗那之间的对抗，还有加泰罗尼亚地区长期谋求自治的努力。人们认为，16世纪早期西班牙大体上实现了统一，但仍有部分地区游离在外。

总之，无论伊莎贝拉是善是恶，她的确使西班牙王国的统一进程取得了重大进展。在某种意义上，她创建了西班牙；或者说，创建了一个统一的民族

---

① J. H. Mariejol, *The Spain of Ferdinand and Isabella*, New Brunswick: Rutgers University Press, 1961.

② 这个词根据不同语境有不同意思，字面意思是“共同体的成员”，这里是“叛乱”的意思。——译者注

③ Antonio Domínguez Ortiz, *The Golden Age of Spain, 1516 – 1659*, London: Weidenfeld and Nicolson, 1971.

国家——这是欧洲第一个这样的国家。但是，她也完全改变了西班牙的社会政治模式。过去，这个模式不仅包含王权，还有一个权力分散的多元化政治体系，自治权力中心、社会中的法团组织和由代表（至少代表了主要团体）组成的议会都是这个体系的一部分。此外，它至少让人看到了孕育人民民主统治的前景和可能性。现在，这个模式变成了中央集权的、一元化的、绝对主义的、以神权为基础的，而且没有任何独立的权力中心；而有关民主制、代议制和人民统治的一切希望都化为了泡影。宪章理念曾经通过自由思想得到例证，又以议会的形式得到呈现，但仍然屈从于集权的绝对主义。随后的哈布斯堡王朝将进一步强化、集权化和制度化这个过程。[①]

伊莎贝拉死后，卡斯提尔王位的继承者是她的女儿、以“疯女”绰号著称的胡安娜（Juana）。胡安娜嫁给了哈布斯堡王朝的奥地利大公腓力（Philip），这是西班牙历史上第一次与外国王室联姻。他们试图将葡萄牙并入西班牙王国，以此巩固两个王朝的关系，但由于两人的大多数孩子不是体弱多病，就是早早夭折，他们的努力遭受重挫。他们有一个儿子名叫卡洛斯（Charles），健康活泼。他出生于弗兰德斯并在那里接受教育，此地当时属于遥远的哈布斯堡帝国。卡洛斯的父母——花花公子腓力和疯女胡安娜，很早就去世了。于是，当伊莎贝拉精明能干的丈夫斐迪南在 1516 年逝世后，卡洛斯就继承了外祖母的卡斯提尔和外祖父的阿拉贡的双重王位。

作为统一后的西班牙的第一位哈布斯堡统治者，卡洛斯一世从弗兰德斯来到了西班牙。他只会说佛兰芒语，他的幕僚们也没有人说西班牙语。在通过比斯开湾驶向西班牙的途中，他们遭遇了暴风雨，迷失了“方向”（此处“方向”一词包含双重意义）。最后，他们在北部海岸的一个无名海滩登陆，当地
73 居民以为他们是海盗。从某种意义上说，他们确实也是海盗。因为哈布斯堡家族中的奥地利人相继死亡，卡洛斯在加冕西班牙国王后的两年时间里，又

① G. Griffiths, *Representative Government in Western Europe in the Sixteenth Century*, Oxford: Clarendon Press, 1963.

戴上了神圣罗马帝国的皇冠。他不仅要对西班牙负责，还要管理大奥地利、意大利大片土地、低地国家（荷兰和比利时）以及拉美大部分地区。因此，他的头衔包括西班牙卡洛斯一世和神圣罗马帝国查理五世。他和他的子嗣主要关心两件事：一是哈布斯堡家族及其庞大帝国的命运；二是如何维持天主教的绝对正统地位。当时天主教教会的统治遍及欧洲，但要面对日益高涨的新教浪潮——宗教改革的产物。事实上，哈布斯堡王朝造成西班牙没落的一个关键因素就是，其耗尽西班牙的财富和美洲的金银，力图扼杀随处可见的新教异端思想，最终却徒劳一场。这场新的宗教肃清运动不仅让西班牙破产，而且意味着，拉美的巨大财富流经西班牙，到达荷兰和英国。西班牙未能利用这笔财富在本土发展制造业或工业，却要从英荷两国购买武装。于是，这两个国家成为工业革命的发源地，而西班牙却未获丝毫收益。

在此后200年里，也就是16世纪的几乎全部时间和整个17世纪，哈布斯堡王朝一直统治着西班牙。我们的目的不是在这里详细回顾这段时期，尽管那将是一件极其有趣的事；也不是探讨西班牙从此开始的长期衰落——这个衰落过程导致曾经强大的西班牙沦落到被称为“欧洲病夫”的地步，昔日庞大的帝国破败凋零，惨遭列强瓜分。我们的目的，确切地说，是要论述在这两个世纪里出现的哈布斯堡模式的各个要素。哈布斯堡模式形成于西班牙和葡萄牙母国，后又输出到新世界。

哈布斯堡模式由以下五大要素构成：

1. 政治领域，存在一个绝对主义的、自上而下的施行威权统治的等级官僚体系，它的根基是以神为中心的宇宙观和君权神授学说。如果说有任何代议制或协商制度的因素曾经渗透到这个原本是绝对王权的体制中（的确有，尽管很少），它们也是基于中世纪的集体或法团权利传统，而非真正的民主基础。

2. 经济领域，存在类似的自上而下的国家主义体系，它的根基是重商主义，目标是剥削和榨干殖民地的巨大财富。

3. 社会领域，存在一个僵化的、由两个阶级组成的等级体系。在这个体
74 系中，按照神对世界的公平安排，精英群体理应获得财富、土地和家畜，而下层阶级因为同样的彼世理论，必须接受他们在生活中的地位。在新世界，阶级因素会因为种族标准得到强化，少数的西班牙白人精英盘踞在顶层，数量庞大的印第安人和非洲人则处于底层。

4. 宗教领域，天主教正统和绝对主义占据主导地位，表现为中世纪的绝对主义形式，罗马天主教廷成为政治权力的工具和婢女。

5. 文化和精神生活领域，尽管 16 世纪西班牙文学曾有过繁荣时期，但社会整体封闭、保守，令人窒息；在这个社会，精神生活的基础也是天主教正统教义和对天启真理的死记硬背，此外还有一套束缚想象力和一切科学实验活动的演绎推理系统。[①]

需要注意的是，这些要素与希腊、罗马和托马斯主义的思想联系非常紧密。它们构成了西班牙和葡萄牙国内占主导地位的制度，同样也是两国在其
75 新世界殖民地的主要制度。

---

① 参阅 Irving A. Leonard, "Science, Technology, and Hispanic America", *Michigan Quarterly Review* 2 (October 1963), pp.237 - 245.

第四章

西班牙和葡萄牙在美洲

殖民遗产

基督徒从摩尔人手里收复了伊比利亚半岛，将西班牙和葡萄牙缓慢地带回到当时占主导地位的西欧文化和文明的轨道。影响两国的不再是摩尔文化和（北部）非洲文化，而是基督教文化，也就是西方文化。不过，西班牙和葡萄牙急于重返西方基督教世界，可能——借用弗洛伊德的话来说——补偿过度了：因为在后来的再征服期间以及伊莎贝拉、斐迪南和哈布斯堡王室统治时期，两国改弦易张并随后强化了中世纪和封建主义的制度——这些制度尽管认同西方基督教，但在西方其他国家开始衰落。这两个伊比利亚国家却将这些已经衰落和过时的中世纪制度带到了新世界。旧制度不仅在新世界幸存下来，而且在拉美社会——一个以两阶级、种姓和僵化的等级及分层为特征的半封建社会——重获新生[①]。

由于伊比利亚半岛在长达7个世纪里几乎一直处于战争状态，西班牙和葡萄牙在制度发展方面已经落后于欧洲其他国家。从总体上来看，西班牙和葡萄牙远比西欧其他主要国家都更深地嵌有缓慢发展的欧洲文明的底色。被迫卷入中世纪晚期的西葡两国竭力重振在别处已经濒死的传统。在14—15世纪的伊比利亚，根本不存在欧洲其他地区出现的“中世纪的式微”，既没有文艺复兴，也没有接踵而至的启蒙运动。与之相反，中世纪思想不仅复活了，而且与时俱进，获得了巩固。路易斯·威克曼(Luis Weckman)如是写道： 76
“西班牙能够将其中世纪的许多成就作为活物(living product)而非僵死的传统传播到美洲。”[②]因此，封建主义和中世纪降临拉美，不仅没有行将就木，反而生机不朽。

西班牙和葡萄牙发现与征服美洲是两国长达几个世纪的从摩尔人手里收复伊比利亚半岛的直接承续。日期的巧合并非偶然：1492年不仅是西班

① 基础文献包括 Mario Góngora, *El estado en el derecho indiano*, Santiago: University of Chile, 1951; Sergio Bagú, *Estructura social de la colonia*, Buenos Aires: El Ateneo, 1952; Américo Castro, *The Spaniards: An Introduction to Their History*, Berkeley: University of California Press, 1971; L. Cabat and R. Cabat, *The Hispanic World: A Survey of the Civilizations of Spain and Latin America*, New York: Oxford, 1961; George M. Foster, *Culture and Conquest: America's Spanish Heritage*, Chicago: Quadrangle, 1960; Charles Gibson, *Spain in America*, NewYork: Harper, 1966; O. H. Green, *Spain and the Western Tradition*, Madison: University of Wisconsin Press, 1963 - 1966; C. H. Haring, *The Spanish Empire in America*, New York: Harcourt, Brace and World, 1963; H. B. Johnson, Jr., ed., *From Reconquest to Empire: The Iberian Background to Latin American History*, New York: Knopf, 1970; Mariano Picon-Sales, *Cultural History of Latin America*, Berkeley: University of California Press, 1968; Magali Sarfatti, Spanish Bureaucratic-Patrimonialism in Latin America, Berkeley: University of California, Institute of International Studies, 1966; Angel del Rio, *The Gash and Attraction of Two Cultures: The Hispanic and Anglo-Saxon Worlds in America*, Baton Rouge: Louisiana University Press, 1965; Jaime Vicens Vives, *Approaches to the History of Spain*, Berkeley: University of California Press, 1970.

② Luis Weckman, "The Middle Ages in the Conquest of America," in LewisHanke, ed., *History of Latin American Civilization: Sources of Interpretations*, vol. 1: *The Colonial Experience*, Boston: Little, Brown, 1967, pp.10 - 22.

牙最终战胜摩尔人之年，也是数月之后西班牙征服美洲的开端。这些并非离散事件，而是一个连续过程里不可或缺的组成部分。曾助推西班牙战胜摩尔人的冲天干劲、圣战精神、军国主义、狂热宣传以及社会和政治制度，而今被延续下来征服美洲。甚至更微妙却影响深远的是，西班牙重拾中世纪晚期早期王国对征服者的封赏：贵族头衔、土地，以及生活在受封土地上的人的劳动权。由于西班牙初期既缺乏拓荒之地，又缺乏拓荒之人，这些做法被承续至新世界。在那里，每个征服者（他们通常是优秀家庭的次子，在长子继承制下无法继承家族的土地）都可能受封或自封一个贵族头衔，得到一份面积相当于一个西班牙王国的封地，奴役不计其数的土著印第安人为农。这些地位因素可能与西班牙和葡萄牙征服美洲及别处的任何其他激励因素同等重要。以此方式，征服者不仅能够继续像封建领主一样生活，而且使西班牙中世纪的确定性、天主教、绝对性和封建制度得以延续。的确，这正是观察拉美的方式：既是西方的一个支脉，但映射的又是一个特别封建的、西班牙的和中世纪的西方（大约在1500年前后，因此处于前现代时期）①。

拉美进入西方文明，尤其是借由西班牙或葡萄牙的形式和制度。而这些制度有其特殊性，即是前现代的、封建的和中世纪的。拉美就是中世纪的伊比利亚半岛的投射。的确，在拉美，中世纪找到了其最后的表现。因此，这些被带到美洲的西班牙和葡萄牙的制度和机构，并不仅仅是西班牙的（Hispanic），即不是对西班牙主义（Hispanismo）一种粗浅而短暂的反映，而更多地从根本上反映了一种超越了所有阶级和法团界线（corporate lines）的、强
77 大、共有和长期的历史传统、社会结构，甚至政治文化。② 美洲的征服因而既被视作再征服运动的延伸，又被视作该运动中世纪的、前现代特质的扩展。这场征服强调保持并扩大阶层、种姓、地位、委托监护制、中世纪教权，以及政

---

① Richard M. Morse, *New World Soundings: Culture and Ideology in thé Americas*, Baltimore: Johns Hopkins University Press, 1989.

② Johnson, *From Reconquest to Empire*, pp.43, 48.

治的道德伦理观等，因而是反资本主义的、反功利主义的、反个人主义的，而且首先是反现代性的。正如伟大的委内瑞拉历史学家马里安诺·皮康-萨拉斯(Mariano Picón-Salas)所写的那样："西班牙仍处于神的国(kingdom of God)，而欧洲其他国家已经开启了人的国(kingdom of man)。"[1]

鉴于中世纪晚期的西班牙和葡萄牙处于绝对主义和半封建的时代环境，因此它们按照宗主国的样式(尽管有变化)建立其美洲殖民地就不足为奇了。但令人惊奇的是，这些半封建制度竟然苟延如此之久：贯穿三个世纪的殖民统治，历经18世纪从哈布斯堡王朝到波旁王朝的转变，又继续进入19世纪独立时期，而且在许多方面渗透到20世纪初——在拉美常被称为中世纪的晚期。问题是，拉美是仍受制于封建的和中世纪的桎梏，还是最终摆脱了其束缚，开启了一个崭新的民主的未来？

发现前夕的伊比利亚半岛

要全面了解哥伦布发现的美洲新世界，就必须简要回顾一下他身后的旧世界及其复制到新世界的制度。15世纪末和16世纪初，或许令人印象最深刻的是遵从和团结——二者似乎从总体上概括了欧洲的生活和精神。当时的欧洲还没有出现明确的民族认同意识(虽已初露端倪)；建立一个包容不同信仰和制度的普世帝国(universal empire)的厚重阴影仍然存在，这就像神圣罗马帝国是中世纪梦想的体现一样。社会结构从根本上来看仍是封建的和
两阶级的——少数贵族仍然骑在广大农奴和农民身上作威作福。不过，在有 78
些国家，这种制度已经开始出现裂痕，还出现了少量的中产阶级。[2]

---

① Picón-Salas, *Cultural History*, p.72.

② Irving A. Leonard, "Science, Technology, and Hispanic America," *Michigan Quarterly Review* 2 (October 1963), pp.237 - 245.这篇优秀论文在学术文献中基本不为人知，但却充分地介绍了西班牙语美洲的哲学基础。

至少同样令人印象深刻的是意识形态和宗教信仰的一致性。中世纪的天主教正统教义仍然占据统治地位，宗教改革运动尚未发轫。罗马教皇的精神领袖和至高无上的地位很大程度上仍不容置疑，而且到那时尚未形成任何国家教会或独立教会。官定宗教内部没有发生教派分裂，对立教义当时也较为罕见。1492 年，欧洲实现了精神统一。

教育和精神生活也大体如此。全欧洲都奉神学和哲学为精神生活的至高形式。推理方法是演绎法而不是实验法和归纳法。一个人如果立足于神谕、自然法、亚里士多德式真理（包括人的天然不平等）和逻辑、教父（奥古斯丁和阿奎那）教义，那么他就惯于从这些基本原理中推演日常行为法则。伽利略、哥白尼和牛顿开创的实验法、观察法和科学方法都不具合理性；与此相反，人类理性只是被视作信仰的婢女。思想体系是封闭的和经院哲学式的，完全基于死记硬背既成的神授真理。[①] 当然，正是这种演绎的经院哲学体系被携至新世界并在那里生根发芽；然而在其他地方，更新颖、更科学的研究方法开始绽放。历史学家欧文·A.伦纳德（Irving A. Leonard）曾言："无论在何处，寻求真理的公认之道都是哲学；这一根本事实在讨论西班牙语美洲的心智和科学时必须予以强调。"[②]伦纳德接着说道："中世纪的精神遗产几乎原封不动地传至西班牙语美洲，并给这片辽阔地区的此后的思想进程带来如此深刻的影响，以至于威权主义真理观和证明真理的经院方法仍然构成我们南部邻居的现代思想的基础。"

这些根本理念反映到政治领域就是威权主义和绝对王权占据统治地位。根据中世纪的经院思想，一切权力来自神。国王和当权者从神那里，而不是从人民主权（即一人一票）等现代民主思想中获得委任统治权。因此，权力必须是分层的且自上而下来行使：神、天使长、天使、君主、教会之仆（servants of

---

① Marie R. Madden, *Political Theory and Law in Medieval Spain*, New York: Fordham University Press, 1930.

② Leonard, "Science, Technology," p.239.

the church)等。最后，托马斯·阿奎那的等级体系终于考虑人了，但也只是某 79
类人。国王仍然从高天(on high)接受其权威，地主和其他当权者也是如此。甚至在20世纪晚期，弗朗西斯科·佛朗哥(Francisco Franco)被称作西班牙的考迪罗也是"蒙神的恩典"而不是根据民主选举或人民主权的准则，这绝不是偶然的[1]。

在经济领域，占统治地位的思想是重商主义。王国的全部资源都被用来帮助君王发财致富。受重商主义思想的影响，这种致富的目标不是为了发展国民经济而是为了积累，不是为了再投资而是置于国库积存。由此，殖民地的财富和资源被挤干榨尽。金银被认为是有价值的，因而藏于国库而不是用于投资工业、制造业和支持创业。的确，受当时占统治地位的天主教思想的影响，利息、利润和牟利都被等同于高利贷——被圣托马斯斥之为恶——或者犹太人和新教徒。故而，金银之所以被蓄积是因为仅此两种贵金属财产被视为财富，而土地、牲畜和佃农同样被蓄积只是作为贵族地位的象征，而不是基于生产或牟利。这些正是封建社会和现代社会截然不同的特征[2]。

征服美洲前夕的西班牙和葡萄牙的社会政治结构是本书论点的核心所在。历史学家莱尔·N.麦卡利斯特(Lyle N. McAlister)写道，15世纪晚期，西班牙社会的核心构成除了君主之外，就是团体和行会——其确认依据是：(1)主要由上述等级因素决定的先赋性功能或地位；(2)与这些地位相关、同样源自天主教教义的共同价值和态度体系；(3)通用法典或者特别法(fueros[3])、规章(ordenanzas)和条例(reglamentos)中所规定的具有"法律人格"的不同团体——这些团体通常具有一定的自治性。麦卡利斯特接着强调指

---

[1] Richard M. Morse, "The Heritage of Latin America," in Louis Hartz, ed., *The Founding of New Societies*, New York: Harcourt, Brace and World, 1964.

[2] William Glade, *The latin American Economies*, New York: American, 1969.

[3] Fuero意义广泛，不同的语境意义不同。它可以指法律汇编，特别是地方或区域法律汇编；一套特定阶级或等级的法律，比如军队法典，教会法典。但在中世纪，这个词更加强调权利的相互性，比如市镇尊重王权并履行义务，而王室则承认其法律传统作为交换。在其他法人团体也有类似存在。——译者注

出，西班牙和葡萄牙仍然被认为是有机的和法团的社会，就像人的肌体一样，各部分在结构和功能上既相互关联又相互依存。其健康有赖各构成部分、领导者以及社会组织的健康和正常运转。①

80 这个时期，西班牙和葡萄牙社会的主要制度分成两大逻辑范畴：其一是斐迪南和伊莎贝拉的集权控制政策之后中世纪等级制的残余；其二是功能性法团。简而言之，社会中的阶级（等级）范畴和法团（纵向）范畴同时存在。主要的等级由贵族、僧侣和平民（市民）组成。注意这里的"平民"并不是指其当前用法，即民众、公众和"民主人"（democratic man），而是指良人（homens bons②）和市民有组织的利益或团体利益——前几章分析的特别法制度对此利益进行了规范和约束。等级制的基础既是功能，又是宗教和所谓的"自然秩序"。比如，再征服运动的长期军事征伐带来的结果是，勇士的功能被赋予较高的社会价值并被视作等同于贵族。③ 军人被认为既有声望又是不可或缺的，因为没有军人社会就会沦为掠夺性力量的牺牲品并产生分裂。这种关于军人特殊地位的看法和没有军队就会导致无政府主义和社会分裂的忧虑被带到了拉美。

携带武器和军事征服因此被视作荣耀之举，然而诸如贸易、农业和制造业等生产性活动则被视作是不光彩的。此外，荣耀及随之而来的地位被认为并非来自功绩而是来自血统。贵族阶层的军事功能及随之而来的地位是根据其血统获得法律上的承认，而贵族则据此可以免于纳税和纳贡，不得因欠

① L. N. McAlister, "Social Structure and Social Change in New Spain," *Hispanic American Historical Review* 43 (August 1963), pp.349－370; also McAlister, *Spain and Portugal in the New World, 1492－1700*, Minneapolis: University of Minnesota Press, 1984.

② 源出中世纪葡萄牙和殖民地巴西的一个术语，通常是指具有一定社会重要性（拥有土地或其他财产）的村社或市镇成员。成为"良人"意味着有选举权和被选举权，可以选举市政委员会成员。在殖民地巴西，良人通常是旧基督教的土地拥有者。按此分类言，奴隶、其他体力劳动者和新基督徒（父母或祖父母不是基督徒）被排除在外。

③ McAlister, "Social Structure," p.350; also McAlister, *The "Fuero Militar" in New Spain, 1746－1800*, Gainesville: University of Florida Press, 1957.

债而被收监,不得将其战马、武器或住房充公,亦不得遭受“基本刑”(base punishments)。伊莎贝拉在卡斯提尔巩固了权力,其手段是授予贵族阶层头衔,吸引贵族成员到王宫效力而又剥夺精英家族的大部分实际权力。同样需要注意的是,这种贵族特别法(fuero de hidalguía)如何将特别法制度进一步扩大,不仅吸收了贵族,而且将其他法团,比如教会、骑士修道会、市镇、行会、大学和牧羊人公会等包括进来。

因此,征服前夕的西班牙和葡萄牙被设想成两座平行并存的社会金字塔。一座金字塔以种姓、地位、等级和阶级为基础,另一座则以法团权利为基础。两大社会同王室或中央权力机构的关系比较脆弱:等级身份制议会和法团借由特别法一度拥有广泛的自治权利,但后来(即征服前夕)受制于王室 81
中央集权。不仅如此,两座社会金字塔有多处重叠点:贵族、教会和平民不仅是功能性等级,而且也是法人团体。再则,在这几个法人团体内部,还基于财富、地位、职能、重要性和经验进行了等级细分[①]。

政治制度反映了这些社会结构。处于最顶端的王室此时的集权主义和绝对主义倾向愈加明显。当时,长期同王室关系比较紧张的议会和几大法人团体在长达几个世纪的壮烈斗争(其顶峰是天主教双王——斐迪南和伊莎贝拉)中惜败。一种由王室代理人和王室官僚委员会组成的集权制度取代了先前这些代表和咨询机构。王室总管是王室的私人代理人,将王室权威渗透到被要求关注的每件事和每个地点。王室官僚委员会是作为王室代理人并按王室要求运行的官僚机构。这种中央集权的、官僚主义和绝对主义的制度正日趋成形并在征服时期取代了早先比较具有代表性的制度。该制度在后继的哈布斯堡王朝进一步细化和制度化。当然,正是这种充满着强烈的威权主

① Ronald C. Newton, “On ‘Functional Groups,’ ‘Fragmentation,’ and ‘Pluralism’ in Spanish American Political History,” *Hispanic American Historical Review* 50 (February 1970), pp.1 - 29; also by Newton, “Natural Corporatism and the Passing of Populism in Latin America,” *Review of Politics* 36 (January 1974), pp.34 - 51.

义和绝对主义色彩的、自上而下的政治制度被移植到了新世界。

西班牙、葡萄牙及其拉美殖民地仍然饱受中世纪和封建理念的束缚，错过了所有与现代化和现代世界相关的重大革命性改革。其中包括新教改革（这两个伊比利亚半岛国家不仅错失良机，而且公然反对改革）、扩大宗教和政治的自由度与多元性。科技革命也与西班牙和葡萄牙擦肩而过，因为两国固守早先的经院哲学，即接受某些新生的经验事实而又否认其更广泛的哲学意义。旨在扩大市场自由度、促进资本主义并最终实现工业革命的经济萌动对西班牙和葡萄牙没有产生任何影响，它们抱残守缺，沉湎于重商主义和封建主义。因为拒绝经济上的改变，西班牙、葡萄牙及其新世界殖民地也错过了经济现代化催生的重大社会变迁，比如由独立自主的农场主和企业家构成
82 的新中产阶级的壮大——这两个社会群体是温和与稳定的根基。不仅如此，西班牙和葡萄牙并没有做好充分的准备以加入发源于英国和荷兰的争取有限民主政府的运动。事实的确如此。这个时期，西班牙和葡萄牙反而掀起了一股逆流：扩大了威权控制，放弃了先前几个世纪里建立的相互权利和责任制度（特别法制度）及代表制（议会）。总而言之，西班牙、葡萄牙和拉美试图在不具有任何与现代时期相关的制度或规范属性的情况下进入现代世界[①]。

征服：1492—1570

为西班牙天主教双王斐迪南和伊莎贝拉远航的克里斯托弗·哥伦布，被认为于1492年首先登陆圣萨尔瓦多，即后来被重新命名的瓦特林岛——东巴哈马群岛的一小片陆地。但是，那座珊瑚岛礁没有金银；当地的土著人，或者是想伸出援手或者是急于摆脱哥伦布及其船队，告诉征服者再向南走有一座稍大的岛屿，那里有他们渴望的贵金属。

---

① 精湛的总结参阅 Leonard, "Science, Technology"; and Morse, "Heritage."

哥伦布围绕着这座大岛航行，并很快将其命名为伊斯帕尼奥拉岛（意为“小西班牙”），还在北海岸留下了一块小殖民地。这块以女王“伊莎贝拉”命名的殖民地后来被土著居民摧毁，因此当哥伦布于次年重返美洲之时，他在南海岸建立了一个新殖民地——圣多明各。伊斯帕尼奥拉岛因此成为欧洲人在新世界的第一块永久居留地，由此开启了全球大多数地区的欧洲化和西方化的初始阶段。

同样是在伊斯帕尼奥拉岛，西班牙开始了首次社会、政治和经济的殖民化和帝国实验——这些经验后来被用于统治其在整个美洲的庞大帝国[①]。和在西班牙一样，这里的政治结构是威权主义的、等级制的和自上而下的。社会结构同样源于西班牙模式，也是等级制的：西班牙人很快成为拥有大量土地的经济精英，而土著居民则被迫为奴或者沦为封地上的佃农阶级。随着印第安人大量死亡——与其说是死于武力，不如说是死于灭绝人性的奴役和西班牙人带给土著人的其无法免疫的疾病——西班牙人开始从非洲输入新的奴隶阶级。这种制度就其经济性质而言是重商主义的和掠夺性的：伊斯帕尼奥拉岛的金银消耗殆尽，尽数充实了西班牙王室的国库；而与此同时又 83
在美洲建立了一种以奴隶为基础的甘蔗种植园经济——这种残酷压榨的制度强化了社会等级和种族等级。教会为这项冒险活动祈福并赋予其合法性（虽然有个别神父，如巴托洛梅·德拉斯卡萨斯谴责虐待印第安人），充当了征服行动和王室权威的护卫者。在伊斯帕尼奥拉岛新建的医院、修道院和大学等机构信奉的是以演绎方法、经院哲学和托马斯主义为基础的中世纪西班牙模式。

16 世纪初，伊斯帕尼奥拉岛及其首府圣多明各暂时充当了西班牙在美洲日益壮大的帝国的行政中心。对毗邻的古巴岛和波多黎各岛的征服也正是从伊斯帕尼奥拉岛发动的。古巴和波多黎各诸岛，和伊斯帕尼奥拉岛一样

---

① Lewis Hanke, *The First Social Experiments in the Americas*, Cambridge: Harvard University Press, 1935.

作为最早的殖民地受到西班牙制度（威权主义、阶级或种姓等级制、重商主义和剥削、奴役土著居民、输入非洲黑奴、作为征服护卫者的教会，以及经院哲学和演绎方法）的强烈影响。牙买加、小安的列斯群岛，以及西班牙语美洲大陆（the Spanish Main，即今天的委内瑞拉和哥伦比亚海岸）均被西班牙王室勘测并提出权利主张。怀着和哥伦布一样的梦想——寻找通往亚洲的捷径，西班牙探险队的队长们深入中美洲和尤卡坦的沿海探险，1513 年巴尔沃亚（Balboa）横穿中美洲地峡，遥望太平洋。探险队还沿南美洲大西洋海岸探险，最南端到达拉普拉塔河河口——在那里没有建立永久殖民地。尽管伊斯帕尼奥拉岛一直是这些早期探险的起点，但该岛并没有丰富的金银储量，土著居民作为既有的劳动力来源急速萎缩，而同时西班牙却有更大的野心。很快，伊斯帕尼奥拉岛的地位就下降了；到 16 世纪末，它已沦为西班牙庞大殖民帝国中一座破旧的中转站[①]。

接下来的一场大征服从古巴发起，目标是墨西哥。1519 年，埃尔南·科尔特斯（Hernán Cortés）率领 500 名士兵、16 匹马在墨西哥本土登陆——他将其重新命名为新西班牙。在这里，科尔特斯发现的并不是一座只有少数游牧土著部落的小岛，而是一片拥有完整印第安文明的辽阔大陆——这里的阿兹特克人有 500 万之巨。科尔特斯拥有一系列的优势，其中包括印第安人从未
84 见过的马，印第安人的信仰——西班牙人代表着某种级别更高的神，印第安社会连年内战适于采取分而治之的策略，科尔特斯的情人和翻译玛琳切帮助他深谙印第安人，以及科尔特斯本人的才能、勇气和马基雅维利式的手段。科尔特斯及其士兵演绎了历史上的一次经典的军事交锋：他们在1∶50000的人数劣势下成功地俘获了阿兹特克皇帝蒙特祖玛，先将其绑架，后又将其杀害，击溃并征服了庞大的阿兹特克帝国。到 1522 年，墨西哥中部的大部分地

① 对早期征服活动予以精彩记述的作品参阅 Hubert Herring, *A History of Latin America*, 3d ed., New York: Knopf, 1968; and Donald E. Worcester and Wendell G. Schaeffer, *The Growth and Culture of Latin America*, 2d ed., New York: Oxford University Press, 1970.

区都被征服了。

征服墨西哥，无论从量上还是从质上而言，都与征服其他诸岛不同。前者从根本上改变了征服的性质——在此之前西班牙始终局限于征服相对贫困的小块区域和稀稀落落的土著居民，而其寻求的目标也只是通往西印度群岛的航线。但是，墨西哥是一片人口稠密的辽阔大陆：每个西班牙征服者都可以被封赏一个头衔，一块有美国一个州那么大的封地，以及附着于封地之上的印第安劳动力(即委托监护制)。不仅如此，和岛屿不同的是，墨西哥潜藏着巨量的金银，以致墨西哥不仅之于西班牙王室，而且之于科尔特斯及其士兵都具有巨大的价值。此外，尽管岛上的土著居民很快因为疾病和虐待而大批死亡，但他们发现墨西哥的土著居民不仅具有较强的适应力，而且似乎是取之不竭的廉价劳动力来源。西班牙王室因此开始重新评估其寻找通往亚洲航路的计划，转而致力于其宏大使命：征服、移居、殖民和掠夺美洲大陆。西班牙为此采取的策略是俘获或消灭印第安王国的首领，以他们自己及其等级制度取代印第安统治者，征服和安抚印第安人，利用印第安大众作为受奴役的庞大劳动力。

从那时开始，墨西哥取代圣多明各和哈瓦那，成为西班牙殖民美洲事业的主要焦点。西班牙其他殖民者从墨西哥中部谷地开始为西班牙探索并索取墨西哥辽阔的北部地区、美国西南部(最北端到达科罗拉多)和加利福尼亚地区。与此同时，胡安・庞塞・德莱昂(Juan Ponce de León)勘察了佛罗里达，卢卡斯・巴斯克斯・德艾利翁(Lucas Vásquez de Ayllon)试图在卡罗莱纳海岸建立殖民地，埃尔南多・德索托(Hernando de Soto)则率领部队远赴北美洲的东南部地区进行大探险。向南，科尔特斯派佩德罗・德阿尔瓦拉多(Pedro de Alvarado)征服危地马拉和玛雅王国，派克里斯托瓦尔・德奥利德(Cristóbal de Olid)征服洪都拉斯。中美洲其他地区很快在从墨西哥南部和巴 85
拿马北部发起的钳形攻势下屈服。

西班牙帝国的焦点现在更多地转向了南美洲。征服秘鲁的行动是继科尔特斯征服墨西哥大约10年之后从巴拿马发起的。西班牙王室很快认识到征服秘鲁具有同等的价值，因为秘鲁是另一个庞大且拥有惊人财富的帝国——印加帝国的所在地，其国土沿南北向扩展，北至今天厄瓜多尔北部，南至智利南部。印加的征服者皮萨罗兄弟——弗朗西斯科、贡萨洛和埃尔南多汲取科尔特斯的经验，俘获了印加皇帝阿塔瓦尔帕，向其索要贡金，随后在阿塔瓦尔帕满足了西班牙人用黄金填满整间房子的要求后又将其杀害。不仅如此，征服者再次效仿墨西哥模式：成为印加王国庞大领土的受益者，有权利用所获土地上的印第安劳动力，并享有无尽的财富和无上的社会地位。就像对待阿兹特克人那样，西班牙人除掉了其首领，却保留了印第安人的社会等级制——他们取代印加皇帝，充当领主和贵族。

继征服秘鲁之后，南美洲其他地区很快被占领。1534年，危地马拉的征服者佩德罗·德阿尔瓦拉多占领了厄瓜多尔。1535年，迭戈·德阿尔马格罗(Diegode Almagro)——又一个军事冒险者和皮萨罗兄弟在秘鲁的同谋——率领一支注定时运不济的队伍翻越安第斯山到达智利。同年，佩德罗·德门多萨开始在拉普拉塔河河口，即今天的阿根廷拓殖，但这个殖民据点随后被放弃了。他和他的助手们还逆流而上，在今天的巴拉圭建立了亚松森，并一路到达上秘鲁——即今天的玻利维亚。其间，从秘鲁过来的其他西班牙人从西面翻越安第斯山，在玻利维亚的波托西发现了富可敌国的“银山”(silver mountain)并在安第斯东部的山脚下建立了定居点，沿着流入阿根廷的水系建立了市镇，其中包括1580年“重建”的布宜诺斯艾利斯。与此同时，阿尔马格罗的冒险失败之后，皮萨罗的另一个助手——佩德罗·德巴尔迪维亚(Pedro de Valdivia)在16世纪40年代再次征服了智利，不过远南地区的印第安阿劳坎人反抗强烈，直到多年后才被征服。

因此，在哥伦布发现美洲的50年里，几乎整个加勒比海地区、墨西哥、中
86 美洲、北美洲的西南部和东南部，以及南美洲(除了巴西)都被西班牙征服、移居和殖民。从1492年到16世纪40年代，西班牙建立了一个庞大的美洲帝

国，其面积比其母国要大许多倍。这种战绩在当时的美洲尤为突出，因为西班牙只投入了相对较少的军力而且当时还没有发展出助力征服行动的现代通信和交通工具。和西班牙在半个世纪里占领的辽阔土地相比，英国殖民者在北美洲花费了整整3个世纪才穿越北美大陆。征服的完成使得西班牙转而投身于更加艰巨的任务：巩固和管理辽阔的帝国。

巴西的征服故事不同于西班牙，却与其同步发生[①]。巴西是由一个名叫佩德罗·阿尔瓦雷斯·卡布拉尔(Pedro Alvares Cabral)的葡萄牙首领发现的，并随之成为葡萄牙的殖民地。葡萄牙和西班牙的领土分界线由教皇在1494年通过《托尔德西里亚斯条约》划定——而无论西班牙或葡萄牙在此之前是否到达过南美洲，更不用说探险或勘测过这个大陆。葡萄牙最初的殖民地叫领地，位于巴西东北部的热带沿海平原——也是南美大陆眺望非洲之地。殖民地的组织结构同西班牙类似，是一种基于奴隶种植园和世袭制的制度。然而，葡萄牙人对其亚洲殖民地远比其美洲殖民地更有兴趣，这是因为前者有大量的丝绸和香料贸易，因而长期以来葡萄牙对巴西的政策根基是殖民忽略(colonial neglect)。

最终，葡萄牙拓荒者——人称班德拉(即"扛旗者")——开始探险内陆腹地并逐渐占据辽阔的空旷之地，同时实际上将和西班牙殖民地的托尔德西里亚斯分界线进一步向西推移，直至亚马孙盆地的最远区域。然而，葡萄牙人在巴西的典型特征并不仅仅是殖民忽略；葡萄牙的殖民制度虽然和西班牙一样充斥着威权主义、等级制、重商主义、世袭制、自上而下和经院哲学，但却比西班牙的殖民制度更加温和，更有人性，也更少"异端审判"。甚至巴西的奴隶种植园制度，无论是劳动强度还是剥削程度，都弱于西班牙，因而混血现象更加普遍。

---

① 有关巴西传统的最精彩记述参阅 Raymundo Faóro, *Os Donos do Poder: Formação do Patronato Político Brasileiro*, Rio de Janeiro: Ed. Globo, 1958. Faóro从学术视角充分解释了韦伯的世袭制和巴西的发展之间的关系。

征服和殖民化的政治理论

“西班牙的历史和西班牙语美洲的历史之间的旧分界线几乎不存在了。”
87 历史学家查尔斯·朱利安·比什科(Charles Julian Bishko)在《西班牙语美洲历史评论》特辑的文章《拉美历史的伊比利亚背景》中如是说[①]。比什科又称，过去的学者们或者研究西班牙史，或者研究拉美史，但不会放在一起研究。现在的研究者们认识到，伊比利亚史和拉美史是不可分割的：前者无缝融入后者。拉美，特别是在其初期，实际上是中世纪晚期的西班牙和葡萄牙的延伸。1492 年并不是一个断裂点，而是一个延续点——两端连接的是“再征服”的尾声和同美洲的初次相遇。两者是不可分割的。历史学家唐纳德·E.伍斯特(Donald E. Worcester)曾写道：“西班牙语美洲的政治行为很大程度上是文化特质的副产品——这种文化特质是在 1492 年之前的数个世纪里形成的，却又在 1492 年后因受新世界土著人的影响而稍有改变”[②]。

这些评论意味着，征服的政治理论和西班牙的美洲帝国均表明其同伊比利亚的过去具有重要的连续性——当然，美洲创建的新社会和新环境又对其有所影响。这种理论的基础是在中世纪晚期复苏并初兴的希腊—罗马—天主教—托马斯主义的信仰、认知和观念。其基本信条包括：以神为中心的宇宙观；服从神的旨意；信仰与理性的一致性；无条件听从罗马天主教和教父教义；国家和社会是一个有机组织的理念；等级制和法团主义的社会关系结构——每个人一生中的社会地位都被固定下来并得到保障；威权主义和自上而下的政治制度，但又以尊重法律、传统和基本权利(fueros)为依归；封闭的、

---

① Charles Julian Bishko, “The Iberian Background of Latin American History: Recent Progress and Continuing Problems,” *Hispanic American Historical Review* 36 (February 1956), pp.50 – 80.

② Donald E. Worcester, “The Spanish American Past—Enemy of Change,” *Journal of Inter-American Studies* 11 (January 1969), p.66.

重商主义的和非资本主义的经济制度;学究式或演绎式的学习和认知方法。出乎意料的是,16世纪,此类中世纪的思想和理念开始遭到挑战或者在西方其他地区开始衰落;而在西班牙和葡萄牙及其拉美殖民地却又重获新生,继续为他处出现的世俗化、文艺复兴和理性化等思潮提供新经院哲学式的答案。

一系列事件将西北欧引入现代世界,其中包括16世纪的宗教改革,文艺复兴和启蒙运动,资本主义和中产阶级的兴起,伽利略、哥白尼和牛顿等人掀起的科技革命,以及争取有限政府和个人权利的运动——17世纪在英格兰 88
终得实现。然而,在反宗教改革的影响下,西班牙和葡萄牙抵制这些现代化潮流。西班牙和葡萄牙王室仍然固守绝对主义、中世纪思想、(罗马天主教的)普世信仰,以及用一种格外褊狭的、反宗教改革的方式解释这种信仰。正如墨西哥诺贝尔文学奖获得者奥克塔维奥·帕斯所写的那样,西班牙王室是(罗马)狄奥多西大帝(Theodosius the Great,神权政治的象征)和西班牙的第一个摩尔人哈里发阿卜杜勒·拉赫曼三世(Abd-er-Rahman Ⅲ,绝对主义的象征)的混合体[①]。在斐迪南和伊莎贝拉以及随后的哈布斯堡王朝时期,西班牙深信其负有普世使命,即捍卫其信仰以防遭到哲学、神学、政治和社会诸方面的攻击。帕斯继续说道:“西班牙和葡萄牙闭关锁国,故步自封,抵制现代性的萌芽。反宗教改革就是这种抵制最彻底、最激进和最连贯的表现。”[②]

在政治理论领域,霍布斯、马基雅维利和洛克等人的著作引领了现代西方国家。霍布斯鼓吹绝对主义,但将其看作是一个纯粹世俗的术语,这在伊比利亚是不可接受的。马基雅维利常被视作是第一个世俗政治学家,因其将宗教和道德同政治严格区分开来,同时证明君主如何操纵宗教以服务于纯粹世俗的、国家主义的目标——这种思想在当时无异于异端邪说和对神明的亵

① Octavio Paz, “Latin America and Democracy,” in *Democracy and Dictatorship in Latin America*, New York: Foundation for the Independent Study of Social Ideas, 1982, pp.5 - 17.

② Paz, “Latin America,” p.6.

渎。英国人洛克则鼓吹有限政府、代议制政府和个人权利，其通常被视作美国多元主义和民主的主要来源。不过，西班牙和葡萄牙抵制了鼓吹现代性的三大门徒。霍布斯被抵制，既因其世俗观点，又因其主张“利维坦”国家甚至不受传统法律、习俗和宗教信仰的约束。马基雅维利因其政教分离观点而遭到西班牙法学家公开的，甚至疯狂的批判，后者认为政教分离助长了非道德的政治实践。西班牙的观点是政治应当继续彰显宗教和政治的统一性；政治
89 必须得到道德和正当理性(right reason)的支撑；罗马天主教教义为社会提供了统一的信仰体系。当然，洛克和自由主义、个人主义及多元主义的传统也遭摒弃，因其同西班牙和反宗教改革运动的主张背道而驰[①]。

历史和社会科学著作经常提出，在16世纪，伊比利亚乃至拉美错过了驶往现代性的航船。也就是说，当其他国家开始打破“旧制度”(ancien régime)的枷锁进入现代之时，伊比利亚和拉美仍然被封建主义和中世纪思想所禁锢，即传统主宰了西班牙、葡萄牙和拉美。它们随后得出结论，伊比利亚和拉美要实现现代化，也必须打破传统的禁锢，也必须经历和其他西方国家一样的现代化过程和阶段。换而言之，要进入发达的、现代的世界，伊比利亚和拉美必须摒弃其传统制度和新经院哲学思想，必须变得和我们一样：大抵是自由、多元、平等、民主，意即每隔两年或四年举行一次选举、多党竞争、利益集团政治角力、三权分立和资本主义经济制度等。这类态度实际上是过去40年间美国对拉美的援助和发展政策的核心。

不过，还有另一种可能的解释，更复杂，也更有趣：即在16世纪，西班牙和葡萄牙及其殖民地并没有错过现代性之船，而是驶向了另一条航路。就是说，他们选择了一条不同的航线和另一种交通方式。直至今天，伊比利亚和西班牙语美洲之船的航线仍然不同于北美洲的多元主义和民主。这种差异

---

① O. Carlos Stoetzer, *The Scholastic Roots of the Spanish American Revolution*, New York: Fordham University Press, 1982. 这项卓越的研究恰如其分地记录了西班牙殖民制度的经院哲学和托马斯主义的根基。

仍将继续。

如果人们将“现代性”一词仅仅理解为借由科技革命、资本主义、宗教改革和洛克式个人主义在西北欧开创的世界,那么伊比利亚和拉美的确错过了那艘特定的现代性之船。或者,它们至少错过了那艘西北欧的、新教的、英国的航船。但是,如果人们将新经院哲学模式看作是英国式现代化的一种“替代物”,将会怎样?如果人们使用“中世纪的”一词时不是指其贬义,即实现现代化所必须摒弃或克服的东西,不是将其看作是一个没有任何感情色彩的 90
科学术语,又将怎样?如果人们认为这种中世纪思想并不必然受西方模式的影响而死亡或消失,而是不断地自我修正、自我改革、自我适应和自我革新,又将怎样?抑或人们认为,伊比利亚和拉美代表的是一种不同的、独特的、如今革新了的中世纪思想,这种思想也并非注定会在现代化的影响下消失,而是不断地自我调适和革新以顺应现代性,又将怎样?这后一种解释主张要以截然不同的方式理解拉美,而不是持“不可避免的西方化”的论调。①

我们无法在此全面解释这一争论,不过在本书的许多地方和结论部分我们会继续探讨。实际上,我相信有两种力量在发挥作用:伊比利亚和拉美从西方语境来看都正在现代化(弥补早先错失的机会);它们仍保留这种已经现代化的中世纪思想和新经院哲学的许多(已更新的)特征。这一争论还具有深远的政策意义:如果人们认为伊比利亚和拉美必须抛弃一切传统的和中世纪的制度,从而忘记过去、迈向现代化的话,那就要采用一整套的政策方案。不过,如果人们认为伊比利亚和拉美的变革历程的主要动因,和日本、中国、印度、非洲,以及其他非西方或部分西化的地区一样,都要渐进地调整、融

① Howard J. Wiarda, ed., *Politics and Social Change in latin America*, 3d ed., pp. 91 - 104, Boulder: Westview, 1992; Wiarda, *Corporatism and National Development in latin America*, Boulder: Westview, 1981; Octavio Paz, *The labyrinth of Solitude*, NewYork: Grove, 1961; Richard Morse, *New World Soundings*; Glen Dealy, *The Public Man: An Interpretation of latin American and Other Catholic Societies*, Amherst: University of Massachusetts Press, 1977. 类似情况发生在印度,参阅 Lloyd Rudolph and Susan Haeber Rudolph, *The Modernity of Tradition*, Chicago: University of Chicago Press, 1967.

入和改变传统的(中世纪的、新经院哲学的)制度以顺应现代的需要,那么就要求有一套截然不同的、并不那么彻底的政策方案。我们稍后会重新讨论这些复杂的议题。

研究新经院哲学和16世纪西班牙反宗教改革思想的最重要学者——伯尼斯·汉密尔顿(Bernice Hamilton)曾写道:“西班牙几乎既没有受到新教改革的影响,又没有得到意大利文艺复兴的熏陶;她没有科技革命可言,没有霍布斯或洛克式的人物可论,没有催生政治个人主义,没有社会契约理论,也没有工业革命。”[1]那么,西班牙有什么?当然肯定不是“一块白板”(tabula rasa),可以任意书写现代性的篇章。相反,西班牙和葡萄牙拥有丰富的传统和充分发挥作用的制度。然而,这些传统和制度是中世纪的,而非现代的。一如巴西历史学家比阿特丽斯·海伦娜·多明格斯·比塔雷洛(Beatriz Helena Domingues Bitarello)所言,16世纪的伊比利亚在其他国家正体验现代化的早期萌动时,虽然也正经历一场托马斯主义的大复兴,但本质上仍然是
91 中世纪的。[2]

16世纪的西班牙新经院哲学(主要是多明我会和耶稣会)作家(玛丽安娜、莫利纳、索托、苏亚雷斯、维多利亚)试图让中世纪刻板的天主教传统适应一种当时正被欧洲其他国家所摧毁和拒绝的时代背景(16—17世纪的西班牙和葡萄牙)。常有人言,他们试图维持中世纪,但这并不完全准确。相反,他们竭力调整、顺应并将中世纪同一个已经变化的(因美洲的发现而)更广阔世界的最新需求相对接。他们不是拒绝经院哲学和中世纪的社会与政治制度,而是试图对其进行更新和改革。他们接受了创新却没有拒绝中世纪等级制的范式。简而言之,他们推动了中世纪传统在西班牙的现代化改造,而不

---

① Bernice Hamilton, *Political Thought in Sixteenth-Century Spain*, Oxford: Clarendon Press, 1963.

② Beatriz Helena Domingues Bitarello, “Iberian Modernity and the Scientific Revolution of the XVII Century,” Washington, D.C.: Library of Congress, Hispanic Division, June 14, 1994. 这篇论文是基于同主题的博士论文写成的。

是与之决裂。这正是一种典型的矛盾：革新和革命，顺应现代性和对传统进行现代化改造而不是一弃了之——当前这种选择已经罕有所闻了。西班牙的新经院哲学表明托马斯主义成功地替代了16世纪初开始的世俗化的现代性——这种思想和制度传统在大学的现代政治理论课程中几乎完全不为人知。

新经院哲学家强烈地反对马基雅维利。马基雅维利通过政治和道德的切割，实现了同过去的决裂。而西班牙耶稣会会士则希冀在维持天主教国家和道德的同时调整并适应现代性。比如他们开始接受哥白尼在天文历算领域的发现，但其后为维护天主教的宇宙观，又将哥白尼的科学同其哲学意义相切割。西班牙的种族、国家、学识、哲学和政治体制以及天主教，都必须汇聚到一种单个的、宏大的、天主教的方案里。国家及其君主必须信奉罗马天主教；教育体制必须是天主教的；社会和政治制度也必须融入天主教教义。西班牙耶稣会作家抨击马基雅维利，是因为担心他削弱天主教的影响，而马基雅维利思想中的世俗的和“非理性”的人性观则不会如此。确切地说，他们竭力保持政治权威的神圣根源并为此建立异常复杂的社会、政治和哲学基础。这种16世纪的、托马斯主义的新经院哲学直到20世纪很长一段时间里都是西班牙、葡萄牙和拉美的政治生活的基础。从一种现代的、务实的和世 92
俗的观点来看，这是伊比利亚国家和拉美仍然落后于其他西方国家的主要原因；但从西班牙—拉美的观点来看，这种哲学帮助保留了他们传统中有价值的元素。

在那个时代西班牙的政治理论中，汉密尔顿没有找到个人主义、洛克、民主参与，以及务实主义和功利主义哲学家边沁(Bentham)的影子。[1] 相反，她发现了一条连续的光谱，这条光谱的发端是修正后以适应现代性和帝国新现实的中世纪托马斯主义。她发现了天主教观念中的主权国家和人民。这种

---

① Hamilton, *Political Thought in Sixteenth-Century Spain*.

观念是经院哲学的和演绎的观念，其基础仍然是圣托马斯的法律和社会位阶均由“神授”的思想，即“存在巨链”。这种观念保留了自然社会的历史有机理论和社会政治生活的法团组织。混合政体当然是好的，但最好的是由有秩序的等级制护佑的君主制。宗教和国家注定要统一于神圣的伙伴关系。

君主制是首选的政府制度，然而在16世纪的神学家看来，它仍要在各种约束下运转。君主受制于教会，受制于神法和自然法，受制于习俗，而且——根据特别法传统——受制于不同群体和社会部门的权利。这些部门“像卫星”一样围绕着王室，并通过相互责任的精心结合同国王相联结。法团组织和议会的独立权力则要充当王权的平衡力量。

因此，这些法学家抱持这样一种认识，即政府运转的基础是王权和社会订立的契约。这正是早期著作里西班牙和葡萄牙被称作“契约国家”所指的意义；在国家—社会关系方面则是由联结中央权威和各社会集团（教会、军队、行会、市镇、大学、地方机构，特别是企业和劳工）的各种基本法、政教协约、圣职授任及规章按照相互而共同的权利与责任进行管理。[1] 这些权利和责任包括古老的“天赋”思想；按此思想，社会等级高的人和社会等级低的人要履行相互责任（参阅第二章）。不过，需要提醒的是，西班牙和葡萄牙在此
93 范式下所指的“契约”和“社会”截然不同于洛克的契约思想，即立宪政府思想：洛克的思想供奉的是自由个人主义和不受限制的多元主义，而西班牙的思想则强调大社会、集体或法团权利和有限的多元主义。[2]

在16世纪的西班牙新经院哲学家中，首屈一指的是弗朗西斯科·苏亚雷斯（Francisco Suárez）。在美国和西方思想史上，苏亚雷斯几乎不为人知；即使提及，通常也被斥作“反动分子”。不过，苏亚雷斯的浩繁著作及其新托马

---

① Howard J. Wiarda, “State-Society Relations in Latin America: Toward a Theory of the Contract State,” chap.8 in *American Foreign Policy toward Latin America in the 80s and 90s*, New York: New York University Press, 1992；霍华德的详细阐述，参阅其著作 *Politics in Iberia: The Political Systems of Spain and Portugal*, New York: Harper Collins, 1992.

② Stoetzer, *Scholastic Origins*.

斯主义的强大主张，不仅对于理解反宗教改革，而且对于理解美洲的被征服，以及西班牙、葡萄牙和拉美此后数个世纪直至现代的政治文化和历史，都是至关重要的。如果洛克是盎格鲁美洲的个人主义、自由主义和民主的奠基人，苏亚雷斯就是伊比利亚和拉美传统的内核所在——现代的、更新的新中世纪思想的源泉。我们需要一篇博士论文专门讨论苏亚雷斯，或者比较苏亚雷斯和洛克——美洲两大截然不同的文明（拉美和北美）的奠基者。两大文明的差异不仅体现在他们倡导并缔造的政治原则截然不同，而且体现在当前对这些原则的质疑、破坏，以及这些原则面临的危机。[①]

苏亚雷斯的体系，基于详尽的法律位阶和圣托马斯的“存在巨链”，乃用于合法化，甚至强化哈布斯堡王朝的威权主义。苏亚雷斯不仅在西班牙国内，而且在整个帝国都鼓吹现代化的、有利于国家建设的王权。如果圣托马斯是迄今最伟大的天主教哲学家，那么苏亚雷斯则代表着这一工作的延续、扩展和现代化。他在西班牙帮助再版了托马斯的著作，围绕这些著作撰写大量文章，继续并加强经院哲学研究，是 16 世纪新经院哲学复兴的首席架构师。苏亚雷斯没有简单地接受过去或者重走回头路，而是努力让托马斯主义适应现代君主制和帝国的迫切需要。

苏亚雷斯家族是名门望族，富可敌国，坐拥良田无数，长年效忠于西班牙王室。在长达几个世纪的“再征服”里，苏亚雷斯家族南征北战，同摩尔人交手无数。苏亚雷斯家族的根基和土地都在伊比利亚半岛的心脏地带——卡斯提尔。这个家族充满强烈的民族主义情感和天主教信仰，而且深谙两者之间的强大联系。他们像西班牙统治阶级的其他成员一样，接受封地和头衔，而报之以对王 94
室的效忠。苏亚雷斯家族一直接近并参与伊莎贝拉和斐迪南的中央集权政策，

① Joseph H. Fichter, S.J., *Man of Spain: Francis Suárez*, New York: Macmillan, 1940; Reijo Wilenius, *The Social and Political Theory of Francisco Suárez*, Helsinki: Societas Philosophica Fennica, 1963; Héctor José Tanzi, “La doctrina de losjuristas hispanos sobre el poder político y su influencia en América,” *Boletín Histórico*, no. 20 (September 1970), pp.328 - 349.

其家族成员效忠于前后两代哈布斯堡王朝——卡洛斯一世(1515—1556)和费利佩(1556—1596)。年轻时代的弗朗西斯科，聪明好学，成绩优异，因长子继承制(Primogeniture)而无缘继承家族土地。于是，他奔赴萨拉曼卡大学读书——那里是欧洲最早也是最重要的大学之一，天主教正统教义和正统经院哲学的中心。1567年，他完成学业后，被任命为神父，继续留在大学担任教职和从事研究。1580—1640年"葡萄牙囚禁"(Portuguese captivity)，即葡萄牙并入西班牙期间，他还在科英布拉教书。因此，苏亚雷斯体系不仅在西班牙及其殖民地是至关重要的，在葡萄牙及其帝国也是至关重要的。

苏亚雷斯的著作有助于支撑并合法化绝对主义的天主教体系和腓力二世的政府及其政策。当然，他相信普世的天主教的对错原则。在他设计的等级架构里，所有人均适得其所。在其巨著《论法律》中，苏亚雷斯延续并更新托马斯主义的逻辑，即一切权力和权威源于神。和洛克不同的是，苏亚雷斯没有考虑私有财产；相反，他认为财产服从于国家的高端目标。公共利益便是一种高于私人财产的高端目标。国家同样是经济和财产关系的调节者，从而为重商主义提供了合法性。权威、财富和权力均源于神。

苏亚雷斯提出了社会有机论。在《论法律》中，他提出了国家—社会关系的法团主义概念，赋予早期的中世纪的天主教以现代天主教的合法性。也就是说，虽然苏亚雷斯支持强君主制，但反对专政和独裁。他更青睐的是一种更加多元的，契约式的，甚至是立宪式的制度。在此制度之下，法团组织的权利、传统及天主教戒律都是限制君主权威的要素。尽管苏亚雷斯赞成君主制政府，但他提倡赋予社会以广泛的自然权利，同时利用这些社会集团或法团组织的终极权力(ultimate power①)对强势国王加以制衡。苏亚雷斯主张，人民本身就构成了一个法团实体，它是通过作为社会组成部分的法团单位组织

① 当代国际关系现实主义理论大师爱德华·卡尔认为，终极权力源自政治和道德的融合；他呼吁现实和乌托邦的结合，以创造一个"完美的政治生活"，意即将政治的硬权力同道德力量的软权力结合起来，从而实现终极权力。——译者注

起来的。

这种依赖于社会群体或法团组织的权力是不可剥夺的，但可经人民同意让渡给统治者以求公共利益。苏亚雷斯声称，对任何一种制度的法律有效性的终极检验是其代表性，即必须争得人民及其社会的同意。如此讨论同意和 95
契约听起来是民主的，甚至是洛克式的；但这里的“人民”和“社会”是指他们有组织的或法团的意见，而不是大众的或个人的意见。不仅如此，赋予这些社会团体以法律合法性的是国家，从而使他们的意见可以被聆听到。虽然苏亚雷斯相信终极政治权力有赖于人（包括女性！）之社团，但在其话语中“社团”还是指精英阶层，即有组织社会的意见。苏亚雷斯的理论可被称之为“权力特许理论”：虽然权力最终由社会决定并根据契约进行统治，但这种权力被授权或让渡给了君主。当然，他没有提及的是这种授权发生的具体时间（实际上贯穿于西班牙中世纪的数百年间）或者在什么具体条件下（实际上是因冲突和持续进行的激战）发生。

虽然按照苏亚雷斯的理论，这种“让渡的”权力在某些条件下可以撤销，但在实践上君主被授予了几乎无限的权力，除非统治者违反了所有的道德和善政（good government）原则，沦为一个暴君。因此，苏亚雷斯所谓的“权力”最终有赖于谁：国王抑或社会的法团单位？我认为似乎有赖于统治者，并可能征询社会的法团单位（当时并不存在，因为已经被伊莎贝拉清除）的意见；除非统治者成为一个绝对的暴君，比如埃克托尔·特鲁希略、富尔亨西奥·巴蒂斯塔和奥古斯托·皮诺切特，授权才可能被撤销。但是，诸如秘鲁选举上来的威权主义者阿尔贝托·藤森或墨西哥一党制下的制度革命党（PRI）这类混合或模糊的案例，又该如何判定呢？答案是：我们并不十分清楚，但会在政治过程中得到解决——这正是迄今为止拉美所发生的。因此，可以看到，正如西班牙—葡萄牙的中世纪时期一样，政治的基本张力和动态似乎存在于中央政府和社会的法团单位之间，但中央政府处于绝对统治地位。尽管如此，仍须注意的是，这同洛克的个人主义理念如何迥异。因为洛克强调不可剥夺的个人法律权利(包括财产),但苏亚雷斯强调社会和集体的自然权利。此外,洛克的契约理论是指政府和个人之间的契约,而苏亚雷斯
96 的契约理论则是政府和法团或社会(而绝不是个人),目的是保护公共利益[①]。

16 世纪的西班牙经院哲学成为中世纪天主教的法律、国家和社会诸观念传播到现代的主通道。用一位苏亚雷斯传记作家的话来说,它是“一条连绵不断的思想溪流,穿越中世纪和现代的虚饰的边界”[②]。苏亚雷斯的思想并非十足的传统,而是中世纪思想适应现代性的一种体现。它强调秩序、纪律、顺从、等级、服从和神对宇宙不可改变的次序安排;它允许改变,但必须是有指导的、可控制的、自上而下的改变。苏亚雷斯的思想并不是自由思想：权利并不授予个人,然而法律的首要目标是厘定公共利益。教会旨在监管国家和社会的整个法律结构,但首先是按照天主教教义管理统治者和人民之间的关系。

社会现实虽由法律术语确定,但各社团、法团和社会群体均有其法律,且同君主保持一种迥异的、由法律确定的关系。每个团体都拥有“自然权利”,但这些权利是集体权利且已经委授给国王。苏亚雷斯的思想是一种非常相信律法的理念——其本身就是一种保守思想——和法律实证主义的早期例证。总而言之,苏亚雷斯所做的是为中央集权程度更高、绝对主义倾向更强的制度(事实上在中世纪晚期的形成期这种制度就已经在西班牙出现)提供天主教的合法性。苏亚雷斯承认集体权利,但这些权利已被委托出去。虽然对王权存在理论上的限制,但这些限制大部分已经先是被斐迪南和伊莎贝拉、随后被哈布斯堡王朝的集权政策所清除。尽管如此,哈布斯堡王朝早期的前两代统治者卡洛斯一世和腓力二世都是良君、善政者,而且通常都在苏亚雷斯的善政原则内运作。哈布斯堡王朝后期的某些君王的问题是无能和

---

① Fichter, *Man of Spain*. 其现代运用参阅 Guillermo O'Donnell, "Delegative Democracy," *Journal of Democracy* 5 (January 1994), pp.55 - 69.

② Wilenius, *Social and Political Theory*, p.18.

暴虐。

正是这种苏亚雷斯体系——强大的中央权威及其内嵌的紧张关系——从那时开始被移植到美洲。的确，阅读苏亚雷斯的著作——其中反映的律法主义、中央集权主义、重商主义、有机主义和法团主义，以及国家—社会的模糊和紧张关系——可以发现统治伊比利亚和拉美的许多观念都一直延续到20 世纪。 97

西班牙—葡萄牙的殖民制度

西班牙和葡萄牙移植到新世界的制度反映并延伸了 1500 年伊比利亚的诸多制度：罗马、摩尔人和天主教的传统与影响，“再征服”及其军事化的封建制度，斐迪南和伊莎贝拉及哈布斯堡王朝的集权倾向，以及 16 世纪西班牙大作家贡献的新经院哲学政治理论和论辩。拉美不得不被视作中世纪西班牙和葡萄牙历史的延续——但在新世界环境下被重塑和改造。

政治结构的性质是威权主义和越来越显著的绝对主义。当然，终极权力有赖于马德里的王室；而在 16 世纪卡洛斯一世和腓力二世时期这种权力愈加集中、官僚和专横。国王通过两个皇家委员会进行统治：西印度事务院[①](Council of the Indies)和贸易署(House of Trade)——前者决定一切殖民地的政策动议；后者管理一切商业交易，但其首要责任是增加王室岁入。久而久之，西班牙王室分别在美洲的墨西哥、秘鲁、拉普拉塔河(阿根廷)和新格拉纳达(大哥伦比亚)设立了四个副王(viceroyalties)，作为王室权威的延伸并直接对国王负责。副王之下是都督，统治小块区域，但同样是其领地的绝对权威。都督之下，每个地主对其庄园拥有无限的权力。换而言之，社会等级的每一级都是其影响范围内的绝对权威。这种制度非常契合圣托马斯(现在是苏亚

① https://en.wikipedia.org/wiki/Council_of_the_Indies 印度委员会，西印度和东印度(菲律宾)，indies 的来源是因其受印度影响很深。

雷斯)的“存在巨链”思想。任何一级民主自治政府都没有经过训练，西班牙设立的地方卡比多(cabildos，市政委员会)既没有独立的税收权，也没有独立的决策权[1]。

社会和经济秩序同样是“再征服”的一种反映，这种秩序是在掠夺性和重商主义的基础上组织起来的。殖民地的一切财富——矿藏、土地、甘蔗种植园和自然资源——都属于王室。王室可以授权并分配土地和资源以换取忠诚和侍奉，是为封建契约。对于那些早期的征服者，王室则分配给大量良田，
98 即委托监护制。这些授权可以永久有效，而且可以像“再征服”时期那样，同时兼有使用在分配土地上生活的印第安劳动力之权利。随着时光流逝，这些对土地和劳工的授权就变成了事实上的私人财产和奴隶种植园或半封建性质的庄园制度。数个天主教修士和王室都在不同场合寻求修改这种制度并加强对印第安人的保护，但王权迢迢，无力企及，且王室无法对殖民地持续强制推行政令，何况王室并不希望始终如此。王室的诸多改革都是无心之举，而如果这些改革削减王室收入，则更是如此。在这些大庄园(haciendas，estancias，fazendas)上，庄园主在领地上的绝对权力就像任何副王或总督一样。这些庄园成为融入了宗教、政治、经济和社会权力的自治采邑[2]。

罗马天主教会被灌输了绝对主义；这种思想抗衡国家概念，甚至优于国家概念。在征服和巩固殖民地时期，教会充当了王权的精神武器——当然所有这些都在苏亚雷斯的新托马斯主义的作品中得到了合理的解释。西班牙和葡萄牙王室不断地利用传教士教化、控制和安抚土著人。和“再征服”时期一样，教会本身成了大地主和王室大片封地的接受者，且有权役使生活在封地上的印第安劳动力。少数神父谴责西班牙殖民制度虐待印第安人，但他们

---

① J. H. Perry, *The Spanish Theory of Empire in the Sixteenth Century*, Cambridge: Cambridge University Press, 1940; Claudio Veliz, *The Centralist Tradition in Latin America*, Princeton: Princeton University Press, 1980.

② Worcester and Schaeffer, *Growth and Culture*.

的声音孤立无援。而且，需要指出的是，教会机构本身就是殖民主义的工具，也是殖民主义的受益者。

这里特别有趣的是殖民地的社会政治结构及其理论基础。拉美社会的构建同样是基于有机主义和法团主义的原则——这些原则在西班牙和葡萄牙历史上的形成期是司空见惯的。历史学家莱尔·N.麦卡利斯特写道："庄园和合众（corps）概念是西班牙人带到西印度群岛的文化包袱（cultural baggage[1]）的有机组成部分。"[2]但是，伊比利亚半岛早期建立的社会结构在新世界将不得不进行改造。其中有两大力量在发挥作用：(1) 王室蓄意干涉殖民地社会结构的塑造；(2) 殖民地社会拥有大量的印第安人，随后非洲黑奴大批到来，最终形成了大规模的混血人口。

种族因素帮助塑造了一种同样基于种姓的阶级结构。处于社会金字塔最顶端的是欧洲的西班牙和葡萄牙后裔；处于最底端的是印第安人和非洲 99
人。但要提醒的是，西班牙的殖民制度源自军事探险和征服；和北美不同的是，征服者并没有带家眷同往。如此一来，这三大种族的混血几乎瞬间发生且非常普遍。结果，历经两三代混血之后，西班牙和葡萄牙形成了一套详细的词汇和社会等级以划分不同的混血类型："梅斯蒂索人"（印第安人和白人的混血），"穆拉托人"（非洲人和白人的混血），"卡斯蒂索人"（白人和梅斯蒂索人的混血）和"摩里斯科人"（白人和穆拉托人的混血）等，不一而足。这套划分体系非常精细，以致竟高达 100 多种混血类型。确定一个人在社会等级中的地位的不仅是种族或种姓，而且对这一分析更有意义的是，每个社会种族类别都有其权利、责任，甚至在法庭上，也会依据一个人的社会等级而给予不同的待遇。不仅如此，一个人的等级地位既是由文化特征，又是由肤色决

① 指一种思想、话语和行为渗透却没有意识到这种渗透的文化倾向；当来自两个不同文化的人相遇常会产生文化包袱。包袱这个意象指的是不仅始终携带，而且可能是难以负担的东西。——译者注

② McAlister, "Social Structure," p.353.

定的：教育、着装、谈吐和举止等。阶级和种姓彼此强化，以致白人位列顶层，黑人和印第安人位居底层，而梅斯蒂索人、穆拉托人和其他色度的人口则居二者之间。换言之，西班牙、葡萄牙以分层为基础的僵硬的阶级和等级制度在新世界实现了再生产，不过是以新的形式出现——种姓就其功能而言几乎等同于欧洲中世纪的等级制。

由于王室的干预，殖民地社会的垂直或法团结构同样迥异于旧世界的模式。比如，尽管西班牙人和葡萄牙人成了殖民地社会的最高阶层，但王室拒绝授予他们领地管辖权或赋予其贵族头衔。军队的情况也是如此：在西班牙和葡萄牙，军队通常有特别的法团权利和特权；但在新世界，军队是服务于王权的，军官头衔主要是荣誉性的，且本地民兵仅限白人殖民者参加。只是到了 18 世纪末殖民时代行将终结之时，军队才成为一个拥有自己特别法的独立部门①。第三项差异牵涉印第安社区：从一种层面上讲，他们被视作最低等级（比平民还要低）；但从另一种层面上讲，他们通常都被归入社区，赋予村社土地（ejidos），重新组成一个种族或地理法团。在殖民地，不存在任何议
100 会或者法团代表制机构。

在其他方面，殖民地的社会结构很大程度上复制了旧世界的等级制和法团结构；唯有一点例外：在美洲，法团通常比其母国更缺乏组织性和纪律性。历史学家约翰·莱迪·费伦（John Leddy Phelan）曾写道："西班牙人在新世界重新创造了一种中世纪晚期的法团社会。"②当然，教会参与了征服，它既是一个等级，又是一个法团。教会又进一步细分为不同的亚法团：教授学者团体、宗教裁判所、世俗教团和宗教团体、座堂圣职（歌咏）团等。市政法团概念也随征服而至，但实际上新世界只有相对较少的城市同王室谈判或从王室获

① McAlister, *The "FueroMilitar"*.

② John Leddy Phelan, *The Kingdom of Quito in the Seventeenth Century: Bureaucratic Politics in the Spanish Empire*, Madison: University of Wisconsin Press, 1967, p.57. 尽管本书只讨论了相对较小的区域和较短的时期，却是关于西班牙殖民政府最好的，也是最有洞见的著作之一。

得了自治政府的特许状。新世界的手工艺行会大多数都可追溯至16世纪晚期或17世纪早期;这些行会与其伊比利亚同行一样必须获得王室的承认或特许才能成为正式批准的法团。有趣的是,虽然所有的功能性法团根据法律都仅限于欧洲背景,但作为上层阶级的西班牙人和葡萄牙人并不愿意从事体力劳动。这就意味着从一开始,梅斯蒂索人就找到了进入手工艺行会——甚至教会和军队低级职位——的路径。然而,总体而言,阶级、法团、等级组织都遵循了一种连锁模式——这种模式反映了伊比利亚半岛的精英结构。

然而,在像拉美这样一个疆域如此辽阔、遭受数个世纪殖民的原始社会里,等级制度和法团的结构一直是松散的,远不像在宗主国那样连贯紧凑、有条理和有组织性[①]。填补这种组织空白、制度空白和法团空白正是新世界的半岛人界定"文明"和"进步"的方式。也就是说,他们希望加强而不是削弱这种法团根基的结合度和组织性。下一章我会详细阐释这一主题,但在此背景下先提出这个话题仍是相宜的。因为尽管20世纪初西班牙和葡萄牙殖民地开始争取独立运动时,他们嘴上经常挂着自由和共和,但实际上却竭力重新创建这种有机的法团秩序——他们从其历史中学到的也仅止于此。

为填补这种组织空白——这不仅是由于巨大的空白空间和濒于无政府主义状态的失序,而且还源于当时王室的退席——他们竭力创造一种协会 101
性质的基层组织,借以取代行将消失的殖民地结构。他们常常从形式上摒弃了过去殖民地时期的法团制度,然而文化和行为比制度更难以快速改变,因此他们在大多数情况下仍然保留了过去的习惯和有机法团主义的哲学。由此观之,虽然19世纪的拉美表面上正迈向自由主义和共和主义,但实际上仍然是有机主义的和法团主义的。的确,在难以控制的农村强制推进纪律和秩序的运动到头来可能强化而非削弱了法团主义。因此,从殖民晚期开始,独立后的拉美罹患了"精神分裂症",立刻朝着两种似乎自相矛盾的方

① Góngora, *El Estado*.

向——共和主义和法团主义——发展，不然就得试图做出改变，以使二者达成妥协。

葡萄牙/巴西变体

和西班牙及其拉美殖民地始终有些不同的是，葡萄牙及其殖民地巴西少了一分死板，绝对主义不太强烈，宗教裁判不太浓厚，而是对其他民族和种族更加宽容、不拘束。葡萄牙反对摩尔人的斗争不像在西班牙那样血腥，也不像一场宗教式的十字军征伐。这种不太浓烈的态度通常被葡萄牙保留下来用于巴西的殖民地实践。

佩德罗·阿尔瓦雷斯·卡布拉尔为葡萄牙发现巴西是在 1500 年，即哥伦布发现美洲 8 年后。然而葡萄牙更看重其亚洲殖民地的价值，因此在 16 世纪的几十年间很大程度上忽视了巴西，直到外国入侵者(英国、法国、西班牙和荷兰)的威胁使葡萄牙有失去巴西殖民地的危险，葡萄牙才开始重视它。由于在巴西殖民地既没有多大可能获取现成的金银，土著人又素有食人和抵抗的恶名，因此葡萄牙对殖民地的早期政策是选择性忽视。

随着外国干涉的危险逼近，葡萄牙被迫扩大其在巴西的存在。然而，甚至在早期形成阶段，葡萄牙无论国土、国力还是财力都远逊于西班牙，根本无力投入大规模的资源开发其殖民地。解决这种困境的方案是领地(donatario)
102 开发，即国王赠送给葡萄牙拓殖者土地，前提条件是拓殖者愿意自己投资开发受赠的土地。由此带来的结果是封建庄园同一种早期资本主义企业的融合。每个领主在其领地上拥有全部的政治、经济、社会和宗教等权力，地位堪比中世纪的男爵，接近于西班牙征服者对其庄园拥有的权力。尽管葡萄牙王室力图集中控制皇家任命的总督，但领主们仍保留相当大的自主权。种族和社会关系是按照等级划分的——这同托马斯主义的“存在巨链”是一致的，但远比在西班牙的殖民地拥有更强也更宽容的流动性。[1]

葡萄牙在巴西的殖民地最初局限于东北部沿海，但探险者最终越过沿海断崖（就像北美殖民地的边疆拓荒者最初为阿巴拉契亚山脉所阻隔但很快就翻越过它一样）直达内陆。葡萄牙人借此将教皇划分西葡殖民地的托德西亚斯分界线不断向西推进，直至安第斯山麓，最终声称亚马孙盆地的大部分地区和辽阔的南美洲内陆均归葡萄牙所有。这些探险者就像北美洲的拓荒者。[2]

从 1580 年到 1640 年，葡萄牙同西班牙以所谓“葡萄牙囚禁”的方式联合起来。两个王国的强制统一意味着短期内有一种统一的殖民政策和管理机构。当时，西班牙制度和殖民结构中僵化的体制和强烈的绝对主义被引入葡萄牙及其殖民地。此时，苏亚雷斯和其他西班牙耶稣会会士也正在葡萄牙科英布拉大学任教，他们将反宗教改革的教条带到了葡萄牙。但西班牙更关心其国内事务，哈布斯堡王室已经衰落，因此西班牙对葡萄牙及其殖民地的影响并没有预想的那样大。1640 年，葡萄牙重获独立，其殖民地政策再次宽松起来。

从 1624 年到 1654 年，荷兰人占领了巴西东北部大部，但被葡萄牙殖民者驱逐，从而引发了巴西民族主义的第一次萌动。此后，殖民地开始作为奴隶种植园和蔗糖生产地蓬勃发展起来。内陆的黄金大发现提升了殖民地的价值。虽然葡萄牙的社会和种族制度从来不像西班牙那样僵化，但政治、文化和思想的基础有许多都是一样的：自上而下的世袭权力、重商主义、以阶 103
级和种姓为基础的等级制、充当殖民主义和国家政策工具的罗马天主教、有机主义和法团主义，以及一种演绎和经院式的教育与知识系统。[3]

---

① 经典却有些浪漫化的著作参阅 Gilberto Freyre, *The Masters and the Slaves: A Study in the Development of Brazilian Civilization*, New York: Knopf, 1956.

② 欲作比较，参阅 Vianna Moog, *Bandeirantes and Pioneers*, NewYork: George Braziller, 1964.

③ Faóro, *Os Donos do Poder*.

土著社群

当然，早在哥伦布声称发现美洲大陆之前，被称作“印第安人”的人就已经来到这里。哥伦布发现美洲，只是为了西班牙和西方世界的利益。实际上，据说美洲早在数千年前就被亚洲民族发现了，他们穿过连接西伯利亚和北美洲的白令海峡，之后又慢慢蜿蜒南行，定居美洲各地。①

西班牙人发现(实际上是相遇)美洲之时，生活在北美大陆的土著居民估计只有300万，其中大部分过着游牧生活并组成相对较小的部落群体。与此相反，拉美的土著居民近3000万，10倍于北美洲。不仅如此，大部分土著居民组织成大型文明(阿兹特克文明、玛雅文明和印加文明)，每种文明均有五六百万人之巨。人口规模和文明程度的巨大差异导致殖民者对印第安人采取了截然不同的政策：北美对待印第安人采取的方式是屠杀、往西驱赶或者将其限制在保留地；而西班牙和葡萄牙(后者在较小程度上)则不得不制定更精细、更高级的战略来处理印第安人问题。②

首先需要注意的是，拉美土著群体是多么的多样化。在征服者最早登陆的加勒比群岛，在靠近亚马孙盆地的巴西以及在拉美其他内陆地区，土著群体通常规模不大，常有食人习性，而且发展水平非常原始。然而，在今天的墨西哥、危地马拉、秘鲁、厄瓜多尔和玻利维亚的印第安人拥有大型文明，其发达程度或可与古埃及人和古巴比伦人比肩。处于两者之间的则是像哥伦比亚的奇布查人这样的土著群体，他们无论在数量上还是发达程度上都高于北

---

① Louis de Vorsey, Jr., *Keys to the Encounter*, Washington, D.C.: Library of Congress, 1992; John R. Hebert, ed., *An Ongoing Voyage*, Washington, D.C.: Library of Congress, 1992.

② Worcester and Schaeffer, *Growth and Culture*; Phelan, *The Kingdom*; McAlister, *Spain and Portugal*.这些作品做了很好的平衡分析。根据有些观点，印第安人口可能已经发展到9000万。

美任何一个印第安部落，但逊于阿兹特克文明、玛雅文明或印加文明。[①]

西班牙人没有将这些土著文明一扫了之，天主教会和西班牙王室都阻止他们这样做。从理论上来看，至少西班牙逐步同化印第安人并让他们融入西 104
方和西班牙的生活方式的政策，按照当时的标准是相当开明的。此外，单就清洗3000万印第安人所需的后勤工作而言——即使实施了这种政策——也使得这一选择不太可能。西班牙和葡萄牙并不希望清洗印第安人，因为他们和他们的劳动是西班牙和葡萄牙美洲事业的成功所系。实际上，印第安人连同金银一起成为西班牙和葡萄牙在美洲发现的最宝贵的“商品”，他们作为采矿者、运输者、工人和农民发挥了至关重要的作用。这种战略并不是要清洗印第安人，反而是出于好意使他们皈依基督，教化他们，利用他们。为达此目的，西班牙人一除掉处于印第安政治等级顶端的人物（蒙特祖玛、阿塔瓦尔帕），就继续维持印第安社会金字塔的其他阶层，同时以自己取代印第安统治者并主要利用印第安人自己的等级控制机制统治和安抚他们。

这一过程中极有帮助——对本书主题也极重要——的是，至少在规模较大的印第安文明中，其社会政治结构同西班牙和葡萄牙非常相像。比如，阿兹特克人本质上拥有一套两阶级和尖锥状的社会制度：位居顶层的统治者和神职人员既有崇高威望又有奢侈享受，而劳苦大众性情温顺，唯命是从。西班牙人一俟取代土著统治阶级，就相对容易维持控制。这种温顺习性使得少数西班牙人就能统治大量的印第安人长达3个世纪左右，其间只遇到少数小规模的、容易被挫败的骚乱。阿兹特克人在其社会上层也有一种与西班牙类似的法团或功能型的社会组织——统治者、祭司和士兵。[②]

玛雅人也有世袭的统治阶级和具有强大影响力的祭司群体——这和西班牙一模一样。玛雅人遵循了一种有机的、社群主义的和法团主义的社会组

---

① 了解这种文明的多元化，参阅 Friedrich Katz, *The Ancient American Civilizations*, New York: Praeger, 1974.

② 特别参阅：Phelan, *The Kingdom*.

织形式。征服时期，整个玛雅文明正陷入衰退，这大大有助于西班牙的镇压。西班牙人一获得对玛雅文明上层的控制，就轻易地控制了社会金字塔的其他
105 阶层。①

印加人或许是整个美洲发展程度最高的民族，统治着一个幅员辽阔的帝国。处于世袭官僚集团统治之下的印加社会不仅组织严密，而且极度官僚化。印加人最伟大的成就是其帝国体系，他们有一套完善的政治、军事和社会组织结构。整个社会分成三个按等级组织起来的主要群体：世袭统治阶级、祭司和一般大众。这三个群体分割所有土地，但承担全部劳动的是一般大众。这种结构极像欧洲——特别是西班牙和葡萄牙——的三等级制。此外——而且西葡两国亦是如此——和这种横向的、以阶级为基础的制度并行且有重叠的是一种法团或功能性组织的体制：统治阶级、祭司、战士、信使（在这个幅员辽阔的帝国，这是至关重要的通信工具）和手工艺人。皮萨罗兄弟学习并运用了西班牙人在墨西哥的经验，俘获并杀害了印加领导人，又继续统治印加的其他社会阶层；而且同样是因为印第安人的温顺习性，西班牙人得以继续控制他们。②

西班牙人来到新世界发现了欧洲人此前从未见过的“奇怪”民族，感到困惑不解。他们是人还是兽？他们适于圣托马斯的“存在巨链”的什么位置？王室和教会（至少部分教士）试图捍卫印第安人的人性；他们发现印第安人有灵魂，因而是人，进而有资格享有基本人权。而征服者急需印第安劳动力，希望将他们视作牛马，这样就可以肆意奴役他们。从 1549 年到 1551 年举行了多次听审后，一家著名王室法庭做出裁决：印第安人的确是人，因此应当享有西班牙法律的保护。但马德里远在一方，殖民者对劳动力的需求无法得到满足，印第安人在某些地区已经濒于死绝，而同时非洲黑奴正被输入——结

---

① Murdo MacLeod, *Spanish Central America*, Berkeley: University of California Press, 1973.

② Phelan, *The Kingdom*.

果,西班牙不得不再次面临同样的辩论:非洲人是否有灵魂。[①]

与此同时,在殖民地,印第安人正被视作亟待添加到现有等级制的另一
个等级,另一个种姓或法团。正如历史学家费伦所写的那样,“适用于整个社
会的同一法团原则扩展至印第安共同体的内部组织”[②]。除了现有的贵族、教 106
士和平民等级,印第安人被视作第四等级,地位低于其他三个等级,并被赋予
相应的权利和责任。否则,他们在法律和实践中就会被视作另一个单独的、
拥有类似相应责任和权利的法人团体。比如通常根据哥伦布到达美洲之前
的村社实践分配给某些印第安人村社土地——以换取(按照典型的封建方
式)他们对王室的忠诚和侍奉。在耶稣会会士的控制和教导下,今天的整个
巴拉圭几乎都成了印第安保留地和公社,他们同样拥有某些土地权以换取其
忠诚和侍奉。在拉美其他地区,印第安人无论是凭借自己努力或者假以宗教
名义,都被视作类似的法人团体,享有法律人格,得到国家的适时认可,但得
承担回报义务。这或许第一次证明了,新的社会或法人组织被添加到西班牙
或葡萄牙的社会政治金字塔,而没有从根本上改变金字塔本身的等级结构和
精英控制体系。[③]

18 世纪的变革

如果 16 世纪是征服和拓殖拉美的时代,17 世纪是巩固帝国的时代,那么 18 世纪就是变革的时代。但这种变革并非是革命性的或者不受控制的,而

① Lewis Hanke, *The Spanish Struggle for Justice in the Conquest of America*, Philadelphia: University of Pennsylvania Press, 1949.

② Phelan, *The Kingdom*, p.58.

③ 西班牙、葡萄牙及其殖民地以对待新哲学思想的方式对待新社会团体:融入并将其添加至传统的新经院结构,但不改变主流传统的根基。有关这一过程的现代表述,参阅 Charles W. Anderson, *Politics and Economic Changein Latin America: The Governing of Restless Nations*, Princeton: D. Van Nostrand, 1967, chap. 2.

是最终实现了独立，并重构了当时在伊比利亚和拉美仍占主导地位的模式。

首先，地面上有变革。在西班牙，哈布斯堡王朝衰落了，最后于17世纪末消亡，18世纪被法国波旁王朝取而代之。波旁王朝，特别是卡洛斯三世
107 (1759—1788)在思想上比哈布斯堡王朝更开明、更以欧洲为导向，也更现代。波旁王朝在西班牙实施了诸多改革，包括引入路灯，降低高犯罪率，将沼泽地排空并转化为生产用地，推行法式服饰和礼仪，开启植树造林计划，以及建立高效、中央集权的公共管理制度。他们将新的文艺复兴思想，甚至启蒙运动的某些观点带到西班牙和拉美。在葡萄牙也出现了类似的变革。庞巴尔侯爵(1750—1777)对公共管理进行了合理化改革，加强了中央对权力的控制，推行了系列改革，重建了在1755年大地震中受损的葡萄牙首都里斯本并对其进行了现代化改造。[①]

这些和其他现代化变革一起导致了西班牙、葡萄牙和拉美的心理、灵魂或政治文化的分裂，这是这些一元论社会自建立以来不曾有过的。一方面是传统的西班牙，传统的葡萄牙和传统的拉美：天主教的、保守的、正统的、新经院哲学主义的、有机主义的、法团主义的和封建主义的；而另一方面则是一个比较现代的社会：更加的自由、宽容、开放、开明和理性。这种不断扩大的意识形态和文化分裂，初现于18世纪，但发源于17世纪，终结于19世纪的西班牙和葡萄牙，原因是长期的动荡和失序，工业化和进一步现代化的延长，以及断断续续的冲突——其高潮是20世纪30年代血腥的西班牙内战和葡萄牙从1950年至少到1974年连绵不断的内战(反殖民斗争增加了内战的复杂性)。[②]

---

① Arthur Whitaker, ed., *Latin America and the Enlightenment*, Ithaca: Cornell University Press, 1961; and Kenneth Maxwell, *Pombal: Paradox of the Enlightenment*, Cambridge: Cambridge University Press, 1995.

② 优美的记述参阅 Gerald Brennan, *The Spanish Labyrinth: An Account of the Social and Political Background of the Spanish Civil War*, Cambridge: Cambridge University Press, 1971; 也可参阅 Howard Wiarda, *Corporatism and Development: The Portuguese Experience*, Amherst: University of Massachusetts Press, 1977.

伊比利亚半岛从18世纪以来的分裂和冲突并不仅仅止于意识形态和文化层面，还渗透到社会层面。西班牙和葡萄牙的保守派集中于王室、教会、军队、寡头，以及包括农民在内的农村地区（从地理分布上看），而自由派的大本营则在城市地区，特别是不断壮大的中产阶级和新兴商业阶级——前者希望增强欧洲特性，后者则渴望削弱或消除当前的闭关自守以便可以同其他国家自由贸易。这些同时具有地域基础的社会和阶级分裂，一直延续至整个19世纪和20世纪初，并不断扩大直至引发阶级战争和政治战争。

殖民地也存在类似的和其他的分裂。首先，和在伊比利亚半岛一样，也存在着传统保守的精英和越来越受自由和启蒙思想影响的精英的分裂——或许因为地理和距离原因，这种分裂在新世界不像在旧世界那样明显，但并非不存在。[①] 其次，“克里奥尔人”（在新世界出生的西班牙后裔）和“半岛人”（在西班牙出生的白人，他们垄断了殖民地政府的全部职位）之间的裂隙不断扩大。西班牙作为一个殖民强国，其政策之一是权力和职位仅委托给半岛人，因为他们将始终忠于母国，而不像克里奥尔人那样可能忠于别处。然而，108
半岛人对政府职位的垄断越来越引起克里奥尔精英的不满，他们希望拥有政治权力，以与其不断增强的社会和经济权力相匹配。[②]

第三个因素是殖民地对被认为源自马德里和里斯本的独断政策越来越不满。其一，在母国流行的新服饰、新礼仪和新行为在保守的殖民地被认为是异国的和充满敌意的，是遭人厌恶的法国人和英国人的舶来品。其二，虽然人们可能称赞卡洛斯三世或庞巴尔侯爵的现代化改革，但不得不承认改革的实施者是一个比哈布斯堡王朝更加集权、更具绝对主义思想的政府。西班牙和葡萄牙借鉴了路易十四的督察官制度（Intendant），即行政国家的政府管理体制；督察官作为皇家代理人拥有绝对的权威执行王室的命令，由此彻底

① Whitaker, *The Enlightenment*; also Irving Leonard, *Baroque Times in Old Mexico*, Ann Arbor: University of Michigan Press, 1959.

② Worcester and Schaeffer, *Growth and Culture*.

废除了母国或殖民地保留的地方自治权。

引发殖民地不满的另一个因素是王室当时推行的政策。尽管卡洛斯三世和庞巴尔侯爵是充满现代和理性思想的启蒙思想家——现代主义者当然为此赞颂他们——但作为践行其理性主义的一部分，他们也采取措施遏制天主教会，特别是耶稣会的权力。这些政策虽然被毫无差别地应用于母国和殖民地，但在殖民地产生的效果更加显著。在辽阔的拉美大地，天主教会和耶稣会是秩序、权威、启蒙和文明的象征，他们完全垄断了殖民地的教育；1776年西班牙驱逐耶稣会导致殖民地没有留下任何一种教育体制。还需要注意的是，天主教会在殖民地发挥着安抚印第安人并使其皈依基督的作用；墨西哥、安第斯和今天巴拉圭的辽阔土地都被移交给教会，其旗下的修道会就是半封建的保留地。因此，殖民地极度保守的西班牙人或克里奥尔人认为，对教会的新限制和驱逐耶稣会会士可能使安抚计划的全部成果化为泡影，并可
109 能以令人不安的，甚至革命性的方式使殖民地的印第安人摆脱束缚。[①]

18世纪末殖民体系中日益加剧的紧张态势有助于我们理解19世纪初萌发的独立情绪。细细回顾这段历史并非我的本意，在此我只是想揭示激发独立情绪的主要因素，并预测与拉美独立运动相伴随的、即将到来的变化。这些主要因素如下：

1. 克里奥尔人和半岛人不断加剧的分歧，这被许多学者认为是独立运动的主要原因。

2. 殖民地精英不断高涨的民族主义情绪及其摆脱西班牙和葡萄牙行政集权的强烈愿望。

3. 殖民地的商业阶级越来越渴望同英国、法国和荷兰等国自由贸易，借以破除西班牙和葡萄牙的重商主义垄断带来的不便。

4. 现代的、自由的和以启蒙为导向的"另一个"拉美的崛起，且逐渐做好

---

① Batia Siebzehner, *La universidad Americana y la Ilustración*, Madrid: Editorial MAPFRE, 1994.

了挑战传统的旧拉美的准备。

5. 美国(1776)和法国(1789)进步革命的范例激励了拉美地区志趣相投的共和主义者。

6. 拿破仑相继于1807年和1808年入侵并占领葡萄牙和西班牙,导致葡萄牙王室逃至巴西,拉美的克里奥尔人代替被废黜的西班牙国王执掌权力。拿破仑的军队最终被逐出西班牙和葡萄牙后,克里奥尔人曾认为他们可以迎回保守的王室重新掌权。然而,事与愿违,他们得到的是一个他们无法接受的、更加开明自由的政权,因此他们转而争取立即独立。[1]

换言之,19世纪初拉美的独立运动是保守的,这与美国和法国的早期情况截然不同。拉美的独立运动旨在维持白人的、保守的、天主教的、西班牙的生活方式,而不是要改变(除了个别情况),更不用说抛弃这种生活方式了。这些克里奥尔人的战斗口号是"共和主义",但这种共和主义与那种在北美占据统治地位的,以洛克主义、杰斐逊主义和麦迪逊主义为导向的共和主义截然不同。这种共和主义保留了其自身的诸多特征:有机主义、精英主义、法
团主义和自上而下。正如16世纪的反宗教改革一样,这种战略的目的同样 110
是试图改进传统主义以适应现代情境,而非抛弃传统制度。

美国的许多评论家和政策制定者并不理解这一关键因素。他们认为:19世纪,拉美在法律和宪法上采纳了自由主义,但其践行自由主义的努力不断受挫(直至今日)。不过,一种更精确的解释是,虽然19世纪的拉美精英在观念上接受了共和主义,但事实上这种共和主义采取的形式符合拉美精英保
守的天主教传统,而与美国的自由主义和共和主义截然不同。 111

① 这是 O. Carlos Stoetzer 的著作 *The Roots* 的主要焦点,即认为甚至是拉美的独立运动也有其经院哲学根源而非自由主义根源。

第五章

自由主义和拉美独立运动

拉美的被发现与被殖民是从摩尔人手中“再征服”伊比利亚半岛的延伸和拓展。正如上一章所述，1492 年所标志的不是同过去的断然决裂，而是一个延续点。从本质上说，再征服运动引发的社会冲突与动荡，曾导致封建的中世纪制度在西班牙与葡萄牙发展缓慢，但中世纪晚期却在伊比利亚半岛繁荣起来，而今又被两大宗主国移植到他们在新世界的殖民地。强大的反宗教改革力量——教会、审查制度和宗教裁判所——的保护，使得开始在欧洲其他地区衰落的封建制度却在新世界兴旺发达并获得了新生。这些封建制度被新经院哲学赋以正当性、合理性和合法性——新经院哲学构成了西班牙、葡萄牙和拉美的正统观念，至少在长达 3 个世纪的殖民统治中垄断了信仰和意识形态。

然而在 18 世纪，西班牙和葡萄牙的灵魂，即政治文化的分裂，同样在殖民地产生了反响。一种更世俗、更自由、更理性和更现代的理念开始出现，它反映了波旁王朝卡洛斯三世和葡萄牙庞巴尔侯爵的改革主义、更深邃的理性主义和启蒙思想。这些比较自由的思想只是代表了少数派：托马斯主义与新经院哲学思想仍然在文化、大学、教育制度，以及社会与政治价值观方面占据绝对主导地位。尽管如此，新兴的自由主义观念已被推到了时代的最前沿。自由主义从未取代比较传统和保守的新经院哲学思想，而是与其一起发展壮大，两者共同成为共生却截然相反的社会和政治理念——它们或是整个 112
社会的价值基础。

自由主义在拉美的发展路径与美国截然不同，拉美的自由主义从未占据主导地位或成为主流意识形态，也从未在事实上取代传统主义。不仅如此，拉美的自由主义作为一种有别于传统主义的思潮，只流行于小众范围内，在对抗当时盛行的新经院哲学传统中，并未取得确定性的胜利，因而只能依附于它，成为它的附属品，并被迫与之达成和解。结果，整个 19 世纪的拉美史呈现出来的意识形态特征与其宗主国西班牙和葡萄牙一样，始终处于保守与自由、威权与自由民主的持续冲突中，并因此导致社会崩溃，全社会陷入混乱境地。这些不断重复出现的社会冲突阻碍了伊比利亚半岛和拉美的发展，造成社会发展的滞后，导致了传统和现代化或自由化模式交织并存的混杂局面。①

现在我在此初步提出我的议题，并在接下来的部分加以详述，这个议题就是美式自由主义是否在拉美取得了成功。置身于当下的拉美，即便在 20 个国家已有 19 个已被视为民主国家的情况下，人们依然无法认定自由主义在拉美获得了绝对的胜利。一位西班牙最负盛名的新经院哲学学者说过，对于整个拉美的政治文化与政治传统而言，自由主义依然只是一种异质的外来文化②；政治学家格伦·迪利（Glen Dealy）也同样认为，时至今日自由主义从

---

① 综合评述参阅 E. Bradford Burns, *The Poverty of Progress: Latin America in the Nineteenth Century*, Berkeley: University of California Press, 1980; and David Bushnell and Neill Macaulay, *The Emergence of Latin America in the Nineteenth Century*, NewYork: Oxford University Press, 1994.

② Richard M. Morse, *New World Soundings: Culture and Ideology in the Americas*, Baltimore: Johns Hopkins University Press, 1989.

未成为拉美占主导地位的社会思潮①。但我对这些过于偏激的结论持保留态度，因为我认为近年来拉美民主已经取得了重大的或许是永久性的突破。即便到了今天，民主与自由在南北美洲实际上意味着不同的内涵，并有着截然不同的侧重点。当前拉美民主国家很大程度上已经实现了选举民主，但这并不意味着实现了自由民主。因此，在我承认拉美民主实现了突破性进展的同时，我也相信拉美国家的历史因素对它们的社会变革起了不可忽视的作用。所以不仅需要考虑到民主制是否被采用的问题，还需要考察民主的形式问题：即该国采用了什么形式的民主及其包含的意义。本章我们先讨论拉
113 美独立战争时期出现的自由主义类型和19世纪围绕自由主义的论战。

独立运动的先驱

18世纪后20年到19世纪头10年间，欧洲启蒙主义思潮登陆拉美，但姗姗来迟。②早在18世纪初期，就偶有欧洲禁书和启蒙思想试图逃过严苛的宗教裁判所及其审查制度，到达拉美；但直到18世纪后几十年，孟德斯鸠、伏尔泰，尤其是卢梭的作品才开始被拉美知识精英广泛接受。美国独立战争(1776)和法国大革命(1789)的积极影响，当地土生白人(克里奥尔人)与伊比利亚人的矛盾日渐加剧，以及拉美殖民地工商阶级对自由贸易的渴望都成为启蒙思想获得广泛传播的重要因素。

民族独立运动中最负盛名的先驱者之一，是委内瑞拉人弗朗西斯科·德·米兰达(Francisco de Miranda，1750—1816)③。米兰达是出生于加拉加斯的西班牙人的后代。起初，他在西班牙军队中买了一个军官头衔，后在美国

---

① Glen C. Dealy, "The Pluralistic Latins," *Foreign Policy* 57, Winter 1984 - 1985, pp.108 - 127.

② Arthur P. Whitaker, ed., *Latin America and the Enlightenment*, Ithaca: Cornell University Press, 1961.

③ 关于独立运动先驱的优秀评述参阅 Miguel Jorrin and John Martz, *Latin American Political Thought and Ideology*, Chapel Hill: University of North Carolina Press, 1970.

独立战争时期参加过西班牙和法国联军，对抗英国殖民者。之后，他参加了法国大革命，在欧洲广泛游历，并成为欧洲一些皇室的密友。他怀抱着拉美应该摆脱西班牙殖民而走向独立的信念，曾在1806年组织一支小规模的军队试图攻击委内瑞拉殖民政府但未成功；1810年大规模独立战争爆发后，米兰达加入了西蒙·玻利瓦尔的军队，和其他委内瑞拉独立运动领导人一起投身于争取民族独立的战争。

但和美国自由派革命家截然不同的是：米兰达并不是一个自由民主派。在1811年委内瑞拉独立战争胜利后（后证明胜利是短暂的），他担任最高执政官。虽然他捍卫人民主权（popular sovereignty），但却以抽象的方式理解人权。他认为民权、主权这些权利应是自上而下的，是由贵族政权所赋予的，而不是由民主制度决定的。同时米兰达还是一个虔诚的天主教徒，是教会的坚定捍卫者。在制宪问题上，他主张建立传统世袭的君主立宪政体，而且君主必须首先由印加人的后代担任。此外，与其说他是秉持民主自由的思想家，不如说是阴谋论者，他否定了卢梭的“公共意志”（general will），把自己视为人民主权的化身。他摒弃了孟德斯鸠（及其追随者）的三权分立理念，主张司法权由君主授予，司法机构成员享有终身制。同时，他曾试图建立“监察权”，以此作为政府的第四个部门，用以确保天主教成为唯一正统的宗教，并对立法 114
机构进行严格监控，甚至将审查制度置于立法机构之上。这些举措怎么听起来都不是一个怀抱自由思想的民主主义者所为。事实上也确实如此，米兰达是一个贵族兼威权主义者，他追求的民族独立理想，完全不需要任何与民主民治有关的政治理念。[①]

在众多领导拉美民族独立战争的先驱中，影响力仅次于米兰达的或许是

① William Spence Robertson, *Rise of the Spanish-American Republics as Told in the Lives of Their Liberators*, New York: Collier Books, 1961.

哥伦比亚的安东尼奥·纳里诺(Antonio Nariño,1768—1823)。[①] 纳里诺是一位出身于富裕家庭的贵族律师、大农场主。他在波哥大的私人图书馆拥有6000册书籍,是美洲大陆最大的图书馆之一。他还拥有一个小型出版社,用于印刷一些具有独立倾向的小册子以便分发给他的追随者。在获得法国的《人权宣言》的副本后,他迅速将其翻译成西班牙文加以传播。因为纳里诺的言行对殖民政权造成了巨大的冲击,他很快遭到殖民当局的逮捕。随后他的财产被没收,并被迫流亡法国。后来他得以重返哥伦比亚并参加民族独立运动,1822年曾被玻利瓦尔任命为副总统,但由于政敌的阻挠而未能赴任。之后,纳里诺于次年去世。

纳里诺的作品时常被认为是对拉美自由观念最纯粹的表达。但是自由观念对于他和其他的拉美革命领袖而言,意味着独立而非民主。他认同社会等级制度,并认为在亚里士多德与托马斯传统的社会体系中,等级制度是得到自然法则支持的。纳里诺热衷于切割拉美与西班牙的关系,他最不希望的是黑人、印第安人和农民充分参与社会建设与政治进程。与米兰达一样,他主张建立的是一个贵族统治的共和国而不是一个民主共和国。权力将由克里奥尔人精英所掌控,而不是归普罗大众享有。他希望拉美摆脱作为西班牙殖民地的从属地位,将政权交由克里奥尔人来统治,因为他认为被称为“西班牙半岛的殖民地”对拉美而言是一种嘲弄。作为一个虔诚的卢梭思想而非洛克思想的追随者(因为在拉美罕有知识分子阅读过洛克的思想),纳里诺被卢梭的公共意志观点所吸引,因而他也同其他独立运动的领袖一样,自动将自己及其贵族盟友视为公共意志的化身,而不需要通过公众投票来决定。此时我们再次了解到,他们的政治目标是获得独立,而不是实现民主。

---

① Thomas Blossom, *Narino: Hero of Colombian Independence*, Tucson: University of Arizona Press, 1967.

拉美独立情绪高涨且较早获得独立的第三个地区是布宜诺斯艾利斯的 115
拉普拉塔河地区。活跃在该区域的是独立运动领袖曼努埃尔·贝尔格拉诺(Manuel Belgrano,1770—1820)。尽管他对政治自由主义持怀疑态度,但他提出的建立自由经贸区的经济主张却对后世影响深远。[①] 布宜诺斯艾利斯是打破西班牙对殖民地实施贸易垄断并与其他国家进行自由贸易的中心区域之一;贝尔格拉诺是为拉美反垄断、提倡自由贸易而发声的第一人。他捍卫自由贸易,并呼吁将机器工业引入殖民地,这对当时尚处于农业的、前工业社会的拉美而言极具远见卓识。正如独立运动时期的其他先驱者一样,贝尔格拉诺受到法国大革命的启发,赞同和支持自由与平等。但是,随着阿根廷国内无政府的混乱局势的蔓延,他对共和主义越来越失望,晚年转而捍卫君主专制与贵族统治。

在拉普拉塔辖区的独立运动中,另一位更为激进的政治领袖是马里亚诺·莫雷诺(Mariano Moreno)。[②]莫雷诺是生于布宜诺斯艾利斯的一个西班牙贵族家庭。他曾立志从事牧师职业,早期曾担任过代表富裕的大农场主利益的法定代言人。莫雷诺是一位文思流畅、辞藻瑰丽的作家,曾是一个支持独立的青年组织的领袖——这个青年组织比贝尔格拉诺及其政治伙伴的思想更为激进。富有激情的莫雷诺是卢梭的虔诚追随者和社会契约论的信仰者。他呼吁在建立真正的民主制过程中,将卢梭的公共意志付诸实施,但是他又认为民主制应是由社会上层阶级(指他自己及其革命伙伴)强制推行的,而不是由占大多数的社会底层的民意决定。他支持民族独立与自由,但也像拉美许多革命者一样,害怕政治权力脱离自己及其盟友的掌控,落入"肮脏的"印第安人和农民的手中。

---

① 创始性的一卷参阅:Joseph L. Love and Nils Jacobsen, eds., *Guiding the invisible Hand: Economic Liberalism and the State in Latin American History*, New York: Praeger, 1988.

② 参阅 Mariano Picon-Salas, *A Cultural History of Latin America from Conquest to Independence*, Berkeley: University of California Press, 1963.

此外，莫雷诺还是一位特点鲜明的民主主义者。其一，他通过将其哲学基础建立于神、斯多葛派、罗马法学家和教堂神父之上，而回归到伊比利亚或拉美的政治思想传统的起源。其二，莫雷诺是一个极端虔诚的天主教徒，他在翻译《社会契约论》时删除了卢梭有关反天主教的言论。其三，莫雷诺抽象地理解人民主权思想，他对民众的无知感到焦虑，作为克里奥尔贵族的后代，
116 他缺乏对社会底层与阴暗面的了解。第四，他虽然支持自由，但对独立后的无政府状态深感恐惧，因而他保留了精英统治和默许威权做法的条款并将其纳入宪法。莫雷诺通常被认为是一个纯粹的、理想主义的拉美自由的代言人，但我们再次印证了，他的思想里只有独立，没有自由主义。

墨西哥是另一个民族独立意识极为活跃的重要地区，它早期的独立运动是由两位牧师米格尔·伊达尔戈神父（Father Miguel Hidalgo，1753—1811）与何塞·玛丽亚·莫雷洛斯神父（Father José Maria Morelos，1765—1815）组织开展的。[①]在18世纪末的墨西哥，独立思想占据人们的精神生活，这在拉美其他国家是无可比拟的，知识精英不时地批评亚里士多德和他的逻辑，并赞美笛卡尔；伊达尔戈的反抗就是这一精神环境下的催生物。伊达尔戈是一个身份卑微的教区牧师，也是一位卢梭思想的拥护者和独立思想的最早传道者。与其他的独立运动领袖不同的是，伊达尔戈还高扬起社会革命的旗帜，借以鼓动印第安人和梅斯蒂索人一起建国。姑且不谈他组织独立运动，但发动社会叛乱（尤其考虑到海地最近爆发的充满血腥和破坏力的奴隶起义）肯定不为富裕白人以及克里奥尔精英所容忍，很快伊达尔戈就遭到那些本来支持殖民地脱离西班牙统治的上层土生白人的反对。伊达尔戈发动了一场失控的带有种族主义色彩的大规模起义，也是一场针对所有西班牙白人的印第安人复仇战争。在起义军被击溃和镇压之后，经过审判，伊达尔戈神父被行刑队执行了枪决。自由主义在墨西哥很快从平等主义的理念收缩，因为其第一次

---

① 最好的研究参阅：Charles Hale，*Mexican Liberalism in the Age of Mora，1821－1853*，New Haven：Yale University Press，1968.

遭遇了印第安人叛乱。

墨西哥民族革命的大旗接下来由莫雷洛斯再次举起，他同伊达尔戈一样组织了一支印第安农民军以反抗殖民者。他曾控制了墨西哥南部的大部分地区——那里的印第安人解放运动此起彼伏、风起云涌；他引用卢梭的人民主权思想，并依此来确立他们的行动纲领，即团结人民起来参加独立革命，将墨西哥从西班牙人手中解放出来。但值得注意的是，卢梭与洛克关于社会契约的理解是相异的：洛克的社会契约论清楚地阐释了统治者与被统治者之间的契约关系，而卢梭对这个问题的阐释，除了令人生厌的公共意志概念外，再有就是认为，社会各阶层之间达成的团结是基于共同目标下的一种政治行为，这种社会团结表现为对政府施政行为的默认。尽管如此，莫雷洛斯已然超越了如今为人熟知的独立运动的一般纲领，他敦促废除奴隶制、垄断、对印第安人的课税尤其是(法团)特权。虽然他承诺会继续支持天主教教会，并声 117
称除了天主教没有任何别的宗教是合法的，但是依然无法得到西班牙王室和克里奥尔人的认可。与伊达尔戈的命运一样，莫雷洛斯被宣布犯有异端和叛乱罪，于1815年被逮捕并处决。墨西哥独立运动的领导权，也和拉美其他地区一样，最终落入了保守的克里奥尔人之手，克里奥尔人将领导一场保守的独立运动，无涉任何自由主义。但是，在墨西哥，至少真正的社会和种族革命的火花，连同更加有限的政治变革，已被点燃；而且，在随后的墨西哥历史中，种族和阶级革命必将爆发。

毫无疑问，西蒙·玻利瓦尔(Simón Bolívar)是拉美独立运动时期最神秘，或许也是最具代表性的人物之一。[1]因为在独立运动中的英勇抗争，他被称为拉美的乔治·华盛顿。玻利瓦尔出身于富裕的克里奥尔白人精英家庭，受到过良好教育，曾在欧洲游历并痴迷于卢梭和启蒙思想的著作，而且他是一个拥有思考力和行动力的人。他不仅领导了委内瑞拉国内独立运动，还将哥

---

① Víctor Andrés Belaúnde, *Bolivar and the Political Thought of the Spanish American Revolution*, Baltimore: Johns Hopkins University Press, 1938.这本书虽然年代古老，但不失为经典读物。

伦比亚、厄瓜多尔和秘鲁等国从西班牙殖民统治下解放出来。为了纪念他在独立战争中的杰出贡献，玻利维亚便以他的名字来命名。

但是，玻利瓦尔并不像其他大部分的独立领袖那样，仅仅是一个浪漫的理想主义者，他同时也是一位务实的政治家、怀疑论者，这使得他也为我们现代人所喜爱。他时常怀疑自己领导的独立革命事业是否会取得成功，并对反抗西班牙殖民战争后出现的无政府状态和社会革命深感恐惧。他清醒地意识到，拉美当时缺乏基本的基础设施建设，也没有经过任何自治训练，甚至对拉美能否在独立后自我管理都表示怀疑。为了弥补这一缺陷，他把自己起草的几项条款强行纳入宪法，这些条款包括强化政府的行政权力，扩大国家紧急权力的援用范围，以及建立一个统一的有机国家的构想；在很多时候他认为唯有君主制才能使拉美团结起来。他一方面支持独立，但是更希望出现一个铁腕人物能够掌控时局，避免拉美误入歧途。当然，这也印证了拉美民主化是有别于美式民主的另一种道路选择，这在拉美长久以来都被认为是可行
118 的，那就是在理论基础上和制宪过程中偏重于建立共和制和民主制，但同时又将民主制置于强势政府的领导下。不过，在这两者俱存的情况下，往往又可能导致更多的社会分歧和混乱。

早期独立运动的领袖们的共同特点是非常惊人的。他们中的几乎所有人都来自白人、精英阶层、土地所有者和克里奥尔阶层。几乎所有人都出身于富裕家庭。他们都信仰天主教，并以天主教教义和自然法则为思想基础来建构自己的政治哲学体系。他们都支持拉美从西班牙殖民统治下独立出来，除了墨西哥，其他领袖都认为独立高于一切，也高于社会阶级和种族革命。他们都持有家长式的态度：认为政府治理为民享而不是民有和民治。所有这一切都根植于18世纪的法国启蒙思潮，尤其是卢梭，但不是源于洛克、杰斐逊和麦迪逊的美国精神传统。

卢梭思想之所以会成为这些领袖们的核心思想，原因在于卢梭思想中包含与拉美历史及领导人的背景高度契合的地方，那就是他认为的理想型社会

是一个由自上而下的威权体制、各级政府部门和社会法团以及强大的精英领导阶层构成的有机统一体。再则，卢梭思想暗含，即便在没有经历过任何自治训练也没有现成可借鉴的经验作为参照的情况下，革命行动（包括驱逐西班牙与发动独立革命运动）依然可以自行创建新的政府领导机构。进而，卢梭的公共意志这一概念为强势中央政府和政治强人的出现提供了正当理由，他认为政治强人与生俱来地能够掌握并代表民意，他们不需要经历乏味烦冗和艰苦烦琐的工作来赢得选举和建立基层行政机构。托克维尔在19世纪早期的美国观察到的这些民主治理起步阶段的活动，在拉美几乎完全缺失。而且，卢梭的社会契约理论隐含的另一层意思是，人民会因为一个浪漫的、充满英雄主义的信念（如民族独立）而团结起来，而不需要构建任何形式的公民社会，也不需要像洛克和美国独立战争那样清楚地规定政府和被统治者的关系。

换言之，卢梭为人们描绘了一个熠熠生辉的新政权的美好愿景，这个新政权可在没有经过任何教育、没有任何经验借鉴也没有自治制度设计的情况下自动建构，这恰恰反映了19世纪初期拉美的状况。然而洛克和麦迪逊则为人们事无巨细地呈现了政府机构设置安排的细节分析，这看起来显然没有卢梭那么激情恣肆、异彩纷呈。但是，无论卢梭思想如何鼓 119
舞人心、令人兴奋，拉美人很快发现，卢梭的模式事实上为威权主义，甚至后来的极权主义埋下了伏笔。这是至今仍然困扰拉美（和卢梭的追随者们）的一个难题。

欧洲事务

席卷拉美的独立运动，是法国革命后一系列欧洲大事件造成的直接结果，尤其与西班牙和葡萄牙两大宗主国的内外危机有直接关系。此外，这场独立运动难以用现代自由主义的术语描述，而只能在中世纪和新经院哲学的意识形态框架下进行探讨，因为这些中世纪保守思想对伊比利亚和拉美传统社会的影响根深蒂固。

拉美独立的基础是在18世纪西班牙波旁王朝改革时期奠定的。[1]波旁王朝是西班牙当时的改革、中央集权和现代化的倡导者。为此，历史学家们倾向于称赞他们的历史功绩，并把波旁王朝的掌权描绘成西班牙摆脱中世纪的桎梏走向新生的开始。但事实上，我们现代人所认可的改革举措在当时的西班牙是遭到极度仇视的，在当时极端保守的天主教意识形态统治下的殖民地更是如此。例如，发生在1776年的耶稣教会驱逐事件就遭到了拉美殖民地民众的极度怨愤，因为西班牙改革派驱逐了他们的精神领袖，这一举措被他们认为是对其宗教、教育和道德的严重践踏。而波旁王朝所追求的中央集权在殖民地也同样遭到抵制，因为这一改革举措被认为废除了殖民地传统的自治权和司法权。波旁王朝的改革者试图用一个现代的世俗国家取代一个世袭的天主教国家，但是在拉美，克里奥尔人仍然选择效忠于他们的宗教和世袭制。1771年，殖民者给西班牙国王写了请愿信，要求享有和半岛人同等的权利，并强调他们的传统(中世纪的)信仰享有独立性。可以推测的是，一个政府如果侵犯了他们的历史权利和自治权，就有破坏人民和国王之间的契约的风险——这是由苏亚雷斯提出来可以追溯至西班牙中世纪的一种契约——再也无法期望得到臣民的效忠。[2]

这正是1808年的情况，适值拿破仑入侵并占领了伊比利亚半岛，推翻了西班牙国王斐迪南七世的统治，并将自己的兄弟约瑟夫扶上西班牙王位。西班牙人把约瑟夫看作是篡权者、中央集权者以及令人憎恶的启蒙运动(以及
120 反天主教)的代表。他们组织起义反抗，并使用他们擅长的游击战术，最终将

---

① 整体研究做得最好的是：Donald E. Worcester and Wendell G. Schaeffer, *The Growth and Culture of Latin America*, New York: Oxford University Press, 1970.

② O. Carlos Stoetzer, *The Scholastic Roots of the Spanish American Revolution*, New York: Fordham University Press, 1979.关于这个问题的最好也最详尽的解释在这本书上。

法国篡权者赶出国境，西班牙宫廷画师戈雅在他的画作里展示了这场令人难忘的战争。葡萄牙人也奋起反抗，并在英国舰队的帮助下，迫使法国人撤退。在君主缺位的情况下，西葡两国建立了各级联合政府，其目的是代掌国家行政权力直到合法化的君主恢复帝位。因为在中世纪的西班牙政治传统中，如果君主无法行使主权，国家主权将交还于民众，并以当地的各社会阶层及其利益集团组成的联合政府的形式共同治理。

非常相似的事件也发生在拉美，并且被同样的中世纪教义和同样的契约思想——以苏亚雷斯为首的经院神学家们提出的——证明了其合理性。克里奥尔人不仅把约瑟夫·波拿巴视为外国侵略者，而且把其作为可鄙的启蒙运动、法国大革命、反天主教主义、中央集权的象征；此外，他还被认为违反了地方权利和自治。因此，正如在西班牙（而且符合西班牙的中世纪法律），当地洪达（juntas，意即小集团）的组建旨在掌握权力直到合法的西班牙国王重新掌权。除了少数极端主义者，当时（1808—1810）的拉美只有极少人支持与西班牙决裂。事实上，当时大部分克里奥尔人更倾向于与宗主国西班牙保持联系，他们更拥护一个保守的、正统的、传统的、忠于天主教的君主，因为他们认为这样的君主会尊重他们在殖民地的自治权和独立的行政权。但是，即便殖民地洪达的掌权只是被视为临时措施，却标志着拉美开启了走向独立的第一步。殖民者最终认识到，他们能够自我管理和自行处理事务；随后他们便可以与其他国家进行贸易并从中获利；他们不再需要西班牙王室了。

在此讨论到的忠诚问题源自前几章论述过的中世纪政治思想。第一，君王必须以正义为准则，以为全民谋福祉来行事；这都可以从《圣经》和中世纪基督教教义中寻找根源。第二，如果君主权位的获得是通过篡夺而来，或君主实施了暴政，那么他的臣民就有权不效忠于他。第三，君主有义务尊重和认可利益集团和各辖区的自主权，在这一点上波旁家族和约瑟夫·波拿巴都违反了这一原则。第四，如果君主无法掌控局面——这正是西葡两国当时所面临的特殊情境——那么国家主权将交由民众组成的联合体来共同实施管

121 理，这是重建国家主权的来源。人们可以从以上原则中看到拉美殖民地从宗主国剥离出去的合法依据。同样引人关注的是所有这些论据均源自于中世纪和经院哲学的教义，而不是洛克或杰斐逊的思想。[1] 显然，拉美的独立运动根本不是使革命自由化，而只是对伊比利亚半岛政治变局的复制。

然而首先，独立运动有一个缓冲期。1814 年，随着法国的战败和撤退，西班牙国王斐迪南七世恢复王权。他声称他重新执政是为了重新赋予反动和镇压以合法性。他废除了 1812 年的自由宪法，使西班牙重回绝对专制的统治。这部宪法颁布于拿破仑占领期间，是西班牙历史上的第一部宪法。同时，他解散了在其退位期间涌现的众多当地洪达。他完全没有尊重社会各法团和自治团体的特权，而是重新以早期波旁家族的方式重建中央集权制度。斐迪南七世的统治绝对不是在西班牙及其殖民地广受欢迎的温和的保守主义，而是一种极端反动的政治暴行和历史倒退。斐迪南七世的暴政给西班牙和殖民地日益壮大的自由派资产阶级带来了沉重的打击，实际上这些自由派能够接受一个符合宪法的君主立宪政体，因为在西班牙思想层面上，保留君主制是对历史传统权利的尊重。

但在 1820 年，历史的钟摆又摆向了另一个方向。一场西班牙海军反对镇压的起义迫使国王宣布承认 1812 年宪法。之后自由派登上政治舞台：他们强烈反对教会和神职人员，关闭修道院，重启驱逐耶稣会的法令，断绝与罗马教廷的关系。当时的政府是由具有强烈反天主教倾向的共济会成员主导的（在美国，共济会被认为是一个社会组织，但在西班牙，共济会掀起的是一场革命运动）。激进的（按照西班牙的标准而言）自由派政权拒绝承认西班牙殖民地的任何自治权利，并坚持认为政府官员和主教只能效忠于马德里（由此重新引发了早先的克里奥尔人与伊比利亚半岛的冲突），还重新启用了波旁王朝中央集权的绝对主义政策。这些举措导致了那些一直为正统的西班

---

① 同上，也可参阅 Richard Konetzke，*La condición legal de los criollos y las causas de la independencia*，Seville，1950.

牙王室"掌权"的殖民地克里奥尔人对现政府的强烈反抗。

西班牙自由派的政治措施让殖民当局完全无法接受,尤其是在西班牙独立战争期间,因为他们已经事实上行使了区域自治权。此时,殖民地当局所指的这些"愚蠢的西班牙人",在1814到1820年期间与自由派为敌,而在 122
1820年却又与保守派对抗。事实上,当时拉美的所有政治集团都反对西班牙在拉美继续拥有权力,各国纷纷走向独立,尽管在独立形式上有所不同。在1820至1824年间,西班牙军队在秘鲁遭到了最后失败,这标志着拉美成功地脱离了西班牙,独立运动取得胜利。

巴西从葡萄牙的独立在某种程度上与西班牙殖民地的独立方式有所不同,但独立的缘由与双方的冲突焦点是类似的。1807年,法国侵略军横穿西班牙(次年,法国人也控制了西班牙),大举入侵并占领了葡萄牙。在英国的压力和保护下,葡萄牙王室被迫迁往里约热内卢,遭到废黜的葡萄牙国王若昂六世极度迷恋巴西,以至于把巴西在葡萄牙帝国内的辖区等级提升到一个完整国家的地位,甚至在拿破仑撤军后依然留在巴西。直至有人劝说他如果不返回里斯本则皇位不保,他才在任命自己的儿子佩德罗为摄政王留任巴西之后重返欧洲。此后不久的1822年,佩德罗宣布巴西独立并成为巴西的第一位君主。在19世纪此后的岁月里(直至1889年),巴西一直是作为一个独立的君主制国家存在的,这与当时西属美洲独立后宣称的共和制截然不同。①

令人吃惊的是,这些动态事件所体现出来的传统性和保守性。辩论完全是用中世纪和新经院哲学的说辞——为合法君主维持权力——而非自由或自由化的语言。② 因而绝不能将拉美独立运动纳入社会革命的范畴,因为独立运动中唯一关乎社会革命的印第安人起义遭到了无情的镇压,它只不过是

① 参阅 Siqueira Wiarda, "Brazil: The Politics of 'Order and Progress' or Chaos and Retrogression," in Howard J. Wiarda and Harvey F. Kline, eds., *Latin American Politics and Development*, Boulder: Westview, 1996, pp.109 - 143.

② Stoetzer, *Scholastic Roots*, conclusion.

一场由克里奥尔精英（西班牙土生白人）发动的保守的反抗宗主国的分裂战争而已，其目的也仅仅是维护和强化克里奥尔政治精英在拉美的权力。它所谓的自由观念只是对于克里奥尔人而言，从宗主国西班牙独立出来的自由，而不是拉美社会底层获得阶级解放的自由，因为对于当时的政治精英们而言，他们对底层民众的认识仍然还处在怀疑他们是否拥有灵魂的阶段。此外，当时在拉美传播的自由主义思想旨在保护法团的权利（fueros），而非美国的那种个人权利。[①] 激进和比较自由的声音能够被聆听（正如美国独立革命时期的约翰·潘恩一样）并被历史学家所获取是因为这些声音是作家和知识分子发出的，但他们并不是独立运动的主导力量。相反，是保守的、西班牙裔
123 的、拥有土地的白人克里奥尔政治精英阶层主导着这场独立运动。事实上，在分析拉美独立运动的过程中，最引人注目的不是独立前后发生了哪些变化，而是哪些得以延续了下来。

保守的革命

1807—1825 年的拉美独立运动我们常称之为革命，但实际上它只是所谓革命的一种特殊形式。虽然它们总是与英国光荣革命（1689）、美国独立革命（1776）和法国大革命（1789）一并归入“民主革命时代”的范畴[②]，但是拉美独立革命就其性质和影响而言是否能与其他三大革命等量齐观？它们是否是真正意义上的民主革命？

第一，我们分析这些独立运动领袖的阶级背景。他们的身份几乎都是白人、西班牙裔（克里奥尔人，非半岛人）、上层阶级的工商业巨头和土地所有者。他们所认可的是一个宗主制和世袭制的城邦，而不是一个自由、民主、参

① Hale, *Mexican Liberalism*.

② Robert Roswell Palmer, *The Age of the Democratic Revolutions*, Princeton: Princeton University Press, 1959.

与制的现代国家。他们也并不打算在殖民地对社会阶级、经济体制和政治权力实施根本性改造。独立运动的领导者们在驱逐西班牙殖民者之后，又填补了他们留下的权力真空，他们不但没有解决这些内在的革命需求，相反还利用这些历史缺位更牢固地掌握权力。他们几乎从没有考虑过在政治进程中，给予农民、印第安人和非洲裔居民以完全平等的参与权。在革命前后，阶级分裂出现在财富分配、阶级声望和种族等各个不同的社会层面。没有任何证据表明，政治精英们在革命中曾考虑在独立后的共和国实行民主制的可能性问题。①

第二，我们需要考虑的是谁推动了独立运动进程，他们的意图是什么，以及独立之后谁继承了执政权。问题的答案依然是那些白人、西班牙裔的克里奥尔人，以及那些出生于美洲并对伊比利亚半岛人建立的高度垄断政权不满的政治精英们。所有的证据都表明，克里奥尔人垂涎于半岛人的垄断地位、社会声望和收入，并希望取而代之。因此，他们最不愿意看到的就是废除现有的等级制度或引入真正的民主制度。他们想要保持现有社会结构的完整
性，以便从西班牙人手中继承下来，或取而代之。他们无意与其他阶级分权， 124
也无意让普罗大众充分参与社会、经济和政治生活。②

第三，我们回顾一下这场所谓的民族革命发生时的新经院哲学背景。这些运动实际上都不能称为民族解放战争；相反，他们意在保卫西葡两国国王的权力，直到他们从拿破仑的禁锢之下脱身并恢复王权。我们现在的讨论和辩论几乎都是用新经院哲学的术语来表达的：拿破仑及其兄弟的入侵被认为是对君主合法权力的篡夺。这种情况一旦发生，在苏亚雷斯的社会契约体系之下，国家主权将回归民众（这意味着由法团代表或地方洪达执掌政权）；

---

① Jorrin and Martz, *Latin American Political Thought*; Worcester and Schaeffer, *Growth and Culture*; Stoetzer, *Scholastic Roots*.

② L. N. McAlister, *Spain and Portugal in the New World, 1492 - 1500*, Minneapolis: University of Minnesota Press, 1984.

他们将一直执政到合法国王的回归。这一切根本无法体现自由主义及其基本原则；相反，正如前一章所强调过的，对这一情景的历史解释只能追溯到西班牙中世纪的《七法全书》(*Siete Partidas*)、苏亚雷斯及16世纪基督徒的新经院典籍。①

第四，人们还需要关注引发社会革命的真正内因。从1795年到1805年，海地爆发了黑奴反抗白人统治者的起义，黑奴纵火焚烧白人庄园，白人统治阶级遭到大量杀戮和流放，这一切都为西班牙殖民地的白人提供了一个血淋淋的参照，以让其明白他们所发起的这场社会运动的底线何在。1780年至1883年，秘鲁爆发了图帕克·阿马鲁(Tupac Amaru)领导的印第安人起义，但是起义遭到残酷镇压，图帕克·阿马鲁本人饱受酷刑虐待，最后被五马分尸致死；所有印加王室的后裔或惨遭屠戮或被送往西班牙监狱监禁。在墨西哥，拉美殖民地上唯一一次独立运动与印第安人民族起义同步发生的社会抗争，以伊达尔戈和莫雷洛斯被无情扼杀而告终。如此，聚集在阿古斯丁·伊图尔维德(Agustín Iturbide，阿古斯丁一世)周围的保守势力，就可以把独立运动的领导权牢牢地控制在自己手中，并使印第安人始终处于被压迫被奴役的地位而永无改变的可能。在以上所有的案例中，任何从根本上改变权力结构的社会政治暴动的可能迹象都被消除了，以便克里奥尔人可以在不改变社会基本结构的情况下继承社会金字塔顶端的权力。事实即是如此，西班牙与拉美的自由主义运动从未强调过平等主义。②

第五，看待拉美革命，必须始终将注意力集中于欧洲突发事件上。例如，
125 1808年拿破仑入侵并攫获西班牙王权之后，克里奥尔人方在新世界开始执政并一直持续到国王恢复王位。之后的1814年至1820年，西班牙国王复辟，独立运动随即走入低迷，尽管在此阶段国王对1812年宪法的愚蠢攻击和反动政策激怒了殖民地信奉卢梭思想的自由派。不过，直到1820年国王放弃

① Stoetzer, *Scholastic Roots*; Morse, *New World Soundings*.

② Hale, *Mexican Liberalism*.

原有立场并接受自由改革，殖民地的保守派才争取独立并最终成功。如果国王在政治上不是如此轻举妄为——前期采取极端压制政策，后期又走向极端自由主义——他对殖民地的控制有可能会持续更长的时间。[①]

第六，拉美的自然法则传统贯穿于整个独立战争前后。诚然，整个殖民体系的建立基础根植于自然法则，这所谓的自然法则主要源自于新经院哲学家托马斯·阿奎那，并有罗马天主教的强大势力为其保驾护航。独立运动的合法性得以确证是基于一个与自然法则相类似的理论，它主要由苏亚雷斯提出，其中包含他的社会契约论、相互责任思想，以及国王临时缺位情势下的人民主权理论。在某些情况下，独立战争也用卢梭的自然法则来正名，虽然卢梭的自然法则起源于世俗社会，但同样包含有机论和自上而下的威权思想(公共意志)。值得注意的是，无论在哪种情况下，自然法则传统均为拉美不同的统治集团的合法执政正名，但自然法则与美式实用主义、功利主义，或世俗程序上的多元主义完全无关。分析到最后，我们发现自然法则传统与斯多葛派、罗马天主教、中世纪天主教思想以及卢梭思想的结合，构成了拉美新生国家的哲学思想基础。[②]

因此，拉美的独立革命从来都不是一场真正意义上的全面革命。它只是一场摆脱西班牙殖民统治的运动，而不能被称为社会革命或真正意义上的政治革命。这些革命不涉及任何基本的阶级、种族或社会变革。相反，其仅仅只是一次统治精英阶层权力的更替和轮换：克里奥尔人从半岛人手里攫取了统治权，并且沿袭了全部半岛人自上而下的、两阶级的、世袭的社会政治结构。[③] 因此，拉美争取独立的战争是保守革命，而不是自由或自由化革命，保

① 古巴和波多黎各就是如此，这些例外参阅 Jorge Domínguez, *Cuba: Order and Revolution*, Cambridge: Belknap Press, 1978.

② Charles A. Hale, *The Transformation of Liberalism in Late Nineteenth-Century Mexico*, Princeton: Princeton University Press, 1989.

③ 感兴趣的读者可以读一下意大利哲学家维尔弗雷多·帕累托(Vilfredo Pareto)的著作，他的文章对拉美的精英阶层提供了多种不同的见解。

留了殖民地过去的许多特征——威权主义、精英主义、等级制度、神权统治、126 重商主义、世袭制度等——无论是独立前还是独立后均是如此。

新国家的新宪法

随着西班牙王室退出拉美政治舞台，殖民地出现了立法真空，主权易主却仍然局势不明。新宪法的起草工作紧急迫切，但国家的政权组织形式仍有待讨论。巴西直到1889年依然维持着君主制，玻利维亚与中美洲国家曾短暂尝试过君主制，而理想主义的玻利瓦尔对拉美当时的制度空白和自治无能深感绝望，因而也并不厌恶君主制。不过，独立后的拉美各国大多数采用了共和制的政府形式。

那么，这些共和国都是什么形式的呢？这个问题的答案充斥着大量的误导信息和谬误解读。大多数外国观察家们仅从表面看到，新生国家普遍实施了新宪法，并在新宪法中体现了传统的三权分立学说，其中一一列举了公民权利与政治权利，宪法条款往往译介自美国宪法或法国的《人权宣言》，因此他们总结到：拉美的开国元勋们正试图建立一个与美国一样的自由民主政体。持这一观点的观察家们认定：拉美1825年以来的历史是失败的。因为如果把自由民主制作为宪法的既定目标，那么拉美就从来没有达到过这一目标，因而拉美的历史是失败的。

此外，如果依据美式民主的标准作为预设目标来考察拉美，而又因为拉美国家确实无法实现它，进而推论出须由充满善意的、自由民主的美国去帮助拉美国家的政府兑现民主目标、实现他们未能实现的民主就似乎是可行的。人们很容易从中推导出美国对拉美的所有外交政策背后的逻辑，诸如伍德罗·威尔逊教导拉美选举“良人”的努力，罗斯福的睦邻政策，约翰·F.肯尼迪的争取进步联盟，吉米·卡特的人权运动，以及最近通过全国民主基金会和其他机构帮助将美式选举、政党和民主输入拉美的努力。

但是进一步研究拉美新独立国家的宪法可以看到，无论当时或是现在，拉美考虑的可能并不是美式的自由主义、多元主义和民主。拉美的开国元勋 127
们没有幼稚到会施行那些需要美国援助才得以实施的宪法，这既不切实际，也难以实施。相反，撰写新宪法的克里奥尔人都是饱学之士，他们成熟老到的政治经验并不亚于美国的制宪先贤。① 但是他们当时所面临的现实困境与美国的情况大相径庭，因而他们只能做出相应的决策。实际上，他们起草的宪法都非常吸引人，有一定的妥协性——并非不切实际——而且非常契合拉美的现实。

第一，拉美的开国元勋们，必须对国际局势做出回应，并顺应国际潮流，时至今日也是如此。像美国那样自信、庞大、富裕且高度发达的国家绝不会为此事过度担心；但对于那些具有较大劣势的小国、穷国和欠发达国家来说，应对国际局势则是极其堪忧的事情。他们必须跟上最新的文化趋势和政治潮流，以弥补其先天的不足。19 世纪初叶，实施共和宪政主义似乎是当务之急，也是世界未来的发展趋势，因此拉美国家必须采用共和宪政主义追随国际潮流。这样一来，从表面上看，他们已经与英、法、美等发达国家宪法的制定水平保持了一致。在此我不想夸大其词，但事实毋庸置疑地摆在眼前，遵循世界潮流与立足发达国家行列的渴望是拉美国家施行共和制宪法体系的重要原因。②

第二，我们应该明白，虽然拉美采用了共和政体，但在当时或之后，它都没有施行民主多元主义。拉美的宪法创造者并不着意于与黑人、印第安人、混血人和农民分享政治权力，并让其真正参与政治进程。相反，权力由克里奥尔精英和贵族接掌，按托马斯主义的术语来说，就是由所谓的"良人"掌权。

① 最好的研究请参阅 Glen Dealy, "Prolegomena on the Spanish American Political Tradition," *Hispanic American Historical Review* 48 (February 1968), pp.37 – 58.

② Howard J. Wiarda, "Political Culture and the Attraction of Marxism-Leninism: National Inferiority Complexes as an Explanatory Factor," *World Affairs* 151 (Winter 1988 – 1989), pp.143 – 150.

出于这个原因，在整个19世纪的政治选举过程中，都存在着严苛的财产和教
128 育方面的资格限制。拉美各国对选举权的限制比美国宪法的规定严苛得多，而根据宪法的规定，将近90%—95%的民众被排除在选举之外。而在19世纪英国和美国逐渐扩大的公民权的政策法规在拉美也没有得到实施。从这个意义上说，尽管各国宪法与法律相继出台，但拉美仍然和独立前没有什么两样：依然是一个寡头、土地所有者、白人和西班牙裔人的政权，而占人口大多数的有色人种则被排除在体制之外，因而这绝不是民主制的表现形式。这些新宪法是由那些领导了独立运动的克里奥尔贵族起草的，表达的是他们的政治主张，同样也是为他们的政治利益服务的；因而不足为奇的是，他们起草的宪法既是其阶级利益的反映，同时也进一步强化了他们的统治权。

第三，拉美新宪法强调统一。玻利瓦尔的口号即是“统一、统一、再统一”；“统一”被认为是拉美独立战争获胜的必要条件。一方面，对统一的强调反映了独立运动的奠基者沿袭了和谐、有机主义的中世纪传统，这一传统甚至可以追溯到《圣经》里圣徒保罗写给柯林斯基督徒的书信。有机统一论与中央集权是构成拉美政治传统的两大基石。[1] 但从另一方面看来，对有机统一论的关注反映了卢梭，而非洛克和麦迪逊的思想对拉美独立运动先贤的影响。卢梭也强调有机统一，即政治社会所有成员的结合；也强调统一领导原则，即消除社会所有细小分歧。当社会发展到现代理性主义时代后，即便是在信奉天主教的拉美，制度化社会也不能完全依赖托马斯主义的教条来调和矛盾，因此他们转而希望用卢梭思想来规约社会。这是因为卢梭给他们提供了一种更世俗、更理性和更现代的形式看待国家和国家—社会关系——这种思想极其接近于拉美神圣化的、托马斯主义的历史传统。

卢梭在拉美备受推崇，不仅仅是因为他对社会契约“光辉前景”的描绘，更是因为他提出的社会制度模式与克里奥尔精英阶层所笃信的政治理念两

---

① Claudio Véliz, *The Centralist Tradition in Latin America*, Princeton: Princeton University Press, 1980.

相契合。在卢梭构建的契约社会里，个人私权必须让位于社会整体利益，因为公共意志必然含有基本的社会整体利益；而国家主权则是公共意志的唯一合理解释——这个理论推导为威权体制的存在提供了与生俱来的正当性，因而被皮诺切特和卡斯特罗用于为其威权统治辩护并被运用得炉火纯青。这种“新瓶装旧酒”的制度设置在拉美历史上曾反复出现，它的出现必然与拉美思想传统上的实证主义和法团主义相关联，同时也可能涉及民族主义、马克思主义甚至是民主等不同层面。[①] 129

卢梭在拉美之所以独具影响力，还有其他方面的原因。他构想的通过个人英雄主义行为促生出独立的国家，将使拉美国家跻身发达国家前列。他理想中的革命运动不应该关涉任何社会利益集团、政党、多元主义和地方自治的基本架构(以上诸种因素都是拉美国家在任何历史境遇下都缺失的)。事实上在卢梭的思想观念中，他认为这些因素的存在会削弱英雄主义目标的实现并违背公共意志。同样，如果存在克里斯玛型领袖的话，选举活动也理应被废止，因为这些诸如柏拉图笔下的哲人王或西班牙的考迪罗一般存在的政治领袖们会出自本能地知道什么是社会的公共意志。在卢梭主义者的理解中，忽视所有关于选举以及自治、公民社会和公民意识培养等琐屑而乏味的事情是为了利于领导者与社会建立直接联系。在卢梭看来，在公民与国家之间没有中间组织存在的必要，唯一不可或缺的是领导人对社会公共意志的掌握：这是多么简单、快捷又令人神往的社会统治方式啊！对他们而言，北美人悉知那些为建立民主制和保障其顺利实施而须经历的艰难探索历程都是不需要的。他们只会寄希望于一个从夕阳余晖中策马扬鞭奔腾而来的军事强人，来拯救危难时局(这就是卢梭所谓的自然状态)。他无须受制于麦迪逊式的权力制衡，或是托克维尔的社会团体生活的约束。通过对 1820 年政治

① Charles W. Anderson, *Politics and Economic Change in Latin America: The Governing of Restless Nations*, Princeton: D.Van Nostrand, 1967, 特别是第二章安德森提出，拉美是所有这些思想的“活着的博物馆”。

权力真空的观察，人们能够理解卢梭观点的诱人之处。而随后他们便认识到，若权力置于恶人之手，一个没有社会中间组织或机构加以缓冲的政权最终往往演变成独裁统治和阶级压迫。

第四，玻利瓦尔和卢梭眼中的统一最有效的实现渠道是强大而集中的行政权。事实上，19世纪以来拉美国家拟定的每一部宪法(通常也包含目前正起草的宪法)都偏向于赋予行政权以更大的权力。在当时大多数拉美国家的宪法中，总统被赋予无上的权力，相当于是宪政独裁者。在某种程度上，这源于拉美国家深厚的中央集权和自上而下的威权统治传统。这是中世纪晚期以来西班牙的主要统治方式，也是300年殖民统治的唯一制度。另一个原因是，拉美开国元勋们对其现实困境的真实评估：广阔的空间，近乎一无所有的国土，基层制度建设的匮乏，以及各级政府自治经验的不足。面对这些问题，拉美宪法拟定者认为，只有强有力的行政领导权才能避免政治社会的分
130 崩离析。为此，开国元勋们赋予总统以强大的超级特权，甚至令有“皇帝总统”之称的美国总统理查德·尼克松也相形见绌。[①] 正如弗兰克·坦纳鲍姆(Frank Tannenbaum)曾经分析过的那样，墨西哥总统的权力是西班牙副王们的绝对主义传统和蒙特祖玛(Montezuma)拥有的绝对权力的叠加。[②]

第五，如果总统或政府的行政权限过于强大，那么司法权和立法权则必然遭到削弱。事实的确如此，拉美国家的国会与法院始终无法达到美国国会与法院相应的水平，也不具有独立平等行使其权力的相应地位。[③] 而美国推行的对外援助政策的宗旨在于强化拉美国家国会和最高法院的独立地位，如果在当事国本身就缺少强化它们的意愿的情况下强行实施，那肯定是行不通

① 参阅 Arthur Schlesinger, *The imperial Presidency*, Boston: Houghton Mifflin, 1989.

② Frank Tannenbaum, *Ten Keys to Latin America*, New York: Vintage, 1961.

③ 此处参阅经典文本：William S. Stokes, *Latin American Politics*, New York: Crowell, 1959; Harry Kantor, *Patterns of Politics and Political Systems of Latin America*, Chicago: Rand McNally, 1969; William Pierson and Federico G. Gil, *Governments of Latin America*, NewYork: McGraw-Hill, 1957; Peter G. Snow, *Government and Politics in Latin America*, New York: Holt Rinehart and Winston, 1967.

的。同样，在拉美，强化地方政府和联邦主义的呼声从来没能占据主导地位，而美国强行将这些社会观念植入一个与之有着截然不同的社会传统和政治实践的国家的做法或许也是错误的。在拉美社会中，仍然需要一个具有强大行政权力的政府来保证国家统一，而不至于社会各组成部分分崩离析。

拉美历史上从没有依靠强大的地方政府施行自治的传统；它的政治体系承袭了法国和西班牙的中央集权模式，所有的权力、资金和政策指令都出自中央政府。其次，拉美在地方治理层面上基本上没有什么基层机构建设，没有独立的地方税务机关，也没有与新英格兰城镇会议类似的地方自治经验，因此地方上几乎没有制定政策的机构。虽然拉美地方自治能力的匮乏情况在现如今得到了不断改善，但这在很大程度上是因为外部（美国）压力而被迫实施的，或许强行在拉美建立他们历史上从没出现过的地方自治制度和地方自治政府也是错误的。拉美未能充分实施分权制不是因为开国元勋们未曾听闻过孟德斯鸠；而事实上，他们在把自己的真知灼见纳入国家宪法时，这些宪法都体现了我们所熟知的三权分立原则。只是他们在实施三权分立的时候，将中央政府的行政权置于重中之重而弱化了其他两项权力。这在他们认为是适宜的，因为他们所面临的无政府社会，缺少美国托克维尔式的地方基层建设，只有强大的行政机构才能将碎片化的社会统一起来。[①]

第六，19 世纪 20 年代拉美新独立国家的宪法不仅为强化行政权，削弱法 131
院、国会和地方政府的权力，而且为广泛的紧急状态权——其范围甚至远远超出了美国宪法或政治实践——打下了基础。拉美宪法规定一旦遇到紧急情况，国家元首有权解散国会，关停最高法院，中止一切基本权利，召集军队，并以行政命令进行统治。在 19 世纪甚或 20 世纪拉美不断出现的混乱局势中，这些应急条款时常被国家元首们援引。在某些情况下，总统和独裁者会为了大权独揽而超越宪法权限，为了摆脱意见相左的法院和议会的约束，抑

---

① Glen Dealy, *The Public Man: An Interpretation of Latin America and Other Catholic Countries*, Amherst: University of Massachusetts Press, 1977; Véliz, *Centralist Tradition*.

或是为了严厉打击政敌而滥用国家紧急措施。比如，在秘鲁总统阿尔贝托·藤森执政的1991年，他曾援引紧急状态权解散国会，这在美国人看来，这种行为不只是滥用宪法规定的总统权力，而且是企图在制宪过程中一步步掌握绝对权力。但是从另一方面看，藤森的执政手段虽然独裁，却极为有效，也因而获得了长期而广泛的支持。这种扩大化的并频繁使用的紧急状态权是拉美政治传统与北美大相径庭的又一个标志。①

第七，早期拉美宪法中包含非自由主义特征的另一个标志体现在，宪法赋予克里奥尔精英、教会和军队以特权地位。这些宪法条款不仅反映了新生国家受前独立时期伊比利亚天主教法团主义的影响，而且反映了19世纪早期拉美社会权力结构的现实。当时根深蒂固的法团主义特权思想对政局的影响远比自由主义强大得多。而且如前所述，拉美自由主义在当时并不指向个体自由而指向团体或法团的自由权。拉美各国的宪法也不是基于洛克思想而建立的旨在保护个人私权的美式宪法，而是以1812年西班牙的法团主义宪法为参照的。这些法团被视为在国无元首和面临无政府主义威胁状态下，权力与自我约束力的剩余持有者。虽然有一些国家正试图削弱法团组织的特权，但大多数国家却在试图强化它们；事实上，发动独立战争是为了建构新的社会法团。而国家本身就是最大的法团组织；新的社会法团等级在独立战争中得以固化；新宪法为
132 寡头政治、法团主义和宗法社会保驾护航。法团主义与等级制度、有机论、威权政体和世袭制一道成为具有绝对权威的社会理论，并在独立革命过程中持续强化。建立一个强大而集权的国家但却维护法团组织的特权，无疑是拉美宪法对保守力量的最大妥协，也保留了“民主”的意涵。②

1791年，即法国大革命爆发不久，法国《谢普雷法》(*Le Chapelier Law*)颁布，法团、行会和集体的权利均被废除，从而为个人主义在社会经济领域和政

---

① Brian Loveman, *The Constitution of Tyranny: Regimes of Exception in Spanish America*, Pittsburgh: University of Pittsburgh Press, 1993.

② Hale, *Transformation of Liberalism*.

治领域的胜利铺平了道路。在19世纪早期的若干涉及自由主义的事件中，西班牙、葡萄牙和大部分拉美国家都紧随法国正式废除了法团的特权。但现实却往往与之背道而驰：(1) 只有有限的几个法团组织(行会)遭到取缔；(2) 最重要的法团(诸如教会、军队和寡头等)不仅没有被取缔或削弱，其特权在独立后反而得到强化；(3) 其他组织被重组为法团机构，其依据是新的协定或基本法以取代旧的封建特权；(4) 改组之后的法团组织(区别于个人主义)的惯习和行为得以续存，与之前的封建行会组织的性质并无二致；(5) 极具争议的是，随着时间的推移，拉美国家比起独立前更为法团化；(6) 独立之后，既存的殖民时期的国体、威权体制和自上而下的管控方式，以及对新生社会团体的准入条件和要求都得以延续。

我之前已经谈到过选举对文化要求和财产要求的门槛设置问题，因为只有这样才能确保土地所有者和克里奥尔精英能够成为新生共和国的主导阶级，而且是唯一的统治阶级。各行业的寡头组合成了新生共和国最重要也最强大的法团。谈到天主教教会势力这个问题，我们不难发现大多数的新宪法都宣称天主教是该国的官方宗教，并对天主教的教会学校、医院和慈善机构提供了慷慨的公共资助。这些新宪法并未触及教会法团广泛的土地所有权益，例如，在墨西哥，教会拥有的土地面积占实际国土面积的60%。许多拉美开国者言必所称的理性之声和启蒙主义原则往往会抗拒和批判官方教堂和国教的确立，但令人称奇的是新生国家的先驱们和开国者们一方面是忠诚的理性主义者，另一方面却是天主教的虔诚的卫道士。以19世纪早期最著名的自由主义者、墨西哥人何塞·玛丽亚·路易斯·莫拉(José María Luís Mora)为例，作为杰出的政治精英，他反对西班牙人的殖民统治，同时又反对 133
独立革命，而且支持基督教作为唯一正教。回顾前文，我们提到的阿根廷人莫雷诺，虽然对法国哲学家的政治理论推崇备至，但在将卢梭的《社会契约论》译成西文出版时却有意遗漏了反天主教的内容。渐渐地在整个19世纪，拉美各国成了施行政教分离的宪政国家，但这些主张政教分离的律法往往只能部分地或在极少情况下阻止天主教被指定为特权宗教并获得国家对其教区各机构的政策倾斜。此外，以社会政治定位和政治文化标准来评价拉美各国的话，它们完全是天主教一统天下，其所颁布的政教分离的律法只流于形式，在政治实践和社会生活中的影响微乎其微。①

军队是一个特别令人感兴趣的案例。早在殖民后期，军队已被赋予特殊使命，它们独有的法团特别法堪比中世纪西班牙授予骑士团（Military Orders）的特许状。② 之后克里奥尔人组建的民兵组织在独立战争中屡建战功，成为新生共和国中最具凝聚力和最常动用的国家力量。③ 这些武装组织迅速占领了西班牙皇室撤出后留下的权力真空，并为新生政权整合当时分崩离析、族群涣散且制度匮乏的局面提供了保障。军队通常是一个国家为了维持秩序、权威和统一而使用的唯一工具。为解决现实中的各方冲突，大部分新宪法实际上把军队的地位提升至政府的第四权的位置。④

军队拥有特权地位这一原则对美国人来说是难以理解的，因为他们无法在自己的宪法中找到可比性。在目前大多数拉美国家的宪法中，军队的特权地位乃是所有条款中的重中之重。通常在宪法关于军队地位的条款中，其第一款都会声明军队的性质是非政治性的，且不参政议政的，但随后的第三、四款则赋予了本身具有政治优势的军队以特殊职责：维护国内和平稳定，保卫国家安全，反抗国内外一切颠覆势力，杜绝任何具有政治动机的国外势力和意识形态的干扰，在民选政权瘫痪或无法有效行使权力的情况下，可以充当政府和民众的协调者（即所谓的第四权或缓冲力）。⑤

---

① 经典研究参阅 J. Lloyd Mecham，*Church and State in Latin America*，Chapel Hill：University of North Carolina Press，1966.

② Lyle N. McAlister，*The "Fuero Militar" in New Spain*，Gainesville：University of Florida Press，1957.

③ Edwin Lieuwen，*Arms and Politics in Latin America*，New York：Praeger，1961.

④ Frederick M. Nunn，*The Time of the Generals*，Lincoln：University of Nebraska Press，1992.

⑤ Alfred Stepan，*The Military in Politics：Changing Patterns in Brazil*，Princeton：Princeton University Press，1971.

无论军队本身愿意与否，都因宪法所赋予的特权而被置于政治与权力的旋涡之中。由于军人往往是依宪干政，他们不应该或总是被视为（美国人就倾向于这么认为）暴政和篡政的操刀者（虽然事实上也可能就是如此），他们确实是在履行宪法赋予的特殊责任。在美式民主社会，对文人政府与军队的关系规定及军队严苛的等级制度对民选政权的影响这两者之间几乎不存在相关性。在缺乏稳定有效的民选政权的情况下，军队有义务发挥其国家机器的强大职能，这一点获得美国公民的认可，但其实军队在使用这项权力时通常不是为了谋求扩大其宪法权力，而是在宪法框架下行使其社会职能。 134

1821 年墨西哥总统阿古斯丁·伊图尔维德在其为新独立的共和国提出的国会组建议案中，尤其明确地阐释了有机国家论和法团代议制——这些提法源自西班牙历史和殖民地时期的遗留。[1] 伊图尔维德建议国会的座次排位应按照社会或法团基础而非通常沿用的领土基础来分配，如下表：

社会类别	席位数	占比(%)
1. 政府官员	24	18.5
2. 神职人员	18	13.8
3. 文人/知识分子	18	13.8
4. 劳工	10	7.7
5. 矿工	10	7.7
6. 手工艺人	10	7.7
7. 商人	10	7.7
8. 陆军	9	6.9
9. 海军	9	6.9
10. 其余人员	9	6.9
11. 贵族	3	2.3

① Dirck Keyser, “Emilio Portes Gil and Mexican Politics, 1891－1978”, Ph.D. diss., University of Virginia, 1995, chaps. 1－2. 这篇论文在以法团主义的视角审视墨西哥历史方面非常有价值。

这个提案有几个特点很值得研究。其一，很明显，伊图尔维德延续了西班牙君主制传统下的强大行政权，因为所有这些法团的地位都是由他来指定的。其二，当时劳工虽获得了大量席位，但却被矿工和商会的代表数量所抵
135 消。其三，陆军与海军的席位数量总和与神职人员数量持平，反映了传统优势法团依然是社会强势群体。其四，大量席位依然被政府官员占据，显示了中央官僚机构在伊比利亚和拉美国家政治生活中的重要性。其五，虽然只有少数席位分配给了贵族，但并不意味着克里奥尔精英的影响力受到削弱，而是因为这个时代墨西哥的贵族为数不多了。尽管最终墨西哥当局没有采纳伊图尔维德提出的建立法团代议制的建议，但这个议案仍具有重大意义：既反映了这位墨西哥总统的思想，又表明有机法团主义理想在独立前后的持续影响。

由此可见，拉美国家在 19 世纪早期拟定的宪法，无论在形式上还是在目标上，都与美国宪法相去甚远。造成这些差异的根本原因在于两者的哲学基础的根本差异。拉美的首批政治家们都一致反对 18 世纪的政治自由化。他们的思想根源，远则来自古希腊、古罗马和天主教教义，近则来自卢梭而不是洛克、麦迪逊和边沁。他们不是按照洛克的理论将政治看作是满足竞争性的利益。事实上（再次按照卢梭的观点）他们反对的正是竞争性的利益集团。所谓政治在他们看来仍然是按照圣托马斯传统实现公共利益。公共利益在西班牙殖民统治下无法实现，于是他们抛出了共和主义和独立概念，但仍然是新经院哲学理念下的公共利益。政治家们没有考虑通过何种途径组建一个好政府，没有采纳权力制衡原则组织政府，而是寄希望于所谓的“良人”——也就是指望选出那些得到神的眷顾、人格比普通人高尚得多的“良人”来实施其政治愿景。在他们的政治视域下，克制不是来自政治程序和制度的规范，而是源自符合天主教教规的道德约束。政府的组建原则和领导人的遴选条件均建立在道德的基础上。思想必须保持内在统一。现代民主理论在当时还没有被广泛接受；独立领袖和宪法编撰者都还在中世纪的故纸堆

中寻找新经院哲学的旧名词。虽然他们也采纳了一些自由主义思想，却将其置于传统的框架之下并给予极其保守的解释。正如格伦·迪利所总结的那样："（拉美）政治思想的核心要素并非源自现代西方宪政哲学。"[①]

前文简要回顾了独立后通过的宪法的基本原则，下面我们接着罗列它们存在的若干问题。第一，根据本章列举的大量证据可以看出，拉美独立运动 136
的爆发并不像人们通常理解的那样，意味着同历史的完全决裂。第二，拉美独立运动是保守的，不自由的。第三，拉美开国者在 1807—1825 年接受了共和主义和独立的思想，却没有接受自由主义、多元主义或民主。第四，在 1807 年至 1825 年这一时期前后，拉美一直都臣服于天主教、有机主义、整体主义和法团主义的统治之下，这与北美盛行的自由主义、个人主义有本质上的区别。第五，不是因为拉美先驱者太过天真、不够成熟，也不是因为拉美国家欠发达，几经辗转最终才选定美式道路；其实从一开始他们就试图选择一条不同于美国的发展路径，这一独特路径沿袭了他们一脉相承的政治传统又能够反映其政治现实。

接下来我们需要探讨的是，这段时期拉美盛行的法律哲学以及新生国家适用的司法体系。拉美国家司法体系的建立及其法律哲学的盛行都反映了相同的假设条件和传统，那就是强化宪法和立宪制度，这一点大家是普遍接受的；而实际上，这些新的法律哲学和司法体系与过去的传统精神基础如出一辙。首先，大部分拉美法律援引罗马法的概念和法律规则以加强秩序、统一、权威和等级制度。其次，它们继承了天主教和托马斯主义的法律等级体系的衣钵（圣托马斯按重要性递减的降序排列法将法律分为永恒法、自然法、神法和人法四个层次），并在罗马法的基础上建构法律体系和法制概念。再次，大部分拉美法还继承了中世纪西葡两国的精神遗产，尤其是《七法全书》以及由 16 世纪耶稣会法学家修订过的新经院哲学著作，这些典籍包含了他

① Dealy, "Prolegomena," 49; also Hale, *Transformation of Liberalism*.

们一贯重视的有机论、法团主义和国家主义。最后，大部分拉美法源自西班牙法典，而西班牙法典本身又源自《拿破仑法典》，并且在独立后被拉美新生国家近乎一致地采纳：类似的自上而下的等级制度、绝对主义、演绎推理等。总而言之，拉美拥有深厚的成文法传统，但其基础并非盎格鲁美洲的普通法。①

这些差异的存在意义何在？拉美国家的法律文化（这个问题值得我们更多的关注）能够帮助我们深刻地理解其整体的政治文化和政治传统。第
137 一，各国的法典都是充实而完整的文件；前提预设也包含了所有他们认为可能发生的事件和情况。第二，法律来自顶层设计，以天主教教义的基本理论为指导或是由一个全知全能的规则制定者来设计；法律并不是自下地或者以经验为基础地有机发展。第三，即使这些法典不算是支持威权主义的法案，也是绝对主义的和权威的；这些法典并不是透过具体案例渐进地、试验性地积累前例。第四，法典与法律培训依靠死记硬背和演绎推理。在所有这些维度上，拉美的法律体系与宪法近乎一致地反映和强化了新生国家的政治传统和政治历史：绝对主义、闭关自守、自上而下体系和威权主义。但是，随着新生事物和新的法学理念（诸如北美的人权、司法审查和权力制衡等理念）不断涌现，拉美国家的法制问题也开始有所改观。不过，美国人如果以为将北美判例法中的法律通则移植到拉美语境是轻易之举，那就大错特错了，因为北美的法律通则并不适于拉美现实环境。他们还同样错误地以为可以在不了解拉美法律体系和法律文化的情况下理解拉美的政治。②

---

① John Henry Merryman, *The Civil Law Tradition*, Stanford: Stanford University Press, 1969; Kenneth L.Karst and Keith S. Rosenn, *Law and Development in Latin America*, Berkeley: University of California Press, 1975, part 1.

② 这是一本发人深省的回忆录，文章比它的标题更具有学术性：James A. Gardner, *Legal imperialism: American Lawyers and Foreign Aid in Latin America*, Madison: University of Wisconsin Press, 1980.

政治现实

迄今为止，本章探讨的依然是政治理论层面的问题：我们先后理清了独立先贤们的理念倾向，西班牙王权被驱逐后遗留下来的统治权归属问题及其基本理论依据，独立运动的保守特征以及新生拉美国家法律和宪法的适用性问题。实际上，在1807—1825年独立战争期间，至少在知识分子和政治领袖层面，对如何选择、实施政治制度和执政规则的讨论就一直不绝于耳。

在19世纪20年代中期，理想而浪漫的自由主义理论是有可能占据优势的。从20年代早期的阿根廷，到伊达尔戈与莫雷洛斯揭竿而起时的墨西哥，在杜阿尔特(Duarte)、桑切斯(Sánchez)和梅亚(Mella)等怀抱理想主义的国父们开始独立战争时期的多米尼加共和国，再到智利、哥伦比亚等这些国家，自由主义理念(尽管是以西班牙的或卢梭的方式)虽然只是短暂盛行，但是曾一度接近或到达权力顶端。

但是现实就是如此，自由主义者往往是理想主义者、梦想家和天真的知
识分子，他们在政府、行政机构以及国家的运作和管理方面没有任何经验。138
他们是真正信仰卢梭主义的，因此他们认为只要把全社会各阶级团结起来并写出一部“完美”的宪法就能保证国家的稳定和繁荣。西班牙殖民制度没有给克里奥尔人留下任何自治的条件准备。受过自治训练，具备执政经验的政治家在拉美更是屈指可数。19世纪20年代中期拉美所面临的历史困境与20世纪60年代的亚、非、中东国家有着惊人的相似性：即鲜有富于政治经验的领袖，更谈不上自治素养的培育，还面临堆积如山的棘手问题。[1]

除了一直沿用君主制的巴西和精英寡头重掌政权的智利，几乎每个拉美国家在刚获独立后不久，便面临着危机和崩溃的局面。大部分新生国家因为

---

① Karl W. Deutsch and William Foltz, eds., *Nation-Building*, NewYork: Atherton Press, 1966.

在经济上失去了西班牙殖民贸易模式的支持，被迫退回到比之前更原始、更落后的生产方式。经济发展水平和对外贸易不但没有任何起色，反而持续、急剧地恶化。在社会稳定问题上，由于拉美国家长期遭受西班牙托马斯主义的种姓和等级制度的禁锢，各阶级都倍感压抑，一旦殖民体系出现松动和解禁，其阶级问题、社会矛盾和种族关系即表现出不稳定性和不确定性。这段时期虽然仅爆发了少数几场种族和阶级暴乱，但表面的稳定实际上是由于强大而稳固的封建旧秩序的意识形态依然在持续发挥影响力。政治上，构成西班牙殖民体系的四大副王区分裂成众多小之又小的单位——而在中美洲，则达到了城邦国家的规模——以致体量太小而无法维持经济自给和国家独立。与此同时，因为缺少强有力的中央集权甚或是行之有效的中央政府，拉美农村陷入了无政府状态和无序的冲突中。①

独立之后的拉美国家出现了消极事态的持续升级现象，这使新政权遭到了保守阶级与反动势力的疯狂反扑。自由甚或是有限的自由主义被视为引发享乐堕落和无政府的根源。此时，传统的保守势力再次登场，呼吁重建社会秩序、纪律、权威和稳定，并主张新的合法性，因为新政权无法解决社会混乱。保守派认为，社会秩序需要加强，即使守旧的种姓制度难以为继，那至少应该承认人的"生而不平等"和非常有限的特权，以保证政治精英维持无限期的统治。②

无政府状态的持续升温，导致强化中央政府权威的呼声获得了更多支
139 持，但是中央集权一直以来都是维系殖民地的统治力量。19 世纪早期的拉美大陆幅员辽阔，但在广阔的内陆地区人口稀少，一片空旷。可用的公路寥寥可数，没有铁路，也没有蒸汽船舶的航线；没有机构基础设施，没有通信和运输网络，也没有加强区域间或区域内各国联系的网络。拉美新生各国一方面缺乏有效的基层行政机构和基础设施，再加上面临着崩溃、失控和解体的

① Worcester and Schaeffer, *Growth and Culture of Latin America*, vol. 2, parts 1, 2; Tulio Halperin-Donghi, *The Aftermath of Revolution in Latin America*, NewYork: Harper, 1973.

② Hale, *Mexican Liberalism*; Burns, *Poverty or Progress*; Bushnell and Macauley, *The Emergence*.

危险，在如此紧急的情况下，如果不愿看到族群分裂，就急需建立一套新的秩序和纪律来整顿如此混乱的局势。

军队填充了因西班牙王室退出和国家独立后的混乱而形成的权力真空。独立时期组建的武装力量，其士兵通常来自社会底层且缺乏专业素养，为应付与西班牙军队的作战而临时动员组成。他们是古代西班牙军事体系的后继者。独立战争期间，克里奥尔精英与梅斯蒂索人或穆拉托人共同组建了独立军，并为了共同目标并肩作战。在新共和国成立之时，经过战争洗礼的独立军通常成了当时唯一有组织的、隶属于国家的、纪律严明且团结统一的团体。共和国成立三四年后，也就是1820年末，军队已经取代了难以为继的自由派文官，除了少数国家外，几乎在全部国家攫取了权力。军队的领导人多是些粗鲁的考迪罗，频繁地执掌或失去总统大权。其中最著名的考迪罗有阿根廷的胡安·曼努埃尔·德·罗萨斯(Juan Manuel de Rosas)，墨西哥的安东尼奥·洛佩斯·德·圣塔安纳(Antonio López de Santa Anna)，以及多米尼加共和国的佩德罗·桑塔纳(Perdro Santana)和布埃纳文图拉·巴埃斯(Buenaventura Báez)。从19世纪进入到20世纪，相当一部分拉美国家都被考迪罗持续统治过。在大部分国家，第一波考迪罗统治始于19世纪20年代中期，终于50年代中期，之后方才开启了一个新时期。①

独立军及其通常独裁型的领导者当时仍然大权独揽，但他们并非自行其是。军人政权一般都得到了教会势力和克里奥尔政治寡头的支持，因为这两种政治势力都认为只有得到军人政权的庇护他们才能重建纪律和秩序，从而保护自己的利益。教会集团与政治精英转而支持军人政权是因为他们把军队看作是避免无政府主义、社会混乱和族群分裂最后的也是最好的希望。从此开始，人们普遍意识到，拉美政局一直是由军队、教会和政治寡头等三大巨头组成的利益集团长期把持的，并不能因为政治寡头给予了由农民和混血民

① Lieuwen, *Arms and Politics*; Eric R. Wolf and Edward C. Hansen, "Caudillo Politics: A Structural Analysis," *Comparative Studies in Society and History* 9 (January 1967), pp.168 – 179.

140 族组成的军队主导权，就以为他们在全社会和各种族层面上实现了平等。相反，这不过是一场利益交换的合作罢了，即军队（与教会一道）负责维护社会秩序，贯彻执行各项法规，并阻止底层阶级犯上作乱，而克里奥尔精英阶层则将他们荐往内阁或政府高层。因此，在那些早期的共和国里，统治权完全被那些掌握大量社会财富、军事力量、宗教信仰和知识生活的精英所垄断，而且这几种重要的社会资源紧密结合起来共同统治社会底层。

新的军事威权政府及支持他们的文官常常起草新宪法，用以取代新独立的共和国最初推行的所谓自由主义宪法。拉美的第一批宪法，作为独立战争、卢梭思想和启蒙主义的思想成果，至少拥有一些自由主义的条款。尽管对前文提到的普选权有诸多限制，行政权强大，紧急权适用范围宽泛，并且保留了政治寡头、军队和教会的法团特权，但这批拉美最早的宪法吸纳了公民权利、政治权利、三权分立以及（适度的）代议制政府等原则。但是 19 世纪 20 年代至 50 年代军事监护人起草的新宪法，赋予的行政权过大，以至于总统成了一个宪政独裁者，消减了国会和法院的权力——后者更甚，扩大了紧急权的适用范围，使之更便于中止人权保护和加强法团特权。[①]

至此，拉美大多数国家必将出现两种截然不同的制宪传统。第一种传统趋向于（在既定的宪法框架下）建立更自由化、民主化、大众化、多元化，倡导人权（或至少是吉米·卡特之前的公民权）的自由主义宪法。第二种传统则试图在保留共和主义的同时，建立更保守、有机、法团主义、精英主义、威权主义、整体主义和自上而下的宪法体系。这两种制宪传统及与之相应的政治制度在之后 100 多年间轮替（依据各国不同情况）施行。这也有助于我们理解拉美国家历史上为何有不计其数的（有 30 部或更多）宪法。基于这一现实，大多数国家都存在过这两种不同倾向的基本宪法；而这似乎已形成一种惯

① Howard J. Wiarda, "Contemporary Constitutions and Constitutionalism in the Dominican Republic: The Basic Law within the Political Process," *Law and Society Review* 2 (May 1968), pp.385 - 406.

例，每次新政权上台后都会颁布一部新宪法。事实上，拉美 19—20 世纪早期
的历史也可以基于这两种截然不同的基本法律传统更替写就：一种传统充满 141
着或多或少的西班牙自由主义、卢梭思想和民主精神，而另一传统则是新经院哲学和赤裸裸的威权主义。

历史学家理查德·M.莫尔斯或许当属拉美政治文化研究的领军人物，他对这个问题的有趣解释与我的观点恰有异曲同工之妙。他和我均认为，直至 1820 年，拉美的主流政治哲学传统一直都是托马斯主义。但是莫尔斯认为，随着西班牙王室的失败和撤出，所谓的“托马斯基石”（他的原话）也随之坍塌。拉美人随之进行了一次次尝试，试图探寻托马斯主义的替代思想，一个新王室，以及一股统一的政治力量，但最终所有这些努力均走向失败，由此首次引爆了拉美的“离心分离”（centrifugal separation）。莫尔斯认为，随着社会骚乱日益失控，独立运动中成长起来的考迪罗顺势而为，登上了历史舞台，他们没受过教育，较之圣徒托马斯，他们更愿意追随马基雅维利。此处所指的马基雅维利主义并非是指世俗意义上的，即将政治和道德剥离的思想，因为拉美一直都处在天主教道德观的绝对统治之下，而是指对原始权力的利用和操纵。在缺乏强有力的制度保障、自治经验和丰富的结社生活的情况下，拉美只能选择一个精力充沛的政治强人、一个强大的军事强人来管理国家。因此，在自由主义和保守主义的分裂之上，莫尔斯以及最近的罗兰·埃贝尔（Roland Ebel）看到了另一种分裂，即延续下来（就像法律和宪法一样）作为理想范本的托马斯主义原则与集中体现于考迪罗身上的原始权力原则。这些传统都不是现代意义上的自由主义。①

然而，这两大宪政兼政治传统的存在，为我们展现出了当时拉美的精神

① Richard M. Morse, “Toward a Theory of Spanish American Government,” *Journal of the History of Ideas* 15 (1964), pp.71 - 93; Roland H. Ebel, “Thomism and Machiavellianism in Central American Political Development,” paper given at the 44th International Congress of Americanists, Manchester, England (September 5 - 10, 1982).

世界及其变化过程。独立前，拉美只有一种意识形态传统：即传统主义、天主教精神、托马斯主义、新经院哲学、有机论、整体主义、哈布斯王朝传统和苏亚雷斯主义的合体。但在18世纪随着殖民体系的瓦解，拉美的精神体系中融入了独立概念、卢梭精神和启蒙思想，逐渐形成了第二个传统——自由主义传统。不过，自由主义传统无法替代陈旧而保守的中世纪传统；两者持续并存，轮流占据整个19世纪和20世纪早期的主流意识形态领域。在同一个国家里，两种精神传统各自建构了彼此对立的权力结构体系，形成两个平行共生、极不稳定的政治权力金字塔。每个体系"社会"中都存在忠诚的信徒和
142 马基雅维利式的考迪罗，两者都各自源于其独特的社会和地理基础。保守权力体系的社会基础在农村，包括农村土地所有者、农民、克里奥尔精英、教会，目前还包括军队。比较自由的权力体系扎根于城市，在工商阶级、中产阶级、知识分子和作家(思想家)，以及梅斯蒂索人和穆拉托人中拥有广泛的支持。[1]

拉美的自由主义在19世纪获得了持续发展。在很多国家，尤其是1857年和1867年的墨西哥，自由主义甚至重新上台并进行了重大改革。[2] 智利、哥斯达黎加、乌拉圭等国开始实施民主开放，并朝着更加自由的方向发展。民主化进程使历史学家们，尤其是其中的自由主义追随者们，使用意识形态术语描绘19世纪自由主义的发展路径。他们认为，这些自由主义所取得的成绩可能预示着历史的发展必然会朝着一个更公正、更自由和更民主的社会方向迈进。而对自由主义的敌人——教会、军队和寡头政治，他们则使用恶毒的语言加以定性，将其描绘成自由主义和历史发展的绊脚石。因而对他们而言，历史呈现的是善良的自由主义者反抗恶毒的保守派的斗争历程；通过

---

① 对此问题的分析和讨论参阅：Howard J. Wiarda, ed., *Politics and Social Change in Latin America*, 3d ed., Boulder: Westview, 1992.

② 经典论述参阅：Wilfrid Hardy Callcott, *Liberalism in Mexico, 1857 - 1929*, Hamden, Conn.: Archon Books, 1965；最近的是，Vincent C.Peloso and Barbara A. Tenenbaum, eds., *Liberals, Politics, and Power: State Formation in Nineteenth-Century Latin America*, Athens: University of Georgia Press, 1996; Hale, *Transformation of Liberalism*.

自由主义的道德教诲抑或与保守派的斗争，最终结果必将是创造出美国或西欧那样的自由国家。

只是这种想法肯定太过简单：(1) 拉美的自由主义很少占据主导地位(有的话也仅在两三个国家实现过)。(2) 经院哲学思想贯穿整个 19 世纪，其地位即使不能说完胜自由主义但至少始终与自由主义相匹敌。(3) 自由主义从来没有成为一种群众运动，而自始至终局限于少数精英知识分子。(4) 拉美的自由主义(西班牙式的和卢梭思想占主导的)截然不同于北美洛克式的多元自由主义。(5) 拉美自由主义由于一直处于天主教与法团主义的精神传统之下，所以无法全盘否定自己的历史，只能努力将其融入经院哲学的基本体系中；19 世纪早期至中期的拉美自由派到该世纪末成了保守派。(6) 至于 19 世纪及其之后的各历史时期，拉美是否希望接受北美的自由主义和多元主义，就不得而知了。(7) 19 世纪的拉美历史并非必然地和直线性地通向自由主义，而是两种相互竞争的生活和社会理论在不断斗争——这两种理论由于存在根本性分歧而几乎不可能获得和解，时至今日，他们的争斗依然在继续。 *143*

这两种权力结构，即保守主义与自由主义，仍然差异显著。它们之间很少发生接触、重合，或彼此交融；和美式多元主义相伴而生的那种多元的、交叉归属和忠诚的价值观也难以在拉美获得发展，更无法缓和各方矛盾。相反，拉美这两种相互竞争的权力结构在同一个国家之内形成了两种不同的倾向和世界观。这两种权力结构代表着完全不同的社会阶段和历史时期：一个代表着封建和中世纪的时期，另一个则代表着比较理性和现代性萌生的阶段。在 19 世纪大部分时期和 20 世纪的部分时期，这两种权力结构都处于一种接近内战或爆发内战的状态。事实上，拉美 19 世纪的大部分历史可以由两个主题写成：一个是两种范式连续不断的内部冲突，另一种通常是拼命地寻找一种可以沟通和调和这两种范式的方案。这种探寻和解决方案是下一章的研究内容。 *144*

第六章

实证主义：秩序和进步的哲学

到19世纪中叶，拉美新生国家最紧迫的一些问题已经获得基本解决。这些问题包括新生国家的边界确认、外交承认和主权认可，中央与地方或与区域权力机构之间的关系，政教关系——罗马天主教逐渐地并至少从形式上地与其官方角色相分离。此外，当时的拉美国家已经度过了危机期，独立之后发生的社会分裂、经济崩溃和政治混乱已然结束；第一代军事强人（如罗萨斯、圣塔安纳等）已经退出了政治舞台；政治寡头和军人集团重新巩固了政治权力。经济开始复苏，很多国家在一定程度上恢复了政治稳定。①

接下来的时期，从19世纪50年代到大约1890年，拉美国家进入了发展新阶段。这段时期可谓是现代化的第一阶段，或者——按照W.W.洛斯托

① Tulio Halperin-Donghi, *The Aftermath of Revolution in Latin America*, NewYork: Harper, 1973; David Bushnell and Neill Macaulay, *The Emergence of Latin America in the Nineteenth Century*, New York: Oxford University Press, 1994.

(Walt Whitman Rostow)的术语——是“经济腾飞的先决条件”。[①] 这段时期，拉美人口剧增，大量居民迁往荒无人烟的地区定居。欧洲移民大规模涌入——其中的许多人都拥有当地缺乏的商业与创业技能。新的银行和金融机构获准特许经营，为经济的发展提供了基础设施建设投资，这一切都标志着拉美经济开始加速发展。[②] 流入拉美的外国资本，最初主要来自英国，但随着时间推移，美国投资也开始涌入，进一步促进了拉美经济的发展。随着外资的汇入，新的公路、铁道、港口设施和电话电报等也建立起来了，这不仅为 145
社会发展提供了更多的基础设施，而且第一次将作为民族国家的拉美各国连接起来并大大促进了出口。过去的荒地被开垦为农用耕地，出口作物产量的增加使拉美国家首次融入世界经济。同一时期，拉美国家的官僚机构和武装部队也开始走向现代化与合理化，许多国家的政治制度趋于稳定，或至少是可以预期的了。[③]

要适应所有这些变化并给予其合理化的解释，弥合旧的中世纪主义和经院哲学同更新的自由主义及其伴随而来的现代化之间的裂痕，就迫切需要一种新的政治哲学。这种哲学就是实证主义。因为前文探讨的拉美特性，实证主义这种思想体系在拉美大陆的影响远远大于美国——在美国，哈茨的自由主义已稳稳地成为主流的政治意识形态和思想传统。

---

① Roberto Cortes Conde, *The first Stages of Modernization in Spanish America*, New York: Harper, 1974; W. W. Rostow, *The Stages of Economic Growth*, Cambridge: Cambridge University Press, 1960.

② Robert A. Potash, *Mexican Government and Industrial Development in the Early Republic: The Banco de Avio*, Amherst: University of Massachusetts Press, 1983.

③ Richard Graham, *Britain and the Onset of Modernization in Brazil, 1850 – 1914*, London: Cambridge University Press, 1968; and Harry Hoetink, *The Dominican People, 1850 – 1900*, Baltimore: Johns Hopkins University Press, 1982.

新的意识形态

拉美先是在19世纪20年代第一次尝试了卢梭式的自由主义，其结果令人相当不快和沮丧；其后，又经历了一个威权主义和考迪罗主义的时期（从19世纪20年代到50年代）。这两次探索之后，拉美才经历了一个长达20年（从19世纪50年代到70年代）的犹豫、质疑和继续探索首要原则的时期。最终，实证主义填补了这一思想真空，但直到19世纪60年代，实证主义才首次被广泛引入拉美，且直到一二十年后，这一新的哲学流派方才完全融入拉美的思想体系。而与此同时，许多其他相对小众的（事实证明如此）社会思潮也进入了拉美的思想界。

19世纪初中期，适逢欧陆大巨变和大冲突的时期，拉美人主要从欧洲思想家的著作中汲取精神素养。当时搅动欧陆的思想和社会运动包括：资本主义、工业革命、法国大革命及其余波、保守派对法国大革命的反击、浪漫主义、自由主义、1848年欧洲革命、拿破仑一世和三世的统治、功利主义、社会主
146 义、马克思主义以及实证主义。这一时期的拉美政治哲学即是从这一庞杂的思想宝库中汲取灵感而来，但其并非总能适应拉美的现实。此外，正如米格尔·霍林（Miguel Jorrín）和约翰·马茨（John Martz）所言："很多拉美思想家所认可的折衷方法阻碍了一套单一、连贯和清晰思想的发展。"[①]正如自由民主理想在美国占据社会主导地位一样，拉美仍然在摸索一种适合或适应其历史传统和国情的政治哲学。在经过大量的探索和实践后，最终他们从实证主义中找到了这种哲学。

功利主义（utilitarianism）随着19世纪早期欧洲哲学的传播而登陆拉美。它是一套盛行于英国的哲学思潮，因杰里米·边沁和约翰·斯图尔特·密尔

① Miguel Jorrín and John Martz, *Latin American Political Thought and Ideology*, Chapel Hill: University of North Carolina Press, 1970, p.87.

的父亲詹姆斯·密尔的著作而得名。功利主义崛起于工业革命和社会急剧变革的时代，它同现实主义及英国政治经济学有着密切的关联，是一种实用的或“功利”的哲学。功利主义的著名口号“为大多数人谋取最大利益”，就是一个符合英国现实原则的实用主义的理念。更具体地说，功利主义哲学主张自由贸易、自由放任的经济政策和极简主义（而不是重商主义）的国家体制。这一学说符合当时英国的现实需要，却与拉美的农业发展特征以及自给型的经济模式严重不符，也没有考虑到拉美社会低程度的工业化、强大的天主教（非实用主义）传统，以及深厚的国家主义和重商主义的历史渊源。因此，虽然早在 18 世纪 20 年代，布宜诺斯艾利斯大学就开始教授功利主义的课程，功利主义在墨西哥也有过一定影响，但它并未获得拉美知识分子的广泛接受，在拉美的影响力也比较有限[1]。

这一时期引入的另一个明显小众的哲学是乌托邦社会主义。乌托邦社会主义起源于 18 世纪的欧洲，盛行于 19 世纪工业化的初期阶段。法国的亨利·圣西蒙和英国的罗伯特·欧文等乌托邦社会主义者，强烈抨击处于工业化和城镇化早期阶段的现代大众社会所呈现的缺乏人情味和公共精神以及贫困等现实。早在马克思之前，他们就呼吁财产社会化；而欧文作为一个富裕的实业家已致力于建立早期的社会化社区。19 世纪早期的阿根廷和智利 147
有许多乌托邦社会主义的追随者，但与功利主义的问题如出一辙，外来哲学没有考虑，也无法适应拉美的现实。一段时期内，一些独立运动领导人一度相信，驱逐西班牙之后，就必然会带来一个大大改善的理想化的社会、经济和政治环境——当然，这并没有发生。此外，拉美社会低程度的工业化和真正的劳工阶级的缺乏迫使他们最终放弃了这种早熟的乌托邦方案。霍林和马茨认为，先是自由主义，后是功利主义和乌托邦社会主义的失败，为 19 世纪

---

① 本节的分析主要依赖于上一注释所引的开拓性著作和 W. Rex Crawford, *A Century of Latin American Thought*, New York: Praeger, 1961.

晚期实证主义的成功铺平了道路①。

这一时期引进的第三种哲学思想是克劳泽主义(Krausism)。德国哲学家卡尔·克里斯蒂安·弗里德里希·克劳泽(Karl Christian Friedrich Krause，1781—1832)，相对不为人知(比如没有同时代的康德和黑格尔有名)。他提出了一种被称为唯心主义(idealism)的泛神论思想体系。克劳泽认为，社会是一种精神的，而非生物的有机体；因此，他的思想与最早可追溯至圣徒保罗的天主教悠久传统相一致。他认为，社会代表着其各个组成部分(这里是指天主教法团主义的印迹)的良知，既允许人类，又允许社会向着神的形象迈进。克劳泽假设人类与社会的结合会产生一种同样具有社会良知的宗教人本主义②。

如果不是1844年西班牙政府派年轻的天主教知识分子胡利安·桑斯·德·里奥(Julián Sanz del Rio)赴德国学习，克劳泽可能仍不为人知，对拉美也没有什么影响。访学期间，桑斯深受克劳泽思想的影响；他一回到西班牙就担任了马德里大学哲学史的首席讲座教授，并教导说：哲学是人类伦理生活的一种理想信念。这种信念认为，个人可以在追求需要社会良知的理想中获得自由。克劳泽的思想在其祖国德国没有多少人关注，却在西班牙广泛传播并对拉美产生了不可估量的影响。这些思想在西班牙—拉美国家中被广泛接受，可能是因为：一方面，它们似乎与天主教教义是兼容的，另一方面则是唯心主义和社会公正推动了它们的发展。克劳泽主义吸引人的地方还在于
148 它似乎架起了传统的天主教教义、保守主义与现代自由主义之间沟通的桥梁，这两种思想的冲突常常撕裂了19世纪的拉美。但是，克劳泽主义受追捧的程度依然没能超出少数知识分子群体的范围，而且它从没达到一种成熟的意识形态所应达到的接受程度——只有成熟的意识形态才能帮助整个地区团结起来对抗社会分裂的压力。

---

① Jorrin and Martz, *Latin American Political Thought*, p.89.

② Charles A. Hale, *The Transformation of Liberalism in Nineteenth-Century Mexico*, Princeton: Princeton University Press, 1989, pp.173 - 177.

在 19 世纪中后期获得追捧的第四种哲学是唯灵论（spiritualism）。唯灵论可能是 19 世纪法国的主流哲学体系。实际上，它在很大程度上被看作是一种法国现象，因为在英美世界几乎鲜有人知。法国哲学家维克多·库辛（Victor Cousin）的唯灵论力图为世界建立一种新的原则，因为这个世界的精神联系被 1789 年大革命摧毁了。唯灵论借鉴了德国唯心主义和文学浪漫主义的思想成果，综合了唯心主义和唯物主义的思想结晶，从而推导出所谓的唯灵论。唯灵论这一术语在法语和西班牙语中具有“灵”（spirit）和“智”（mind）双重含义，并将抵达神意的两种不同路径统一了起来。

对于大多数现代人而言，无论是唯灵论，还是其前身唯心主义和克劳泽主义，听上去都极其艰涩且语焉不详，但不难理解唯灵论在 19 世纪拉美知识分子中间流行的原因。第一，唯灵论似乎调和了传统天主教教义与现代理性主义哲学之间的矛盾。第二，唯灵论提供了一种将唯物主义和唯心主义结合起来的方式——随后才开始成为拉美思想界的重要议题。第三，唯灵论来自法国并成为先锋思想的代表，因为当时法国已经取代了西班牙、英格兰和德国成为拉美知识分子热力追捧和渴望游历的国家。第四，唯灵论在社会各个阶层都有追随者：在巴西，唯灵论过去和现在都颇受欢迎，社会底层信奉的唯灵论往往与非洲宗教信仰相结合，而受过教育的、原籍法国的中上阶层信奉的唯灵论通常融入了天主教教义与人文主义[1]。

然而，尽管这些哲学思想在不同时代均有其追随者——因阶级和国家不同而有显著差异，但没有一种哲学被广泛接受，也没有一种哲学像自由主义在美国的地位那样，成为该地区的主流哲学。相反，这些哲学在拉美仍然是小众哲学，通常融合了传统天主教教义和经院哲学，却从没真正取而代之。在 19 世纪中期及以后，拉美仍然缺少能够团结社会并能指明团结方向的连续的政治哲学。 149

① Fernando de Azevedo, *Brazilian Culture: An Introduction to the Study of Culture in Brazil*, New York: Macmillan, 1950.

自由派对决保守派(再次)

在19世纪10—20年代初步尝试自由主义之后，保守派、寡头和军事强人主导了此后30年的拉美。但到19世纪50年代，随着第一波独立后领袖的逝去，自由派与保守派重燃战火。这种纷争，根据不同国家的实际情况，常常断断续续，一直持续到20世纪。但与此同时，许多国家的稳定性增强、外国投资增加和经济增长提升开始改变这场对决的性质。

以前的社会冲突主要发生在领导者个人之间或无组织的团体之间，而现在则越来越多地演变成有组织的利益集团之间的斗争。在此期间，拉美第一批政党建立了起来。保守派建立了自己的保守政党，而自由主义者则相应地建立起了自由政党。在哥伦比亚和洪都拉斯等国，这些历史久远的保守党与自由党仍然在发挥作用；在其他国家，新的意识形态运动或最早政党的支派最终凸显出来。

保守党与自由党的领导人都是从拉美社会的精英群体中遴选出来的。当时全社会对民众选举权的限制依然非常苛刻，在大部分国家还保留着奴隶制，保守党和自由党都不愿意让大众充分参与政治进程。保守党通常是由精英家族组成的社会小集团，而自由党则是由与之相对的精英集团组成的，两者正可谓半斤八两。两大阵营运用各种手段争权夺利：控制总统宝座以及由此产生的职位、财富、恩庇和经济机会等。两大阵营不仅竭力动员区域和全国的考迪罗支持他们争取权力的努力，而且还召集那些在他们的领地和企业卖力的农民。不过，随着时间的推移，这种争夺庇护和权力的竞争无可避免地扩大了选举权并因此至少提高了深化民主的潜力。[①]

尽管保守派与自由派的争夺主要是为了获得政府的控制权并从中获益，

① Harvey F. Kline, *Colombia*, Boulder: Westview, 1995; Ronald H.McDonald and J. Mark Ruhl, *Party Politics and Elections in Latin America*, Boulder: Westview, 1989.

但两者同样也在意识形态和政治政策层面展开竞争。保守派通常支持一个强大的中央政府，政教合一，以及高关税壁垒的保护性政策，借以保护地方工 150
业不受外国竞争者的影响。而自由派则主张自由开展经贸活动，不受国家主义和重商主义的限制。他们奉行 19 世纪传统的自由理念，包括自由贸易的经济规则。他们希望剥夺，至少部分剥夺法团特权，这样他们就可以攫取教会和印第安社区等法团拥有的大片土地。无论自由派还是保守派，没有任何一方谈论真正意义上的民主。

保守派则继续支持过去惯常采用的原则：强调秩序、纪律、权威、等级和天主教社会——生活于其中的所有人终生固守自己的社会位置。保守派仍然将拉美的常见问题视作建立一个强权，甚至威权政府的理由：那就是拉美地域广阔荒芜，缺乏基础设施建设，没有组织和结社生活，也没有自治经验可借鉴。时至今日，那些威权主义者和独裁者依然在使用这些熟悉而哀婉的托辞。巴拉圭政坛的铁腕人物阿尔弗雷多·斯特罗斯纳（Alfredo Stroessner）曾质疑道："在一个缺乏公路、桥梁和经济发展的国家，如何奢谈民主？"[1]多米尼加共和国独裁者拉斐尔·特鲁希略（Rafael Trujillo）也曾说过："一个没有高速公路、没有文化、没有农业、没有公共建筑、没有电力，更没有'文明'的国家，根本不可能有民主。"[2]

但目前保守派也采用了意识形态更鲜明的立场。他们又一次寄望于从欧洲寻找更契合本土情况的思想，这些思想本质上是衍生而来的。由于法国大革命引起了社会的强烈震荡，法国和西班牙都出现了保守主义的强势反弹。19 世纪早期欧洲保守主义思想的代表人物分别是法国人约瑟夫·德·迈斯特（Joseph de Maistre）和西班牙人多诺索·科尔特斯（Donoso Cortes）。二人的思想都极端保守，他们希望恢复旧制，回到传统的以天主教为主导的、

---

① Paul Lewis, *Paraguay under Stroessner*, Chapel Hill: University of North Carolina Press, 1980.

② Howard J. Wiarda, *Dictatorship and Development: The Methods of Control in Trujillo's Dominican Republic*, Gainesville: University of Florida Press, 1970, chap. 7.

有序的、等级森严的前革命时代——这显然是不可能的。他们拒绝接受启蒙思想及其经过理性推导而获知的概念，更倾向于接受那些和谐简单的、揭示真理的名言警句。他们坚决主张恢复旧的秩序和纪律，以及等级社会。保守主义者希望在强权政府的扶植下，罗马天主教会和天主教思想能像过去那样
151 重拾作为官方教会和官方意识形态的地位。同时，他们呼吁重建革命前以法团权利和相互责任为基础的社会，重建只受法团群体和习惯权利制约的君主制，并寄望于以此终结共和主义和自由主义所弥漫的个人主义、利己主义和无政府主义[1]。

这些思想对拉美保守派产生了强烈的影响，并为其所信和所欲行之事提供了智识和哲学的合理性支持。拉美传统势力遂依此为据来巩固自己的地位，并牢牢把控权力。在 19 世纪早期这一反动立场是可以理解的，因为当时的社会仍然是保守的、两阶级的，而且公众并没有获得广泛的政治参与。尽管如此，在 19 世纪后半叶，直至进入 20 世纪，这种立场就不太适宜了，因为各种更富活力的新的社会势力开始崛起。一种新的、从一开始就体现出进步性的天主教社会理论模式开始出现了：法团主义（参阅第八章）。

在这段历史时期，自由派并没有固守过去的立场而故步自封，他们持续壮大自己的队伍。美国自由主义的成功和日益增长的影响力对拉美自由主义的发展起了极其重要的作用。拉美自由主义的发展也得益于独立后二三十年来保守主义的暴政所带来的周期性的且日益增长的反对声势。随着前文提到的阿根廷的罗萨斯、墨西哥的圣塔安纳这两个保守独裁政权的崩溃瓦解，发展势头迅猛的自由主义正野心勃勃，伺机接掌权力。

此处仅对 19 世纪中叶自由派的名单与作品进行抽样调查分析。结果，令人震惊的是，此时的自由派比独立后的第一代自由派更加现实和务实，更少浪漫，也更少受卢梭思想的影响，更加按部就班（有时甚至是功利性的），更

---

① James D. Henderson, *Conservative Thought in Twentieth-Century Latin America*, Athens: Ohio University Center for International Studies, Latin American Series Number 13, 1988.

渴望变革而不是简单地提倡良善道德。在一些国家，自由主义实际上已经掌权或甚至掌权一段时间了。[①]

例如，墨西哥自由主义作家何塞·马里亚·路易斯·莫拉（José María Luís Mora），是一位虔诚的天主教徒，他的自由主义理念否定了卢梭思想，他认为卢梭关于公共意志的观念会导致专制独裁。莫拉更倾向于以孟德斯鸠思想为基础的共和制，希望建立独立的立法、司法体系和联邦制度，这样便可遏制和减少中央集权带来的风险。在经济方面，莫拉推崇亚当·斯密的个人主义私有制。虽然他是天主教徒，但他认为像天主教会这样的法团只能把占 152
有财产作为一项民事权利，而不能作为一种优先于社会权利的自然权利。以莫拉为例，我们不难发现，他的自由主义思想既与托马斯·阿奎那和苏亚雷斯的经院哲学的知识体系保持了一致，却又基于新的现实需要而对其进行了修正。[②]

安德烈斯·贝略（Andrés Bello，1805—1851）出生于委内瑞拉，但他一生的大部分时间都在智利度过。他是一位自由主义经济学家，也是边沁和詹姆斯·密尔的追随者。贝略信奉自然法则，却否定了卢梭主义的自然法则关于人类的既定自然权利的假设，而以罗马法、阿奎那和16世纪的西班牙托马斯主义的传统理念作为自己的哲学立论基础。贝略试图将共和制度与罗马传统制度联系起来，从而确保在独立运动持续蔓延的时代背景下，与过往体制保持连贯性并维持目前保守制度的稳定性。与当时其他理论家不同的是，他并没有抛弃西班牙殖民传统，反而坚决拥护它；他认为拉美的发展是一个漫长的进化过程，这一过程需要通过教育来推进。他明确了独立运动与联邦自治的不同之处：对前者，拉美做了充分的准备，而对后者其实尚未做好准备。

---

① 本分析大致采用了 Crawford, *A Century of Latin American Thought*, and Jorrín and Martz, *Latin American Political Thought*.

② Charles A. Hale, *Mexican Liberalism in the Age of Mora, 1821 - 1853*, New Haven: Yale University Press, 1968.

因此，贝略追随边沁，对通过立法进行制度改革充满信心，也能够大体接受保守寡头将从19世纪30年代直到1891年统治智利——这是一个承诺秩序和稳定胜过民主的体制。从贝略对立法和有序政治程序的强调中可以看出，他是拉美少数几个更贴近洛克思想而非卢梭和早期独立领袖的浪漫理想主义的领导人之一。他同时坚定地认为，即便是在共和制的背景下，保持制度的历史连贯性和稳定性也是极为重要的。[①]

居于安第斯山脉另一侧的阿根廷，也出现了新一代思想界的领军人物，我们称之为“1837一代”(the generation of 1837)，这批知识分子敢于对罗萨斯的持续独裁做出强烈反应。埃斯特万·埃切维里亚(Esteban Echeverría, 1805—1851)率先提出这一主张，即阿根廷不应该一味地模仿欧洲，而应将阿根廷的命运寄望于本国的气候、地理条件和自然资源。他进一步正确地指出，独立并没有从根本上改变阿根廷从殖民时代起就延续下来的社会结构，并呼吁进行更加彻底的社会结构重建。与贝略一样，埃切维里亚认识到通过教育和政治自由主义方能拯救民族于危难——在政治自由主义理念之下，社
153 会进步的基石将是个人自由，而不再是法团权利或公共利益。

胡安·包蒂斯塔·阿尔韦迪(Juan Bautista Alberdi, 1810—1884)也是“1837一代”的成员。他的政治理论受到一系列的影响，其中包括：功利主义、自由主义、自由放任经济学、有限政府，以及卢梭和洛克的思想。阿尔韦迪最著名的作品《阿根廷共和国政治组织的基础和起点》被视为政治分析的经典读物，它的思想成为1853年阿根廷宪法的民主基础，其历史地位堪比美国的《联邦党人》。阿尔韦迪支持政府行使强有力的行政权，同时也支持联邦制，但认为在特殊情况下中央政府有权对各自治省实施干预。阿尔韦迪与埃切维里亚一样，希望建立的政治体制既能体现该国的理想情怀，又能与其基

① Iván Jaksic, “Andrés Bello and the Problem of Order in Post-Independence Spanish America,” Working Papers on Latin America No. 97/98-1, Rockefeller Center for Latin American Studies, Harvard University, 1998.

本国情相适应；一个人一旦当选总统，就要解决文明而发达的布宜诺斯艾利斯与野蛮而落后的农村之间的历史性冲突。阿尔韦迪的名言“统治即移民”(to govern is to populate)，就是他在阿根廷(及当时大部分拉美国家)政府开始积极推动移民计划以填补国土荒置、人口不足，从而解决文化滞后(社会组织的匮乏)等历史遗留问题这一背景下提出的。然而，像当时其他拉美国家一样，阿根廷仅仅只面向欧洲吸引移民，因而其移民政策从根本上体现了其种族主义的立场。霍林和马茨把阿尔韦迪的政治哲学称之为“自由现实主义”①。

“1837 一代”的第三位思想家是多明戈·F.萨米恩托(Domingo F. Sarmiento，1811—1888)。萨米恩托曾游历各地，富于人格魅力，他仰慕美国及其政治伟绩，担任过阿根廷总统。他因创作《法昆多：文明与野蛮》(*Facundo：Civilización y Barbarie*)而声名大振，在这部作品中他通过虚构的情节隐喻性地批判了罗萨斯独裁政权。该书的副标题已昭示了全篇的主旨，即用首都布宜诺斯艾利斯的文明、繁华和进步反衬农村的文化缺失、野蛮和落后。他认为通过教育和吸纳欧洲移民的政策，可以使农村达到首都的发展水平。萨米恩托的自由主义意味着，通过对农村进行广泛的文化输送，使保守落后的村镇居民逐步接受教育，可以培养他们具备现代的、普世的自由主义价值观。但是之后百年来阿根廷的历史现实并没有沿着萨米恩托设计的路
径发展。 154

19 世纪 50 年代，自由主义在墨西哥的胜利虽然是短暂的，却可能是最完全的。随着独裁者圣塔安纳的下台，从 19 世纪 20 年代就一直被排斥在外的自由派重新掌权。1858 年，自由派颁布了著名的《莱尔多法案》(*Ley Lerdo*)，这部法案削弱了机构大规模持有土地的法律基础。该法案主要针对的是罗马天主教会这样的大法团，他们根据传统法律赋予的特许权对土地不动产享

① Jorrín and Martz, *Latin American Political Thought*, pp.106 - 109.

有永久所有权，这使他们占有的土地面积高达全国领土的60%以上。但《莱尔多法案》同时也针对印第安人聚居地的不动产权，即所谓的“村社”(ejidos)。在墨西哥，印第安人的村社用地数量和规模也同样可观。法案意在解禁这些之前被各大社会法团禁锢的土地，使之进入流通市场，以满足新兴资产阶级和私有土地所有者对土地的需求，因为他们需要将土地作为资本投入社会生产以满足全球市场需要。而同时，自由主义政府还在稳步实施印第安人驱逐政策。他们将印第安人从广袤肥沃的土地驱赶到贫瘠的山区而致使其无以为生，这是导致1910—1920年爆发墨西哥革命的主要原因。自由派从1855—1862年持续掌权，从1867—1876年再度掌权，中间的1862—1867年法国短暂占领了墨西哥。

通过对19世纪中叶拉美思想家主要观点的简要梳理，我们发现19世纪50年代的自由主义与19世纪20年代的早期浪漫自由主义有很大不同。50年代的自由派更务实、更现实，也更注重效益。虽然他们嘴上说着天主教的词汇，但并不像早先一代那样固守托马斯主义、苏亚雷斯主义和保守主义的思想。卢梭主义在拉美依然保持着影响力，但已经与洛克、孟德斯鸠、杰斐逊和麦迪逊的思想相融合。在一些进步思想家的著述中，早期的国家主义和重商主义已让位于自由放任思想和弱化政府职能的理论。在政治上，人们更加强调的是权力制衡，个人主义高于法团权利，三权分立和基本政治权利。19世纪50年代和60年代的自由主义者比其理想主义的前辈们更成熟、更有经验，也更愿意适应现实。

历史学家拉尔夫·李·伍德沃德(Ralph Lee Woodward)认为，到19世纪70年代，自由主义已经在拉美取得了全面胜利①。但是19世纪的自由主义只是部分地、有限地实现了民主，并没有达到全面的民主。很多拉美国家继续在保守主义与自由主义之间摇摆不定。在那些自由主义取得胜利的国家，

---

① Ralph Lee Woodward, Jr., ed., *Positivism in Latin America, 1850－1900*, Lexington, Mass.: D. C.Heath, 1971, introduction.

也只是实现了形式上的自由考迪罗主义的胜利，它实际上与威权主义、国家主义和自上而下的统治类型并无太大差别。在另外一些国家，卢梭传统仍然 155
保持很大的影响力，或者与洛克模式混搭在一起。在所有实行自由主义的国家，依然存在强大的行政权力，扩大的紧急状态法，优先于个人权利的法团特权，频现的独裁政府和世袭制，教会的特别地位，以及大众被剥夺民主参与权利的精英领导制，这一切看上去与美国的自由主义都不大相同。

如果拉美的自由主义通常看起来并没有那么自由，那么是有其充分理由的。因为自由主义恰恰在即将迎来胜利的时候经历了一场蜕变：它与实证主义发生了融合并被其同化。在接下来的50年里，即从1870年到第一次世界大战，取得胜利的是实证主义而不是自由主义。事实上，实证主义兴起是拉美历史上主要的思想运动之一，它在拉美的受欢迎程度远胜于美国。伍德沃德强调，自由主义所取得的胜利实际上是一种伪胜利，因为这场胜利掩盖了其背后的危机。拉美实际上采纳的只是自由主义的表象和形式（这正是我们所看到的部分事实），但作为其基础的政治权力结构并没有发生根本性改变。而在实证主义那里，精英们却找到了一条路径：既能维持现有权力体系不变，同时似乎又能推动其朝着更加自由和进步的方向前进。

实证主义信条

到19世纪50年代和60年代，随着拉美开始进入经济腾飞的第一阶段，刚从西班牙、葡萄牙的殖民体系下独立出来的新生国家，连同他们起草的那些充满理想主义的宪法，都明显说明在当时他们尚不能探索到一条保障国家安全稳定和进步的发展路径。事实证明，独立后迅速建立起来的政治权力体系极不完善，加上在经济上切断了与其母国之前形成的经济依赖，导致经济停滞甚至经济衰退造成的破坏超过预期。正如霍林和马茨所观察到的那样："拉美的经济原始落后，它在极其孤立的环境下踽踽独行，步履蹒跚、形单影

只，独立后的经济状况不但没有好转，反而比殖民地时期更为糟糕。”[①]此外，
156 地区政治局势极其不稳定，那些军事强人频繁入主总统府。教会、军队和政治寡头们思想极为保守，却在政局中扮演着重要的角色。

到19世纪70年代，自由主义似乎已经在大多数国家——如果不是全部拉美国家的话——成为官方的意识形态；但自由主义的胜利——如果真是如此的话——似乎主要是集中于知识分子团体中。而居于拉美国家权力中心的土地所有者、神职人员和军队精英集团并没有接受自由主义，他们的意识形态观也并没有改变。事实上，19世纪50年代开始的外国投资、经济加速和基础设施建设的进步都增强了这些传统利益集团的实力。但与此同时，新兴的进出口商阶层与传统的寡头集团同步发展。他们迫切需要一种能够适应目前状况的社会政治体系。于是，拉美拼命地寻求一种新的政治模式，以期解决保守主义与自由主义的冲突，维持社会稳定，并为经济发展铺平道路。

一些知识分子往往相信，他们已经从19世纪70年代在整个大陆盛行的自由主义（这种自由主义是新型的、现代的，而且更加务实）中找到了这种模式。但是和19世纪20年代一样，到19世纪70年代，拉美的自由主义采取了某些特殊的、与美国截然不同的制度模式。拉美的自由主义脱胎于精英组织，因而受到精英阶层的直接影响，这导致它走向了实证主义。正如独立之后的那段时间一样，拉美自由主义的特征是卢梭主义、自上而下、有机主义，且通常是威权主义的，而到19世纪70年代，自由主义则融入了实证主义的信条。拉美自由主义的这种实证主义取向至今仍然深厚，因此研究人员有义不容辞的责任寻求理解其早期发展历史和今天的民主转型，理解如何会这样，为什么会这样，及其有何重大意义。

拉美实证主义哲学主要来自于法国哲学家奥古斯特·孔德（Auguste Comte，1798—1857），不过也汲取了英国作家赫伯特·斯宾塞（Herbert

① Jorrín and Martz, *Latin American Political Thought*, pp.106 – 109.

Spencer)、约翰·斯图亚特·密尔(John Stuart Mill)和查尔斯·达尔文(Charles Darwin)等人的思想。孔德撰写了两部主要的实证主义著作《实证哲学教程》(1830—1842)和《实证政治体系》(1851—1854)。在这两部著作中，孔德试图完成他的宏伟目标：(1) 将之前的知识系统化；(2) 建立新的、综合性的哲学院；(3) 创立一种新的社会学科学；(4) 发展一种新的信仰；(5) 绘制一 157
幅未来社会的蓝图；(6) 建立新的教育体系。正如格特鲁德·伦策(Gertrud Lenzer)在她关于孔德作品的导读中所写的那样，孔德是一个既有雄心，又不失谦逊的思想家[①]。

孔德和圣托马斯、卢梭、马克思是一类，按照以赛亚·柏林的话来说，是像“刺猬”一样的哲学家[②]。也就是说，他怀有一个伟大的理想或是愿望，那就是将全部历史和人类都纳入他的原则中。柏林曾拿“刺猬”和“狐狸”作比，认为后者的理想更小，更不全面，却更务实。柏林把马基雅维利、洛克和约翰·斯图亚特·密尔等哲学家都归到“狐狸”哲学家这一类别中。在柏林的分析中，“刺猬”哲学家所建立的总体理念纵使不会导致极权主义，但也会导致绝对主义的盛行。相比之下，“狐狸”哲学家的理论往往带来渐进的民主变革。可是对拉美而言，不幸的是，它的大部分历史都被“刺猬”思想统治，鲜有“狐狸”思想主导。

孔德的世界观或其总体理论(即他的“刺猬”理论)以宇宙的有机自然秩序为前提，他的自然秩序涵盖了所有层面的现象且两者存在有机统一的关系。他把所有的知识划分成五大学科：天文学、物理学、化学、生理学和社会学。他认为，对社会或人类的研究是这些学科中最复杂的，因此它的地位应成为人类知识结构的最高层。基于这个原因，孔德通常被视为现代社会学的

① Gertrud Lenzer, ed., *Auguste Comte and Positivism: The Essential Writings*, New York: Harper and Row, 1975.

② Isaiah Berlin, "The Hedgehog and the Fox," in *Four Essays on Liberty*, New York: Oxford University Press, 1979.

创始人。但他的理论是一个包罗万象的总体系统，所有的学科门类都是这个总体系统的有机组成部分。因此，在拉美盛行着五花八门的孔德主义理论就不足为奇了。

孔德认为，人类为了理解宇宙现象所做的前期探索可以归结为三个阶段。孔德在拉美的追随者们热衷于分析这三个阶段的理论，因为这三个阶段似乎与他们自己的思想发展史相对应。孔德的哲学探索的第一个阶段被称为超自然阶段，在这一阶段知识被看作是绝对的，而宇宙是一个超自然的创造物。拉美思想界认为这一阶段恰好对应了他们殖民时期的精神探索——这是一个托马斯主义、天主教精神和经院哲学占统治地位的时期。第二个阶段称为形而上学阶段，它是对第一阶段思想成果略微修正的阶段，因为它用抽象的或自然的法则取代超自然法，在思想方法上并没有太大的改变。拉美思想家们将这一阶段对应于独立之后的早期。在此阶段，卢梭的自然法则开
158 始取代之前的托马斯主义。孔德知识探索的第三个阶段是实证主义阶段，在这个过程中人类摒弃了绝对的、超自然的或形而上学的解释方法，转而关注支配着宇宙运行和所有社会现象的所谓科学法则。拉美知识分子利用这个阶段作为 19 世纪 70 年代的进阶，并声称这个阶段比之前的类似阶段更加理性、现代和科学。

孔德认为，历史的普遍规律和社会科学方法可以用于解释所有的社会现象，诸如社会如何更替演进等。为了理解这些普遍的社会发展规律，人类必须依赖两种适用于所有学科范畴的智性方法。首先，人类必须用科学的方法观察事物的发展过程，找到事物发展的动因。孔德认为这是一种中立的、非价值判断的精神活动，尽管他也意识到人们有能力影响社会发展的速度。其次，人类借助数学和逻辑抽象的理性推导法建立起历史与现实的关联，探索社会运行的规律性法则，并依此设计出适用于社会政治现实的程序，诸如教育政策、工业化设计方案和社会发展规划等。

依据孔德的观点，把支配自然科学的永恒法则引入社会学领域，用以把

握社会科学（包括社会学和政治学）规律，这个命题存在较大争议，值得研究者推敲。他认为，人类社会诚然不能改变这些固有的规律性法则，但可以加快这些法则的发展进程——这个概念的背后蕴涵着几个世纪以来，人们在研究社会工程方面所付出的努力。人们在这些科学规律的基础上发展相应的社会政治活动。孔德坚信，“朝着文明的方向进发”，人们将“获知真正永恒的真理”。他抛弃了早年追求终极绝对真理的宗教观，提出了自己的政治社会学理论和当时已得到广泛接受的科学规律，并指出遵循这些普遍规律，人类和所有的知识学科必将达到终极完美的境地，或者说实现科学的乌托邦。他把人类和科学的这种演进的过程称为进步或“文明之力”（force of civilization）。意识到自己的理论得到“科学地佐证”，而且具有历史的必然性，这是多么令人欣慰啊。所有关于目的论的历史研究（即假定历史发展必然会走向终结的观点），无论是来自于圣托马斯和教会神父，康德或是马克思，都预置了这种相同的终结论的必然性和普遍性的假设。 159

孔德实证主义的其他一些特征使其成为唯一能适应拉美社会且备受青睐的哲学：

1. 孔德抨击洛克和美国的个人主义，并为长期作为拉美传统的有机统一体系和法团权利提供了科学依据。他说个人自由和人民主权这些启蒙运动的理念代表了一种消极革命的影响，是一种暂时的“无限制自由”的言论。它之所以出现，原因在于“人的意志已随神学思想的衰落而枯竭，自由主义必然会持续到实证主义出现方才消失”。如此观之，这里假以进步、文明和科学之名，只是为限制个人权利和强制建立一种威权集体性提供正当性而已。

2. 从圣托马斯、苏亚雷斯到玻利瓦尔，更不必说拉美的精英、寡头，他们强调的秩序也是孔德实施其发展计划的前提。无论是社会秩序，还是政治秩序，“都是一切发展的条件”。同时，他写道：“社会进步是秩序的目标。”因此，孔德的口号是“秩序与进步”；也正因为如此，在拉美时常听到这样的威权言论和保守观点，即要实现发展与进步，就必须限制自由、强化秩序。

3. 孔德强调知识分子和精英在发现和实施那些推动进步和促进文明的计划过程中的领导作用。这一观点对于那些将要领导或者实施孔德发展计划的知识分子和精英而言，极具吸引力。他写道，“观察的理论工作既需要掌握既定国家的特定和全面事实”（因为每个国家或社会处在不同的发展或进步节点，因此就必须知晓每个国家或社会的特定条件和发展水平），又需要做出更深的智性探索以确定或提炼出“在其特定历史形态下人类进步的普遍规律”。这个过程需要仰赖接受过高等教育的科学精英和更高层次的“精神领袖”（savants）（诸如柏拉图说的“哲人王”）的技能。这些精英既要有能力进行必要的普遍抽象理论建构，又要有切实的政治和社会计划去施行，借以引领社会向前发展。他认为“人类必须遵守这些理论研究的成果”，“人类行为必须与制定的发展目标相一致，这样就可避免任何可能影响持续发展的不稳定
160 因素”。这确实是一个精英主义与威权主义能够自圆其说的正当理由。

4. 孔德认为，在神学与形而上学盛行之时，它们与实证主义是互不兼容的，因而实证主义者的发展计划会招致阻碍和抗拒。为将社会震荡降至最低，他建议物质主义和财富积累只是作为临时替代品，他本人是反对社会财富分配不均的。他还谴责诉诸武力来建立和维持发展的秩序。他说，这种武力包括两个组成元素，即财富与数量。虽然孔德并没有表明自己对政体类型的偏好，但他指出，在大多数情况下，应该把财富和数量综合起来考虑。这里再次出现了支持广积财富、寡头统治、威权甚或军事控制的主张。

5. 孔德提出了社会秩序建构的几个关键角色：社会科学的“知识领袖”，他们通过观察和分析来制定社会发展的计划；“精神领袖”负责协助领袖实施变革计划；“艺术家”负责绘制新的社会体系蓝图来激励公众，以让他们认同社会结构重组和改革的必要性与合理性；“工业巨头”，负责提供社会财富、管理和运营社会发展所必需的产业部门；“现代化的职业军人”负责维持至关重要的秩序稳定，以保障整个计划的实施不受干扰。拉美在这个时期开始扩充

军队并使军事机构职业化并非偶然[①]。孔德的社会秩序理论相当准确地反映了当时的拉美社会，即寡头政治，知识精英和商业精英主导，并辅之以强大的军队维持秩序。但是，对当时的拉美领导人来说，这并非易事。

6. 孔德希望通过实证主义推进文明进程。拉美知识分子曾哀叹道，正是由于拉美缺少文明（诸如基础设施、制度、人口和社会生活等）才导致他们过去的发展受阻。因此实证主义在拉美独具魅力的另一个原因是，它承诺要填补这一空白，确保拉美获得历史上一直缺乏的先进文明。甚至孔德使用的“文明”一词都正是拉美过去用于自贬其不发达状态的词汇。实证主义承诺帮助拉美解决这些历史难题，跃入现代社会。

7. 孔德支持发展教育，但那是一种新式教育。他试图以实证主义模式重塑教育：(a)建立精英教育机构，确保能培养出一个庞大的管理者、科学家和 161
学者群体；(b)调整大众公共教育，以此“引领社会未来”并让其社会成员为实际生活做准备。孔德的精英教育体系充分满足了拉美精英阶层的社会需求（同样，法国的精英管理和外交政策等院校至今仍遵循孔德的这一理念），而他的大众教育着眼实际生活的思想也契合两阶级社会的主流认识：即底层接受他们的“天生位置”而只需要接受最低限度的教育。

8. 孔德曾建议，他的实证主义哲学应当被拔高到一种成熟的宗教的地位。在他的祖国——法国，其还建立了实证主义教会和宗教。但是，在天主教根深蒂固的拉美，实证主义的宗教特征很少被人关注。相反，实证主义被嫁接到既有的天主教教义，因为实证主义与天主教教义一样均强调秩序、有机主义和等级制。只有在巴西，因为强大的唯灵论和天主教思潮，实证主义宗教找到了坚实的据点[②]。

---

① Frederick M. Nunn, “An Overview of the European Military Missions in Latin America,” *Military Affairs* 39 (February 1975), pp.1 - 7.

② João Cruz Costa, *A History of Ideas in Brazil*, Berkeley: University of California Press, 1964.

实证主义在拉美的反响

实证主义在拉美影响巨大。它的到来恰逢该地区正苦苦寻找一种政治哲学，借以取代在西班牙和殖民地名誉扫地的经院哲学，以及并不适应拉美土壤的无政府的个人自由主义。实证主义似乎提供了一种答案，一种法国的和进步的政治哲学——这种哲学似乎也契合拉美的历史，并为拉美在进入现代化的第一阶段之时提供了一种国家发展方案。实证主义在拉美备受欢迎，并迅速传播至整个拉美——正如预料的那样，尤其受到精英和知识分子的欢迎。可以说，从 19 世纪 80 年代以来直至近乎第一次世界大战，几乎每一个上台的政权，几乎每一个社会或政治计划，都受到实证主义的影响。实证主义在每一个拉美国家都有深厚的影响，尤其是在墨西哥和巴西。

伴随着 19 世纪 50 年代启动的墨西哥自由改革运动获得胜利，以及 1867
162 年驱逐短暂占领墨西哥的法国军队后，贝尼托·胡亚雷斯（Benito Jua'rez）重新建国，实证主义被引入墨西哥。根据墨西哥社会学家兼政治史学家莱奥波尔多·塞亚（Leopoldo Zea）的说法，驱逐法国军队是一次“精神解放”，是“第二次独立”[1]。那些和胡亚雷斯（被称作墨西哥的亚伯拉罕·林肯）同时掌权的改革者们寻求建立一种新的国家政治秩序；实证主义哲学被认为能够取代过时的、西班牙式的殖民制度——正是这种制度造成了不发达、从属和落后。[2]

加维诺·巴雷达（Gabino Barreda，1820—1881）被认为是将实证主义引入墨西哥并使其本土化的第一人。[3] 在 1867 年自由派取得胜利之后，巴雷达在他的“公民演说”中援引孔德的历史三阶段论并将其与墨西哥相融合。孔德

---

① Leopoldo Zea，*Positivism in Mexico*，Austin：University of Texas Press，1974，p.xii.

② 此处参阅该书写得最为精彩的第四章 Jorrín and Martz，*Latin American Political Thought*.

③ Hale，*The Transformation of Liberalism*.

所谓的神学阶段等同于墨西哥的殖民时期，形而上阶段对应于反抗西班牙的独立战争时期，实证主义阶段则被认为是胡亚雷斯成功驱逐法国入侵者的时期。此处所指的最后阶段也同样标志着自由派对传统保守派的胜利。因此，通过把孔德的三阶段说植入其民族的历史，墨西哥被置于历史上最先进时代的前沿。和马克思主义一样，最令人欣慰的事情就是，人们发现自己制定的政治规划与历史发展的必然性相吻合。

支持胡亚雷斯的自由主义者显然认为，实证主义是一种进步思想，它能与哲学发展的最新趋势保持一致，而且提供了一个可以团结激进派与温和派的改革平台。他们还认为，实证主义是用现代哲学取代他们认为保守的天主教教义的一种途径，同时也是一种有效推进他们的社会改革方案的方式，当然他们的改革方案需要在这个渐进的、进步的、假定在全球范围内获得认同的哲学(指实证主义)的引领下进行。巴雷达哲学似乎也能得到墨西哥新兴中产阶级和知识分子的接受，为他们高举“自由、秩序和进步”的旗帜反抗保守势力提供理论支持。①

在他发表演讲后的三个月内，实证主义运动在墨西哥迅速兴起，巴雷达应邀加入了新设的国家教育体制委员会。随后，教育体制委员会提出了一个本质上完全是世俗化的教育方案，这个方案与墨西哥历史上的天主教教育理念完全不同，明显受到实证主义思想的影响。它提出了一个全面的、颠覆性的教改方案，包括从小学到职业化教育的各个阶段。该方案于 1867 年 12 月 163
由总统胡亚雷斯签字生效，成为墨西哥的基本教育法规。随后，实证主义影响下的社会经济改革也全面铺开。

然而，支持胡亚雷斯政府的集团非常脆弱；他们面对的依然是强权在握的保守势力，而且当时的自由主义基于不同的自由理念而分化成了各自不同的小团体。对于像巴雷斯和他的众多追随者这样的实证主义者来说，自由对

① Hale, *The Transformation of Liberalism*.

于科学和知识阶级而言，意味着完全不受限制的广泛自由，这便于他们能够根据实证主义哲学理论来确定社会进步的法律规则。之后，实证主义成为新的正统学说；正像马克思主义认为的那样，知识分子的作用不是为了质疑现行信仰体系，而是要探求新的信仰体系中假定的永恒规律。在实证主义信仰体系下，自由并不意味着放任自由的经济形式或洛克式的个人自由，而是巴雷斯及其追随者所认为的：自由是一个兼容概念，涵盖了秩序与强大的国家统治下所有时代关于自由的不同解释。在拉美传统中，秩序通常是高于一切的；巴雷斯认为，如果没有秩序，也就不可能有自由。根据实证主义的观点，在社会和政治领域中，自由仅仅意味着在高度组织化的社会中享有法律所允许的自由。显然，这是对自由的一个非常狭隘且保守的解释，与北美的自由解释完全不同：在北美，人们把自由视同个人的公民权利和人权。

1876 年，墨西哥这场偶然的自由主义运动宣告失败，随后，自由主义政权被取而代之。从 1876 年至 1910 年，墨西哥一直处于波菲里奥·迪亚斯(Porfirio Díaz)的长期独裁统治下。在新总统治下，墨西哥进入了史无前例的稳定期和经济增长期，从而成为拉美的领跑者。迪亚斯修建公路和基础设施，安抚农村，对军队和官僚机构进行专业化改革，吸引海外投资，开始工业化建设，开垦新耕地，大幅扩大墨西哥产品出口。在此过程中，他还将农民和印第安人逐出良田，并对其政治对手实施监禁和恐吓，由此给 1910—1920 年墨西哥社会大革命埋下了祸根。不过，从其大部分统治时期来看，他仍被看作是一个改良主义者和发展主义者。

在迪亚斯执政期间，实证主义在墨西哥达到顶峰。它的实践者不再是那些曾经支持胡亚雷斯的自由实证主义者，而是一个更庞大的、保守而富有前
164 瞻性的群体。巴雷达的追随者——当时被称为科学家，因为实证主义声称是一种科学哲学——在为迪亚斯改革进行人员配置和规划方面发挥了重要作用。实证主义显然为迪亚斯政权提供了政策指导，但该政权在推动实施其社会规划时比那些理论指导更加务实。值得注意的是，此时的“自由”已经被实

证主义所抛弃，实证主义的旗帜下只留下“秩序和进步”。实证主义早前支持过的自由宪政主义和胡亚雷斯主义者们的改革方案现在被无视或遭到批判，因为他们赋予公民自由却准备不足，这只能导致无政府状态的蔓延。实证主义认为，早前的教育改革造就了“有能力指导国家沿着先进发展方向前行的新一代人，他们是具有实践力的一代人，也是积极而务实的一代人”[①]。

这是第二代实证主义者，与之前的自由主义者完全不同。巴雷达和实证主义者总是将秩序置于最高地位。当时，在迪亚斯治下，他们肯定拥有一个强调秩序——往往用复仇和牺牲个人自由的方式——的政权。根据塞亚的研究，第二代实证主义知识分子来自新兴中产阶级，认为在迪亚斯统治下存在向上流动的可能性，而后又将孔德同斯宾塞、密尔和达尔文相结合以推进自己的利益目标，控制社会底层，为军队、教会和精英等群体的权力上升寻求合理性——这些群体的支持是政权所需要的。不仅秩序被视作至高无上的，财富积累也被认为是社会进步的工具，因此都应该受到国家的保护。

在墨西哥，财富分配不均的现象日趋严重，而这恰好验证了达尔文进化论中关于自然选择的进化原则的正确性。是否可以这样认为，把印第安人和农民被剥夺的土地，交由大土地所有者和出口商所有是与达尔文主义的自然选择原则相一致的。拉美其他国家的情况也是如此，政府鼓励增加移民和居民人口，但仅仅是增加白人和欧洲移民，这是由实证主义所信奉的理论所决定的。此外，自由对于缺少经济进步的国家而言是毫无意义的。正如第二代实证主义者最杰出的代表胡斯托·谢拉(Justo Sierra)所宣称的那样，“生活在极端恶劣条件下的人们会趋向于强有力的集权统治”，这是自然规律。在迪亚斯执政时期，谢拉和其他实证主义者都认为，维持独裁统治或建立“强有力的中心”是“为社会进步的祭坛奉上的必要牺牲”。[②] 165

到19世纪90年代，墨西哥处于蓬勃发展的阶段，迪亚斯政权正处于权

① Zea, *Positivism*, p.71.

② Zea, *Positivism*, p.74.

力的顶峰，为其服务的实证主义知识分子公开将政治秩序与经济自由结合起来，为日益崛起的商业阶级寻找合理性依据。商业精英和外国投资者被实证主义认为是全社会进步和开明的利益群体。迪亚斯得到了这些工商阶级和实证主义者的高度赞扬，因为他为社会的发展提供了必需的秩序、团结和强大政府。但随后迪亚斯政权变得越发专权狭隘、过度官僚化，阶级固化也日益严重，这使他无法了解底层民众日益高涨的不满情绪。而与此同时，实证主义科学依然在农业出口、军队改革、金融改革、基础设施升级和外商投资等领域为该政权提供支持。不幸的是，这些效忠于独裁政权的实证主义者对当时墨西哥的现实矛盾视而不见，变得日益脱离社会。迪亚斯政权最终身败名裂，于 1910 年被推翻，实证主义哲学也因为与该政权交往过密而声名扫地。

实证主义在巴西的遭遇与在墨西哥一样，均与政府和政权的更迭密切相关。但巴西的实证主义与墨西哥的实证主义无论在阶级基础，还是在政治影响方面都存在差别。此外，孔德实证主义的宗教意图在墨西哥并未显现，但在巴西却拥有相当一部分追随者，建立了许多的人文教堂（一般称作孔德教堂）。[①]

实证主义在巴西兴起于 19 世纪 50 年代至 19 世纪 60 年代佩德罗二世统治期间，盛行于 19 世纪 70 年代至 19 世纪 80 年代，这与它在墨西哥的发展态势几乎同期。实证主义是通过一些在巴西的技术和军事院校任教的知识精英引入的。其主要倡导者很可能是里约热内卢军事学院院长本哈明·康斯坦特·博特略·德马加良斯（Benjamin Constant Botelho de Magalhães）。他不是一个正统的实证主义者，但承认巴西社会普遍发展滞后、社会混乱、精神生活匮乏，以及亟待实施教育改革等。他在军事学院的学生绝大部分是中产阶级军官，并不像墨西哥那样实证主义者都是白人克里奥尔精英。

在巴西，实证主义与 19 世纪 70 年代至 19 世纪 80 年代的废奴斗争密切

---

① Azevedo, *Brazilian Culture*.

相关，这场废奴运动的最终结果即是 1888 年颁布废奴法令。巴西实证主义也被认为是 1889 年取得胜利的共和主义。在孔德的三阶段学说中，超自然 166
阶段被巴西人解读为殖民阶段，这与拉美其他国家的实证主义是一样的，但形而上学阶段则被认为是独立之后继续存在的君主制阶段。只有废除君主政体并建立共和国，巴西才能达到实证主义的最高阶段。所以君主制必须废止，因为巴西在 1889 年已和平推翻了帝制。完成对君主制指控的，正是那些在军事学院受训于康斯坦特并接受了实证主义思想的军官和文官。[①]

在接下来的 40 年里，即 1890—1930 年，巴西是共和政体。但第一共和国是由精英主导的，选举权范围极其有限，国家权力和总统任免均由"君子协议"决定，而这个所谓的"君子协议"则是指所有国家事务归巴西的两个主要的州——圣保罗州和米纳斯吉拉斯州轮流决定。这个时期，巴西在共和制下保持了相对稳定的政治环境，同时也取得了卓越的经济成就。这也是实证主义的胜利，它的口号"秩序与进步"现在已经赫然印在新生共和国的旗帜上。这不仅是一个稳定的时代，还是一个移民大规模涌入、外商投资纷纷引入、基础设施建设快速升级和经济起飞的时代。[②] 基于这些原因及实证主义对两种政体的影响，巴西第一共和国与墨西哥的迪亚斯独裁政权有诸多相似之处。

但是，两者主要的区别可能在于种族不同。在墨西哥，实证主义被用于确定西班牙裔白人精英的统治地位，并将印第安人和梅斯蒂索人置于从属地位（孔德是相信白人和欧洲人优于其他民族的）。但在巴西，实证主义则致力于证明实施种族民主政策和种族融合的正确性。这并不是说巴西就没有种族偏见，也不是说部分精英没有用实证主义哲学来证明白人至上的合理性。但在某种程度上，由于巴西废奴运动是在实证主义的启发下开展起来的，巴

---

① Cruz Costa, *History of Ideas*.

② Steven Topik, *The Political Economy of the Brazilian State, 1889–1930*, Austin: University of Texas Press, 1982; Leonardo Trevisan, *A República Velha*, São Paulo: Global, 1982.

西的种族关系相比其他国家更简单、更具包容性，矛盾也没那么尖锐。一个特别生动的例子便是巴西文学的经典之作，由欧克利德斯·达库尼亚（Euclydes da Cunha，1866—1909）所著的《腹地》（*Os Sertões*）。在这部实证主义作家的作品中，达库尼亚告诫他的同胞，不仅不要忽视种族偏见，还要对巴西这个包括了印第安人、黑人和白人的种族大熔炉充满民族主义自豪感。[1]

实证主义对拉美其他国家同样产生了重大的影响，但影响因国而异[2]。
167 在阿根廷，实证主义的深刻影响表现在阿尔韦迪和萨米恩托的作品及其执政思路上，他们在移民管理、教育理念、民族发展方面的各项政策都是基于实证主义原则而制定的。但是，阿根廷是个受教育程度很高、思想比较成熟的国家，他们对孔德哲学的吸收更具选择性，一些人接受了孔德的科学社会学，一些人接受了他的三阶段学说，而只有极少数人接受了他的实证主义宗教说。

智利对实证主义的接受过程与阿根廷类似。自19世纪30年代以来，智利一直处在开明寡头政权的统治之下，当其他国家正陷入战乱、独裁与失控的时候，智利政府采取了扩大教育机会的政策并制定了经济发展战略，因此国家维持了基本的和平稳定。受过良好教育的智利人和阿根廷人一样，有选择地借鉴了实证主义思想，只有少数人全盘接受孔德主义，大多数人则选择部分接受。例如，何塞·维克托里诺·拉斯塔里亚（José Victorino Lastarría，1817—1888）认为孔德对历史的解释及其对进步的信念是合理的，但却拒绝接受这位实证主义之父的宗教和政治观点。巴伦廷·莱特列尔（Valentin Letelier，1852—1919）将孔德的分析用于深化教育改革并将其视作赋予了社会分析以科学合理性，但对孔德思想体系的其他方面兴趣不大。

在拉美其他地区，实证主义同样留下了不可磨灭的印迹，只是各国接受的侧重点不同。在西班牙语加勒比地区（古巴、多米尼加共和国和波多黎各）

---

① Euclydes da Cunha, *Rebellion in the Backlands (Os Sertões)*, Chicago: University of Chicago Press, 1944.

② 此处分析采自 Jorrín and Martz, *Latin American Political Thought*.

以及像作家恩里克·何塞·巴罗纳(Enrique José Varona)和欧亨尼奥·马里亚·德奥斯托斯(Eugenio Maria de Hostos)的著作中，实证主义往往被定义为民族主义和教育改革；但和墨西哥一样，它也呼吁建立一个强大而积极的国家。而在乌拉圭，实证主义被认为是经济发展理论和社会福利主义，并且还是伟大的社会民主党人何塞·巴特列·奥多涅斯(José Batlley Ordóñez)的意识形态的一部分。在中美洲，实证主义同样被认为增强了1870年后的政治稳定性，缔造了一个寡头统治下的强大现代国家及一个以出口为导向的、生产力更高的经济体。在安第斯国家秘鲁和玻利维亚，他们因在与智利的太平洋战争(1889—1891)中失败而蒙羞，所以实证哲学被他们视为重整国务和刺激民族发展的一种手段。

实证主义在拉美成为了主要的，甚至是官方的意识形态。在它的指导下，大致从19世纪80年代后期至1930年间(每个国家情况不完全相同)，拉 168
美进入到一个新的高速发展阶段。这个阶段经济发展，人口增加，外商投资剧增，基础设施进一步完善，国家更趋于稳定，出口导向型贸易额快速增长。这是自独立以来，拉美最稳定和经济进步最明显的时代。实证主义为这一前所未有的发展期提供了黏合剂、正当性和合理解释。

到目前为止，我们已经认识到这个阶段存在两种政治体制和经济增长模式，此外我还将提出第三种模式。其中第一种是秩序与进步旗帜下的考迪罗：强大的威权体制保障了长期稳定，进而促进了经济增长。最典型的例子就是墨西哥的迪亚斯及其实证主义或科学家顾问；此外这第一种模式还包括委内瑞拉的胡安·比森特·戈梅斯(Juan Vicente Gómez)和多米尼加共和国的乌利塞斯·厄罗(Ulises Heureaux)所建立的威权—发展主义政权。

第二种是巩固和稳定寡头统治的模式。那些提出“秩序与进步”口号的寡头政权均由精英控制，贯彻的是自上而下的权力分配模式，但与第一种模式不同之处在于他们是以整个精英阶层为基础建立政权的，而不是一个人大权独揽。经典案例就是所谓的“ABC国家”，即阿根廷、巴西和智利三国，它们都经历了19世纪末到20世纪初寡头统治的稳固阶段，并在此期间实现了空前的经济增长。而像秘鲁、巴拉圭、洪都拉斯、哥斯达黎加和萨尔瓦多这些国家也在这段时期强化了寡头统治，同样也获得了前所未有的稳定与繁荣。

第三种模式是指那些中美洲和加勒比地区国家的不稳定发展模式。在相当多拉美国家已趋于稳定繁荣的时期，这些中美洲、加勒比沿岸国家依然处于政治动荡和经济落后状态。当然，在此做这个对比是不够恰当的（只有极少数情况是恰当的），将不同国家拿来对照时显然需要考虑到每个国家的不同情况。第三种模式的产生与美国海军的入侵并占领有直接关系，从1898年美西战争开始直到20世纪20年代末，美国海军对中美洲和加勒比地区的占领时有发生，而这个时间段正是本章所描述的实证主义在拉美其他国家持续统治并取得显著进步的时期。美国海军在占领期间，对被占领国采取了安抚政策，修建了公路和基础设施，安装了当地第一台电话和电报机，开展了地籍调查以方便海外投资进入，解除了当地考迪罗的独立权力，推进了警察和
169 军队现代化，也帮助启动了官僚机构的现代化。这些措施恰恰是那些强调秩序与进步的考迪罗和政治寡头此前一二十年在相对发达的国家实施过的实证主义政策。

那些被美军占领过的地区，诸如古巴、尼加拉瓜、巴拿马、海地、多米尼加共和国和波多黎各等，政局都极其不稳，或基于各种原因，它们都落后于那些已经完成经济起飞的国家。并不是所有的美国海军占领目标和事实贡献都是利他的，当然那些强调秩序与进步的考迪罗和政治寡头也不是完全利他的。此外，这种不稳定模式与前面两种模式之间还存在着相当大的差异，这些被占领国日益强烈的民族主义和反美情绪比其他两种模式国家更为突出（见第一章）。但在长期的海外占领过程中，美国海军同样实现了威权国家和寡头政治所强调的稳定和国家建设，而且往往在无意识的情况下，给被占领国灌输了秩序和进步等实证主义的意识形态。

实证主义为何如此盛行？

实证主义在美国从来没有获得过广泛影响，但在拉美 19 世纪后期和 20 世纪初期却成了主流意识形态。在美国，自由主义哲学在此期间形成并在此后成为主流的意识形态和价值信仰；而与此同时，拉美的自由主义尽管取得过胜利但已鲜有耳闻，如果历史学家维森特·C.佩洛索（Vincent C. Peloso）和芭芭拉·A.特南鲍姆（Barbara A.Tenenbaum）的观点没错的话，那么自由主义在一战前后就在拉美消亡了。[①] 为什么会存在如此大的差异呢？是什么原因导致实证主义在拉美大受欢迎，而自由主义却如此失败，甚至到了消亡的地步？拉美的自由主义之死预示着 20 世纪后期拉美民主的前景会怎样？

首先，实证主义在拉美大受推崇在于，它提供了新的而且是完整的思想体系以取代托马斯主义、天主教教义和经院哲学，这些旧的思想体系在拉美知识分子精英阶层已经不再流行。至少在创始人孔德的理解中，实证主义的信仰体系为所有一切提供了解释。从这个意义上看，它与天主教教义相似，可以为哲学、社会学、政治学、教育学和经济学提供全面的解释。实证主义类似于宗教，实际上在孔德看来，它就是一种宗教。但是大部分拉美人仍然选 170
择坚持天主教的一些教条而拒绝实证主义的宗教体系，只选择接受它的社会和政治体系。实际上，正是因为实证主义和天主教教义的兼容性，或者说前者取代了后者，才使实证主义盛行起来。

第二，实证主义是法国的时髦哲学。对于远远落后于现代文明的拉美大陆来说，告别过去、跨越所有的中间阶段，在最先进的哲学理论指引下一举进入现代国家行列，是非常具有吸引力的。我们不应该低估民族自卑感的力

---

① Vincent C. Peloso and Barbara A. Tenenbaum, eds., *Liberals, Politics, and Power: State Formation in Nineteenth-Century Latin America*, Athens: University of Georgia Press, 1996, introduction.

量，在民族自卑感驱动下，拉美民族可能采取最新、最流行的哲学，以割裂他们那不甚愉快的过去。同样的或类似的现象在下面讨论马克思主义、法团主义，甚或民主的章节中都是非常突出的[①]。

第三，实证主义似乎非常契合拉美。和19世纪早期失败的自由主义相比，实证主义显然更适合拉美。实证主义似乎很能理解拉美早期的落后状态和现行的乐观主义，并能够用一个"科学的"范式加以解释。它承诺将通过教育和社会改革解决现存问题。但是，这个过程是循序渐进的而不是革命式的。它强调了政府机构和基础设施的发展。这更像是一种建设性的改革规划，而不像其他意识形态那样纯粹只为否定和批判。实证主义是一种新的赎回理论，而且正如霍林和马茨所说："尽管勾画于别处，却似乎满足了新世界的需要。"[②]

第四，实证主义是一种乐观主义的，进步的且对未来充满希望的理论。它的三阶段学说，将历史划分为超自然的、形而上学的和实证主义的三个阶段，提出了一个关乎人类进化的目的论观点，也就是说它的理论有明确的目标和终点。在这方面，实证主义与马克思主义非常相似，后者也有"三阶段说"(即封建主义阶段、资本主义阶段和社会主义阶段)，也提出过历史必然性以及决定论观点，即"良人"(社会主义者，在这一案例中可能是实证主义者)终将胜利。当然，要是知道历史是站在自己一边的，自己的力量和信仰必将实现，那自然可以满足拉美人对未来的无限期待。尤其是了解到拉美早期的悲惨过往，人们就不难理解为什么实证主义给拉美人带来了多么美好的希望。

第五，实证主义提出了明确的行动方案。需要做什么事情，绝不模糊。

---

① Howard J. Wiarda, "Political Culture and the Attraction of Marxism- Leninism: National Inferiority Complexes as an Explanatory Paradigm," *World Affairs* 151 (Winter 1988 - 89), pp.143 - 156.

② Jorrín and Martz, *Latin American Political Thought*, p.122.

而且，这个方案被置于历史必然性的高度去实施；它提供了历史的确定性和发展形式的所有要素。纪律、权威、秩序、社会与政治和平、团结、基础设施现代化、吸引移民（欧洲移民）和投资、工业化——关于这些要素的要求和先决条件是极为清晰的。如果一种理论能清晰地让人知道人们将往哪个方向发展，需要做些什么，这是有助于人们实现它的。 171

第六，实证主义具有强大的吸引力还在于，它承诺改革和进步，却并未触及权力和制度。事实上，当人们了解到在实证主义的指导下有多少制度仍保持原样，并在此基础上又增加了些什么内涵，是非常有助于理解它大受追捧的原因的。实证主义一贯主张纪律、秩序和权威，而所有这些保守的价值观都出现在拉美——它本身在殖民和独立后时期本质上都是一个保守的地区。[1] 实证主义急需一个稳定的政府，这正好也是拉美所需要的。更重要的是，实证主义不断暗示需要保持精英统治。无论是在高举秩序与进步旗帜的考迪罗治下，或是被政治寡头治理，抑或受到美国海军的管制，拉美被精英持续统治的模式并没有改变。统治权归属于那些最有才能的人，而与人民主权概念没什么太大关系。统治国家的是那些知悉公共利益或公共意志的银行家、商人和科学家们，而不是普罗大众；指导这些精英的则是知识分子、思想家和科学家。对那些精英和知识分子们来说，知道他们将利用手中的权力引领和主导社会变革进程，是多么令人欣慰的事情啊！找到一种意识形态既能够为现存权力结构提供合理性解释，又能够证明他们对改革模式的思想、社会、政治和经济的领导是正确的，而且还是普世的、进步的和必然的，又是多么方便啊！正如霍林和马茨所指出的那样："世界上没有任何一个地方能比拉美的统治阶级更欢迎欧洲实证主义的进化论和科学思想。"[2]

但是，第七，实证主义也有变革、进步和发展。然而，它所指向的变革是

---

① John Mander, *The Unrevolutionary Society: The Power of Latin American Conservatism in a Changing World*, New York: Knopf, 1969.

② Jorrín and Martz, *Latin American Political Thought*, p.126,

在精英阶层或国家支持下的改变，是可控的、有纪律的、有序的和自上而下的。它是由受教育程度最高的知识精英和富裕阶层，通常都是白人来推进的。因此，这一进程既是传统的，也是种族主义的。那些曾经处于拉美社会结构顶层的寡头、知识分子、职业军人、高级官僚和行政人员，将来也依然处于顶层。然而，实证主义——也是其精华和强大吸引力之所在——也为新兴
172 群体提供了融入这个制度的机会，前提是他们能接受现有环境。

实证主义——以及这一时期的拉美——并非完全拒绝改变。实证主义不仅经历了经济增长，也经历了随发展而来的早期动荡。那些带来投资的外国人、拥有创业技能的移民家庭（就像多米尼加共和国的维奇尼斯家族一样），以及能够推动经济发展和增加社会财富的工商界人士，在实证主义统治时期都广受欢迎，并且随着时间的流逝逐渐融入拉美（寡头和精英主导的）社会和政治体系。例如，正是在这一时期（19 世纪 90 年代及以后），新兴工商阶级通过与旧的土地所有者建立合作伙伴关系和联姻的方式，逐步融入寡头主导的两级社会体系中。通过这种方式，旧财富（土地）与新财富（商业、贸易、进出口）实现了新的结合，根本不需要从社会结构上加以调整。①

事实上，后面几章也将讨论到这些问题，这种新旧阶级的结合方式成为一种被普遍采用的方案。在类似的情况下，其他新的社会政治集团被纳入到拉美政治体系中来时，也不需要对社会权力结构进行根本性改变。这些新的社会政治集团需要证明自己有足够的实力才能被精英阶层所接纳；通常在精英或国家的支持下，他们被吸纳到旧政权中来，而作为政治交换的条件，他们同意节制其变革愿望，以免对传统利益集团构成威胁。② 工商阶级此时以这种方式被吸纳进来，很快就轮到了新兴中产阶级的融入，而后从 20 世纪 30

① Warren Dean, *The Industrialization of São Paulo, 1880 - 1945*, Austin: University of Texas Press, 1969; Hoetink, *The Dominican People*.

② Charles W. Anderson, *Politics and Economic Change in Latin America: The Governing of Restless Nations*, Princeton: D. Van Nostrand, 1967, chaps. 2 - 4.

年代以来则是工会，再之后是其他社会团体。但这些社会法团中没有一个是拉美的两阶级社会和权力结构发生根本变革后的产物。如果是这样的话，拉美的多元化、民主化和更彻底的社会变革的前景确实令人担忧[①]。

将拉美的实证主义看作是精英纯粹为其持续把持国家权力而找的合理化理由是错误的。因为实证主义看上去似乎是一种理论，实际上却不完全是那么回事。[②] 对于实证主义的拉美信徒来说，它似乎为进步和变革，以及稳定和秩序提供了一套方案。在经历了长期的挫败、动荡和倒退之后，实证主义似乎给人们预示了增长、发展和现代化的未来。同时，它还提出了社会变革和将新的社会组织融入政治进程的范式，只是这种范式的前提是不能威胁业 173
已存在的社会集团的利益，也不会因为它们的失控而给社会带来根本性的变化。对很多拉美人来说，这种平衡极具吸引力，因为在过去几十年里他们一直在倒退的保守主义和混乱的自由主义之间摇摆，他们也一直在寻找一种新的国家和地区发展方案。而实证主义恰好给他们提供了这样一个方案。由于现有的权力结构趋于集权，缺乏多元主义制度，以及精英阶层与大众之间权力失衡，导致了国家政权被精英阶层攫获和把持以维护其自身利益，这些现象发生在拉美应该不算意外。那些新出现的充满希望的意识形态，也一样会被同化，因为这些意识形态植根于拉美独特的社会土壤。

如前所述，实证主义在拉美并没有被完全接受。[③] 一些人接受了实证主义哲学的所有方面，而另一些人则是有选择性地吸收。通常情况下，不同的国家对实证主义的理解存在差异，在这些国家存在着不同的实证主义哲学流派。然而，从 19 世纪 70 年代到一战期间，实证主义席卷了拉美，成为主流意识形态；相比之下，自由主义则黯然失色，最终淡出拉美。在分析实证主义在

---

① 关于这一模式的更为普遍和理论化的阐释，参看 Howard J. Wiarda, ed., *Politics and Social Change in Latin America*, Boulder: Westview, 1992.

② 这一结论与霍林和马茨的结论相似。参阅 Jorrín and Martz, *Latin American Political Thought*, p.127.

③ 同上，p.152－153.

拉美备受欢迎的原因时，我们发现实证主义并不全然是一种意识形态或哲学，还包含深刻的社会、政治、经济和文化的价值取向。由于饱受社会动荡、缺少进步和地方冲突的困扰，拉美已经做好了准备，去接受一个在现有的社会和政治结构下能够为统治阶级提供进步方案的新的意识形态。实证主义提供了一种变革模式和框架，但是是对上层来说可控的变革。正是因为这两
174 种原因，实证主义不是第一个，也不会是最后一个被拉美接受的政治方案。

第七章

民族主义

19 世纪的大部分时期，美国在拉美世界是广受赞誉的。究其原因，首先在于这个年轻的北美共和国在创立和确保自由政体方面所取得的政治成就，其次是 19 世纪它在社会财富积累和工业化方面的经济成就。但是，在 19 世纪 30—40 年代，先后爆发的得克萨斯独立战争及其后的美墨战争（the Mexican-American War），导致墨西哥被夺去了大约 40％的国土。更早时候，甚至早在南北战争之前，美国就开始关注并觊觎中美洲和加勒比地区的土地。尽管美国在门罗主义中强烈显示出对拉美的兴趣，但在 20 世纪之前的大部分时期，美国的重心还是在国内，专注于自己内部的发展和西部扩张，尚缺足够的军事实力或海上力量征服拉美。因此，直到大约 19 世纪 80 年代，拉美人对美国的看法总的来说是良好的、正面的。①

当美国正广受褒赞之时，拉美的前宗主国——西班牙与葡萄牙，却一直

① Michael J. Kryzanek, *U.S.-Latin American Relations*, 3d ed., Westport, Conn.: Praeger, 1996, part 1.

饱受其谴责和诟病——尽管新独立的拉美国家仍然延续着殖民地时期的社会、文化、意识形态、政治举措和制度传统。对于19世纪的拉美知识分子来说，他们对西班牙和葡萄牙的态度通常是拒绝的，准确地说，因为他们会把这些地区与封建的中世纪制度联系在一起，而且当时他们还没有为独立和自治做好充分的准备。因此，对19世纪的拉美人来说，西班牙、葡萄牙以及与它 *175*
们有关的一切都是应该受到批判的；它们是拉美不堪回首的过去，而不是充满希望的未来。拉美对其母国的排斥感已发展成一种共识，而此时的西班牙和葡萄牙又正处于衰落期，因此拉美还有何理由再提及他们的母国？对西班牙、葡萄牙的情感排斥导致拉美更加现实地评估大国现状，以及未来拉美在贸易、影响力和社会政治模式方面的依靠。①

拉美对美国的态度改变发生在19世纪最后几十年，尤其是由于1898年美西战争的爆发。美西战争之后美国拥有了强大的军事实力和野心，日益走上对外征服之路，而且越来越多地向拉美地区施加影响。此时拉美对美国不再赞誉有加，也不再是毁誉参半，而是直接把它视为威胁和对手。与此同时，被美国这个目中无人的新生共和国击败的西班牙，从老牌列强地位跌入几世纪以来的最低谷。这在西班牙国内引发了大量批评性自省，但也激发了拉美国家对陷入困境的母国的同情以及对西班牙文化与制度的自豪感——一种被称为西班牙主义的意识形态。面对来自美国的威胁和重新点燃的西班牙情结，拉美的民族主义首次达到了空前狂热的程度。民族主义贯穿整个20世纪，直到该世纪末才随着全球民主化、冷战结束和全球化的日益深入而走向低迷。但是在那之前，正如格哈德·马苏尔（Gerhard Masur）在《拉美民族主义》一书中所正确地指出的那样："20世纪最深刻地渗透到拉美政治社会思想的意识形态一直是民族主义。"②

---

① Howard J. Wiarda, ed., *The Iberian-Latin American Connection*, Boulder: Westview, 1986.

② Gerhard Masur, *Nationalism in Latin America*, New York: Macmillan, 1966, p.ix.

拉美的民族主义

现代民族主义最早发源于欧洲，根据这一思想最著名的学者汉斯·科恩(Hans Kohn)的研究，民族主义的诞生“不早于18世纪后半叶”[①]。当然，那时的民族主义是一种早期的爱国主义和对城镇、地区、城邦、公国或民族效忠的表达。但从科恩的分析看来，现代民族主义最显著的标志在于它与人民主权
176 的一致性和不可分离性——人民主权思想酝酿于法国大革命并作用于法国大革命。著名历史学家卡尔顿·H.海斯(Carlton H. Hayes)将“民族主义”定义为“爱国主义”(一种更古老、更传统的观念)与人民主权原则的混合体，这种融合导致人们怀有这样一种观念，即一个人的至高忠诚应是对他生活于其中的国家(或他希望生活于其中的国家)的忠诚。[②] 从这个意义上说，人民或大众的民族主义不仅继承了中世纪的思想，即忠于一种普世教会和宗教，而且继承了早期现代思想，即绝对地、无条件地服从于国王或君主。因此，继启蒙运动和既攻击宗教又攻击王权绝对主义的法国大革命之后，民族主义成为欧洲政治和拥有主权、独立和统一的民族国家(民族国家正是人民孜孜以求渴望追求的目标)的指导原则之一。

拉美的民族主义本质上是衍生品，其母体是欧洲的总体模式。塞缪尔·L.贝利(Samuel L. Baily)在他的著作中写道，拉美民族主义可能来自于克里奥尔人或土生白人精英日益觉醒的自我意识，在17和18世纪的历史演进过程中，他们的利益和身份认同与半岛人产生了巨大的差异。[③] 巴尔巴罗萨·利马·索布里尼奥(Barbarosa Lima Sobrinho)认为，巴西民族主义开始于17

---

① Hans Kohn, *The idea of Nationalism*, New York: Macmillan, 1960.

② Garitón J. Hayes, *The Historical Evolution of Modern Nationalism*, NewYork: Macmillan, 1931.

③ Samuel L. Baily, ed., *Nationalism in Latin America*, NewYork: Knopf, 1971, introduction.

世纪中期葡萄牙殖民者对荷兰入侵者的阻击，最终葡萄牙人成功将荷兰入侵者逐出巴西东北部。[①] 在阿根廷，人们经常认为民族主义始于1807年的布宜诺斯艾利斯保卫战(这场战争最终导致西班牙殖民地独立)，英国军队最终被赶出港口城市布宜诺斯艾利斯。

然而，现代意义上的民族主义在拉美始于脱离西班牙和葡萄牙的独立战争，以及按照科恩的人民主权原则塑造民族国家的努力。[②] 拉美的民族主义和欧洲的民族主义一样，经历了从过去对西班牙或葡萄牙王室的忠诚到后来对国家的忠诚。然而由于种种原因，拉美的民族主义在19世纪发展缓慢。这是因为，首先，19世纪初拉美还在确定国家的主权和边界问题。第二，殖民地的瓦解始于19世纪早期且一直到独立后仍在继续，其中中美洲联邦共和国和新格拉纳达共和国后来又进一步分裂为更多的小民族国家。第三，拉美民族主义发展迟缓还在于反对泛拉美主义的潮流依然强劲。第四，尽管泛拉美主义后来逐渐发展成一股地区力量，但极端地方主义或对“小祖国”(即一 177
村一镇一地区的“小国家”)的效忠仍然占据主导，“小祖国”往往能够比意义更宽泛、非人格化的民族国家获得更多人的效忠。另外，第五，拉美文盲和未被同化的土著居民对民族主义这个现代欧洲的概念缺乏理解；他们的忠诚观念往往是以个人为对象的，比如表达对“秘鲁将军”或“玻利维亚将军”的忠诚，而不是对民族国家这样一个抽象和非人格化的对象的忠诚。最后，一旦西班牙殖民者遭到驱逐，拉美就失去了一个像拿破仑侵略军一样强大的外部敌人。对于拉美民族主义来说，强大的外敌是其19世纪早期崛起的驱动力，这与同期被拿破仑占领过的欧洲国家爆发民族运动如出一辙。

自独立以来，拉美的民族主义经历了不同的发展阶段。历史学家阿图尔·P.惠特克(Arthur P.Whitaker)把第一阶段称为“自由的民族主义”阶段，

---

① Barbarosa Lima Sobrinho, *Desde quando somos nacionalistas?* Petropolis, Brazil: Vozes, 1995.

② Arthur P. Whitaker and David C. Jordan, *Nationalism in Contemporary Latin America*, New York: Free Press, 1966.

意即拉美通常是一个对外开放的世界，拥抱外界思想（在前面两章已经讨论过）且欢迎外国投资，它们不会为保护其文化和制度而对外防御。在19世纪的大部分时期，拉美一直处于自由的民族主义阶段。那是因为在这个时代，拉美的民族主义发展缓慢而且肯定是无害的。①

拉美民族主义的第二阶段始于19世纪80年代，这个时期的民族主义成为经济上的地方主义和文化保护主义。它比过去更强大，更有力量。就其产生的时间和意识形态力量上升的情况来看，这个时期拉美国家比以前更强调利益。从19世纪80年代开始，拉美开始质疑那些来自英美的巨额投资及其随之而来的影响。在过去几十年里，这些海外影响缓慢地扩大，现在虽然还在可控范围，但已经达到了很高的程度。这些外来影响包含文化、知识和意识形态各个方面，因而研究这一阶段特别有意义。

拉美民族主义的第三阶段，主要发生在20世纪，这时的民族主义具有高度自觉的政治化倾向。它的兴盛是对20世纪早期美国的军事干预、占领并在占领区实施高压政策做出的回应。在此背景下，民族主义的火焰曾经一度
178 被点燃，且主要以反美主义的形式出现。而在20世纪20年代和30年代一度式微，那是因为当时美国撤回了占领军，而且富兰克林·罗斯福总统开始实施“睦邻政策”。但在冷战期间，民族主义再度爆发，因为美国频繁采取强硬手段和干预政策对拉美施压。这种政治民族主义并非拉美所独有；它是二战后出现的更普遍的第三世界民族主义的一部分。

随着时间的推移，拉美民族主义几经兴衰，但至今仍有多种表现形式。大部分美国人从意识形态的角度看待和分析过去几十年的拉美，往往认为其民族主义和其他发展中国家没有两样，都是左派运动和反美主义。但从长远视角和文化角度来看，拉美的右派民族主义与反美主义势头更盛，不过和左派人士相比，他们很少在街头抗议和示威中出现并表达他们的主张。此外，

---

① Arthur P. Whitaker, *Nationalism in Latin America*, Gainesville: University of Florida Press, 1962.

在拉美历史上还存在其他形式的民族主义：法西斯民族主义、种族民族主义、文化民族主义、泛拉美民族主义和西班牙主义的民族主义等不一而足。所有这些民族主义共同构筑了拉美的政治理论和传统。

泛美体系

美国一直是西半球的主导力量，这是不争的事实。从1823年门罗主义开始，美国不仅试图排除其他列强（首先是神圣同盟，接着是西班牙、法国、英国、德国，最后是苏联）在西半球的影响力，也试图成为西半球共和国成员的仲裁者和维护成员国关系的警察。在19世纪的大部分时期，美国专注于内部发展和西部扩张，缺乏军事实力支持著名的《门罗宣言》中提出的道德要求，但毫无疑问的是，美国已成为美洲的领导者。进入后冷战时代，美国拥有了控制西半球的实力和抱负，它的国际领导地位也进一步强化。这个国家，用亚伯拉罕·洛温塔尔的话来说，就是“霸主”（hegmon）；用诺曼·A.贝利（Norman A. Bailey）的话来说，就是“至尊”（paramount）。[①] 179

作为一个拥有霸权和至高无上地位的国家，美国热衷于在拉美行使权力：美国习惯于将拉美称为“我们的后院或我们的湖（加勒比海）”。美国人对拉美的土地掠夺、干预和强权政治我们已司空见惯，这些关于美国的霸权行径并不是本书的主旨。[②] 本书只对这一历史记录作个简单回顾，以此作为本节的开场，点明本节旨在分析拉美的政治理论和民族主义意识形态的发展和各种表现。

在19世纪30年代和40年代的得克萨斯独立战争和美西战争中，美国

---

① Abraham F. Lowenthal, *Partners in Conflict: The United States and Latin America*, Baltimore: Johns Hopkins University Press, 1987; Norman A. Bailey, *Latin America in World Politics*, New York: Walker, 1967.

② 正反两方面的分析参阅 Federico G. Gil, *Latin American-United States Relations*, New York: Harcourt, Brace, Jovanovich, 1971.

占领了三分之一以上的墨西哥领土。而同一时期，美国开始把政治重心更多地向南转向加勒比和中美洲地区，想尽办法吞并更多的蓄奴州、占据更多的战略前哨。内战结束后，美国开始着手吞并多米尼加共和国，并公开谈论收购古巴事宜。1896 年，在委内瑞拉与英属圭亚那边界争端问题上，美国对英国进行干预，这是美国第一次行使自己日益增长的国际权力。美国国务卿理查德·奥尼(Richard Olney)掌权时期，他在一项经常被引用的申明中声称，美国是西半球"事实上的统治者"。在 1898 年美西战争中，美国占领了波多黎各和菲律宾，并通过臭名昭著的《普拉特修正案》将古巴列为保护国，这使得美国几乎可以随心所欲地干涉古巴内政。[1]

1902 年，泰迪·罗斯福(Teddy Roosevelt)光明正大地从哥伦比亚偷走了修造巴拿马运河的协议文件，以修建巴拿马运河；1904 年，他又基于门罗主义提出了"罗斯福推论"，从而赋予美国所谓的"国际警察权"，以矫正拉美国家的"长期不法行为"甚或治理"无能"。罗斯福的干预政策一方面伴随着"美元外交"时代的来临——美国资本借机进入拉美，另一方面则伴随着伍德罗·威尔逊对海地、多米尼加、古巴、尼加拉瓜和墨西哥的军事干预和占领。冷战期间，美国对危地马拉、古巴、多米尼加共和国、智利、格林纳达、萨尔瓦多、尼加拉瓜和巴拿马都进行过干预。

180 我的目的并不是要深入了解这段令人遗憾的历史细节，也不是为了讨论美国干涉政策中的人道主义动机，更不是要对这一系列政治行为做过多的道德审判。从纯粹现实的政治观点来看，这一系列干预行动简单地说就是一个大国，一个至高无上的霸权国家，为了保护和推进其利益而采取的行动。事实上，在西半球存在着一种权力分配的差异性和不均衡性，美国占据主导地位因而也渴望行使主导国际事务的权力。强权国家往往会试图击败或利用弱国，在国际层面上，没有太多有效限制强权的方法来避免这样的局面，所有

---

① 绝佳的总结请参阅 Kryzanek，*U.S.-Latin American Relations*.

的大国行为都是这般蛮横无理。无论好坏与否，这就是弱肉强食的丛林法则！[①]

在这部分，我们主要探讨拉美从理论上和实践上对美国日益强化的霸权行径的反应。19世纪80年代，随着美国逐渐成为一个强权国家，它也越来越多地像强权国家那样行事，拉美便也开始为美国的霸权主义设置障碍。拉美做出这种遏制美国霸权主义的反应，部分原因在于民族主义的抬头，此时的民族主义已经成为拉美主要的哲学和意识形态主题，并进而兴起为一场社会运动，这与之前分析过的几种意识形态一致。它的盛行很大程度上是为了应对美国在西半球日益增强的霸权主义。

面对一个拥有主导地位的霸权国家，拉美的那些小国、弱国可以采取一系列战略和策略抗拒霸权。这里我们简要回顾一下这些战略方法；更详细的记述可以在其他相关文献中找到[②]：

1. 用国际法对霸权国施压。在处于无政府状态的国际大背景下，强强争霸，弱肉强食，那么对于弱者而言，合乎逻辑的应对之法就是恪守和援引国际法向强权国家施压，以限制其压倒性的地位。20世纪初，拉美开始越来越强调将国际法作为遏制美国的策略，这绝不是偶然。拉美人经过艰苦卓绝的努力，建立起了自己的国际法主体，比如提出庇护权和不干涉等国际原则。正所谓，强者诉诸实力和借口，弱者则强调国际法。因此，拉美国际法成为一种
防御性（针对美国）的外交工具和加强民族主义的手段。 181

2. 团结一致。小国、弱国可以基于共同的防御目标而联合起来阻止强权国家的野心和扩张。早在1826年，拉美国家就以泛美联盟的形式联合起来，以此抵御外国干涉的威胁和控制。这种努力在第一次国际会议之后又间或

① Hans J. Morgenthau, *In Defense of the National Interest*, New York: Knopf, 1951; Henry Kissinger, *Diplomacy*, New York: Simon and Schuster, 1994; and George Kennan, *American Diplomacy, 1900－1950*, Chicago: University of Chicago Press, 1951.

② Bailey, *Latin America in World Politics*; G. Pope Atkins, *Latin America in the International Political System*, 2d ed., Boulder: Westview, 1989.

发起几次，并在19世纪80年代取得新进展。此后，这尤其成为遏制美国权力的一种工具，拉美也从美洲国家组织和南方共同市场找到了话语渠道。由此形成了美洲国家组织内部的基本冲突，即美国将这个国际区域组织视为增进其在拉美利益的一种方式，而拉美则视其为抑制美国势力的途径。

3. 加入国际组织。拉美一直是国际联盟和联合国的主要倡导者和最有力的参与者。它们积极参与到这些国际组织中，既出于之前做出的承诺，也是希望通过参与国际事务而使拉美地区获得更多的话语权。拉美国家无法单独制衡美国势力，但是作为国际组织中极为活跃的拉美国家成员国，它们可以通过动员其他成员国来获得国际支持，从而达到对美国势力的遏制。这是拉美等小国、弱国联合围剿美国权力，限制它单方面采取行动的另一种手段。

4. 寻求外部盟友。从历史上看，这一策略对拉美国家来说是比较困难的，不仅是因为它们作为外部投资和潜在新盟友的吸引力有限，也因为美国势力已经势不可当，并已经开始直接对抗（根据《门罗宣言》）西半球以外势力对拉美的渗透。目前，拉美正加快步伐发展与国际社会的关系，包括发展与德国、法国、英国、西班牙、日本和中国的关系，更不用说社会主义国际、欧盟和伊比利亚美洲峰会等国际组织了。参与国际事务发展多边关系，有助于拉美增强国家实力，并可对美国的主导地位和单边主义形成扼制。

5. 强调民族主义。民族主义不只是一种自然或有机增长的意识形态；为了实现具体的政治目标，它可以被激发和强化。显然，一个四分五裂、一盘散沙似的国家是很容易被外部势力操控的，而一个团结统一的国家才能抵挡外部势力的进攻。拉美精英们利用和操纵民族主义来推进政治目标，巩固内部
182 团结，并使美国陷于窘境。

民族主义和泛美体系作为拉美的一种防御机制，理应得到比本文所列条款更详细的阐述和更多的关注。然而，本文的主要观点是清晰的，至少是初步的：在19世纪大部分时期，拉美的民族主义基本上处于休眠状态。而在美

国开始着手控制和干预拉美时(19 世纪 80 年代及以后),它重新复活成为一种主要力量和意识形态,拉美则使用了所有可用手段,如国际法、泛美联盟、国际组织、对外结盟和民族主义等限制美国的霸权。由此观之,民族主义可以成为或者说通常就是有意识的国家政策工具,而且更有可能像所分析过的其他的意识形态那样,它是精英集团操纵国家政策的一种工具——比如,经常强调或夸大外部威胁和美国的干预,以此转移大众对内部权力体系和裙带主义的关注。

何塞·马蒂

何塞·马蒂无疑是拉美历史上最伟大的民族主义者之一。不仅如此,他还被视为大致可以代表 19 世纪末到 20 世纪初崭露头角的那一代拉美民族主义者,是时正值美国在西半球行使其新获取的权力。①

马蒂 1853 年出生于古巴,这一身份使他在某种程度上不具代表性,因为古巴和波多黎各是当时西班牙殖民地中最后独立的,而且独立后还一直处于母国的控制之下。在他出生和成长时代,古巴因争取从西班牙独立而饱受激烈的民族主义暴力和内战的折磨。他出生于西班牙移民家庭,这点和菲德尔·卡斯特罗是一样的,卡斯特罗为了实现民族主义的目标也经常提到马蒂的名字。这也就是说菲德尔同马蒂都来自古巴的白人上层或中上层。但令人惊讶的是,这位来自勤奋而成功的移民家庭的孩子,却支持古巴独立运动,
强烈反对他父母的出生国。 183

生命中的头 17 年,他生活在古巴,之后因呼吁结束西班牙的殖民统治而遭流放。然而讽刺的是,他被流放到西班牙,这个他曾在自己的演讲和文章

① 关于马蒂生平和思想的综述,参阅:W. Rex Crawford, *A Century of Latin American Thought*, New York: Praeger, 1961, chap. 8; and Miguel Jorrin and John Martz, *Latin American Political Thought and Ideology*, Chapel Hill: University of North Carolina Press, 1970, chap. 5.

中强烈谴责的国家。后来，他又被流放到了法国和美国。在重返故土古巴后，他的民族主义思想使他再次成为西班牙殖民当局的眼中钉。于是，他再次遭到流放，这次是纽约，并在那里待了很多年。在纽约，他写了很多针砭时弊的文章谴责西班牙当局并支持古巴独立。他还领导了古巴流亡组织运动，目标是结束西班牙在古巴的殖民统治。1895 年，他在古巴领导一场反抗西班牙殖民统治的起义时去世，令人唏嘘的是这场起义是在美国的支持下发动的，而古巴在美国的支持下获得了独立。如果英雄马蒂还活着，古巴的早期独立史可能不会那么黯淡：政府无能、腐败泛滥，社会不稳定，以及《普拉特修正案》粉饰的美国对古巴的反复干预。

马蒂以他领导了反西班牙的古巴独立战争而赢得了空前的国际声誉，但他同样也因反美主义而享誉拉美。实际上，拉美民族主义的兴起最早是同反美主义紧密结合在一起的。马蒂关于美国的评论中最著名的也是时常被引用的就是："我了解这个怪物，我曾生活在它的身体里。"这句话是马蒂对他不愉快的纽约生活经历的总结。但他更害怕的是美国的对外政策，如果古巴被美国吞并，那么他拼尽全力将古巴从西班牙殖民统治下解放出来的努力就是徒劳了。因此，马蒂越来越强烈地批评美国在政治、经济和战略上的帝国主义行径，尤其是美国对加勒比地区的干预。

但是，马蒂也并不总是如此尖酸刻薄地批评美国，毕竟美国曾在他两次被流放的时候接受过他。在 19 世纪 80 年代，他曾不断表达过对这个第二故乡的赞美之情。他非常仰慕北美思想家和政治领袖拉尔夫·沃尔多·爱默生（Ralph Waldo Emerson）和亚伯拉罕·林肯。在爱默生去世的时候，马蒂——这位多产的散文家和辩论家写道，爱默生"是一位拥有最深智慧、最沉
184 稳气度和最高情趣的人"。[1] 一位马蒂的传记作家写道："在 19 世纪 80 年代早期，即美国进行帝国主义扩张之前，马蒂为美国未来的伟大前程激动

[1] José Martí, *Martí on the USA*, Carbondale: Southern Illinois University Press, 1966, p.41.

不已。”[1]

然而，生活在早期“强盗资本家”时代的马蒂，对美国社会日益加剧的贫富分化愈发感到失望。他写道：“简朴而令人敬仰的‘五月花精神’，仍然鼓舞着上一个时代新英格兰先验主义者，但转瞬之间却被利益之魔吞噬。”[2]就像何塞·恩里克·罗多(José Enrique Rodó，1817—1917)一样(我们将在后文介绍此人)，马蒂认为美国为了贪欲和侵略已经出卖了自己的灵魂。他说：“北美律法给北方带来了高度繁荣，但也滋生了最严重的腐败。北美为创造繁荣，以赚取金钱为首善。繁荣以此为代价将被诅咒！”[3]

美国与拉美的对比是马蒂最喜欢讨论的主题之一。他写道：“北美在实践后获得感知，而我们在感知后进行实践。”[4]马蒂也越来越多地批评他感知到的美国实证主义。他对实证主义的态度极具讽刺意味，因为在前一章我已经分析过实证主义是如何成为马蒂生活的拉美的主导哲学，而在美国实证主义根本谈不上有什么影响。这个谜题的答案是，实证主义在美国(根据马蒂的文章)与在拉美的意义不尽相同。在拉美，实证主义是一个广泛的、包罗万象的、学术的、智性的、政治的、哲学的和社会学的方法，它能够填补任何知识空白；而在美国，实证主义被定义得比较狭隘，仅仅指交易、贪欲、科学化管理和赚钱。因而马蒂的传记作家能够准确地评价：“当马蒂从19世纪80年代和90年代的美国看到实证主义的残暴真相时，他感到惊惧，因此就厌烦了这个国家。”[5]

但是，马蒂对美国的指责大部分都是针对它的外交政策，因为他认为美国的帝国主义行径会成为古巴争取自由的障碍，这是千真万确的。马蒂迫切希望古巴摆脱西班牙的殖民统治而获得独立，他害怕古巴等待的时间越长，这个岛屿被美国吞并的机会就会越大。19世纪80年代初，时任国务卿詹姆

---

① Peter Turton, *José Martí: Architect of Cuba's Freedom*, London: Zed Books, 1986, p.120.

② 同上。

③ 同上，p.63.

④ 同上。

⑤ 同上，p.2.

185 斯·布莱恩(James Blaine,1830—1893)在西半球实施了野心勃勃的计划,这让马蒂对美国的外交政策感到极为震惊。布莱恩不仅鼓吹美国在西半球的领导地位,还制订了兼并古巴和其他岛屿的计划。马蒂著文批评了美国媒体的沙文主义立场,尤其是《赫斯特报》。这些媒体公开煽动公众情绪并敦促政府采取行动,将西班牙从古巴驱逐出去然后取而代之。而美国吞并夏威夷的行动更加深了马蒂对美国的认识：他认为美国就是个地道的帝国主义国家。马蒂指出:“我们需要更彻底地了解的国家就是美国……这个贪得无厌的邻居确实在觊觎我们。”[①]

马蒂还广泛著文分析有关经济的问题(或现代人称之为政治经济学的议题)。他对两件事情的警告是敏锐的：第一,古巴不能过度依赖单一作物——糖;第二,它也不应该过度依赖单一的出口市场——美国。此外,他还分析了两国之间的往来关系,倡导古巴出口产品多样化,并应与不同的伙伴发展贸易,以防止对美国的过度依赖——实际上美国的政策是在不断演变的。马蒂写道:“经济联盟就意味着政治联盟。买方国家就是发号施令的国家,卖方国家只能服从……一个人想要自我终结,那就把自己卖给唯一的买家。”[②]这些言论让后来的马克思主义者(包括卡斯特罗)宣称马蒂是一个马克思主义者——从精神上,如果不是从意识形态上的话。尽管这种说法被过度夸大,但从马蒂被引用的言论会引导人们得到这样的结论,即早在依附理论普遍被作为解释拉美的工具之前,马蒂就是一个依附理论的分析家。

用马蒂对西班牙的评论作为本节讨论马蒂的总结,我认为是适宜的,因为这等于是接下来两节的序言。作为一个古巴民族主义者和爱国者,马蒂绝不会被认为是一个西班牙的仰慕者,然而他曾断言,尽管拉美对西班牙的憎恶长达一个世纪之久,但拉美也从西班牙那里继承了很多积极特征。在他看来,其中包括看重荣誉、尊严、宗教信仰和精神价值。请记住,马蒂的这些评

---

① José Martí, *Our America*, New York: Monthly Review Press, 1977, p.244.

② Quoted in *Turton José Martí*, p.105.

论写于拉美因西班牙在1898年美西战争中惨败而重新同情西班牙之前。当马蒂赞美西班牙的这些传统美德时，他也声称这些美德美国都没有。 186

何塞·恩里克·罗多

马蒂长于分析美国的政治、战略和经济诸方面的帝国主义行径，而何塞·恩里克·罗多则坚定地批评美国文化在拉美的影响。[①] 马蒂的民族主义和反美主义是左派立场，而罗多则是右派民族主义和反美主义的拥趸。左派民族主义和反美主义在拉美和其他发展中国家可能更广为人知，但右派的影响更为持久而深入。

罗多是一位乌拉圭作家，1900年，即美西战争结束后两年，他出版了一本书《爱丽儿》(*Ariel*)。[②] 此书一经出版立即引起轰动，至少出版过13个版本，可能是拉美史上最畅销的作品。几乎每一位拉美学龄儿童都是伴随着《爱丽儿》的文章长大的。这本书语言极为华丽、夸张，美国人对这种旖旎的文风是极为反感的，他们崇尚的是海明威式的极简短句，但对于拉美人却极具吸引力。

《爱丽儿》的基本叙事结构存在很多个版本，不同的作家将这个结构置于不同的社会背景下，便产生了不同的创作，比如莎士比亚的《暴风雨》就是其中的一个版本。《爱丽儿》讲述的是一个关于精神与物质较量的故事。在罗多的叙述中，拉美代表着更崇高的精神生活，而美国则沦为低俗和物质的象征。他笔下的美国人粗鲁、物质而功利，相比之下，拉美人和欧洲人则被描绘成有文化的、高尚的。将美国和拉美两种不同文化和社会进行鲜明的对照，使该书具有了明确的民族主义政治立场和反美倾向。

---

① Crawford, *A Century of Latin American Thought*, chap. 4; Jorrin and Martz, *Latin American Political Thought*, chap. 5.

② 英语版本参阅 José Enrique Rodó, *Ariel*, Austin: University of Texas Press, 1988.

但罗多并不仅仅是一个反美主义者。他也反对 19 世纪上半叶拉美早期的自由派立法者和知识分子，因为这些人竭力模仿美国宪法和政治实践；他反对萨米恩托这样的自由派领导人——他们一边美化美国文化，一边批评拉美的所谓“不文明”。此外，罗多是亲西班牙的，因为这个前母国支持宗教信仰、文化和欧洲文明，反对庸俗、贪婪的帝国主义的美国。因此罗多不仅反对美国，还反对它所象征的所谓民主及其基本的哲学假设。但他的立
187 场却并不仅仅只是反美，如果反美是他的全部的话，对他的研究就相对简单多了。相反，罗多还对美国人信奉的个人主义、平等主义和民主信念的复杂理论基础提出了质疑。此外，他还提出了一种与拉美的背景、历史和价值体系极为契合的思想和意识形态替代体系。如果罗多对美式民主和拉美自由主义的批判就像它所显现的那样，在拉美思想史上具有极大的影响力，那么就很容易理解，为什么民主在整个拉美历史上有过如此艰难的时期，为什么今天的“民主转型”仍然那么脆弱和岌岌可危。这其中包含着诸多原因。[①]

罗多的名著《爱丽儿》开始于一个神话般的庭院，那里有一位年长的老师正在给他的学生做最后的演讲。这就是罗多设计的文学套路，以便自己的长篇说教能更好地为读者所接受。他巧妙地将要表达的信息通过文学的形式灌输给拉美的年轻人，使他们相信只有他们的热情和理想才能够将沦陷在美国物质主义、个人主义和实用主义中的拉美解救出来。他将拉美青年描绘成“清白无污的”，拥有力量和优雅的气度，并有着崇高的精神追求。全书强调的主题是，理想主义的代表拉美青年拯救北美的野蛮人。罗多将拉美青年与盛行的天主教理想结合在一起，因为他们都纯洁无瑕，是优雅知礼和灵魂高贵的典范。他把拉美的救世者刻画成一个如此清晰的充满理想主义情怀的青年形象，因而能吸引拉美青年争相阅读就不足为奇了。

虽然罗多从没去过美国，但对美国和美国文化却极其不满，他的名作《爱

---

① Howard J. Wiarda, *The Democratic Revolution in Latin America: History, Politics, and U.S. Policy*, New York: Holmes and Meier, 1990.

丽儿》也被视为美国文化日益扩张下的拉美写照。罗多在他评论中有过机智的表达，他意图展示给读者一个真实公正的美国，但他那几句简短的溢美之词实际上是为了使他后边的猛烈抨击看起来更公允。他写道："我由衷地承认，正是由于天才们创造了光明而伟大的美国，才使我赢得了完成对这个强大国家公正评价的权利。"[①]

在对美国发起直接攻击之前，罗多批评了他所认为的"美国病"的根源：那就是民主及其相伴随的个人主义。他说，基于假定的平等基础上的民主到头来却导致平庸。"当民主并没有因为有理想主义的支持而变得更为高贵的时候，就会无可避免地庸俗化，因为在美国理想主义对社会物质财富的渴望
也是同样的强烈。"罗多认为美国的这种平等是最低级的平等。[②] 他认为，普 188
遍的平等权只能产生数量上的优势，他断言，平等主义将不可避免地导向"功利和低俗"。[③]

罗多倾向于用寡头政体代替民主制，这正是拉美历史上大部分时期的统治形式。这与本书讨论过的早期哲学家的思想遥相呼应，罗多呼唤的是一个由哲人王统治的国家。他提出的"民主"体系是一个由知识和高雅文化统领的层级结构。根据罗多的说法，社会必须遵循既存的"自然秩序"(此处有亚里士多德和圣托马斯的影子)。在一个以等级制为基础的社会，只有接受有能力、有智慧的人的统治才能建立真正的民主制度。罗多宣称，他的寡头统治阶级将择优选拔，这个择优选择的程序肯定会使有些人具有先天的优势。他断言，在他设计的版本中，民主只需要给予初始的平等；达尔文和英国作家赫伯特·斯宾塞的自然选择法则自然会把那些"天生优越"的人挑出来。他说："如果保证所有的人都获得了初始的平等，那么随后的不平等就是合理的。"[④]

---

① Rodó, *Ariel*, p.78.
② 同上，p.58.
③ 同上，p.63.
④ 同上，p.66.

坦率地说，罗多的择优选择是一种精英做法，它为“自然选择法”的阶级统治提供了合法性。罗多显然更喜欢秩序井然、有机的天主教社会，这个社会由受过良好教育的精英统治，在这个社会里，每个人都能确保其生活的位置并获得安全。此外，如果有人深入阅读罗多的作品，尤其关注过他关于自然选择的观点的话，不难看出他明显流露出的种族主义倾向，他说过，把黑人和印第安人闭锁在社会底层，阻止他们提升自己的阶级地位。罗多的理想社会结构还处在早期的准中世纪社会，在那个社会里每个人乐安天命，绝不逾矩。

罗多提出国家应交给受过良好教育的精英来统治，这一政治立场是极为保守的，且与实证主义多少存在相通之处。但罗多对实证主义也颇多批评，他的批评针对的主要是新崛起的工商阶级和为他们服务的功利主义的信徒。罗多和实证主义者一样，都是精英主义者；他们的不同之处在于，罗多想用文化和文学的精英替代工商业精英治理国家。但精英阶层、等级制度、有机组织化的功能性社会在这些方面和实证主义是一致的。因此，我们很容易理解为什么拉美国家经常把知识分子推向总统宝座，而美国却不是；为什么拉美
189 的执政联盟通常由知识分子、军人和商业精英构成：这些现象背后的动因来自罗多。从经院哲学到实证主义，再到罗多，最后到法团主义（见第九章）[1]，我们可以看到拉美一以贯之的精英路径。

罗多对美国教育的批判和他对美国生活的批判一样强烈。这些批判与

① 詹姆斯·W.塞明顿（James W. Symington）曾讲述过一段有趣的轶事，他作为一个美国政府官员，一个前议员的儿子，在他撰写《爱丽儿》英文版前言的时候，有意无意地反映出美国对拉美的极度无知。1967年4月，塞明顿曾经陪同总统林登·约翰逊（Lyndon Johnson）去乌拉圭的埃斯特角城参加美洲总统会议。在会议演讲中，厄瓜多尔总统奥托·阿罗萨梅纳（Otto Arosemena）提到了罗多，他说：“创作出《爱丽儿》的乌拉圭天才将引领我们思考。”在座的拉美人士都知道他指的是谁，但在陪同总统参会的美国代表团或记者团中没有一个人听说过罗多或《爱丽儿》，这个偶然事件使我相信，如果你不了解罗多的《爱丽儿》，你就不了解拉美。而尤其令人震惊的是，在场没有一个美国代表领会厄瓜多尔总统在会上提出这个模糊概念的意义何在。如果他们知道并理解了的话，他们可能会明白当时拉美真实的情况并在同拉美国家关系问题上取得更多的进展。塞明顿坦言，他立马购买了西语版的《爱丽儿》并用了整整一个下午的时间在海滩上阅读。这太幸运了，美国代表团里至少有一名代表能够阅读西语！

他的总体哲学方法相一致。他也批评美国强调公共教育的重要性。罗多辩称,普及化的教育会造成社会整体文化水平趋于平庸,而且这种教育是以牺牲卓越为代价的。他认为,给每个社会成员普及基础知识,这意味着那些卓越出众的人将无法超越平庸的大多数。像法国的实证主义者一样,罗多更喜欢专门化的、高层次的教育机构,用以教育精英和培养高水平的知识分子。因此,罗多得出的结论是,北美长期推行的扫盲教育将导致社会的半文盲化和高雅文化的衰落。[①]

罗多对美国的批判不仅繁多,而且尖刻。他的部分文章聚焦于美国人欣赏高雅文化的失能问题。他断言,生活在当下的美国人,只关心获得更多的物质财富而不是精神和文化财富。“北美人的生活,”他说,“完美地展现了帕斯卡所定义的恶性循环:狂热追求超出自身能力的财富增长……作为一个整体,这种文明给人一种残缺且空洞的独特印象。”[②]他还写道:“美国人的艺术品位,实在是糟糕而又哗众取宠。”美国人根本无法欣赏精妙高雅的艺术。他还认为,美国文学的水平同样拙劣;因为美国越来越“美国化”,越来越不像“欧洲”了,美国文学及其思想水准已经堕落。“资产阶级的崛起或平权运动 190
的推进,加速了对文化的破坏,美国人越来越倾向于摒弃其文化内核中本来就不太明确的唯智主义(intellectualism)特征。”[③]

罗多提到,在功利主义和金钱至上观念的冲击下,美国的道德观念也日益衰朽。他说,美国正失去其宗教基础,因而它的道德也在走向堕落。相比之下,拉美必须坚持自己的道德和天主教价值观。通过对那些反宗教改革观点的反思,罗多认为在现代化和工业化的全球趋势下,拉美必须继续重视和维护自己的价值观和精神信仰体系。[④]

---

① Rodó, *Ariel*, p.82.

② 同上, p.79.

③ 同上, p.82.

④ 同上, p.83.

罗多认为美国人有着一种极为荒谬的优越感。他们往往会在面对其他国家的时候流露出强烈的优越感，他们屈尊俯就，把别人当作一个犯了错误且必须要改正的孩子。也就是说，他们越来越“美国化”。但是值得注意的是，美国不是雅典，也不是罗马，罗多进一步指出，美国不是知识分子，也不是政治领袖，更不是被各国争相仿效的榜样。谈及美国文化与古代欧洲文化相比较的问题时，罗多不合时宜地将美国的自由女神和古希腊雅典卫城的雅典娜女神像作比，文风极尽繁复旖旎之本色。他是这么写的：“让人难以置信的是，当一个陌生人从公海上一眼瞥见美国人那庞大的象征物时——巴特勒迪设计的自由女神，耀武扬威地高擎着她的火炬，立于纽约港之上——就唤起了他栖居深处的灵魂和宗教感，然而这本该是在精致的阿提卡之夜，必须由雅典卫城的雅典娜在一回眸间所唤醒，她手持青铜剑，从远处飞驰而来，剑风过处闪烁着纯粹与静谧的气息。”①

在所有这些文段中，罗多的目的只有一个，那就是颂扬拉美文化，批判美国文化，保护前者免受后者的威胁。在此，罗多和马蒂有着惊人的相似之处，但罗多意在批判美国的文化和哲学，而马蒂着重于批判美国的经济和政治层面。罗多建议，为了抵御美国的影响，拉美必须坚持它的理想主义，强调对艺术的重视，坚持它的天主教信仰和道德，以及它的与众不同，以此反抗正在逼近的北方实用主义和物质主义。他认为最为重要的是，拉美必须为未来而活。因而他呼吁年轻一代拉美人，去保护高贵的拉美文化免受北方野蛮人的进
191 攻。也许正是基于罗多文中所传达的信息，以及他的文章成为拉美每一间课堂的必读书目，才使得在过去几十年间，在每个国家，以大、中学生为主体反对美国干涉主义和帝国主义的抗议活动此起彼伏，以上情况可能不是出于偶然。

要批评罗多很简单，他的语言太过花哨，他的论点充满了夸张和谬误，他的立场是维护精英主义和种族主义。他的案例并不能证明北美人比拉美人更粗

① Rodó, *Ariel*, p.82.

俗、更野蛮、更物质至上，也不能证明拉美人比北美人更有文化、更有道德。至于教育问题，为什么不能在拥有良好的小学、中学教育的同时也办好高水平的大学教育呢？难道民主选举与问责制度不能与真正的专业知识、专门技能结合在一起吗？罗多的逻辑和论点漏洞百出。全球化正在消除早期文化的差异。然而，令人惊讶的是罗多和《爱丽儿》在拉美巨大而持续的影响力。他对20世纪拉美文化史的影响力可能是最大的，同时也影响了一代又一代的拉美年轻人。拉美教育部门所使用的官方教科书上也必有爱丽儿主义（Arielism）[①]。对拉美人来说，尤其引人注目的是他对北美和拉美文化之间的巨大差异的描述，以及他对拉美青年的告诫：要不惜一切代价留住他们的文化，抵制美国人。鉴于罗多对拉美国家的持续吸引力，我认为当美国官方及私营企业人员在与拉美伙伴寻求合作的过程中往往很难确保成功，这当然也不是巧合。

罗多对拉美的重要性，还表现在其他一些方面。他既是19世纪和20世纪的连接纽带，也是新旧哲学和意识形态的沟通桥梁。他为秩序、等级制、威权、宗教、精英阶层自上而下的统治结构做的辩护，使他恰好被纳入圣托马斯、苏亚雷斯和殖民历史的传统精神体系中，同时他还接受了孔德实证主义哲学的新形式。与此同时，他强大的民族主义思想和有机的、法团化的政治制度意识，和后来的西班牙主义及法团主义一样，成为拉美20世纪意识形态发展的先声。因此，罗多将拉美的历史与将来连接了起来。与此同时，他还可能是拉美历史上最重要、最具影响力的作家。我无法想象一个不了解罗多的人会了解拉美，即使他可能不喜欢罗多说过的一切，或者说罗多的观点不 192
是很准确。但在我看来，罗多在拉美史上是至关重要的，他绝不亚于亚里士多德、圣托马斯、苏亚雷斯和卢梭，乃至孔德这些拉美思想界里殿堂级的人物——这些精神巨人的思想打造了拉美独特的文明。这与北美传统存在根本性的差异。

① 名称来自乌拉圭思想家、学者、散文家何塞·恩里克·罗多（Jose Enrique Rodo）在1900年出版的代表作《爱丽儿》，书中对美国在拉美的殖民扩张进行了抨击。——译者注

西班牙主义

西班牙主义，简而言之，就是对西班牙的法律、文化、政治、宗教、文学和语言等事物的崇拜。西班牙主义是一种信仰，即西班牙和葡萄牙将其价值观和文化移植到拉美，以及伊比利亚半岛和拉美都拥有不同于世界其他地区，特别是不同于“盎格鲁—撒克逊”国家的传统和生活方式。西班牙主义的思想体系进一步指出，伊比利亚与拉美形成了一个独立的种族，一个独特的社区和文明，两个地区之间的联系必须加强。但是，鉴于西班牙和葡萄牙对拉美的殖民史，这就成为一种重负，而且通常是引发分裂的负担。[①]

在 19 世纪的大部分时期，西班牙（葡萄牙程度较轻）在拉美面临的是严厉的谴责，很少受到追捧。作为前殖民统治者，西班牙时常被斥为拉美的“弊病”。但随着时间的推移，拉美对西班牙的这些负面情绪开始缓解，在实证主义时代，西班牙及其社会制度开始被更积极地认识。最具戏剧性的转折点出现在 1898 年美西战争后，西班牙人被美国这个新生共和国打得落花流水，颜面尽失，但极为讽刺的是，这却唤起了拉美人的同情心。此时，西班牙给独立时代留下的痛苦经历已得到平复。拉美民族主义正在抬头，其中一部分民族主义者极为欣赏把西班牙与拉美这两个地域结合在一起的概念，认为西班牙文化与那些粗俗的美国文化及盎格鲁—撒克逊文化截然不同。除此之外，在 20 世纪初叶，由梵蒂冈发起的天主教复兴运动也使西班牙天主教会与拉美天主教会更紧密地联系在一起。马蒂的反美主义和罗多的文化民族主义都包含有对西班牙宗教和传统的热切崇拜，因此天主教成为前殖民地与前宗主国增进友好关系的重要组成部分。

193　因此，在 20 世纪早期，西班牙和拉美的关系逐渐回暖，两地的文化和学

---

① 全面的调查参阅 Howard J. Wiarda, *The Iberian-Latin American Connection*, Boulder: Westview, 1986.

术交流也比19世纪密切。西班牙的音乐家、舞蹈和戏剧团体、交响乐团,以及其他艺术家的巡回演出非常频繁。当时的拉美更愿意接受西班牙文学,尤其是"98一代"作家,比如米格尔·德·乌纳穆诺(Miguel de Unamuno)和何塞·奥尔特加-加塞特(José Ortegay Gasset)等,因为他们的思想更接近拉美人,对那些年里不断从美国和英国引进的自由主义制度提出质疑,并试图从他们自己的历史和传统中发现独特的西班牙政治哲学和治理基础。拉美的大学生很多赴西班牙留学;拉美知识分子去各地游历也会在马德里停留,就像去巴黎和伦敦一样。更多的拉美人拥有双重国籍:西班牙国籍和出生地国籍。在20世纪的前30年,两地的联系逐步向纵深发展。然而西班牙依然是一个贫穷国家,无力在拉美拥有强大的军事、经济或战略地位。事实上,它的极度贫穷意味着两地的交往在很大程度上局限于文化和意识形态领域。历史学家弗雷德里克·皮克(Frederick Pike)对这一时期的两地交流有过深入而重要的研究。他在文章中曾指出,西班牙精心策划的这些文化交流是一种"抒情的西班牙主义",与之形成鲜明对照的是随后登场的、具有强烈政治色彩和经济意图的"实用的西班牙主义"。①

从这个时期一直到一战结束,西班牙主义逐渐具有了更广泛的意义。它与罗多的告诫保持了一致,也意味着西班牙与拉美共同坚定地推进宗教,特别是天主教教义的发展。这恰恰符合罗马在经历工业化和世俗化的国家重振通常比较低落的宗教情感的计划。美西战争和美国一再的军事干涉,使伊比利亚半岛与拉美各自有充分的理由憎恨美国,这种仇美情绪将两地紧密地联系在了一起。双方开始更多地认同共同的社会政治背景,包括有机主义、托马斯主义、强烈的共同体意识、法团化或功能化社会、导向或管控型国家,以及自上而下的权力——当然,所有这些都与被他们当时所蔑视的美式个人主义、平等主义、自由主义和民主截然不同。伊比利亚与拉美都开始重新寻

---

① Frederick B. Pike, *Hispanismo, 1898 – 1936: Spanish Conservatives and Liberals and Their Relations with Spanish America*, Notre Dame: University of Notre Dame Press, 1971.

找政治模式，这种模式要能够反映他们的历史和传统，而不是一味地模仿和
194 引入法国、英国和美国的制度（见第九章）。[①]

当然，并不是所有的西班牙人、葡萄牙人和拉美人都一致同意西班牙主义的内涵。[②] 在西班牙和葡萄牙——更不用说拉美了，20 世纪初叶不仅是一个动荡的年代，而且是一个围绕现在和未来产生政治纷争的年代。在这一时期，西葡两国国内主要存在两大意识形态和取向，两大政治“家族”。自由主义者被称为“变革之家”，他们是 19 世纪旧的自由主义者的衣钵传人。自由主义者主要想推进社会世俗化并削弱天主教的权力。对以天主教为传统的西葡两国而言，这种理念往往是革命性的；宗教问题是西葡两国政治辩论的主要议题。自由主义者还提倡 19 世纪的经典自由主义和自由贸易。

保守主义者组成了“秩序之家”。他们不仅希望维护天主教作为官方宗教信仰的统治地位，还希望继续保持天主教对社会和政治的影响力。由于当时两国正处于工业化初期，保守主义主要关注物质发展对天主教的负面影响，坚信天主教能持续、复兴和发展，继续发挥对社会的精神导向作用。他们几乎以同样的狂热反对马克思主义和自由主义。然而，无论是自由派还是保守派，都试图将西班牙的价值观移植和延伸到拉美。他们都相信伊比利亚和拉美可以共享某些文化传统和截然不同于世界其他地方的生活方式。无论自由派还是保守派都鼓吹西班牙主义；他们认为，宗主国西班牙及其前殖民地构建了一种与众不同的共同体，一个独特的种族，一个在西语中既具有文化意涵又具有种族意涵的术语。

西班牙和葡萄牙两国的自由派同保守派一样，都能够与拉美的自由派和保守派达成某种共识，即“伊比利亚美洲”和伊比利亚半岛一样都应该保持等级制的社会结构。这些自由派在 19 世纪的语境下或许是自由主义者，但他

---

① 详细的历史追溯参阅 Pike, *Hispanismo*；政治理论内容参阅：Howard J. Wiarda, *Corporatism and Comparative Politics: The Other Great "Ism"*, New York: M. E. Sharpe, 1997.

② 参阅 Pike, *Hispanismo*.

们并不必然认可平等主义。两派都认为，等级制将有助于在变革时代保持社会稳定，而且都希望社会底层保持不变。他们害怕民主就像害怕唯物主义一样，试图限制它们的影响，并警告拉美不要受这些来自美国的邪恶思想的影
响。西班牙主义作为一种意识形态，不仅将伊比利亚同拉美团结在一起，还 195
至少为自由主义和保守主义达成一致提供了不少理由。

难以避免的是，像西班牙主义这样一种带有浓厚的意识形态色彩的运动，（像所有意识形态一样）会变得政治化。也就是说，它将会被处于统治地位的精英攫获，被各党派或阶级利益操纵。佛朗哥（1939—1975）和萨拉查（1928—1974）都曾将西班牙主义这个意识形态牢牢控制在自己手里，这正是我提出这一观点的准确依据。佛朗哥尤其将他的政权等同于西班牙主义的意识形态。在他看来（这已经盛行了近 40 年了），天主教教义、权威、纪律、等级制、服从义务、有机国家、法团主义与他的政权是紧密地结合在一起的。换而言之，佛朗哥不仅为他的政权确立了西班牙主义的意识形态，还进一步将其政权的特定价值观同西班牙的传统价值观绑定在一起，这样他不仅将自己树立成西班牙价值观的真正阐释者，甚至是西班牙价值观的化身，而且暗示那些不认同其政治的团体的价值观是“非西班牙的”。西班牙主义给佛朗哥政权带来的不仅仅是一种意识形态，也是一种排斥其他所有观点的方法；用这种方法可以使西班牙人相信除了佛朗哥的价值观，其他所有的价值观都是不可以相信的。这是一种对付反对派的有效手段，但却谈不上什么民主。①

西班牙主义还成了西班牙外交政策的工具，因为它有意识地将其政治和文化影响力输向拉美。西班牙主义寻求增强西班牙的海外影响力，提高其国际地位，为此迫使拉美——让拉美相信同西班牙存在着有机联系和共同的种族——支持西班牙的外交政策目标，比如组成一个共同体集团，帮助西班牙进入北大西洋公约组织和欧洲共同体。因此，西班牙建立了一个特殊的机

① Richard M.Nuccio，“The Socialization of Political Values：The Content of Official Education in Spain”，Ph.D. diss.，University of Massachusetts，1977.

构——西班牙文化研究所；该机构与外交部有联系，目的是在拉美地区深化这些外交目标。它还在拉美积极地宣传西班牙主义的意识形态，力求推进佛朗哥政权的保守原则，重建与拉美自独立后已经中断一个世纪的紧密联系。

拉美对西班牙的这些提议反应不一。一方面，西班牙仍然是一个相对贫穷的国家，常常无法以足够强大的经济、外交或军事力量支撑起道德和意识
196 形态训诫。与此同时，许多拉美人对西班牙意图领导西班牙语地区的外交政策不满，认为他们自己就可以顺畅地和他国缔约，根本不需要西班牙插手。而且，在拉美的许多自由派和民主派人士，既不欣赏佛朗哥政权的威权主义价值观，也不认同在混血社会存在种族主义的暗示。[①]

但是其他许多人——并不仅仅只是保守主义者——看到了西班牙正在力推的思想的价值。纪律、秩序、权威、家族和天主教教义这些价值观在拉美国家是极受欢迎的，因为他们与西班牙一样，正在经历现代化和工业化的初始阶段，同样担心这些变化会带来破坏性的后果。处在混乱纷争的两次世界大战期间，面对着普遍被视为严重威胁的布尔什维克政权，还有 20 世纪 30 年代大萧条引发经济衰退的风险，西班牙主义的意识形态不失为一个维护社会安全与团结的有效方法。而且，自由主义在当时的拉美似乎已经是一种垂死的哲学了；如果前几章提及的某些作者所言不谬的话，那么拉美的自由主义，至少在其 19 世纪的化身，已经在第一次世界大战前后死去了，因为其饱受失败历史的折磨，并被实证主义和其他哲学所取代。

20 世纪 30 年代初，经济大萧条导致了拉美国家经济和政治体系的崩溃，20 个拉美国家中有 16 个经历了革命，产生了一批长期的暴虐的威权主义政权。几乎所有的威权政权都以某种形式接受了西班牙主义，并以佛朗哥和萨拉查的威权主义和法团主义模式为蓝本来制定自己的执政原则。这些拉美的威权主义政权包括：巴西的热图利奥·瓦加斯（Getulio Vargas），阿根廷的

① Wiarda, *Iberian-Latin American Connection*.

上校们以及最终的胡安·庇隆(Juan Perón),智利的卡洛斯·伊瓦涅斯(Carlos Ibáñez),多米尼加共和国的拉斐尔·特鲁希略(Rafael Trujillo),危地马拉的豪尔赫·乌维科(Jorge Ubico),洪都拉斯的蒂武西奥·卡里亚斯·安迪诺(Tiburcio Carias Andino),古巴的富尔亨西奥·巴蒂斯塔(Fulgencio Batista),哥伦比亚的劳雷亚诺·戈麦斯(Laureano Gómez),萨尔瓦多的马克西米利亚诺·埃尔南德斯·马丁内斯(Maximiliano Hernández Martínez),尼加拉瓜的阿纳斯塔西奥·索摩查(Anastasio Somoza),厄瓜多尔的何塞·马里亚·贝拉斯科·伊巴拉(José María Velasco Ibarra),巴拉圭的阿尔弗雷多·斯特罗斯纳(Alfredo Stroessner)和墨西哥制度革命党。西班牙式的威权主义在接下来的30年里注定主导大部分拉美国家。

几乎所有这些铁腕人物或其代理人,都曾取道西班牙、葡萄牙并研究过
佛朗哥和萨拉查的政权模式,了解他们的执政方式以及解决几乎所有发展中 197
国家面临的治理难题的方法,即在社会焦虑、分裂和现代化进程中潜在的不稳定因素随时爆发的困境之下,政府如何保持国家稳定、和平和经济进步。以天主教、威权主义和法团主义形式相结合的西班牙主义为解决这一困境,提供了一种有吸引力(纪律、有机主义和整体主义)的方案。实际上,当时的文献显示,西班牙主义经常被瓦加斯、庇隆、特鲁希略以及其他国家的独裁者所使用,不仅为他们的政权辩护,还为他们的无限期执政提供合法性。西班牙主义的拉美先驱罗多也经常被援引,以此作为他们论证自己合法性的证据。[①]

当然,随着时间的推移,为威权主义提供合理化支持的西班牙主义逐渐淡出历史,这些威权主义政权也随之衰落或被推翻。葡萄牙萨拉查政权于1974年倒台,佛朗哥于1975年死去:在那时的拉美,30年代曾经一度掌权的大多数威权主义领导人已经下台或已重返军营(见第九、第十章)。随着早期

---

① 例如参阅 Andrés L Mateo, *Mito y cultura en la era deTrujillo*, Santo Domingo: Lib. La Trinitaria e Instituto del Libro, 1993.

威权统治者的死亡或威权政体的倒台，以及许多国家民主转型的开启，西班牙主义需要被重新定义。民主和人权成为当时被广泛认可的主题，而不再是权威、纪律和等级等。于是，西班牙文化传播学院更名为西班牙合作学院。西班牙仍然试图将其模式兜售到拉美，不过它现在是用民主模式代替过去的威权模式。但和过去一样，西班牙主义的重新定位仍然服务于西班牙的外交政策目标，这与盎格鲁—撒克逊国家（可解读为美国）形成鲜明对比。而且，西班牙对其拉美前殖民地往往是居高临下和恩赐的态度（我们带路，你们跟随），这种态度继续招致拉美各界愤恨。[1]

民族主义与种族主义

本书中有几处提到过种族问题，但迄今为止，种族问题还没有成为自觉的意识形态的一部分。例如，西班牙征服者回到亚里士多德那里寻找合理性，设计了一种以阶级和种族为基础的种姓制度。这个种性结构把印第安人
198 和黑人置于社会等级的最底层；他们甚至被怀疑是否有灵魂，进而怀疑他们是不是人类。在殖民时期，处于种姓等级最底层的民众的社会地位没有丝毫改善，印第安人和黑人为改变社会地位而发起的叛乱都遭到了残酷镇压。

在19世纪早期的殖民地独立运动中，底层人民借着独立运动的势头，揭起了社会起义的大旗，力图改变现状，例如墨西哥的伊达尔戈和莫雷洛斯，他们最终都遭到了残酷镇压。事实上在很多国家，黑人群体是被招募来对抗印第安人起义的，以此保证这两个族群最终都被消灭。

长久以来，拉美的偏见长期植根于社会和文化标准（受教育程度、服饰、家庭、社会背景、行为举止）以及肤色差异；经过几个世纪以来的混居和繁衍，拉美种族混血的现象已经非常普遍；黑人的社会地位可能已经有所提升。因

---

① Wiarda, *The Iberian-Latin American Connection*.

此,拉美的种族关系通常比美国更为宽松且更具可塑性;“白”或“黑”的程度和级别还被给予了进一步细分。但是,种族标准依然是评判一个人的社会阶层的重要标准,种族主义是种族社会的重要组成部分。事实上,19 世纪到 20 世纪早期,种族评判的标准在拉美变得比过去更重要了,因为在这一时期,拉美吸收了欧洲和北美盛行一时的大多数种族主义理论,比如:社会达尔文主义、优生学和诸多欧洲种族优越论等。[①]

一个标志性事件就是 1795 年海地奴隶起义。奴隶们摆脱了枷锁,烧毁了种植园,残杀或驱逐了整个白人统治阶级。海地这些戏剧性事件的发生,对整个拉美的白人统治阶级产生了深刻而可怕的影响。他们决定不惜一切代价,不让海地起义在其他任何地方重演。墨西哥独立运动时期对当地印第安人起义的残酷镇压,可直接归因于海地早前的奴隶起义事件,于是当权者设计了用黑人来抗击印第安人的方式,其险恶用心在于可以同时消除两个族群的隐患。与海地共享伊斯帕尼奥拉岛的多米尼加共和国,举国投入反海地的运动中(反海地在当时意味着反黑人和反非洲)。虽然大多数拉美国家在 199
独立之后废除了殖民地种姓制度,但大多数国家直至 19 世纪仍继续实行奴隶制度(美国也是如此);他们为自己的国家缺乏文明和文化而感到遗憾(事实上他们时常把国家文化的匮乏归咎于大量印第安人和黑人的存在),于是很快建立起几乎和种姓制度一样僵化的社会、文化和政治壁垒,以阻止社会下层向上流动。[②]

19 世纪拉美取得了显著的进步,为了实现政治稳定和发展而付出了艰苦的努力,那些包含有种族主义倾向的公共政策越来越成为人们关注的焦点。当阿尔韦迪发表他的著名格言“统治即移民”时,他意在吸引的都是欧洲

---

① Magnus Morner, ed., *Race and Class in Latin America*, NewYork: Columbia University Press, 1970.

② Donald E. Worcester and Wendell G. Schaeffer, *The Growth and Culture of Latin America*, New York: Oxford University Press, 1971.

移民，根本不打算增加非洲和印第安移民的数量。在萨米恩托的著作《法昆多：文明与野蛮》中，文明被认为是增强白人和欧洲的影响，而野蛮则被认为是黑人、印第安人和混血人的影响——是要消除的。在孔德那些带来空前影响的实证主义著作中，欧洲种族被赋予了最重要的地位，社会将是由一小撮白人精英统治着未被开化的普罗大众（有色人种）。同样，罗多那影响深远的《爱丽儿》颂扬了白人的西班牙文化的辉煌，而西班牙主义的意识形态也被假定建立在一个天主教的、威权的、等级的、西班牙的和欧洲的（即白人的）社会结构之上。

这些价值观和明显的种族主义标准与现在的标准格格不入，但我们不能用现代道德标准来评判历史的道德。而且，人们必须还原当时的社会背景以理解这些事件。19 世纪到 20 世纪初，拉美试图吸引欧洲移民的政策与同期也实施鼓励欧洲移民、排斥其他人种的法律法规的美国是否存在不同？拉美试图将人口白人化并将文明带到内陆的做法，与美国向西部移民白人、孤立和屠杀印第安人，以及自视为一个文明的欧洲国家的做法有何不同？

在那个历史阶段，几乎所有人都相信白人的欧洲文明是优于黑人、印第安人或“混血人”的文明的。基于人们当时的这种普遍认知，拉美国家的大多数黑人、印第安人、穆拉托人和梅斯蒂索人都觉得自己低于美国人和欧洲人，
200 他们必然会为自己的混血背景而感到羞耻和自卑。很多拉美作家写过一些尖酸刻薄的作品反映他们国家早期的种族混血经历，以及这些混血人种是如何在智力水平、文明程度和现代化程度方面拉低他们的平均水平的。[①]并不令人意外的是，像在阿根廷、乌拉圭、智利和哥斯达黎加这样的国家，因为印第安人相对较少，而且几乎没有任何奴隶种植园安置贩卖过来的黑奴，所以他们认为自己就是“欧洲人”，这明显带有种族主义色彩。这些国家往往看不起他们的那些混血邻居，但他们的这种优越感反而招致邻居们的鄙视；这些

---

① 比如，Alcides Argüedas，*Pueblo Infermo*，Barcelona：Vda .de L.Tasso，1910. 在几十年前，阿格达斯的书是非常畅销的。

自视欧洲国家的拉美国家有着非常严苛的移民法以防止他们的邻居大量涌入。在很多国家，白肤粉、直发剂以及整容手术被广泛用于那些移民身上，这样会使他们看起来更白，也使这些国家在国际社会上显得更白，因为国际社会根据种族标准来看待这些国家。另外像巴西、墨西哥这样的国家，几乎所有的人都刻意选择那些看起来更像是欧洲人的公民来担任他们的总统、内阁成员和外交部官员，因为这样就能更好地代表和展示他们国家的（更白的）外在形象。几十年来，何塞·弗朗西斯科·培尼亚·戈麦斯（José Francisco Peña Gómez）都未能在多米尼加共和国当选总统，并不是因为他不够有才华，而是因为他的皮肤黑，一个“海地人”的形象，并不是他们希望向国内外传递的国家形象。[1]

种族观念和偏见是一回事，但成熟的种族意识形态却是另一回事。19世纪，拉美也开始出现这种种族主义意识形态。这种意识形态的要素形成于殖民时期，体现于克里奥尔精英的态度，反映于阿尔韦迪和萨米恩托的著作和政策，以及后来显现于实证主义、罗多的思想和西班牙主义。但是现在，这些流散于不同地方的种族主义因素开始逐步凝结成一种完整的意识形态，就像它们在欧洲和美国那样。例如，我曾经把研究重点放在对拉美产生重大影响的孔德及其实证主义的社会基础上，但是实证主义的重要组成部分——社会达尔文主义，是赫伯特·斯宾塞从达尔文的自然选择原则和适者生存原则衍生而来的，他在美国的影响力比在拉美要大得多。斯宾塞为实证主义哲学和社会等级制建立了比孔德更明确的种族和优生学评价体系。他指明，最
先进的或是在实证主义阶段处于金字塔顶端的工程师、知识分子、商业精英， 201
都是基于自身的智力水平和自然选择而站在最顶端的，而他们都是白人和欧洲人。20世纪初叶（在欧洲和美国也是如此），这种旨在将智力与种族、民族特征结合起来的优生运动在拉美流行起来，它是一种确证白人、欧洲人将成

① 该事例参阅 Bernardo Vega, *La agenda pendiente: Reformas, geopolítica, y frustración*, Santo Domingo: Fundación Cultural Dominicana, 1996, pp.26－29.

为社会的主导力量，而印第安人和黑人将处于底层的理论方法。[①]

西班牙主义的名誉也因种族优越论而受损。首先，它的基本前提就是崇拜西班牙的一切，这意味着崇拜白人、天主教、威权主义和欧洲的西班牙，而反对一些印第安人和黑人的权力、整体主义、“宇宙种族”和涌现的多元化理论。其次，种族(la raza)的概念，也是西班牙主义的不可或缺的内涵之一，它具有模糊的双重含义，同样被服务于种族主义的目的。一方面，“种族”一词被比喻性地使用，并在文化意义上暗含着对西班牙语、西班牙文学和艺术的认同。另一方面，“种族”也在字面上被用来指代西班牙人种，即白人、天主教徒、欧洲人、保守派、第一世界的资本主义国家。西班牙主义作为西班牙外交政策意识形态的一部分，它对种族概念的采纳有两方面的原因：其一，是为了捍卫一个政治上保守的、等级制的有机社会秩序；其二，是用统一的西班牙种族的概念挫伤和遏制美国影响力的日益扩张。西班牙主义作为一种外交政策工具，利用了主要来自盎格鲁—撒克逊世界(主要是北欧和北美)的文化影响威胁和“污染”。[②]

到 20 世纪 30 年代，这些统治阶级——西班牙化的白种欧洲裔——的种族优越思想不仅普遍流传，而且还被当权者真正付诸实践。诸如特鲁希略、索摩查、乌维科、巴蒂斯塔、庇隆等长期掌权的独裁者以及为其服务的知识分子，均援引罗多、实证主义者和优生学家的著作和西班牙主义来证明他们一系列行为的合理性，比如上台掌权、使用威权手段、精英主义且常常是种族主义的国内和移民政策、认同西班牙佛朗哥政权，甚至在二战第一阶段同情法
202 西斯主义和纳粹主义。[③]当然，由于美国在西半球的影响力，这些政权中很少

① George Sabine, *A History of Political Theory*, 3d ed., New York: Holt, Riñe hart and Winston, 1961, pp.721 - 725.

② 参阅 Pike, *Hispanismo*.

③ Manuel Arturo Peña Batlle, *Contribución a una campaña* (*Cuatro discursos*), Santiago: Ed. El Diario, 1942; Sandra McGee Deutsch and Ronald H. Dolkart, *The Argentine Right: Its History and Intellectual Origins, 1910 to the Present*, Wilmington, Del.: Scholarly Resources, 1993.

有人赤裸裸地自称是法西斯主义者，更不用说与邪恶的轴心国结盟了；但毫无疑问的是，他们是同情法西斯分子和纳粹分子的，至少在美国及其盟国明显赢得这场战争之前是如此，之后才大部分投机性地跳出来支持盟军的事业。

当然，第二次世界大战导致了法西斯主义、纳粹主义、邪恶轴心国的失败并令其名誉扫地，他们支持的种族歧视政策也遭到挫败。这意味着，战争中幸存下来的威权体制（特鲁希略、索摩查、庇隆、佛朗哥、萨拉查）不得不从其他地方寻找符合他们的意识形态来调整他们早期意识形态的航船方向。但在其他国家（巴西、危地马拉、哥斯达黎加、玻利维亚、哥伦比亚和智利），威权主义已经让位于民主运动（或许只是暂时的），而这些民主运动必然推翻早前的西班牙主义意识形态（在第十章，我将在政治、权力和意识形态层面讨论这个新的争议）。但是，随着 20 世纪 60、70 年代新的一波威权主义者登上拉美政治舞台，西班牙主义意识形态、对西班牙政权的崇拜、军官和其他人对马德里的朝拜，以及主张秩序和纪律的合理性等诸多论调，迅速回潮。然而，在后一背景下，西班牙主义明确的种族主义特征在很大程度上被剔除了。种族主义不再是主流观念，也不再具有正当性。但在采访过许多人之后，我并不相信拉美的那些富裕的白人贵族精英——尽管他们并不如此公开声称——当时已被完全说服相信印第安人、黑人和底层人士真的有灵魂，并因此——回到那种 16 世纪的古老观点——拥有作为人的基本权利且需要给予相应对待。

当代民族主义

近年来（自二战以来）拉美民族主义主要以左派和反美论调为主。但早期的保守主义者、实证主义者、爱丽儿主义者、西班牙主义者、法西斯主义者，以及彻头彻尾的种族主义等思想依然存在，只是很少有人在公开场合提及罢了，在精英文化如此根深蒂固的拉美，人们会怀疑这些思想能否被彻底革除。

虽然美国明目张胆且反复主张的干涉主义是拉美反美主义和民族主义
203 最显而易见的理由，但一个更加微妙并令人痛心的理由则是美国对拉美的态度。美国一向以居高临下的态度和优越感来面对拉美。拉美就像洛尼·丹吉菲尔德(Rodney Dangerfield)[1]一样，得不到美国的尊重：拉美不在美国的优先议事日程之上，既不是政策决策圈认真关注的对象——至少在某些危机部队行动之前——也得不到公众的认真关注。拉美是倨傲的《纽约客》漫画和电影(比如《傻瓜大闹香蕉城》《虎豹小霸王》)的常客及攻击对象。美国把拉美看作是一个孩子，按理他们应该听从全知全能的美国人的教导。在当下国际环境下，在经济、民主、贸易、旅游、移民、环境治理和投资等诸多方面，美国本应该将拉美放在更需要优先考虑的位置，但美国对拉美并不上心。虽然美国对拉美的有些偏见和歧视是近来之事，但有些则可以追溯到殖民时期，以及以下事实：拉美信奉天主教、厉行过宗教审查制度、等级制和威权主义思想浓厚，且被西葡两国占领过；而美国则主要信奉新教、厉行政治民主化、自由和平等，且被英国人占领过。美拉之间的这些偏见有着深厚的的历史根源，也是拉美反美主义的主要原因；这些偏见和问题并不会很快消失。[2]

虽然美国的干涉主义经常引发强烈的反美民族主义情绪，但美国的不作为和冷漠常常也会引发强烈的抗议。尽管拉美对美国的干涉主义非常反感，并坚守不干涉原则，但它同样不喜欢被美国忽视。1985 年美国副总统理查德·尼克松访问委内瑞拉时，他在车里遭到委内瑞拉民众的唏嘘、斥责以及石块攻击，这并不是因为美国干涉了委国内政，而是因为美国没有为委内瑞拉做任何事情，也没有帮助反对委内瑞拉的独裁者马科斯·佩雷斯·希门内斯。尼克松的这次访问实际上刺激了艾森豪威尔总统重新审视和关注拉美，

---

① 美国喜剧演员，他的经典独白是“我得不到尊重”。——译者注

② John J. Johnson, *Latin America in Caricature*, Austin: University of Texas Press, 1980；另参阅：Charles Gibson, ed., *The Black Legend: Anti-Spanish Attitudes in the Old World and the New*, NewYork: Knopf, 1971.

有助于最终促成约翰·F.肯尼迪总统建立争取进步联盟。[1] 同样地，在1961年下半年和1962年初，多米尼加共和国爆发的日常街头示威游行并不是针对美国的任何具体行动，而是为了表达对美国长期不采取行动推翻拉斐尔·特鲁希略31年的独裁统治而带来的挫败感。换句话说，美国无论是在西半球采取干涉行动，还是无所作为，都会遭到拉美民族主义者的尖锐批评。 204

更复杂的是，美国经常遭到民族主义及其所支持的势力的谴责，这与美国做了什么或没做什么都没有太大关系。无论从哪个方面看，美国都是一个成功的国家：它建立了民主制，是世界上生活水平最高的国家，中产阶级占大多数，或多或少能确保社会公正，至少能形成一个假设(相当程度上被证实是成功的)各民族都能在其中获得均等机会的民族大熔炉。相比之下，拉美往往被认为是不成功的：政治上不稳定，因为频繁的政变而遭到尖锐的挖苦和嘲笑；经济上欠发达，社会和种族关系僵化和不稳定。拉美自然能够意识到他们不太讨人喜欢的国际形象，而且也常为此感到郁愤无比。相较美国的成功，拉美社会摩擦四起；因此，它的民族主义也常常被一种巨大的自卑感所折磨。

对美国的这些复杂情结，体现最明显的国家是阿根廷。阿根廷至少拥有和美国一样丰富的自然资源，自视是同样的欧洲人，人均财富(大萧条之前)曾高于美国，但在随后几十年间，阿根廷在每一个方面都落后于美国。阿根廷人——以及其他拉美人——根本无法忍受这一事实，即按照所有标准来看，美国都比他们现在发达，而且他们被称为“发展中国家”或“新兴国家”。这些差异及由此滋生的怨愤情绪时至今日还能在阿根廷和其他国家深刻地感受到，并常常引发反美行动。但通常情况下，这种不满情绪被拉美的礼貌传统压制了。这就是为什么布宜诺斯艾利斯的人均心理医生拥有量要高于

---

① 此处举例参阅总统弟弟的报告：Milton S. Eisenhower, *The Wine is Bitter: The United States and Latin America*, Garden City: Doubleday, 1963.

世界上任何地方，包括曼哈顿。[①]

拉美的民族主义和反美主义的另一个来源是文化方面的，即罗多的遗产。尽管这些反美主义和民族主义的态度发生了些许改变，但到现在仍然非常有市场。许多拉美人仍然自认为比美国人更有文化、更优雅、更精致，他们仍然经常把美国视为一个粗俗而物质化的国家，一个暴发户，爱出风头，对文学和哲学这些高雅艺术一窍不通。他们仍然视民主为向大众赋权之手段，但很难求得共识，这意味着平庸而非卓越。他们总认为自己信奉的天主教更优雅、更精致，比北美新教的历史更悠长、更辉煌。拉美人倾向于认为资本主义
205 和赚钱是一种低级的社会活动，绅士不应该经商挣钱以免沾染铜臭之气，只有功利主义的美国才会从事这些事情，而拉美的领袖和知识分子们应该专注于提升自己的灵魂：比如诗歌、高雅文化、注重心性的培养而不是赚取物质财富。这种形式的民族主义在拉美更为传统，主要集中于精英阶层，而且日渐式微，因为拉美也渐渐吸纳了摇滚乐、蓝色牛仔裤和可口可乐这些民主世界的大众消费文化。但这种传统的遗产仍然非常强大，至今仍能发现拉美人的各种常见表现：鄙视体力劳动、憎恶资本主义和追求财富，而偏爱高尚的精神生活。

1959 年古巴革命加速了拉美向民族主义转向的趋势。受马蒂的启发，卡斯特罗不仅以民族主义为由戏剧性地与美国决裂，而且宣布自己是马克思列宁主义者，并与美国的宿敌苏联结盟。不仅如此，卡斯特罗还试图在整个西半球点燃马克思主义和反美主义的火焰，并直接发起或协助组建了很多旨在消除美国影响的游击队运动。卡斯特罗、切·格瓦拉及古巴革命一度激发起拉美年轻人的革命热情，正如罗多在几十年前所做的那样。卡斯特罗和古巴革命使美国几近疯狂，美国迅速扭转其对拉美的外交政策，将冷战导入拉

---

① Mark Falcoff, *Small Countries, Large Issues: Studies in U.S.-Latin American Asymmetries*, Washington, D.C.: American Enterprise Institute for Public Policy Research, 1984.

美并持续 30 年之久，拉美实际上成了美国政策的唯一焦点。但是，格瓦拉死于领导玻利维亚革命的失败，卡斯特罗也年事已高，古巴革命创造的激情燃尽，其几乎所有的政策措施结果都没有成功；其主要支持者苏联解体后，资助来源也随之切断。不久，拉美其他的游击运动开始走向没落，要求和平，或者通过重组为政党加入民主政治进程。如今，卡斯特罗式的民族主义和反美主义在拉美社会并没有消失殆尽，但其作为吸引拉美青年的一种意识形态，重要性肯定下降了。①

对拉美民族主义的未来发展更具威胁性的潜在因素是近年来全球化的影响。全球化有多种形式：政治全球化、文化全球化和经济全球化。在现阶段，政治全球化意味着民主与人权。马克思列宁主义陷入低潮，威权主义不再被广泛接受，民主在世界范围内享有合法性。但是，如果民主是唯一可以 206
接受的政府组织形式的话，那要如何解释拉美的情况呢？难道正如他们自己所宣称的那样，他们的民族主义是独有且与众不同的？在文化全球化领域也遇到同样的问题，当下电视和现代大众传媒在很大程度上引领了整个西半球的潮流服饰、美食、消费、约会、离婚率和家庭关系，这和政治全球化的趋势是一样的。如果说拉美正在受到美国推动的消费主义和文化全球化趋势的冲击，那么拉美的文化自豪感从何而来？在经济领域，拉美在新的全球经济体中不再能够保护他们传统的家族企业以及保护性贸易壁垒背后的低效生产。他们必须参与同更发达的经济体的竞争，这意味着他们必须抛弃曾经对资本主义和追求财富的过时而充满敌意的态度。如果他们敌视全球资本和财富追求，那么对抗全球化经济趋势的所有努力都将使他们更为贫穷而苦痛，他们还怎么继续做哲学家、诗人和接受高等教育？所有这些全球性的、可能不可逆转的趋势都正在消解拉美的独特性意识，并因此侵蚀其民族主义思想。

---

① 一个重要的总结参阅 Jorge Castañeda，*Utopia Unarmed: The Latin American Left after the Cold War*，New York：Knopf，1993.

国家意识的重新定义

拉美的民族主义有近 175 年(在某些情况下甚至更长)的历史。但现在民族主义、主权概念和民族国家都遭到前所未有的挑战。虽然民族国家仍然是关键变量,但它的地位、自主性和独立决策能力正在遭到削弱。[①]

造成此种情势的第一大原因仍然是全球化。当政治、文化、经济诸方面的选择和决策越来越成为全球的、非国家力量的产物,国家对此鲜有控制力,那么主权与民族主义就危险了。当前世界的关键推动力量是全球市场、全球电视,以及全球第三波民主化浪潮,而不再是地方的或本土的力量。品味、行为、文化,以及政治制度和经济政策的选择,不再是民族国家或本土文化背景的唯一呈现,而彰显的是一系列非个人化的全球力量,本土力量在其中几乎没有多少发挥空间。[②]

第二,同样与全球化有关。当今世界的许多问题本质上不再止于国家层面,而是全球的和区域的,因此解决方案也必须是全球的或区域的。冷战结
207 束后,最紧迫的国际问题变成了毒品、移民、贸易、恐怖主义、污染、环境治理、艾滋病蔓延、全球变暖、武器扩散、难民潮和饥饿等。这些问题没有一个是纯粹国家范围之内的问题,没有一个是能够单纯依靠国内或单边方式可以解决的;所有这些都是国际的或国内外的(intermestic,国际和国内的复合词),既是国际问题,又是国内问题。但这也意味着双边或多边的国际解决方案,诸如美洲国家组织、联合国、北美自由贸易区和南方共同市场等国际机构,作为解决问题的机构,其地位将得到很大的提升。但是,提升国际法庭的地位,意味着不可避免地会在某些层面和某些领域削弱纯粹的国家主权和决策能力。

---

① *The Economist.*

② 参阅 Howard J. Wiarda, ed., *Non-Western Theories of Development*, Fort Worth: Harcourt Brace, 1998.

可能削弱国家意识、民族主义和民族国家的第三个因素是拉美规模庞大的原住民社区的崛起及其自信心的增长。此前，拉美曾竭力根除其印第安社群，或者孤立，或者将其同化吸收进国家生活。但这种同化总是得按照占统治地位的白人精英的要求，这意味着接受西班牙语、宗教（天主教）、文化、社会秩序和政治制度。换言之，印第安人、黑人、梅斯蒂索人都可以提高社会地位，但必须放弃其过去和背景，接受西班牙的方式、行为和态度。虽然这种西班牙化现象在拉美仍然非常普遍，但另一种对抗性的力量正日益凸显。安第斯国家、墨西哥和中美洲大部分地区的原住民日益呼吁扩大自主性，保护土著语言、习俗、土地权利和提高自治。①

但问题是这些原住民提出的某些主张和要求跨越了当前的国界：古印加帝国的领土至少横跨安第斯集团的五个国家，而玛雅帝国则覆盖中美洲五国。因此，这些原住民提出的自治权、文化独立和政治自治等诉求最低程度上会要求几个国家修宪，侵蚀国家主权，甚至潜在抹去国界。但是，对于这激进诉求的最后一步，军队、经济精英、强势民族主义者等社会群体就不会支持。哥伦比亚、玻利维亚、厄瓜多尔、秘鲁、危地马拉、墨西哥、洪都拉斯和尼 208
加拉瓜目前都在这个问题上争执不休。但似乎明显的是，随着原住民更加坚定和强势地捍卫自己的主张，最终至少会有某些国家，牺牲一定程度的主权，进而牺牲一定程度的民族主义和民族国家的利益。②

民族主义在不同的国家遭到削弱的第四个因素是国家意识这个概念本身。如前所述，智利、阿根廷、乌拉圭和哥斯达黎加等国家，长期以来都自视欧洲国家。但这是白人的暗语，因为当前已经不再认同用种族术语界定国家特征了，因此这些国家不可能公然标榜自己的白人或欧洲特征。拉美其他国

---

① Donna Lee Van Cott, ed., *Indigenous Peoples and Democracy in Latin America*, New York: St. Martin's Press, 1995.

② Donna Lee Van Cott, *Defiant Again: Indigenous Peoples and Latin American Security*, Washington, D.C.: Institute for National Strategic Studies, National Defense University, McNair Paper 53,1996.

家有时自称梅斯蒂索人、印第安人或穆拉托人的国家。[①] 尽管这些对种族描述的术语已不再像过去那样具有歧视性，但可能越来越不会用于指称国家了。

一个极为有趣的案例是与海地共享伊斯帕尼奥拉岛的多米尼加共和国。因为两个世纪以前海地爆发了黑奴起义，之后海地建立了第一个（混乱的）黑人国家，而海地的邻国——多米尼加共和国则以自己作为殖民地而自豪，它始终用西班牙的术语界定自己的国家，即白人的、天主教的、欧洲的、西班牙的和西方的。但是，多米尼加共和国的主要人口构成是穆拉托人（黑白混血人种），这与他们对自己国家的描述相去甚远：他们视海地为黑人和“非洲人”的国家，因而是“野蛮的”和“不文明的”，而将自己描绘成是一个“光荣的”、欧洲的（白人）文化、文明的堡垒。[②] 这个案例说明，在拉美人中，尤其是多米尼加人受西班牙主义和那个时代的种族主义思想的影响深远。不幸的是，对多米尼加人来说，用种族来界定国家地位的时代早已一去不复返，不会再有人接受了。因此，多米尼加作为一个国家，目前正面临着身份危机，他们正在寻找一种新的、非种族的方式来定义自己的国家身份。[③]

拉美还有其他一些在国家自我认同上存在矛盾的有趣案例。例如，危地马拉应该被看作是一个白人的西班牙裔的欧洲国家，还是如果其全国60%以上的人口是原住民就会被认为是一个印第安人国家？另一个是墨西哥，墨西哥到底是属于北美的第一世界国家，还是印第安人的第三世界国家，抑或是两者的混合，即何塞·巴斯孔塞洛斯所提出的“宇宙种族”？[④] 巴西到底是一

---

① Pedro Andres Pérez Cabrai, *La Comunidad mulata: El caso socio-político de la República Dominicana*, Caracas: Gráficas Americana, 1967.

② 有关这一观点最著名的陈述参阅前总统的著作 Joaquín Balaguer, *La isla al revés: Haití y el destino dominicano*, 8th ed., Santo Domingo: Fundación José Antonio Cano, 1994.

③ Anthony J. Spanakos, "Identity, Democracy, and Citizenship: The State of the Nation in the Dominican Republic and Brazil", Ph.D. diss., University of Massachusetts, 1999.

④ José Vasconcelos, *La raza cósmica: Misión de la raza iberoamericana*, Paris: Agencia Mundial de Librerías, 1925.

个葡萄牙式的欧洲国家，还是一个撒哈拉沙漠以南非洲国家，抑或是两者的混合，即如巴西著名社会学家吉尔贝托·弗雷雷(Gilberto Freyre)《热带的新 209
世界》一书标题所称？[1]或者以古巴为例：在革命之前，古巴人认为自己的国家是一个白人的欧洲国家；革命之后，大部分的中产阶级、上流社会和肤色较浅的穆拉托人都迁居到了迈阿密，大多数留下来的人都是深肤色的穆拉托人和黑人，因此如今古巴人的肤色要比 1959 年深很多。想象一下，一旦古巴岛迎来开放，那些生活条件比革命前好得多的深肤色居民，张开双臂欢迎他们的白肤色和浅肤色(也同样富裕的)同胞从迈阿密归来，此刻这些迈阿密的古巴人会认为他们是深肤色古巴人民的解放者吗？换句话说，处在支持卡斯特罗和反对卡斯特罗的政治语境之下的古巴族群之间，存在着一道极为复杂的种族鸿沟，而这道鸿沟似乎是难以跨越的。

所有这些新出现的因素和复杂的情况都表明，民族主义在拉美社会各个方面不是走向衰落就是遭到攻击。尽管如此，它仍然是一股很强大的势力，但不再是那种曾占据主导地位的意识形态了。

拉美的民族主义在历史上有过各种化身：自由的、反动的、反美主义的、文化的、经济的、政治的。它也曾采用过各种形式：右倾的、左倾的、法西斯主义的、保守主义的，囊括了各种派别。从大约 19 世纪 80 年代开始，民族主义成为拉美主要的社会势力和意识形态，其中右派势力的影响是最为深远的。实证主义、罗多主义(Rodóism)和西班牙主义不仅意味着反美主义，而且其主张非常契合拉美的传统与现实。不仅如此，所有这些运动在其本意上都极为保守，强调纪律、秩序、等级、权威和精英主义，甚至种族主义。民族主义的情绪表达之所以如此震撼且影响空前，原因在于它能利用它们时代的主要思想潮流，同时又能反映并合理化占主导地位的精英权力结构。

第二次世界大战之后，拉美民族主义的走向反映了发展中国家的思想走

---

① Gilberto Freyre, *New World in the Tropics: The Culture of Modern Brazil*, New York: Random House, 1963.

向，至少从它的公开表达中，可以看出它更多地偏向左派。这种左倾形式的
210 民族主义，在全球化和其他势力的影响下，现在正走向衰落。但依然无法确
切肯定的是，西班牙主义和文化民族主义的比较保守的立场是否已经终结。
目前，尽管拉美已经实现了民主转型(见第十一章)，但仍然无法让人相信，精
英主义的、等级制的和自上而下的价值观已经消亡了。捍卫这些价值观的思
想有很多，远可溯至希腊、罗马、《圣经》、圣托马斯和苏亚雷斯，近可从卢梭、
211 孔德、罗多、西班牙主义，以及最终的法团主义那里找到更多表现。①

---

① 初步探索参阅 Howard J. Wiarda, *Democracy and its Discontents: Development, Interdependence, and U.S. Policy in Latin America*, Lanham, Md.: Rowman and Littlefield, 1995.

第八章

马克思主义

马克思主义在 19 世纪晚期随着初期工业化和初生的工会运动来到拉美[①]。像诸多其他意识形态一样，马克思主义也是从欧洲进口、移植过来的。马克思主义有什么样的吸引力、力量和影响力？跟自由主义、实证主义等 19 世纪的舶来品相比，马克思主义对拉美现实的适应又达到了怎样的程度？马克思主义之所以在拉美不太流行是由于其倡导者不愿或不能充分调适自己以适应拉美的现实吗？在此，或许可以进一步设想：马克思主义是不是同自由民主同病相怜，而与实证主义及后来的法团主义形成对照？因为自由民主在适应拉美现实和获得民众支持方面也遇到类似的障碍，而实证主义和法团

① 较好的研究有 Luis E. Aguilar, ed., *Marxism in Latin America*, New York: Knopf, 1968; Robert J. Alexander, *Communism in Latin America*, New Brunswick: Rutgers University Press, 1960; Donald C. Hodges, *The Latin American Revolution*, New York: William Morrow, 1974; Sheldon B. Liss, *Marxist Thought in Latin America*, Berkeley: University of California Press, 1984; Michael Lowy, *Marxism in Latin America from 1909 to the Present*, Atlantic Highlands, N.J.: Humanities Press, 1992; Rollie Poppino, *International Communism in Latin America: A History of the Movement*, New York: Free Press, 1964.

主义则由于适应拉美的政治和社会现实而获得了广泛、持久的影响力？

除了长期以来不愿调适自己以适应拉美的现实，马克思主义在拉美的虚弱状态也许还可源于其他因素。首先，绝大多数拉美国家基本是农业国家，马克思认为将引领革命走向社会主义的工业劳动力在总人口中的比重很少超过10％—15％。与之相关的第二个因素是，资本主义和工业革命很晚才来到拉美，因而长期以来能够发动劳工革命的条件并不存在。第三，直到最近，拉美人口的大多数还是列宁认为难以组织、动员的群体：农民、未整合的印 212
第安人和边缘化的工人。第四，拉美是一个天主教主导的地区，而天主教会在历史上一直是马克思主义顽强的对手。

第五个因素是同样甚至更加顽强的美国的反对。在冷战持续的整个45年间，可以说，反共是美国在拉美的唯一政策。反共政策极好地反映为这样一个口号："绝不许出现第二个古巴。"或者说，不允许社会主义革命获得成功从而与苏联结盟。第六，马克思主义的各个派别往往为内部纷争所撕裂，从而损害整个运动。第七，20世纪的拉美毕竟不是19世纪的欧洲：发展已经启动，发展的时机和次序迥然相异，各国之间已经相互依赖，以及存在像国际货币基金组织、世界银行和美洲开发银行这样强有力的、能够最终解决借贷问题的金融机构。所有这些差异都有助于解释为什么长期以来马克思主义在拉美的进展十分艰难，更不要说取得优势地位了。这些差异也可以解释为什么马克思主义者需要调适自己以适应拉美地区的情况——如果他们想取得成功的话。

马克思主义的基本原则

清晰明了地概括马克思的思想并不容易，因为：(1) 马克思本人并非总是毫无含糊之处；(2) 马克思的思想经历过变化；(3) 马克思的追随者后来修正、完善过马克思的思想。[①]

卡尔·马克思生于德国，学过哲学和经济学，在巴黎流亡过一段时间，在流亡英格兰期间完成其大部分严肃作品。马克思生活的时代是资本主义和工业革命早期企业豪强肆意纵横的阶段。马克思同查尔斯·狄更斯一样亲身见证了这段历史。狄更斯在小说里所描绘的正是马克思作为社会科学家所研究的。同另一个同时代人孔德一样，马克思的理论也是一种宏大理论。位于马克思宏大理论核心的是对资本主义毁灭性的批判和对社会正义强烈
213 的道德承诺——马克思将这种社会正义界定为社会主义。马克思研究德国哲学，其大部分政治实例则来自法国历史（旧制度、1789 年大革命、拿破仑、保守派的复辟、1848 年骚动、拿破仑三世），关于工业革命的第一手经验则来自英格兰。像孔德一样，马克思也将其思想展示为科学思想，说明经济变化和社会、政治演变的规律具有普遍性和不可避免性。因而，我们不仅探讨马克思思想的发展，而且探讨马克思思想在拉美处境中的有效性和可适用性。

马克思及其经常的合作者恩格斯的思想可以概括为如下 7 个原则：

1. 劳动价值理论。马克思相信，一个产品首要、根本的价值是由进入该产品的劳动决定的。对产品而言，诸如市场、研究、销售、执行、管理、广告等相关费用不是决定性的，只有劳动是决定性的。在马克思看来，劳动之外的其他东西是“剩余价值”，这些东西根本上是属于工人的。

2. 历史唯物主义。马克思相信，谁控制了社会的经济基础，控制了生产和分配资料，谁就控制了一切。贯穿整个历史的、最主要的因素是物质基础或“基础建筑”，而非政治、道德、法律、意识形态、宗教等因素。在此，马克思

---

① 关于马克思思想的概略和相关文选，参阅 Shlomo Avineri，ed.，*Karl Marx on Colonialism and Modernization*，New York：Anchor，1969；Carl Cohen，ed.，*Communism，Fascism，and Democracy：The Theoretical Foundations*，New York：Random House，1966；Robert C. Tucker，ed.，*The Marx-Engels Reader*，New York：Norton，1978；Robert Paul Wolff，*Understanding Marx：A Reconstruction and Critique*，Princeton：Princeton University Press，1984.

与将观念视为历史先锋的黑格尔这样的思想家彻底决裂。

3. 经济决定论。与上述原则相关，马克思相信，经济力量或者说阶级，是历史的驱动力量。决定历史长期走向的不是国王、君主、教皇这样的个人或领袖，而是底层经济力量。一切非经济因素都只是“上层建筑”的组成部分，只是经济基础的镜像。

4. 阶级斗争。马克思写道，一切历史都是阶级斗争史。不是观念、宗教或伟人，而是阶级决定了历史：奴隶反对奴隶主、农民反对地主、工人反对雇主。

5. 辩证法。历史不单单由阶级斗争驱动，而且其发展是辩证的：一个阶级、发展阶段反对并接替另一个。第一个阶段是传统社会，它在经济要求和阶级斗争中让位于奴隶制社会。奴隶制的内部矛盾又导致封建主义的兴起， 214
在封建主义内部产生的新阶级——资产阶级或商业精英，不仅建立了资本主义，而且摧毁了封建主义。在资本主义内部，又产生了一个新阶级——工业无产阶级，这个阶级将摧毁资本主义，建立社会主义。每一个阶段——奴隶制、封建主义、资本主义、社会主义——代表了一个新的合题，但在每一个合题里，新的矛盾总是要浮现出来：正题和反题将产生下一个合题。只有社会主义阶段例外：在社会主义阶段，辩证逻辑将会终止，因为在那里，阶级斗争将不再存在。

6. 不可避免的革命。马克思认为，从一个阶段到下一个阶段的过渡总是以暴力革命的方式进行。这是因为生产及分配资料的拥有者不会不经斗争就放弃他们的控制。他们的财富、土地或资本将通过暴力手段被剥夺。封建主义只有通过革命才能取代奴隶制，资本主义也只有通过革命（比如 1789 年法国的革命）才能取代封建主义。社会主义也将通过暴力变革（比如 1917 年俄国的变革）取代资本主义。马克思对渐进式、进化式、增长式、民主式变化不抱同情，甚至认为这种变化是无意义的。

7. 无产阶级专政。在社会主义这个最后阶段，无产阶级或工人阶级将获得控制权。作为最先进阶段的“最先进”阶级，无产阶级将自己统治自己。其他群体将被排除在外。工人的国家将最终按照群众参与、民主的原则治理。但民主不会扩展到其他群体。这就是无产阶级专政，其最终将通向纯粹的、国家消亡的社会主义高级阶段。

就像经院哲学或实证主义一样，马克思主义的这些基本原则构成了一个融贯的思想体系，似乎一切都逻辑地捆在了一起——如果你接受其宏大的初始前提的话。当然，就像大多数宏大的思想体系一样，马克思主义也为各种不同的解释留下了巨大的空间。实际上，马克思还在世的时候，就已经出现了各种远离其本人思想的解释，以至于马克思自己就宣称：“我不是一个马克思主义者！”因而，要理解马克思后来在拉美及其他地方的吸引力，不仅需要了解马克思本人的思想，还需要了解马克思的追随者们提出的各种修正和变
215 异版本。[1]

第一次分裂发生在正统马克思主义者和无政府主义者之间。无政府主义受惠于马克思主义，但倡导对一切强制性国家制度的即刻摧毁。由于组织、纪律观念的缺乏，无政府主义者遭到马克思的全面斥责。在英国，费边社会主义者接受了马克思主义的大多数原则，但相信渐进式、非革命、非暴力的议会式道路。在俄国，列宁修改了渐进论和马克思辩证法中的自发性，认为政党或“革命先锋队”能够引导工人走向社会主义，从而加速推动历史的进程。列宁还用帝国主义理论解释与欧洲工业国家很不一样的俄国的革命：俄国是“帝国主义链条的薄弱环节”。但在工业化程度较高、工人阶级人数较多的法国和德国，一批马克思主义者仍然相信马克思本人的思想，拒斥列宁主义对历史进程人为的、非自然的解释。

1917 年共产主义通过革命在俄国取得政权之后，另一次分裂发生了。这次分裂发生在斯大林和托洛茨基之间。斯大林相信可以在马克思所预测

---

① 科亨(Cohen)的书在这方面特别有用，包含了列宁、斯大林、毛泽东及其他重要政治人物的著作。

的世界性工人革命之前，在单独一个国家巩固共产主义；而托洛茨基则坚持认为需要全球性的暴动。斯大林还动用了极权手段，而流亡的托洛茨基则倾向于人道的方式。20年之后，毛泽东再次创造性地发挥了马克思主义，认为共产主义革命可以在一个农民占大多数的人口、基本上封建的社会发生。

在古巴，卡斯特罗和格瓦拉谈论基于农民的革命（一个——也许是故意的——误导性的概念，因为古巴革命是多个阶级的革命），并引入了游击中心（“核心”）理论：一个小规模的革命群体可以领导大规模的革命[1]。在尼加拉瓜，桑地诺主义者推进了反独裁联盟思想：反独裁联盟可以激起公众对索摩查独裁政权的敌意，由之可以导向对革命联盟的控制[2]。这些后来专门用来应对拉美的变异，不单单牵涉到对原生马克思主义的激进解释，还将政治因 216
素提升到了高于经济因素的地位。

作为假设，这里值得提以下两点预备性的评论。第一点跟马克思主义为什么——特别是在拉美知识分子和学生中——有吸引力这个问题有关。回答是：马克思主义看起来适合——起码表面上如此——当前拉美的环境。因为拉美长期以来所发生的恰恰是马克思所描述的从封建主义到资本主义的过渡：企业豪强、新兴的资产者，以及贫富悬殊的鸿沟。拉美确实正在经历这个过渡，就像马克思写作的19世纪欧洲曾经经历的一样，在此，马克思的洞见有很强的效力。问题在于下一个过渡：从资本主义到社会主义的过渡。当然，由于从19世纪到20世纪拉美经历了从封建主义到资本主义的过渡，马克思主义提出的阶级斗争、经济基础变革等范畴看起来具有相当程度的有效性，可以据此理解马克思主义对学生和知识分子的吸引力。

另一点预备性的评论同样跟马克思主义为什么——除了其内在的有效性之外——对这些群体有吸引力这个问题相关。回答是：马克思主义在某

---

① Ché Guevara, *On Guerrilla Warfare*, New York: Praeger, 1961; Regis Debray, *Revolution in the Revolution*, New York: Grove Press, 1967.

② *Sandinistas Speak*, New York: Pathfinder Press, 1982.

种意义上很像经院哲学和实证主义。马克思主义是一个总体性的、包罗万象的体系，在这个体系中，马克思的“真理”可以抽象地演绎出来，适用于具体的、个别的国家。像经院哲学和实证主义一样，马克思主义也提供了一个完
217 整的对所有问题的回答。

起源

因一小群知识分子的狂热而得以在拉美出现的欧洲乌托邦社会主义思想可以视为马克思主义的先驱。像圣西门、普鲁东这样的 19 世纪法国哲学家的思想和著作曾在拉美文学圈里流传，并引起一定的讨论，出现了一些与之相关的文章和小册子。这些思想和著作号召建立社会主义共同体，实现劳动和收入的平等分享。1848 年欧洲革命运动也曾在拉美引起一些注意。当然，正如霍林(Jorrín)和马茨(Martz)所总结的，在 19 世纪末之前，这些思想只是“怪异的时尚”，并未在拉美产生多大的实际影响。①

虽然早在 19 世纪 50 年代就已经零星地见到马克思的思想，但要到 19 世纪七八十年代，拉美才出现更多明显是马克思主义的著作和思想。当然，这些思想依然几乎只在一小群文学圈知识分子中流传。毕竟，这是实证主义的巅峰时期，像民族主义、罗多主义、西班牙主义等强有力的思潮在这时才刚刚开始露头。马克思主义在这个时期还是非常小众的、几乎没人注意的意识形态潮流，在普通民众中没引起什么反响。

但这一切随着意大利人、西班牙人等南欧移民在世纪之交大规模进入拉美，特别是进入拉美南锥体国家而发生了变化。因而，第一波严肃的马克思主义运动、政党出现在阿根廷、智利和乌拉圭等南锥体国家绝非偶然。这些国家是拉美最先进、欧洲化和受教育程度最高、拥有最多欧洲移民的国家。

① Miguel Jorrin and John D. Martz, *Latin American Political Thought and Ideology*, Chapel Hill: University of North Carolina Press, 1970, p.271.

欧洲移民在阿根廷分布最广，相当一部分移民带来了欧洲的意识形态，其中包括马克思主义。因此，可以说，一种更加严肃的，超出文学、哲学学术圈而与工人阶级相连的马克思主义，是通过始于 19 世纪最后 20 年并在 20 世纪得以延续的大规模移民潮来到拉美的[①]。 218

与欧洲移民潮相应的是拉美工业化的起步。最早、最大的工业主要与拉美的原材料和初级产品出口相关。最早的工会反映了这些工业的成长：阿根廷的禽肉包装工、装卸工，玻利维亚的锡矿工，智利的镍矿工，古巴和多米尼加共和国的割甘蔗工以及中美洲的香蕉工。强调这些发展的理由是显而易见的：马克思主义不只是一种智识模型，而且也是一种现实的群众运动，一种在工会中获得组织化表达的工人运动。需要有资本主义、工业化、工厂这些东西，马克思主义才能建立起有组织的群众基础。随着拉美工业化在世纪之交及之后的发展，马克思主义开始获得群众基础，这使其有可能在未来获得发展。就像历史学家罗利埃·波皮诺(Rollie Poppino)所说，马克思主义随着工业化而走出了最初驻足的文学沙龙，进入大街和工会大厅，成了一种有组织的运动。[②]

但在拉美兴起的这种马克思主义也反映了移民工人来源国的状况。在这个时期，在意大利和西班牙这两个拉美移民首要来源国，无政府主义和无政府主义运动非常强大。[③] 遭到其祖国驱逐的俄国无政府主义者巴枯宁(1814—1876)将其注意力转向西欧，在意大利和西班牙有效地组织起了农村和城市工人，使无政府主义在西欧这两个国家取得了很大的成功。实际上，也只有在这两个国家，巴枯宁的思想取得了成功，赢得了相当一部分民众的追随。

---

① Aguilar, *Marxism*, introduction; Jorrin and Martz, *Latin American Political Thought*, chaps. 6, 9.

② Poppino, *International Communism*, p.217.

③ 最好的论述是 Jorrin and Martz, *Latin American Political Thought*, chap. 6.

无政府主义哲学认为，罢工和政治活动不必非得经过领导机构和官僚程序的批准，行动不必非得在实质上、道德上合法，工人直接的甚至暴力的、革命的行动是实现其目标的途径，工人的无政府主义组织应当尽可能地分散，农民的土地改革与工人的工厂改革同等重要。无政府主义者由于持有这些思想，而被马克思在1872年逐出了第一国际。但无政府主义者依靠意大利、
219 西班牙和瑞士的支持者建立了自己的国际。这些无政府主义思想对拉美的马克思主义和工团主义的影响很大，而且其所倡导的一些改革议程——比如土地改革——也来到了拉美。

无政府主义对后来的拉美劳工运动产生了多种影响。其一是无政府主义强调暴力这个变革政治、社会的工具。当然，这里的暴力通常是有序的、受控的、谨慎协调的暴力——通常未达到革命——以达成一些相当具体的政策目标。[①] 另一点是对霍林和马茨所称的"革命万灵丹"的信仰。这是一种相当浪漫化的思想，认为占领土地、罢工、烧毁教堂等直接行动能够使一个解决一切问题的千年王国来到人间。[②] 早期无政府主义为拉美劳工运动所留下的第三个持久的遗产是：强调直接的政治行动而非集体磋商才是解决劳工纠纷的途径。总罢工、向国会大厦进军、推翻不能满足劳工要求的总统或劳工部长、激起警察或军队的暴力以创造殉道者从而引起同情，所有这些拉美劳工运动的特征都反映了无政府主义影响所留下的遗产。拉美的工业、劳工关系运营的通常是基于无政府主义的政治模式，而非相对和平的、讲究集体磋商的美国模式。[③]

像马克思主义一样，无政府主义也有其不同的分支和根系。其中一个分支是工团主义(syndicalism)。工团主义源于19世纪90年代的法国，就像其

---

① James L. Payne, "The Politics of Structured Violence," *Journal of Politics* 27 (May 1965), pp.362－374.

② Jorrin and Martz, *Latin American Political Thought*, p.183.

③ James L. Payne, *Labor and Politics in Peru: The System of Political Bargaining*, New Haven: Yale University Press, 1965.

父无政府主义一样，工团主义也是由西班牙和意大利移民带到拉美的。“工团主义”这个术语来自法语 syndicat，通常译为“工会”（trade union）。工团主义出自马克思主义，与马克思主义有密切的关系。但马克思主义即使在社会主义时期也经常要将劳工运动控制在党或国家手里，而工团主义者则希望由工会自己直接接管权力。工会要求直接管理自己区域内的工业，区域外的事务则与其他工会协调处理，不需要中央或国家的存在。在工团主义这里，工人和农民将独立控制所有劳动条件。 220

在有些国家，无政府主义和工团主义分别开展自己的运动，但在大多数国家，它们一道形成一个混合体：无政府—工团主义运动。无政府—工团主义从巴枯宁和俄国无政府主义者、法国使徒工团主义者、斐迪南·佩卢捷（Ferdinand Pelloutier）和更知名的法国人乔治·索雷尔（Georges Sorel）那儿获取思想灵感。索雷尔著有《反思暴力》一书，该书出版于 1908 年，影响颇大。在书中，索雷尔认为，通过运用受控的暴力和总罢工，组织良好的劳工运动，可以使整个国家瘫痪和屈服。索雷尔还进一步指出，即使行动失败，总罢工的“神话”所拥有的终极力量也将使工人联合起来，激发起对未来的信心。[1]这或许可以稍稍慰藉成千上万在拉美早期劳工运动中被警察和军队杀害的工人们。

在阿根廷和乌拉圭，早在 19 世纪 70 年代就出现了无政府主义运动；在智利，无政府主义影响了劳工运动；在秘鲁，无政府主义在早期马克思主义作家马努埃尔·冈萨雷斯·普拉达（Manuel González Prada，1848—1918）的著作中留有很深的印记；在古巴，无政府主义是 19 世纪 90 年代独立运动的一部分；在墨西哥，弗洛雷斯·马贡（Flores Magón）三兄弟曾尝试将 1910—1920 年的墨西哥革命推向无政府主义。

尽管无政府主义和无政府—工团主义都没有发展成为拉美大规模的群

---

① Georges Sorel, *Reflections on Violence*, Glencoe: Free Press, 1950.

众运动或成为主导性的意识形态，但它们确实强有力地影响了拉美的工会运动和农民运动，直到今天依然能够感受到这种影响。谨慎、有序地运用暴力而非全方位的革命、总罢工、直接行动思想、由农民和工人占领私有土地和工厂、运用政治磋商模式而非集体磋商模式，这些都是无政府主义、无政府—工团主义所留下的遗产。这很可能就是一些作家和知识分子的态度：倡导无政府主义策略以激起反对社会不公的情绪。这也同样可能是古巴的卡斯特罗、尼加拉瓜的桑地诺主义者等的态度：对一种浪漫化、理想化的"革命万灵丹"近乎神秘的信仰。[①]

但霍林和马茨认为，无政府主义同样阻碍了拉美工会运动的发展，使有序的政治进程成了笑柄。[②] 由于其对暴力的倡导和运用，由于其革命恐吓策
221 略，由于其对直接行动而非磋商和妥协的坚持，无政府主义在内部分化了劳工运动，又在外部引发了保守的军队、寡头、教士等方面的弹压，最终只能导致劳工运动陷于失败。但无论如何，无政府主义和无政府—工团主义如今已经进入拉美意识形态的"万神殿"，甚至一度成为与实证主义、罗多主义、西班牙主义等拉美保守意识形态分庭抗礼、代表下层阶级的激进的意识形态力量。当然，最后，大约在一战期间，无政府主义作为一种独立的意识形态和运动基本消失了(尽管其思想并未消失)。

历史

马克思主义和马克思主义运动在拉美的历史可以分为如下8个阶段：

1. 早期马克思主义(1870—1900)；

---

① Robert J. Alexander, *Organized Labor in Latin America*, New York: Free Press, 1965; Victor Alba, *Politics and the Labor Movement in Latin America*, Stanford: Stanford University Press, 1968.

② Jorrin and Martz, *Latin American Political Thought*, pp.181 - 196.

2. 第一波马克思主义政党(1900—1917);

3. 俄国革命和共产国际(1917—1928);

4. 斯大林主义强硬路线(1928—1935);

5. 人民阵线和二战(1935—1945);

6. 早期冷战(1945—1959);

7. 古巴革命及其余波(1959—1990);

8. 苏联解体和马克思列宁主义的危机(1990 年至今)。

以下是这段历史的概略。①

马克思和恩格斯都没有去过拉美,对拉美知之甚少。他们关于拉美的文字往往带有某种居高临下、轻蔑的味道。拉美被视为原始的、落后的;就像黑格尔所说,拉美“没有历史”,或者说在 19 世纪早期拉美没有展示出任何进步。马克思基本接受了这些关于拉美较负面的看法。当然,当马克思说拉美没有历史的时候,他指的是拉美没有资本主义、工业化以及阶级斗争。在马克思看来,拉美可以跟印度、非洲、中东和亚洲这些不怎么重要的地区归为一类,除了来自殖民强国的投资之外,没什么需要特别注意的地方。马克思写过一些报刊文章,谈论法国在 19 世纪 60 年代对墨西哥的占领等,但这些文 222
章不具有系统性。一般而言,马克思认为,拉美跟我们今天称为发展中地区的其他地方一样,不值得认真对待。②

另一方面,马克思主义思想很晚才零星地出现在拉美。马克思主义起初是如何被接受的,也不太确定。③ 19 世纪晚期,马克思主义在拉美的被接受程度跟实证主义在拉美的被接受程度完全不可同日而语。那个时期的巴西思想家托比亚斯·巴雷托(Tobias Barreto,1839—1889)注意到了马克思主义

---

① 这里的分析引自 Aguilar, *Marxism*; Liss, *Marxist Thought*; Hodge, *The Latin American Revolution*; and Lowy, *Marxism*.

② Avineri, *Karl Marx*.

③ 这里的分析追随 Aguilar, *Marxism*, introduction.

是欧洲诸多哲学思潮的一支，但并不认为马克思主义有多么重要。阿根廷、智利、古巴、乌拉圭、秘鲁、墨西哥等国的一些知识分子读过马克思的书，不时提到马克思，但并没有认真地对待马克思。比如说，古巴的马蒂就拒斥马克思对革命暴力的号召，但这位古巴民族主义者、争取古巴独立的斗士却被无政府主义者巴枯宁所吸引。这个时期（19 世纪 70—90 年代）拉美其他作家也曾不时提到马克思，但也只是将其视为一个遥远的人物，跟孔德这样的欧洲思想家完全不是一个水平，对拉美也没什么意义。在这些年间，是巴枯宁、无政府主义和无政府—工团主义，而不是马克思或马克思主义本身，在移民拉美的群体中吸引了一小部分追随者。

这种状况在 19 世纪最后 10 年至一战期间开始改变。这个时期的核心人物是于 1895 年创立阿根廷社会党的阿根廷医生胡安・B.胡斯托（Juan B. Justo，1865—1928）。胡斯托不仅阅读马克思的德文著作，还将其译成西班牙文。这样，马克思第一次可以在拉美较大范围内拥有读者。接受自然科学训练的胡斯托像其他科学家和社会科学背景不强的人文主义者一样，在马克思主义那里找到了理解经济学、社会学、政治学等学科的科学基础。胡斯托和阿尔弗雷德・帕拉西奥斯（Alfredo Palacios）、尼古拉斯・雷佩托（Nicolás Repetto）、阿美里科・吉奥尔迪（Américo Ghioldi）（注意都是意大利名字）等人使拉美马克思主义历史迈出了引人注目的一步：从早期零星的、不成体系的马克思主义走向了有组织、有纪律的马克思主义。胡斯托等人还帮助智利、玻利维亚、乌拉圭等邻国组织类似的社会主义运动。胡斯托所创建的阿根廷社会党前几年刚刚进行过纪念建党 100 周年的活动。尽管这些都是很有意
223 义的步伐，但阿根廷社会党随后发生了一系列分裂，直到一战期间才占据了一个（那时极其虚弱）左派少数派的地位，甚至与无政府主义者、工团主义者、无政府—工团主义者相比也只是一个少数派[①]。

---

① Richard J. Walter, *The Socialist Party of Argentina*, Austin: University of Texas Press, 1977.

就像其他地方一样，拉美的社会主义政党的一个决定性转折点也是一战和1917年俄国布尔什维克革命。作为这两大事件的后果，共产党在拉美各国成立：阿根廷在1918年，墨西哥在1919年，智利和巴西在1921年，古巴在1925年，其他国家中的大多数也是在1917年之后的10年间。当然，这些共产党都很小：1928年，阿根廷共产党只有2000名党员；巴西是1200名；墨西哥是1000名，大多数是不识字的农民。其他许多国家的共产党则往往是只有几十名知识分子党员的迷你政党。这也反映出拉美工业化范围的狭小，因而共产党无法获得较广泛的支持。拉美共产党是如此之小，以至于没有一个受邀参加1919年在莫斯科召开的第三国际第一次代表大会。而且，拉美早期共产党还经常为意识形态之间的分歧、领导人之间的竞争等问题吵得不可开交，发生了多次分裂，分裂成社会主义者、共产主义者、无政府—工团主义者及其他小派系。雪上加霜的是，它们还经常需要面对大多数工人的冷漠、敌意、缺乏阶级意识甚至不识字等问题，同时还得面对工会运动的虚弱和分裂等状况。与此同时，拉美各国共产党还需要坚持来自莫斯科的日渐琐碎的正统教条，即使它们知道这些正统马克思主义教条并不总是适合自己国家的情况①。

20世纪20年代以来，特别是1928—1935年间，苏联开始从革命后的混乱中崛起，斯大林的权力得到了巩固，苏联开始试图通过第三国际加强对世界各国共产党的控制。苏联加强对共产国际控制的方式包括：清除民主—社会党人、托洛茨基派以及所有不接受莫斯科对马克思主义的定义的人，无论他是左派还是右派。其结果是苏联对世界各国共产党施以铁腕统治。在拉美，这种控制导致了新一波的分裂、纷争和乱局。克里姆林宫的指示意味着拉美及其他地方的共产党必须首先服务于苏联的利益，其次才是自己国家
224 的利益。这再一次削弱了拉美共产党的力量，特别是党内正在壮大的民族主

① Aguilar, *Marxism*, p.11; Alexander, *Communism*.

义力量。这同时也意味着知识分子和学生的淡出，党内官僚和强硬派开始主导各国共产党，在古巴是布拉斯·罗卡(Blas Roca)，在巴西是路易斯·卡洛斯·普雷斯特斯(Luis Carlos Prestes)，等等。马克思主义从此不再是一种意识形态或智识运动，而是成了为苏联外交政策服务的政治工具。[①]

20世纪30年代中期，苏联的路线再次转向另一边。这个时期被称为人民阵线时期。斯大林此时开始注意到纳粹德国的威胁，倒转了前几年的政策，命令世界各国共产党——包括拉美共产党——与其他左派政党结成同盟，共同击败法西斯主义。这样，古巴共产党与民主改良派成为盟友，阿根廷共产党与激进党走到一起，智利共产党与社会党携起手来，秘鲁共产党则与社会民主党结成了美洲人民革命联盟(阿普拉)。与改良派、民主派政党的结盟增强了当时相当孤立、不怎么受人待见的共产党的合法性。由此，拉美共产党在1935年至二战结束期间取得了令人瞩目的发展，即使斯大林一度向纳粹德国妥协也没有改变这种态势。拉美共产党不仅与左派政党成了盟友，同时也缓和了其激进的意识形态，在好几个国家开始更多地注意国内问题，并在摆脱地下状态、取得合法地位方面取得了一定的成功——这在注重国家调节的法团主义的拉美是关键性的一步。[②]

对拉美共产党而言，从二战结束到1959年古巴革命胜利是一个充满困难、冲突和经历沉浮的时期。尽管美国和苏联在战后一两年"感觉良好"，拉美共产党也在这短暂的时间里脱离地下状态，甚至获得法律承认，拥有正当地位，但这两个超级大国之间的冷战很快就在1947年登场。这对拉美共产党造成了直接的冲击：很多共产党如今又成了非法政党。美国试图通过1947年的《里约条约》在整个西半球建立一个反对共产主义和苏联扩张主义
225 的同盟。此前，美国在拉美的外交政策通常是建设性的，如今则变成否定性

① Poppino, *International Communism*; Dorothy Dillon, *International Communism and Latin America*, Gainesville: University of Florida Press, 1962.

② Aguilar, *Marxism*, p.29.

的，建立在反共之上。美国试图通过遏制和军备经济这双重战略防范一切对拉美可能的共产主义渗透。苏联成为美国主要的，甚至是唯一的关切，为此其可以不惜一切代价。二战之后的15年里，美国基本上忽视了拉美，只有当共产主义威胁看起来迫在眉睫的时候，美国才会注意拉美，1954年对危地马拉的干涉就是如此[①]。

另一些变化发生在社会主义运动内部。首先，苏联一改之前轻视拉美共产党的倾向，在二战之后第一次认真对待拉美地区。其次，二战期间建立在人民阵线基础上的中左政党同盟如今破裂了，共产党、社会党、民主—改良党如今各走各道。此外，在拉美共产党再次被非法化、遭到迫害、开始衰落的时候，社会党和社会民主党则在上升。这多少是令人惊异的，因为直到二战，苏联支持的共产党有组织、有热情，往往是最强大的左派政党，但到了20世纪50年代，不断获得力量的却是社会党和社会民主党。[②] 这一切都发生在20世纪50年代这个大背景之下。在这个时期，美国狭隘、短视的反共政策让拉美对其越来越失望，同时这个时期的拉美还见证了不断兴起的抗议性甚至革命性的起义。

总体来看，在20世纪50年代，拉美共产主义运动已经得到很好的控制。在冷战冲击和美国的压力下，绝大多数拉美国家的共产党、工会、农民组织再次被非法化。作为一种意识形态的共产主义在拉美民众中的影响力在下降。在危地马拉这个插曲中，美国展示了不惜代价阻止共产党在政府中得势的决 226
心。但就在这时，发生了古巴革命，这一切随之改变。古巴革命不仅在之后30年深刻影响了拉美左派，而且还影响了美国。“绝不许出现第二个古巴”随

---

① Ronald M. Schneider, *Communism in Guatemala, 1944 - 1954*, New York: Praeger, 1959.

② 拉美很多共产党在这个时期被非法化并遭到迫害，但同时也有一些右派独裁者，如哥斯达黎加的拉法埃尔·卡尔德隆·瓜尔迪亚(Rafael Calderón Guardia)、古巴的富尔亨西奥·巴蒂斯塔(Fulgencio Batista)、委内瑞拉的佩雷斯·西梅内斯(Pérez Jiménez)等人与共产党达成了奇怪的“姘居”协议，允许共产党在劳工运动中发挥作用，以换取共产党在选举或发生街头示威时的支持。这样的同盟通常是为了防止更有民众基础的民主左派力量挑战其独裁统治。这种同盟反映了临时性的政治需要，而非意识形态的一贯性。

后成为美国拉美政策的基调。

一种本土马克思主义？

到目前为止，拉美马克思主义基本上被描绘为一个派生的形象，是对欧洲事件、思想、社会经济及政治发展的反映，或者干脆就是苏联外交政策的影子。一方面，马克思所举的例子，所谈的历史、哲学和理论大多都来自欧洲经验。马克思相信像拉美这样的发展中地区只不过是欧洲模型的镜像或对欧洲或迟或早的模仿。另一方面，至少从一战至二战及之后的时期，马克思主义在拉美的历史大体上只是拉美共产党执行苏联命令的历史。

我们在这里提出的问题是：第一，有可能设想一种拉美本土的马克思主义吗？也就是说，有没有一种并非只是反映欧洲经验，适合拉美现实、历史和社会条件的马克思主义？第二，这样一种马克思主义能够跟大国竞争，尤其是跟苏联出于冷战需要而对拉美提出的要求切割开来吗？

在拉美构建一种本土马克思主义的努力始于秘鲁人何塞·卡洛斯·马里亚特吉（José Carlos Mariátegui，1894—1930）。[①] 马里亚特吉出身贫困，自学成才，由于糟糕的健康状况，年仅 36 岁即去世。马里亚特吉一开始是西班牙神秘主义和天主教教义的拥护者，之后转向马克思的社会主义。由于反对当时的独裁者奥古斯托·莱吉亚（Augusto Leguía），马里亚特吉不得不离开秘鲁，东游欧洲。在欧洲，马里亚特吉对法国社会主义者亨利·巴比塞（Henri Barbusse）和意大利共产主义者安东尼奥·葛兰西（Antonio Gramsci）留有深刻印象。实际上，马里亚特吉是葛兰西式马克思主义的发现者，远在这种策略于美国和欧洲流行之前。葛兰西的马克思主义提倡对包括文化、教育制度在内的“战略高地”的攻占。

---

① 最好的资源是 Harry Vanden，*National Marxism in Latin America：Jose Carlos Mariátegui's Thoughts and Politics*，Boulder：Lynne Rienner，1986.

马里亚特吉最大的贡献是调适马克思主义以使之适合拉美，特别是秘鲁的历史和社会。他将马克思的教导视为开放的、弹性的——当然，如果要将 227
马克思的分析用于拉美，一定得这么做。因为此时的拉美特别是秘鲁跟欧洲截然不同，只有微乎其微的工业化，有限的资本主义，几乎没有工业无产阶级或组织起来的工人阶级。如果完全遵循马克思的体系，你怎么能在没有工人阶级的情况下进行社会主义革命？

马里亚特吉在占秘鲁人口80%～90%的本土印第安人中找到了答案。马里亚特吉对前西班牙印加文明的集体主义和社群主义很感兴趣，从中看到了导向社会主义的潜能。马里亚特吉尝试从马克思的或唯物主义的视角考察本土历史，分析秘鲁革命的可能性。像后来受其思想激发的光辉道路运动一样，马里亚特吉也相信学生、知识分子、为数不多的工人阶级和各种本土因素的组合能够成功引发一场马克思主义革命。尽管马里亚特吉是一个马克思主义者，但他也是注重群体或法团权利的伊比利亚和拉美传统的传人。

马里亚特吉将古代集体主义和本土“农民”视为革命领导力量的看法实际上预示了毛泽东的思想。马里亚特吉相信，农村印第安群众能够在资产阶级成功建立资本主义之前推动革命。马里亚特吉也受到大学生运动的鼓舞。1918年，大学生运动在阿根廷科尔多瓦爆发，随后蔓延到拉美其他国家。就像葛兰西一样，马里亚特吉也相信学生和知识分子能够在革命中发挥领导作用，也认为可以改变马克思的辩证法，资本主义可以由社会主义者在走向社会主义的途中创造出来。马里亚特吉混合了社会主义和印第安主义，认为可以通过革命在摧毁资本主义的同时恢复印加时期古老的印第安土地所有制。

马里亚特吉强烈地批评当时在秘鲁及拉美其他国家占支配地位的实证主义哲学。马里亚特吉认为，实证主义鼓励帝国主义、资本主义的渗透，将导致贫富差距越来越悬殊。但与此同时，马里亚特吉也不相信梅斯蒂索或种族之间的融合，他批评何塞·巴斯孔塞洛斯（José Vasconcelos）的“宇宙种族”或拉美梅斯蒂索“新种族”观念。作为一个马克思主义者，马里亚特吉相信，拉

228 美的主要问题不是种族问题，而是社会、经济问题。

马里亚特吉是一个思想家、记者，而非训练有素的哲学家。他的著作基本上不成系统，对马克思的理解也不深入。他对前西班牙的印加历史和社会的研究不完整，也并不总是准确。就像列宁对俄国农民难以组织、不喜欢革命的特性的判断一样，马里亚特吉也常常为秘鲁印第安人无组织、执迷传统、不喜欢行动、不喜欢跟外界联系等问题而头疼。60 多年后的光辉道路运动也遇到同样的问题。如果革命主要基于印第安群众，那么他们对革命的支持就是关键。如果他们反对革命或对革命无感，甚至更糟的是，将领导革命的人交给警察或军队，那革命就会陷入麻烦。

尽管有这些问题和局限，马里亚特吉的思想依然代表了一种突破，因为其思想是拉美乃至整个第三世界调适马克思主义使之适应本土现实的第一次尝试。与机械应和马克思的提法不同，马里亚特吉实际上是将秘鲁广大印第安人的存在这个拉美现实筑入了马克思主义的大厦之中。这也正是拉美其他成功的意识形态——比如实证主义——所使用的方式。如今是马克思主义在尝试适应本地现实。马里亚特吉将成为日后拉美马克思主义传统中其他知识分子和行动者的典范。

马里亚特吉是一个作家，而不是实际运动的组织者，是秘鲁旷野中的一声呼喊。在马里亚特吉默默构思的时候，另一个运动——阿普拉已经在秘鲁登场。阿普拉将对秘鲁和整个西半球产生强有力的影响。阿普拉实际上是拉美第一个真正有群众基础的政治党派，是所有其他中左改良派政党的典范。[1] 阿普拉最终同其他党派一道组成了人民党联盟。这个联盟包括委内瑞拉的民主行动党、哥斯达黎加的民族解放党、古巴的本真党、洪都拉斯的自由党、阿根廷的不妥协的激进党、巴拉圭的二月党和多米尼加共和国的多米尼加革命党。跟马里亚特吉在秘鲁孤立无援的声音不同，几乎所有这些政党

---

① 最好的资源是 Harry Kantor, *The Ideology and Program of the Peruvian Aprista Movement*, Berkeley: University of California Press, 1953.

都一度取得权力，有机会将它们的意识形态付诸实践。 229

阿普拉党由一个年轻的秘鲁知识分子和政治活动家维克托·劳尔·阿亚·德拉托雷（Víctor Raúl Haya de la Torre）创立。像其他很多同时代人（包括马里亚特吉）一样，阿亚也为那个时代的历史大事件所深深吸引：1910 年的墨西哥革命、1917 年的俄国革命、1918 年的拉美学生运动，以及 20 世纪 30 年代资本主义在世界范围内的大崩溃。阿亚也受到那时相当流行的爱因斯坦相对论的强烈影响，构想出既像马克思主义又像爱因斯坦相对论的“历史时空”概念，尽管这个概念即使对其追随者也没什么意义。像马里亚特吉一样，阿亚也是拉美现实的研究者。秘鲁的落后和欠发达，既无民主也无资本主义，数量巨大但却没有行动力的印第安人，外国大公司的帝国主义统治等都是阿亚关心的问题。阿亚心急如焚地想要改变秘鲁，将秘鲁带入现代世界，改革其社会结构，驱逐帝国主义势力。

像许多 20 世纪 20—30 年代的年轻知识分子一样，阿亚的生活起步于马克思主义。阿亚接受了马克思主义的主要范畴和思想：阶级斗争、历史唯物主义、社会主义的不可避免性。他在秘鲁所开启的运动包括以下要点：

1. 反殖民主义、反帝国主义；

2. 社会正义；

3. 土地改革；

4. 使印第安人、工人、农民融入民族生活；

5. 西半球的团结或泛拉美主义；

6. 巴拿马运河的拉美化；

7. 民主。

仔细看一下这些要点就会发现，尽管阿亚在智识上是马克思主义者和反帝国主义者，但他不是一个列宁主义者或斯大林主义者。像 20 世纪早先的英国费边派一样，阿亚相信的是走向社会主义的议会民主道路，而非暴力革命道路。阿亚深信公民自由和人权。即使他的立场是反帝国主义的，他对美国的态度也不是完全消极或暴烈的，他还与美国的改良派紧密合作。或者说，在坚持马克思主义的同时，阿亚追随的是社会民主的道路，而非共产主义
230 的道路。阿亚选择的是实用的、渐进的、增长式、进化式路径，而非革命之路。阿亚更接近西欧的议会式社会民主，而非苏联、东欧的共产主义和极权主义。阿亚及其领导的运动遭到马里亚特吉和正统共产主义者的强烈批评。

马里亚特吉专心于在智识层面展开对秘鲁社会的马克思主义批评，阿亚则发起了一个政治运动，尝试实际地改变秘鲁。阿亚的阿普拉党是拉美大陆最早的、在欧洲意义上有群众基础的政党。阿普拉党有实际的纲领和意识形态，而不只是私人性的存在。通过其支持民主参与、要求土地改革及辅助穷人的政纲，阿普拉党崛起为秘鲁最大的政党。如果秘鲁有一个完全民主的政治秩序的话，阿普拉党将在秘鲁大部分现代时期执政。但秘鲁的寡头与军队(共产党往往也参与其事，因为共产党不希望看到其强大的左派对手完成改革议程)使阿普拉党与权力无缘。阿亚遭到监禁、刑讯，被逐出秘鲁。在之后的数十年，秘鲁在军事独裁和寡头统治之间摇摆。只是到了 20 世纪 80 年代，阿普拉党才赢得一次选举胜利，获得总统职位。但这时，阿亚已经离开领导层，阿普拉党也已经暮气沉沉，其成员腐败丑闻缠身，其他政党和运动也已经完成了阿普拉党所提出的改革的部分议程。阿普拉党的执政经历并不怎么成功。

阿普拉党有几个值得特别注意的特征。第一，它是社会党国际(SI)的活跃成员。社会党国际是一个主要由欧洲和拉美的社会党、社会民主党(非共产党)等相信民主式社会改革的政党组成的组织。加入社会党国际意味着阿普拉党在意识形态上站在温和左派一边。第二，阿普拉党虽然在意识形态上持社会主义和社会民主主义(后来逐渐放弃了马克思主义)的立场，但其法团主义的内部组织却讲究团块分治，有青年团块、妇女团块、农民团块、工人团块和知识分子团块等。在拉美的政治传统中，不管是在左派还是在右派方面，都能不断见到这种有机的、法团主义的社会和政治组织形式(见第九章对

其现代形式的讨论)。第三,令人吃惊的是,阿普拉党不只是一个欧洲意义上的政党,它也是一个运动、一个家族、一个职业培训组织。在访问阿普拉党位于利马的总部时,笔者见到了一个政治科学家无法在一个政党身上见到的现 231
象:阿普拉党既开办扫除文盲的学校,又在汽车机械、理发、穿着、电子、电器修理等领域组织职业教育。这确实是一个新型政党,与拉美过去常见的、由精英主导的选举和赞助机器很不一样。

具有讽刺意味的是,阿普拉党这个拉美所有民主左派政党的"祖父"用了50年才第一次获得权力,而其所组建的人民党联盟旗下的很多其他政党却取得了更大的成功。[①] 民主左派通过选举道路执政并着手实施改革议程:在委内瑞拉是通过罗慕洛·贝坦科尔特(Rómulo Betancourt)、劳尔·莱昂尼(Raúl Leoni)、卡洛斯·安德烈斯·佩雷斯(Carlos Andrés Pérez)执政,在阿根廷是通过阿图罗·弗朗迪西(Arturo Frondizi)执政,在哥斯达黎加是通过何塞·菲格拉斯(José Figueras)执政,在波多黎各是通过路易斯·穆尼奥斯·马林(Luís Muñoz Marín)执政,在洪都拉斯是通过拉蒙·比列达·莫拉莱斯(Ramón Villeda Morales)执政、在多米尼加共和国是通过胡安·博施(Juan Bosch)、阿图罗·古斯曼(Arturo Guzmán)和萨尔瓦多·豪尔赫·布兰科(Salvador Jorge Blanco)执政,在其他国家也有类似情况。这些具体的政权取得了不同程度的成功,民主左派已经取得和正在继续取得的选举胜利证明了社会民主主义立场深入人心。事实上,在20世纪60年代早期,美国政府将这些政党视为跳出不是卡斯特罗式共产主义就是右派威权主义这个泥潭的希望。[②] 随着成为其所在国家重要的选举竞争者,并越来越能为美国所接受,这些左派政党变得越来越主流,基本上将它们的马克思主义抛在一边,从而

① Charles Ameringer, *The Democratic Left in Exile: The Anti-Dictatorial Struggle in Latin America*, Miami: University of Miami Press, 1974.

② Jerome Levinson and Juan de Onis, *The Alliance That Lost Its Way: A Critical Report on the Alliance for Progress*, Chicago: Quadrangle, 1970.

接近美国民主党左派的立场。至此，可以说，已经越来越无法将这些政党归入马克思主义政党这个类别。

古巴革命代表了（马里亚特吉和阿普拉之后）第三种主要的调整马克思主义使之适合拉美的努力。古巴的贡献主要不是某种哲学上的新突破，因为卡斯特罗和格瓦拉都是相当冷漠的，他们将意识形态视为其行动主义和民族主义的一个补充。相反，他们的贡献在于：(1) 格瓦拉有点接近中国的基于农民的革命这个概念。这个概念包含一种强烈的民族主义的、反美、反独裁同盟的意味，这个同盟包括学生、工人、农民、知识分子和中产阶级，甚至还包括军队，以至于能够使社会主义在一个前工业的社会中取得胜利。[①] (2) 法国左派知识分子和
232 作家雷吉斯·德布雷（Régis Debray）写了一本颂扬古巴革命的书——关于游击中心的思想。游击中心思想认为一小群马克思主义核心（游击中心）可以在广泛的反独裁同盟中有效地掌控局势，能够在独裁者被推翻之后引导革命的发展（在尼加拉瓜就是如此）。[②]

马克思主义的变体

在20世纪40—60年代，拉美有各种各样的马克思主义。尽管所有这些马克思主义都可以回溯到马克思本人，但各有其不同的走向。在绝大多数国家会同时存在四五种甚至更多种马克思主义群体。

一张关于主要的马克思主义派系的列表可以直观地展示出马克思主义的多样性：

1. 社会主义派。拉美依然有一些社会党，这些社会党源自阿根廷社会党，其中最强大的是智利社会党。

2. 无政府主义派。拉美的无政府主义和无政府—工团主义运动在一战

---

① Guevara, *Guerrilla Warfare*.

② Debray, *Revolution in the Revolution*.

后基本衰落，但依然对拉美的一些工会保持可观的影响力。

3. 共产主义派。拉美老派正统的共产党，除了在为数不多的国家之外都不大，在苏联解体后进一步衰落。没有任何一个共产党有单凭自己力量赢得权力的可能性。

4. 托洛茨基派。相信全球性自发革命的托派在20世纪30年代的墨西哥曾经影响很大。托洛茨基本人曾因斯大林而流亡墨西哥及其他国家。在托洛茨基被斯大林的追随者刺杀之后，托派迅速衰落。托派如今在拉美依然有热忱的归附者，但从来没有发展为成规模的运动。 233

5. 独立的马克思主义派。拉美所有国家都有独立的马克思主义思想家，通常是大学教授，他们接受并运用马克思的术语思考问题，但从来不曾自己组织政党，甚至不曾参加政治活动。

6. 阿普拉派。拉美的阿普拉党或民主左派政党——那些组成人民党联盟的政党——取得了令人瞩目的选举和政治胜利。这些阿普拉派政党为了取得成功基本上放弃了早年的马克思主义，而持议会式社会民主主义的立场，在绝大多数情况下其不再被视为革命党或甚至不再被视为马克思主义政党。

7. 土地—社会主义派。在稍早时期，土地分配不平衡问题被视为拉美最要紧的问题，那时在一些国家兴起了土地—社会主义及运动。但当人们移入城市之后，另外一些经济问题凸显出来，土地问题逐渐淡出人们的视野，因而，专注于土地问题的土地—社会主义派也逐渐淡出，尽管在一些地区，农民通过直接行动占领私有土地（一种无政府—工团主义策略）的情况还在继续发生。

8. 中国共产主义派。在相当长一段时期内，苏联是世界上唯一的共产主义国家，拉美国家不得不注视着莫斯科的动向，接受其指令。但共产主义中国在20世纪50—60年代的崛起，尤其是中国革命的基础是农民而非工人这个事实，使拉美很多马克思主义者转向中国革命的立场而非苏联立场，因为这些人认为拉美也同样是以农村和农民为基础的地区。[①] 中苏差异引发了严重分裂，导致苏联派和中国派之间尖锐的斗争，这种斗争最终削弱了马克思主义的革命力量。

9. 菲德尔派。20 世纪 50 年代取得胜利的古巴马克思主义的立场包含了民族主义、反美主义(这两个几乎是同义词)和社会主义。古巴在意识形态上同情中国革命的立场，因为古巴也将其革命视为基于农民的革命；但就像流行的谚语所说：革命的钱袋子在莫斯科(更多关于古巴革命的情况见下文)。

10. 桑地诺主义派。比古巴人更自觉的尼加拉瓜桑地诺主义者建立了一个广泛的反独裁、反索摩查同盟，天主教徒、民族主义者和各种社会改革派分子都是这个同盟的盟友，但同时桑地诺主义者尽可能将革命控制在马克思主义者、马克思列宁主义者手里。这是付诸行动的游击中心主义。桑地诺主义
234 在尼加拉瓜一度取得了成功，但在萨尔瓦多和其他国家并非如此。

11. 解放神学。解放神学试图把马克思和耶稣结合在一起。这是一个由教士和修道士打造的非神圣同盟，更关心福音的社会使命，而非灵魂拯救。20 世纪 70 年代，解放神学一度在一些圈子里相当流行，宗教群体在那个时候往往是反对独裁统治的唯一声音。但随着拉美在 20 世纪 80—90 年代的民主化，随着政党和公民社会等反对渠道的重新打开，解放神学失去了很大一部分早年拥有的支持。[②]

12. 依附理论。依附理论出自 20 世纪 60 年代的马克思主义分析，其主要文献认为，北方和西方国家(主要是美国)的发达与繁荣是以拉美的欠发达为代价的，或者说，内部分工和国际分工有利于美国，不利于拉美，导致拉美贫穷。依附理论在美国一些学术理论家中比较流行，但在拉美并没有那么受

① Eudocio Ravines, *The Yenan Way*, New York: Scribner's, 1951.

② Gustavo Gutierrez, *A Theology of Liberation*, Maryknoll, New York: Orbis, 1973.

欢迎，从来不曾像一种有大众基础的运动那样引人关注。[①]

13. 民众主义的反帝主义。在 20 世纪 80—90 年代，随着选举民主和经济新自由主义的胜利，拉美似乎进入了一个新周期。但新自由主义计划遭到激烈反对，墨西哥夸乌特莫克·卡德纳斯(Cuauhtemoc Cárdenas)的革命民主党和路易斯·伊纳西奥·达席尔瓦(Luiz Inacio da Silva，“卢拉”)的劳工党等力图通过这种反对赢得选举。新自由主义未能兑现的期望成了传统左派政党(社会党、共产党、民族党)借以重燃的柴火。

以上列表只是大致触及拉美左派和马克思主义群体阵列的表面。拉美的这些群体时常像流星一样迅速划过天际，然后消失。它们之间经常互相龃龉，不时为拉美的劳工和农民群体或党部而大打出手。这种分裂和冲突通常只起到抹黑和弱化整个拉美马克思主义运动的作用，阻碍它们建立强大的群众基础。这个列表不仅展示了相互竞争的派系，同时也或多或少在时间上展 235
示了一些群体的先后继承关系。实际上，人们可以发现，随着时间的推移，有些群体改了名字，但其所代表的马克思主义潮流则在代际之间延续。因而，看上去有很多竞争者，但实际上没那么多竞争。

总体而言，到目前为止，这些左派和马克思主义群体在拉美是弱小的。像这个地区的其他群体一样，它们往往很受局限，在农民、工人和印第安群众那里也得不到什么支持。这些群体往往是国立大学中的知识分子小群体——还有他们的学生。这些群体的候选人很少能赢得过竞选，从来没有赢得任何国家的多数票；在运用革命或游击战策略方面也很少取得较大的成功(几个著名的例外)。唯一赢得民主选举的马克思主义群体是阿普拉派或各

① 存在几个依附理论学派，有马克思列宁主义式依附理论：Andre Gunder Frank，*Capitalism and Underdevelopment in Latin America*，New York：Monthly Review Press，1967；社会主义依附理论：Fernando Henrique Cardoso and E. Faletto，*Dependency and Development in Latin America*，Berkeley：University of California Press，1978；还有实用的、非意识形态性的依附理论：Theodore Moran，*Multinational Corporations and the Politics of Dependence*，Princeton：Princeton University Press，1974.

人民党(当然,古巴和古巴革命除外)。

古巴革命

古巴革命的故事对我们来说是很熟悉的,已经有太多各种角度的关于古巴革命的叙述,一一重复这些是多余的。当然,我们还是得谈一下跟本书主题有关的几个要点。[①] 首先,古巴是西半球第一个公开的社会主义、马克思列宁主义国家。古巴是第一个与苏联结盟而脱离北美轨道的国家。

第二,古巴革命在整个拉美引起广泛同情,在 20 世纪 60 年代尤其如此。那时革命刚刚出炉,充满活力。古巴提倡的民族主义、社会主义和对美国的挑战在整个拉美很是流行。古巴革命对拉美民族主义左派青年格外有吸引力。他们在古巴身上不仅看到了卢梭倡导的人民自发的革命——古巴革命并不具备马克思的分析所要求的常规前提——这一理念的实现,同时还看到了罗多构想的代表拉美骄傲之所在的爱丽儿——爱丽儿跟美国所代表的野蛮的卡利班对立——这一形象的完成。不单单是年轻人欣赏古巴革命,老一辈也同样对之充满同情,当然,后者的同情通常较为平静、较有节制。对很多
236 人而言,古巴革命是大卫和歌利亚之间的斗争:小古巴对大美国。古巴即使没有完全取胜,但至少生存了下来。这个罗多式的对古巴的同情在整个拉美都能产生共鸣,即使那些受命执行反对卡斯特罗政策的老一辈也是如此。

相关的第三点是,古巴革命鼓舞并经常资助拉美各地各种各样的模仿者。在一个又一个国家,新的游击队不断冒出来,试图推翻既存威权政

---

① 较好的研究有 Jorge Domínguez, *Cuba: Order and Revolution*, Cambridge: Belknap Press, 1978; Juan del Águila, *Cuba: Dilemmas of a Revolution*, 3d ed., Boulder: Westview, 1994; Andres Suárez, *Cuba: Castroism and Communism*, Cambridge: MIT Press, 1967; Ramón Ruiz, *Cuba: The Making of a Revolution*, New York: Norton, 1968; Hugh Thomas, *Cuba; or Pursuit of Freedom*, London: Eyre and Spottiswood, 1971; and Andres Oppenheimer, *Castro's Final Hour*, New York: Simon and Schuster, 1992.

权——有时也包括民主政权,它们认为这些政权太中央集权、太受制于美国了。这些游击队往往追随古巴的榜样,以一个较小但充满献身精神的革命群体为中心发动农民革命,以推翻现政府。但在巴西、阿根廷、智利和乌拉圭等国,也出现了要求发动城市革命的声音。格瓦拉点燃了安第斯山地区革命的星火,冲锋陷阵于敌前;古巴人、苏联人、加入华沙条约的东欧人和中国人则在后方提供援助,提供对革命力量的训练。一时间,整个拉美好像都在走向游击革命。就像格瓦拉所说:"一个,两个,三个,许多个越南!"[①]

第四,古巴革命给予拉美马克思主义思想、行动以新的动力,但就像在前面部分提到的那样,古巴革命也导致了马克思主义阵营内部新的分裂。马克思主义的、左派的文献一时间爆炸性地喷涌而出,意在用马克思主义的术语解释古巴革命——尽管常常是事后解释。比如,格瓦拉和其他许多人就效法毛泽东尝试将反巴蒂斯塔政权的革命解释为基于农民的革命,但实际上,古巴革命得到了来自古巴所有阶级的支持,主要的是中产阶级的支持。整个西半球所有这些对古巴革命持续的潮水般的关注,使马克思主义再次变得正当并流传开来。跟之前拉美共产党那种沉闷、老派、无精打采、很少作为的形象相比,古巴革命使马克思主义焕然一新。但古巴在赢得并保持权力方面的成功也导致了马克思主义阵营的又一次分裂:以莫斯科为导向的讲究与资本主义和平共处的阵营和新的古巴式讲究革命战斗精神和行动主义的阵营。 237

第五,古巴革命分化了拉美的民主力量,使极右派寡头重获权力。此前,拉美的斗争基本是一个双边斗争:老寡头(包括教会和军队)对民众民主力量。在这种竞争中,我们很少怀疑自己属于哪个阵营。但古巴革命引入了

① 关于古巴革命在其他国家的扩展,参阅 Hugo Blanco, *Land or Death: The Peasant Struggle in Peru*, New York: Pathfinder, 1972; Eduardo Gaicano, *Guatemala: Occupied Country*, New York: Monthly Review Press, 1968; John Gerassi, *Venceremos! The Speeches and Writings of Che Guevara*, New York: Macmillan, 1968; Richard Gott, *Guerrilla Movements in Latin America*, London: Nelson, 1970; Carlos Marighela, *For the Liberation of Brazil*, Baltimore: Penguin, 1971; Robert Moss, *Urban Guerrillas in Latin America*, London: Institute for the Study of Conflict, 1970.

(麻烦的)第三种力量：一个明显马克思主义的运动。这种力量随时准备运用苏式极权控制方式，与苏联结盟对付美国。古巴革命因而实际上使一部分原先支持民主的改良派力量成为支持马克思列宁主义的卡斯特罗派。其结果是，拉美所有改良的、民主的、民众左派运动全都被这种分化所撕裂。随着改良派力量的分裂，寡头派及其军队—威权派盟友也就自然更容易击败真正的民主派。20 世纪 60 年代中期之后，这些右派同官僚威权主义一起纷纷回到拉美政治舞台，执掌权力。[①]

第六，古巴革命也扭曲了美国的古巴政策和拉美政策。此前，美国基本忽视拉美的存在，不怎么关注拉美，以无害的忽视对待拉美，对 1954 年的危地马拉，则运用“军备经济”。无害的忽视不是一个坏政策——至少比干涉主义要好。这个政策维系了相当不错的美拉关系。长期以来，这个政策像美国之前奉行的好邻居政策一样受到欢迎。但随着马克思列宁主义植入古巴，随着古巴与苏联的结盟，以及拉美游击运动在古巴鼓舞下雨后春笋般兴起，美国首次不得不在长达几十年的时间里认真对待拉美。美国的政策是由与苏联的冷战决定的，这首先意味着“不容许出现第二个古巴”，即不容许出现更多马克思列宁主义政权与苏联结盟，不容许苏联利用拉美领土实现其有损美国的目标。事实上，这往往意味着美国支持寡头、威权主义政权——因为这些政权支持美国的反共政策；怀疑并经常是反对民主—左派政权(比如胡安·博施在多米尼加的政权)——因为担心这些政权可能会被菲德尔式倾向
238 所感染；并愿意倾听任何据称是反共的说辞甚至据此行动，即使这意味着美国要反对真正的民主派，哪怕与一些不祥的角色结盟也在所不惜[②]。

这项政策被机敏地称为“较小恶主义”[③]：如果要在可能允许共产主义者

---

① Guillermo O'Donnell, *Modernization and Bureaucratic-Authoritarianism: Studies in South American Politics*, Berkeley: University of California, Institute of International Studies, 1973.

② Howard J. Wiarda, *Dictatorship, Development, and Disintegration: Politics and Social Change in the Dominican Republic*, Ann Arbor: Xerox University Microfilms, Monograph Series, 1976.

③ Karl E. Meyer, "The Lesser Evil Doctrine," *New Leader* 46 (October 1963), p.14.

和左派分子自由活动的拉美自由民主派和承诺打压共产主义者(往往也包括自由民主派)的右派威权派之间做出选择,美国几乎总是选择支持右派威权派,因为与共产主义相比这是较小的恶。在1959—1989年这30年间,美国政策被扭到了这个不幸的方向。因而,古巴革命不只分化、削弱了拉美民主左派,使右派重获权力,而且还扭曲了美国对拉美的政策。

最后,第七点是,尽管古巴革命在20世纪60年代引起拉美巨大的同情,但随着时间的推移,作为一种典范的古巴革命对其他国家的吸引力逐渐消退。其理由包括:格瓦拉在玻利维亚的失败和死亡,革命及其领导人的衰老和最终的倦怠(缺乏精神),早期在教育和医疗领域所取得成功的褪色,古巴政权在人权纪录和极权性格方面的糟糕表现,其他拉美国家不断增长的成功和自信(它们在美国干涉时期所取得的成就超过了古巴,从而不再感到古巴革命是一种威胁),受古巴革命鼓舞而发动的游击运动的失败,古巴赞助者苏联的解体等。到了20世纪80年代末,古巴不再被视为对其他拉美国家稳定的威胁,到了90年代早期,作为一种变革典范的古巴的吸引力已大大消退,几近消失。[①]

拉美左派的未来

面对这多重危机,拉美马克思主义左派已经在人数和影响力上严重衰落。拉美马克思主义如今正在尝试重组,寻找重建的基础和方向。在苏联解体后的这些年,这种尝试尚未成功。但马克思主义重新崛起的可能性是存在的:民主已经在拉美相当多国家建立起来,但还不能良好地运作;拉美地区

① 公共舆论调查数据显示,在绝大多数拉美国家,对马克思列宁主义的支持率已经下降到二战以来最低点。数据来自美国新闻署(Information Agency)并在这本书中得到详细讨论:Howard J. Wiarda, *The Democratic Revolution in Latin America*, New York: Holmes and Meier, 1990.

经济正在增长，但收入分配依然是世界上最糟的；特权、腐败、不公依然大面积存在；许多国家一半以上人口生活在极端贫困之中。我们也已经开始看到一些左派新思想、新政治组织的出现。[①]

马克思主义在当前拉美是如此受限，以至于绝大多数左派甚至不再使用马克思主义这个术语。几乎没人说“我是一个马克思主义者”，更不要说“我是一个马克思列宁主义者”了。相反，马克思主义者以及共产主义者现在自称“社会民主派”。这对于拉美真正的社会民主派无疑是一个威胁。因为社会民主主义在历史上就曾经被等同于共产主义，曾经被共产主义者渗透、夺权，而共产主义者出于政治方面的理由力图使社会民主主义变成其他东西。

今天，拉美左派依然反对私有化、缩小国家职能、新自由主义以及自由贸易。但这些古老的左派口号已不再能够赢得那么大的支持。如今有一种广为流传的乃至全球性的信念：某种新自由主义的改革是必要的。而且，左派也没有能够展示出替代性的选择：拉美不能回到进口替代工业化(ISI)，社会主义就更不要提了。拉美压倒性多数不相信左派能搞好国民经济。卢拉在巴西、卡德纳斯在墨西哥、奥尔特加在尼加拉瓜的一再落败表明了这一点，尽
243 管在萨尔瓦多的地方选举中，我们能够见到左派领导人取胜的情况。过去，左派曾尝试将马克思主义和民众主义—民族主义混在一起。现在，左派依然尝试这么做，但看来这已经不再是能够确保成功的左派招牌戏码了[②]。

目前，绝大多数左派已经放弃游击暴力，不再将古巴革命视为效法的典范。古巴革命在拉美任何地方都已不再有吸引力。卡斯特罗目前被左派视为一个正在老去的考迪罗，其革命犯下了不少的错误：从美国市场撤出，整个经济的社会化，过度依赖苏联，以及实施灾难性的经济计划等。早期经常被浪漫化、经常成为国际媒体头条的革命游击队正在消失，依然存在的游击

---

① Jorge Castañeda, *Utopia Unarmed: The Latin American Left after the Cold War*, New York: Knopf, 1993.

② “New Ideas for the Old Left,” *Economist* (January 17, 1998), pp.29 - 30.

队则已经展示出某种特别的、非马克思主义的特征，成功的可能性微乎其微。比如，哥伦比亚游击队在一些农村居民和城市贫民那里有一定的支持度，但它们目前首要的目标似乎是提高收入，从而可以不必从事绑架、贩毒等活动。而秘鲁的光辉道路运动则在其领导人被俘、阿尔贝托·藤森（Alberto Fujimori）总统的经济改革取得成功之后，遭到严重削弱。墨西哥的萨帕塔民族解放军善于利用互联网，经常成为国际媒体头条，但没有取得全国权力的机会，主要依靠有限、受控的暴力或威胁，迫使墨西哥中央政府推动实施更大的社会纲领。尼加拉瓜的桑地诺派和萨尔瓦多的法里本多·马蒂（Faribundo Martí）民族解放阵线（FMLN）已经放弃了游击斗争，希望在各自国家下一届总统竞选中胜出。

如果想要生存、繁荣，左派就必须有一个有别于民众主义—民族主义和游击战的战略，因为这些老套的战略没有成功的可能性。在智利，社会党、激进党和社会民主党组成的执政联盟已经尝试通过拥抱市场改革来改进其社会纲领。在巴西，前马克思主义者但也是社会党人的费尔南多·恩里克·卡多佐（Fernando Henríque Cardoso）同样也在推进市场改革和私有化，但同时力图改善巴西惊人的社会不平等状况。在另一个关键国家阿根廷，中左联盟在1997年国会选举中击败了由卡洛斯·梅内姆（Carlos Menem）总统代表的庇隆派，但也缓和了自己的姿态，支持自由市场经济政策。在墨西哥，卡德纳斯的民众主义—民族主义—马克思主义的革命民主党同样也放弃了早年的反 244
资本主义立场，接受包括北美自由贸易协定在内的全球性经济共识。

这是拉美左派自省的艰难时刻。民众的支持越来越弱，国际联系（主要是苏联）一去不复返，游击策略已经失败，再也没有任何可效法的典范，组织基础（劳联、农会、学生组织）也已经大幅萎缩。在整个拉美以及马德里、巴黎、美国等地，马克思主义领导人都在聚首商议、重审历史，以便找到新的能够成功的政治路径。

如果要在拉美未来的思想竞争中成为一个严肃的选手，马克思主义就必须经历某种重构。这种重构马克思主义的尝试已经由墨西哥马克思主义知识分子豪尔赫·卡斯塔涅达(Jorge Castañeda,一个寡头之子)和在哈佛教书的罗贝托·昂格尔(Roberto Unger)启动。[①] 他们认为,左派要想成功就必须赢得中间派,而这就要接受市场成为资源配置的主要机制,支持自由市场和私有化。卡斯塔涅达和昂格尔提议,通过非中央化的信用机构实现“市场经济的民主化”,通过养老金系统产生储蓄以降低对外国信贷的依赖,更多地依靠消费而非对收入课税,利用较频繁的全民公投来克服政治家对变化的抵触。但这个提议还相当粗糙,只是一个知识分子构想出来的东西,也许并不能代表资深的马克思主义工会领导人和党务骨干的想法。但有一件事情是清楚的:来自拉美左派类似于此的提议离马克思本人的思想非常遥远。

难以预测卡斯塔涅达和昂格尔的提议会否为左派所接受,会否使左派找到重获支持、重回权力的路径,但非常清楚的是:拉美马克思主义只有抛弃过去的错误和教条,适应拉美及现代世界的现实,朝着新的方向前进,才有可
245 能作为一支鲜活的力量生存下来。

① Jorge Castañeda and Roberto Unger, “Latin American Alternative,” unpublished, 1997;以及 Mark Falcoff, “Latin America's Next Left,” *Latin American Outlook* (April 1998).

第九章

法团主义

19 世纪后期和 20 世纪初，新思想层出不穷。马克思主义、无政府主义、工团主义、无政府工团主义、社会主义和社会民主主义都创立于这一时期。现代自由主义同样如此，它来源于约翰·斯图尔特·密尔(J.S.Mill)和托马斯·希尔·格林(T. H. Green)的思想。现在，这份列表上还应当添加法团主义。法团主义与实证主义相似，属于在美国几乎无人知晓的思想，但是对欧洲和拉美都产生了极其深刻的影响。[①]

导致这一时期如此之多的新思想兴起的主要因素是工业化及随之而来的社会政治影响。到 19 世纪晚期，工业化已经在所有欧洲国家生根发芽，包括在葡萄牙和西班牙这样发展水平不高的国家。在拉美，大规模工业化发生在两次世界大战之间的数十年里，稍晚于欧洲，而这段时间正是法团主义的

---

① 部分参考资料参阅 Matthew H. Elbow, *French Corporative Theory, 1789 - 1948*, New York: Columbia University Press, 1983; Ralph Bowen, *German Theories of the Corporative State*, New York: McGraw Hill, 1947; and Howard J. Wiarda, *Corporatism and Comparative Politics: The Other Great "Ism"*, New York: M. E. Sharpe, 1997.

鼎盛时期。工业化摧毁了过去封建社会和中世纪的制度，导致社会巨变，最明显的就是出现了有组织的城市工人阶级，他们对既有的社会制度构成了潜在的威胁。工业化还引出了所谓的社会问题，即如何应对人数众多、可能破坏稳定的城市无产阶级，同时又不会引发马克思所预言的阶级斗争和革命。法团主义是解开这个困局的钥匙之一，也许一度还是欧洲和拉美的主要选择。除了工业化，这一时期天主教的复兴，也是法团主义崛起的重要因素。[1]

法团主义首先兴起于欧洲，然后才传播至拉美。但是，它在拉美看起来
如鱼得水，比大多数意识形态更加适应。从这个意义上说，它与实证主义相 246
似，而与马克思主义和自由主义不同，后两种思想与拉美有些格格不入。这种适应性有助于解释实证主义和法团主义为什么在拉美始终受到欢迎。如果说在拉美，19 世纪最后三分之一的时间里占主导地位的思想是实证主义，20 世纪初的主导意识形态是爱丽儿主义、民族主义和西班牙主义，那么，在 20 世纪 20—40 年代，最主要的哲学就是法团主义。虽然第二次世界大战使得法团主义思想声名狼藉，但直到今天法团主义在拉美的实践和机构组织仍然以各种形式继续存在。

起源

在西方政治思想中，长期存在着对这样一种对社会形态的构想：它表现为法团形式，注重组织性和整体性，根据职能来建立组织，以公有制社会成员为基础。这种观念起源于《圣经》、古希腊、罗马帝国和中世纪哲学与实践。[2]

---

① Andrew Cox and Noel O'Sullivan, eds., *The Corporate State: Corporatism and the State Tradition in Western Europe*, Cambridge: Cambridge University Press, 1988; Peter J. Williamson, *Corporatism in Perspective: An Introductory Guide to Corporatist Theory*, London: Sage, 1989.

② Antony Black, *Guilds and Civil Society in European Political Thought from the Twelfth Century to the Present*, New York: Cornell University Press, 1984.

在第二章中,我引用了圣徒保罗书信中的部分内容。他呼吁建立整体的、和谐的、统一的社会和政体：在其内部,所有成员都相互影响,正如人体各部分相互关联。我还论述了这个有机体的概念如何被证明是西方思想史上具有持久魅力的比喻之一。在古希腊哲学中,也存在这样一种认知：社会应该按照其“天然的”或者说“有机的”成分组织起来,这些成分包括家族、部落、战士、祭司、劳动者、奴隶、哲学家和国王。所有人都满足于现有的地位,并且可以认为,每个人都在为公共利益奋斗。古罗马在古希腊思想的基础上再进一步,他们精心构筑了一个井井有条的体系,这个体系由法团和社会组织构成,每个组织都拥有特许状和集体权利,同时接受国家对它们的管制。人们发现,中世纪的基督教政治理论,特别是托马斯·阿奎那及其继承者的理论,也提出了一个精心构想的社会。它具有类似的整体性、组织性和统一性,各部分联系紧密,由一位国王或统治者以大体还算仁慈的手段进行管理,并为它指引方向。[①]

中世纪的欧洲很大程度上建立在法团主义基础之上。当欧洲从所谓的黑暗时期出发,开始走上发展之路后,它在 11 和 12 世纪得到了更有效的管
247 理,此时所谓的法团开始填补组织上的空白。这些法团包括：在对抗摩尔人的圣战中组织起来的骑士团;教会及其下属的若干宗教组织;努力捍卫自治权的城镇和其他行政区,他们要反抗新生的中央王朝不断扩张的权力;还有中世纪的手艺人和工匠行会,即金匠、银匠、银行家等一类人的组织。行会为成员提供许可证,并对其进行监管,规范辖区内的贸易和价格,培训学徒和雇工,使之成为大师级工匠。他们本质上是自我管理的专业协会,给社会带来团结、进步与和睦。后来的法团主义作家时常从这种行会制度出发,探索有效管理与阶级调和的模式。在这个过程中,这些学者往往会赋予中世纪社会

---

① Carl Landauer, *Corporate State Ideologies: Historical Roots and Philosophical Origins*, Berkeley: University of California, Institute of International Studies, 1983.

浪漫化和理想化色彩。[①]

法国大革命最直接的后果就是1791年3月2日颁布的“沙普利耶法令”(Chapelier Law),它废除了行会和法团特权等一整套中世纪制度。诸如基督教会和行会这样享有特殊待遇的团体失去了极其有利的特权和地位。随着法团权利被取消,中世纪封闭的、有秩序的、自上而下的等级制社会政治体系也彻底瓦解。到了19世纪,法国废除法团特权并且通常还有法团自身的举动被包括西班牙和葡萄牙在内的欧洲其他国家所效仿,至少在法律上是这样规定的;后来拉美也执行了同样的政策,不过力度更小。于是乎,个人权利,如自由、平等、博爱,成为优先考虑的对象,至少在理论和意识形态上是如此,而过去的法团权利或集体权利则退居其次。不言而喻,就是这种个人主义和自由主义,成为当今时代和民主制度的标志。拉美在19世纪早期曾经尝试接受这些理念,但大多数时候都失败了。

在法国、欧洲其他国家和拉美诸多地区废除了(经常采取突然手段)旧制度下的行会和法团后,保守派开始反击了。许多人开始哀叹自己的损失。保守分子相信,社会将会分裂,因为诸如纪律、秩序、等级制这样的准则和法团组织都不复存在了,他们认为这些是旧制度所特有的。这些人严厉批判自由主义、个人主义和新的自由原则,理由是它们违背了《圣经》的训诫,撒下纷争和放纵的种子,可能还会造成无政府状态。大多数自由主义和个人主义的批评者还希望恢复罗马教廷和天主教在革命之前的神圣荣光。有一些批评者,例如法国的约瑟夫·德·梅斯特(Josef de Maistre)和西班牙的胡安·多纳 248
索·科尔特斯(Juan Donoso Cortés),都是政治上的反动分子。他们希望恢复1789年之前稳定的、有纪律的、有秩序的威权制度。[②] 他们的阵营包括许多

① Angus McKay, *Spain in the Middle Ages: From Frontier to Empire, 1000 – 1500*, London: Macmillan, 1977;也可参阅第三章引用的文献。

② Heinrich A.Rommen, *The State in Catholic Thought: A Treatise in Political Philosophy*, New York: Greenwood Press, 1969; Isaiah Berlin, “The Counter Enlightenment,”in Berlin, *Against the Current: Essays in the History of Ideas*, New York: Viking, 1980, pp.1 – 24.

牧师、贵族、地主和其他维护旧时代的人。因此，在19世纪早期，伴随着自由个人主义而来的，是欧洲反动保守主义传统，其直到今天仍然阴魂不散。这种开历史倒车的保守主义非常传统，通常具有天主教性质。拉美独立后，随之而来的是混乱的自由主义，在反对自由主义的阵营中，也出现了上述形式的保守主义。

在欧洲，19世纪中期之前，老式法团制度的维护者基本上都站在保守派阵营。但是在19世纪50年代，一种更加现实甚至具有进步意义的法团主义形式和思想开始崛起。该运动的早期领导者大多都是天主教神职人员和知识分子，他们来自传统的天主教国家，如奥地利、比利时、法国、意大利和西班牙，不过到最后这场运动还涉及新教牧师和北欧政治领导人。法团主义流派的主要人物包括法国的阿尔伯特·德蒙(Albert DeMun)和拉图尔·杜·潘(LaTour du Pin)、奥地利的卡尔·冯·福格尔桑(Karl von Vogelsang)、意大利的朱塞佩·博斯卡(Giuseppe Bosca)、德国的威廉·凯特尔(Wilhelm Ketteier)主教、瑞士的卡什帕·德克金斯(Kaspar Decurtins)、英国的亨利·曼宁(Henry Manning)枢机主教、比利时的安托万·鲍狄埃(Antoine Pottier)蒙席以及荷兰的亚伯拉罕·凯珀(Abraham Kuyper)牧师。尽管这股新兴的法团主义思想复兴潮流在政治理论发展史上不太为人所知，但在那个年代，它开始作为一个重要选项，取代当时兴起的其他重要政治思想：一边是自由主义，另一边是马克思主义。在保守的天主教根基深厚的伊比利亚半岛和拉美，后两种思想都不太受欢迎，或者说不太能够被接受，于是，法团主义就成为深受欢迎的选项了。①

法团主义作家和活动家共奉一个信念，即自由个人主义来源于启蒙运动、法国大革命和新近出现的自由资本主义现象，它导致大众原子化、相互孤立，没有团体可以依靠，没有归属感；它还斩断了长期以来维系人与社会关系

① Elbow, *French Corporative Theory*; Bowen, *German Theories*; Landauer, *Corporative State Ideologies*.

的纽带，这样的纽带赋予人们生活目标和确定性。早期的法团主义者认为，现代个人主义、自由主义和资本主义将摧毁宗教和道德价值观，使人们成为市场的奴隶和背井离乡者，虽然生活在城市，但失去了与家庭、邻居和团体的 249
密切关系，正是这种关系，使得过去的社会成为一个整体。这种批评当然是正确的，至少一定程度上正确，与马克思对早期资本主义的批判大同小异。不过，马克思认为劳动者通过阶级斗争和革命获得救赎，而法团主义者则试图复兴旧时代的一些理念，如兄弟会、社会和平、社会团体以及阶级调和。他们与保守分子不同，不是为了恢复旧貌，而是要设计一种工具，用以重新唤起宗教情感，团结新兴的中产阶级和工人阶级，使他们共同回归到那个已经疏远的社会。[①]

法团主义作家利用了一些人们耳熟能详的理念，包括 19 世纪早期的乌托邦共产主义、孔德的"秩序与进步"实证主义，还有最早由德国哲学家弗里德里希·黑格尔和法国社会学家埃米尔·涂尔干(Emile Durkheim)提供的对法团主义社会组织和职业团体的分析。他们也借鉴了法国理论家圣西门(Saint-Simon)和弗朗索瓦·拉法瑞尔(François LaFarrell)的社会改革论，这两人详尽阐述了一种适应现代社会的行会社会主义。像美国人托克维尔(Tocqueville)这样的法团主义者，沉迷于这样一种想法：在现代被原子化的个人与国家之间创建中间机构，以便为劳动者和中产阶级提供保护。他们试图改造现在被称为公民社会的那些组织，也就是家族、街坊、教区以及各种职业、文化和社会团体，但不包含现代自由主义所倡导的不受约束的、准无政府主义的多元化组织。[②]

法国大革命导致社会与旧时代彻底决裂，法团主义作家与之不同，他们强调循序渐进，逐渐适应变革和现代性。这是一种中庸之论，将传统社会的

---

① 关于现代性的原子化效应，参阅 Emile Durkheim, "The Solidarity of Occupational Groups," in Talcott Parsons, ed., *Theories of Society*, New York: Free Press, 1965.

② José J. Azpiazu, *The Corporative State*, New York: Herder, 1951.

优势(稳定性、秩序、宗教、家庭、道德)与工业化社会的新需求结合起来,在新群体(如劳动者)和更传统的群体(如雇主、教会)之间,建立新的法团主义中间团体——其以阶级合作论为组织根基。所以,法团主义要设法缓解现代普罗大众所遇到的问题,如无根性、异化,但不包括马克思主义提出的阶级矛盾和自由主义所倡导的无政府个人主义。

升级后的法团主义新版本将会是灵活、宽容的,具有进步性,没有保守主义色彩。不过,在早期版本中,法团主义经常饱含宗教情感,对秩序和稳定性
250 的重视不亚于变革,而且通常与官方或国家权力有着密切联系。因此,尽管20世纪法团主义的某些特殊版本偏向左派甚至社会主义立场,但总体而言,法团主义可以被认为是比马克思主义和自由主义更加保守的选项,只不过通常不反对变革。与19世纪实证主义不同的是,法团主义因为具备上述特征,从而吸引了拉美的精英。[1]

到19世纪70和80年代,法团主义超越了早期支持者经常含糊其辞的观点,发展为羽翼丰满的行动方案和思想体系。法团主义者也开始开展有组织的群众运动,这一点又与马克思主义和现代自由主义相似。法团主义拥护者的人数和组织都逐渐壮大。在法国、德国、比利时、奥地利和其他国家,出现了首批被称为"工人圈"(Working Men's Circles)的组织。为了实践法团主义的阶级调和与对话原则,工人圈成员既有劳动者,也有雇主。这类组织将依照基督教兄弟情谊与和谐思想,而不是阶级冲突和阶级斗争,来解决工厂里的争端。这些团体的目标不是增加某个社会群体或阶级的利益,而是要增进整个社会的福祉,即托马斯主义所谓的公共利益。[2]

现代法团主义与自由主义和马克思主义还有一个相似点：它既是一种

---

① 对这些文献的分析可参阅 Howard J. Wiarda, *Corporatism and Development: The Portuguese Experience*, Amherst: University of Massachusetts Press, 1977.

② Alfred Diamant, *Austrian Catholics and the First Republic*, Princeton: Princeton University Press, 1966; Elbow, *French Corporative Theory.*

显而易见的政治思想，也是一场不断发展的政治运动，不再只是纯粹的传统利益集团。1881 年，教皇利奥十三世授权神学家和社会思想家研究这种新的思想和运动与基督教教义的关系。1884 年，他们在德国弗赖堡大学城开会，对法团主义作出了第一个半官方的定义："一种社会组织体系，本质上是一群人根据各自先天利益(natural interests)和社会职能的共同性组成团体；作为忠诚的正当的国家机构，这些团体的作用是指导和协调劳资双方解决共同利益问题。"要特别注意的是，在这个定义中，此时的法团主义是"社会组织体系"，强调的是"共同性"；它使人们根据"先天"利益和社会职能组成团体，这些新生的法团属于国家机构，他们的作用是"协调劳资双方解决共同利益问题"。①

弗赖堡会议让若干国家的法团主义思想家和组织者第一次会聚一堂；它
还赋予这场运动以国际合法性，引发了新的组织活动。不久之后，这场运动 251
成立了总部，并发展为国际运动，此时正值马克思主义组织和无政府主义组织国际化之际；同时，它也成为后两者的替代品。另一次国际会议于 1890 年在柏林举行，它为法团主义运动增添了新的动力，而且给梵蒂冈带来灵感。在柏林会议结论的启发下，教皇利奥十三世发布了《新通谕》(*Rerum Novarum*)，该文件以"劳工之通谕"而著称。《新通谕》赋予劳工尊严，首次将教会的祝福传递给工会组织。它还指出，劳工团体的活动现在必须被视为合法的社会运动，并纳入到政治过程中。劳工团体首次作为社会内部可接受的法团而享有合法地位。要实现这个目标，更可取的途径和体系是法团主义，而非自由主义和马克思主义。②

法团主义经常被认为是保守的政治哲学，是保守派对现代世界其他伟大

① Howard J. Wiarda, "Corporatist Theory and Ideology: A Latin American Development Paradigm," *A Journal of Church and State* 20 (Winter 1978), pp.29 - 56.

② Joseph N. Moody, ed., *Church and Society: Catholic Social and Political Thought and Movements, 1789 - 1950*, New York: Arts, 1953.

"主义"——自由主义和马克思主义——的应对之道。可是，从法团主义承认劳动者权利及19世纪晚期的历史背景（俾斯麦领导下的德国、维多利亚女王统治的英国、处于复辟时期的西班牙）来看，它不完全是保守派哲学，事实上，它标志着一些新的社会政治转折。对工会和工人阶级的正面认知取代了早期的负面看法；关于社会责任和社会公正的新观点大量涌现；劳工群体现在被吸纳到政治过程中，不再受到压迫。此外，对待劳工的传统家长式作风开始让位于这样一种认识：工人有权独立组织工会，有权采取集体行动，包括罢工。此前脱胎于中世纪思想的保守主义观点被更加积极的劳工权利观所取代。

不过，所有这些变化都是循序渐进、零零碎碎的，且在规定的限制范围内发生。许多新法团和工会仍然被天主教会控制，由神职人员管理。这些组织和工人圈的活动经常与社交和教育有关，例如跳舞、举办体育赛事、接受宗教
252 教育。他们并非好斗的工会会员。尽管这一时期的法团主义包含丰富的社会公正内容，但其领导者和神职顾问也非常自觉地将其视为一种手段，用以平衡不断壮大的马克思主义、无政府主义和共产主义工会。在欧洲，人们认为法团主义打开了通向工团主义和社会公正的大门。可是，如果从工人忠诚度的角度来看，与主要竞争对手相比，法团主义在新兴的劳工组织中是最保守的。[①]

在第一次世界大战爆发前的数十年里，法团主义及法团主义组织一直在发展，虽然速度较慢。在世纪之交，突然爆发了大量法团主义劳工社会运动，这些劳工主要是天主教徒，也有一些新教徒。1895年，也就是《新通谕》发布4年后，德国组织了首次全国性的天主教徒工会运动，目的是与社会主义工会一争高下。在20世纪第一个15年里，其他欧洲国家也建立了类似的法团

① Diamant，*Austrian Catholics*；Elbow，*French Corporative Theory*；关于早期工人圈的活动，参阅 Howard J. Wiarda，*The Brazilian Catholic Labor Movement*，Amherst：University of Massachusetts，Labor Relations and Research Center，1969.

主义组织。除天主教工会之外，此时又出现了天主教少年团、天主教商人协会、天主教女子团体和天主教政党，它们开始在整个欧洲争夺成员和权力。因此，这一时期，在法团主义之外，欧洲还发生了天主教复兴运动，二者相互促进。如果天主教正在重新崛起，且不断自我革新，自然而然地，新教也必须这么做。这在一定程度上解释了为什么这段时间，在德国、荷兰、斯堪的纳维亚半岛，甚至在英国，除了天主教工团主义和法团主义，新教的相关组织同样也在发展壮大。[①]

掌权的法团主义

一战和二战之间的 20 年是欧洲法团主义发展高峰期。这一时期法团主义的繁荣由以下几个因素所致。其一，一战暴露了君主政权和议会制国家的脆弱性，一战期间和结束之后，数个这样的政权土崩瓦解。于是，法团主义作为切实可行的选择，吸引力增加。其二，1917 年俄国爆发布尔什维克革命，它具有反资本主义和反宗教倾向，而且过于血腥。全欧洲的民众都受到了严重惊吓，法团主义作为抵御马克思主义扩张的堡垒，看起来很有吸引力。其三，1929 年世界市场崩溃，似乎表明资本主义和自由主义已经破产，使得法团主 253
义再一次看起来是唯一可行的选择。[②]

第四个因素，一战前，一批保守派作家撰写一系列了强烈反对民主、反对议会制和反对自由的著作。这些作家，如加埃塔诺·莫斯卡(Gaetano Mosca)、维尔弗雷多·帕累托(Vilfredo Pareto)、罗伯托·米歇尔斯(Roberto Michels)、乔治·索雷尔(Georges Sorel)和路德维希·贡普洛维奇(Ludwig Gumplowicz)，对政府应建立在民众投票基础之上的民主理念不屑一顾，将其

① 目前笔者正在开展新教法团主义研究，重点放在荷兰 Abraham Kuyper 的著作和职业生涯上。

② Andrew Shonfield, *Modern Capitalism*, London: Oxford University Press, 1965.

视为最低级的公共评判标准。这一时期的第五个因素是现代国家计划、社会福利和政府监管职责的发展，这一切似乎都契合法团主义的思想：政府主导实施社会工程；通过行政手段，政府自上而下整合和管理利益集团。这些成就，加上要求社会更加合理化的呼声、远离罢工和激进主义的守纪律的工人队伍，以及稳定的劳资关系，似乎形成了一种与法团主义作家提出的发展之策密切呼应的环境。[①]

在两次大战之间的这些年里，两股主要潮流的汇合，有助于解释法团主义为什么在欧洲大受欢迎，以及是什么促使它从知识分子和理想家的思想转变为掌握权力的意识形态和运动。第一股潮流就是文中所述的传统法团主义、有机主义和整体主义的长期发展历程，它以天主教为根基，略为保守，大体上倾向于仁政；作为一种思想传统，或者说哲学传统，它实际上对天主教工人运动的开展产生了一定影响。这股潮流意味着天主教的一种改良和一定程度的现代化——这一切得益于教宗通谕的指示，即将工人融入国家生活，同时又主要指向社会公正、多元化和社会的法团主义。

与这股良善潮流并行的，是另一种传统：它是官僚主义和威权主义的，渴望权力，企图利用法团主义服务其自身政党的政治目标，毫无良善可言。这个群体一旦掌权，就会主张推行一种强大的、威权主义的国家法团主义。这种法团主义不同于比较温和的社会法团主义，后者可与其他思想自由结合，并得到天主教知识分子的支持。这两种传统，即天主教法团主义和官僚威权主义，最终合为一体，产生了墨索里尼、佛朗哥和萨拉查政权。在这三个
254 例子中，政权内部的威权主义和国家主义倾向逐渐控制了温和的、更加多元化的天主教立场。就意大利和纳粹德国而言（尽管这两个政权存在明显差

① Raymond Aron, *Main Currents in Sociological Thought II: Durkheim, Pareto, Weber*, New York: Doubleday, 1970.

异),法团主义和威权体制的结合,都孕育出全面的法西斯和极权主义统治。[①]由此导致的结果是,因为与法西斯主义相结合,作为一种思想和运动的法团主义也开始受到痛斥和羞辱,这对西班牙、葡萄牙和拉美产生了重要影响(见下文)。

法团主义思想和运动缓慢发展了数十年,如今,在两次大战之间的这段时间内,出现了大量的法团主义政权。法团主义势力早期有过数次执政经历,分别是:1917 年的葡萄牙,当时进行了短暂的局部试验;1917 至 1920 年的希腊;1923 至 1929 年的西班牙,时任首相是里韦拉(Rivera)。但是,法团主义第一次全面执政是意大利的墨索里尼政权。墨索里尼推行严格的法团主义统治,不仅针对社会政治团体,经济领域也是被控制对象。墨索里尼利用法团主义作为独裁统治工具,巩固他对国民经济的控制,压制一切社会政治多元化主张,以支持他的极权主义和法西斯国家。不过,法团主义也因此受到腐蚀,变成了墨索里尼政治野心的烟幕弹,沦为其政权中极权主义势力的众多打手之一。他还进一步将法团主义与官僚主义和国家主义相结合,进行推广。与之形成对比的是,早期法团主义作家提出的版本更加多元化,更具参与性。如果说墨索里尼的政权也算是法团主义的例子,那么,对这门政治哲学而言,这并非一个有利的开端。[②]

尽管如此,作为一种应对 20 世纪 30 年代社会、经济和政治崩溃的方法,法团主义仍然受到欢迎。1931 年,一份新的教宗通谕《四十年通谕》,在世界经济最萧条之际发布。它超越了《新通谕》,将法团主义运动和思想视为拯救病态社会的最佳手段,赋予其正统性并促其发展。葡萄牙(1928—1974)、西

---

① Stanley Payne, *Fascism: Comparisons and Definitions*, Madison: University of Wisconsin Press, 1980; Antonio Costa Pinto, *Salazar's Dictatorship and European Fascism*, New York: Columbia University Press, 1995.

② G. Lowell Field, *The Syndical and Corporative Institutions of Italian Fascism*, New York: Columbia University Press, 1938; Roland Sarti, "Fascist Modernization in Italy: Traditional or Modern?" *American Historical Review* 75 (April 1970), pp.1029 - 1045.

班牙(1939—1975)、保加利亚(1926—1929)、立陶宛(1926—1929)、波兰(1926—1935)、阿尔巴尼亚(1928—1939)、奥地利(1934—1938)、南斯拉夫(1929)、希腊(1936—1941,第二次)、罗马尼亚(1937)、爱尔兰(1937)、土耳其(1934)、爱沙尼亚(1934)和拉脱维亚(1934)都建立了法团主义政权,有一些是受到《四十年通谕》的鼓舞而上台的,还有一些原本就是世俗政权。此外,二战期间法国维希政府在一定程度上是按照法团主义原则组建的,而1933—1945年阿道夫·希特勒统治的纳粹德国在按照“国家社会主义”原则管理经
255 济时,也引入了一种法团主义形式。不过,就德国的例子而言,尽管法团主义色彩比意大利更加浓厚,但它完全从属于希特勒的个人独裁以及纳粹政权的极权主义和反犹太主义需求。所以,法团主义看起来无处不在,两次世界大战之间的这段时期,几乎所有欧洲国家,要么尝试建立法团主义政权,要么试行了它的部分制度。①

那么,这些法团主义制度是什么?准确地说,它们有哪些功能?其一,因为全球经济大萧条,20世纪30年代,实际上在所有国家,政府对经济的监管职能都大幅加强。这个措施是法团主义哲学所支持的。很多这样的新监管机构采纳了职能代表制作为组织原则,工商界、劳工和政府都有代表。其二,30年代原本可能爆发大规模平民革命,但是所有这一类政府都实施了新的下层阶级社会保障和福利计划,作为阻止这种可能性的手段。这又是法团主义支持的政策。其三,相当多的政权建立了高水平的国家职能代表委员会,这是对国会的地区代表制的一种补充形式,或者说,也许是一种完全绕开国会的手段。还有一些政权在立法机构直接设立职能代表。其四,这一点也是法团主义的核心,这一时期几乎所有欧洲政府各显神通,让劳工组织和资本家共同参与政府的委员会,要么是直接在各种立法和计划委员会安插双方代表,要么间接地将劳资双方置于政府各部门的控制之下。这些方法包含了收

① 相关研究参阅 Wiarda, *Corporatism and Comparative Politics*.

买和控制两方面：收买的方式是为工人提供新的社会保障计划，控制的方式是政府对工人的活动进行监督和管理。

通过这些手段，在一个危机四伏的年代，许多不稳定的政府可以将此时已经规模可观且具有潜在威胁性的劳工运动纳入官方活动范围：在此范围内，政府能够监视劳工，慷慨给予各种福利，以防止激进主义的出现，同时对他们加以控制。这样的话，就可以阻止可能发生的动荡（甚至是马克思主义革命）。所有通过吸收法团的手段来收买和控制劳工组织的方法，都反映出天才般的精明，这是从政治和官僚层面而言；另一方面，它们也标志着，19 世纪许多早期法团主义作家的理想主义和兄弟会思想已是遥不可及了。 256

拉美法团主义传统

“法团主义”有不同的含义和定义。笔者发现，区分四种形式的法团主义，有益于自己的写作。[①] 这四种形式不仅可以划分为不同的类型，而且可以按照发展阶段进行区分。

第一种被称为“天然法团主义”[②]。看到这个名称，我脑海中浮现的是这样一些国家和地区，其独特的历史、社会和文化孕育出早期的法团组织，如家庭、部族、区域或街坊、教区、教会、骑士团、行会和牧羊人公会，这些组织的法团主义如此古老，几乎是“天然”形成的。中世纪的西班牙、葡萄牙及其拉美殖民地——因其具有有机主义、社群主义、整体主义、托马斯主义和新经院哲学的社会政治组织——属于这种历史的、古老的天然法团主义。

第二种形式是意识形态法团主义（ideological corporatism），它兴起于 19

① For a survey, see Wiarda, *Corporatism and Comparative Polictics*，第一章。

② Ronald C. Newton, “Natural Corporatism and the Passing of Populism in Latin America,” *Review of Politics* 36 (January 1974), pp.34 – 51. 这一期*Review of Politics* 是法团主义专刊，包含若干篇研讨会论文。

世纪的欧洲，前面刚刚讲述过它的历史。

第三种形式是伪饰法团主义（manifest corporatism）[①]，也可以称为当权的法团主义，前文也论述过。事实证明，伪饰法团主义与意识形态法团主义迥然相异，因其更加官僚主义、国家主义和威权主义。

第四种形式是现代新法团主义（modern neocorporatism），它发端于二战后的欧洲，在拉美刚刚开始出现。不过，考虑到拉美其他形式的法团主义历史悠久，也许有人会预测，该地区同样特别欢迎这种最新的法团主义形式。我将在第十章回到这个主题。

在中世纪的西班牙和葡萄牙，某种形式的自然法团主义或中世纪法团主义的重要性显而易见。的确，在早期西班牙和葡萄牙管理国家生活的过程中，法团主义处处显现，以至于似乎成了西班牙和葡萄牙本体不可分割的一部分，这一点与天主教非常相似，二者之间的联系也很紧密。

尽管法团主义在殖民地的影响力弱于母国，但社会政治制度中的法团主义成分在殖民地时期也是相当强大的。有人质疑西葡两国殖民地制度存在法团主义成分，他们应该回过头去阅读下面这些作家的经典著作：塞尔吉奥·巴古（Sergio Bagú）、阿梅里科·卡斯特罗（Américo Castro）、约翰·林奇（John Lynch）、L.N.麦卡利斯特（L. N. McAlister）、唐纳德·伍斯特（Donald Worcester）、马加利·萨尔法蒂（Magali Sarfatti）、查尔斯·吉布森（Charles
257 Gibson）、C.H.哈林（C. H. Haring）等。[②] 在建立殖民地组织的过程中，西班牙和葡萄牙牢记的是托马斯主义、苏亚雷斯学说（Suárezian）和新经院哲学原则。同样，中世纪的法团制度也被包括在内，而且是核心组织原则之一。还要提及的是，殖民地的社会结构和等级制与母国的等级制在功能上是对等的。

在19世纪殖民地国家独立后的一段时期，法团主义继续存在的难度加

---

① 意即：虽然社会制度宣称采取法团主义范式，但在其具体实践中则演变成极权和独裁，比如纳粹德国、法西斯意大利等。——译者注

② 参阅第四章的大量附注。

大。多数拉美国家在独立后，仿效法国、西班牙和葡萄牙，正式废除行会和法团特权。毋庸置疑，法团主义在19世纪受到了削弱。独立之后（甚至可以回溯到18世纪），拉美权力和政治的两大支柱是保守主义（包括法团主义）和自由主义。在整个19世纪及之后的时间里，这两个对立的权力中心一直相互竞夺。法团主义不再拥有一席之地，为了权力，它不得不采用欺诈、蛮力和巧计等手段。敌对的、更倾向于自由主义的权力结构的存在，意味着在新的共和国，法团主义不再具有垄断性的合法地位。

然而，法团主义绝不会就这样轻易消失。首先，独立后的拉美抛弃法团主义的法律规定始终没有得到彻底执行，或者只有部分执行，在某些国家甚至形同虚设（见第五章）。其次，一些最强大的法团，包括教会和寡头集团，在独立后保留了权力。再次，独立后，一些极其重要且很有权势的新生法团（主要是军队）诞生了，与其他法团平起平坐。最后，由于上述原因，尽管法团主义在一些国家被正式抛弃，但它的事业没有停止脚步，基本上保持原有水平。其形式表现为社会中的功能性组织，而自上而下的、带有精英主义和整体主义色彩的统治也得以延续。事实上，人们可以认为，在一些拉美国家，新经院哲学和法团主义在独立后的影响超过独立前。①

此外，法团主义不仅仅是一系列枯燥乏味、机械死板的制度，还是一种思维方式。它是政治文化的一部分、一种世界观、一系列结合了托马斯主义和经院哲学的设想，也是本书概述的伊比利亚—拉丁政治传统的一部分。在这个问题上，笔者与奥克塔维奥·帕斯的观点一致。② 帕斯认为，西班牙和葡萄

---

① Charles Hale, *Mexican Liberalism in the Age of Mora, 1821 – 1853*, New Haven: Yale University Press, 1968; José Luis Romero, ed., *Pensamiento conservador, 1815 – 1898*, Caracas: Editorial Arte, 1978; James D. Henderson, *Conservative Thought in Twentieth-Century Latin America*, Athens: Ohio University, Monographs in International Studies, 1988; 特别是 Dirck Keyser, "Emilio Portes Gil and Mexican Politics, 1891 – 1978", Ph.D. diss., University of Virginia, 1995.

② Octavio Paz, "Latin America and Democracy," in *Democracy and Dictatorship in Latin America*, New York: Foundation for the Independent Study of Social Ideas, 1992, pp.5 – 17.

258 牙王室认同普世信仰——罗马天主教，并且对这种信仰拥有唯一的解释权。所谓唯一解释权，包括执行普世使命，捍卫天主教信仰和西方（西班牙）文化，扩大其影响力，使其上升至国家意识形态的高度。这种意识形态包括托马斯主义、新经院哲学、天启的真理、自上而下的权威和演绎推理。

帕斯认为，在西班牙和葡萄牙，天主教绝对王权的哲学根基是苏亚雷斯及其耶稣会门徒和追随者的新经院哲学。他继续说，这些神学家都是天才，他们改造了托马斯主义，使之发展为一座哲学堡垒。帕斯与历史学家理查德·莫尔斯[①]一致强调，伊比利亚半岛和拉美的托马斯主义具有双重功能。一方面，对于西班牙和葡萄牙帝国强制实行的司法、政治、社会和经济制度，托马斯主义是其意识形态基础；另一方面，它是训练场和哲学方法论，或者说政治文化——拉美的政治和知识阶层的习惯和思维过程就是经由它塑造而成的。帕斯认为，从这个意义上说，新经院哲学作为一种精神力量（mental attitude）和广义哲学（general philosophy），偶尔也表现为一系列具体制度的关系，它的影响力及其极力鼓吹的社群主义或法团主义特性，继续为拉美知识分子和政治精英所接受。

此外，主流政治文化中的哲学和制度不只是被精英接受，而且还被不断灌输给下层阶级。帕斯总结道，虽然中世纪经院哲学和相关制度从 18 世纪开始受到挑战，且进入 19 世纪后，在一定程度上还暂时失去了光彩，但通过上述途径，“那些体现了新经院哲学的核心思想和本质的精神力量与习惯，一直传承到我们这个时代”。帕斯继续说道：“我们的知识分子接受了自由主义、实证主义和马克思列宁主义，但是，几乎在任何一种情况下，无论什么样的哲学观，都非常明显地表现出新经院哲学先贤们的精神力量和道德立场，虽然看不见，但依然存在。这就是现代性悖论：今天的理念，源于昨日的精

---

① Richard M. Morse, *New World Soundings: Culture and Ideology in the Americas*, Baltimore: Johns Hopkins University Press, 1989.

神力量。"①

尽管帕斯所论述的历史性的新经院哲学和法团主义在19世纪遇到新观念和新思想前所未有的挑战,而且还不得不与自由主义,甚至其他意识形态相竞争,但无论在独立之前还是之后,拉美的传统都保持了足够的连贯性。 259
我们可以看到这种思想薪火相传,从殖民地时期的中世纪法团主义和天然法团主义,延伸到20世纪的意识形态法团主义和伪饰法团主义。挑战是有的,但并没有崩溃瓦解。某些方面被宣布为非法,可是其他方面得到强化。墨西哥的例子就证明了上述观点。

1808年,拿破仑入侵伊比利亚半岛的消息传到墨西哥,第一波激动人心的独立运动拉开帷幕。当时墨西哥的市政委员会(ayuntamiento)的第一反应是推行新经院哲学和法团主义,而不是自由主义。在西班牙国王缺席的情况下,市政委员会宣布:"主权归还整个王国和组成王国的'功能性团体'。"市政委员会的观念既不是来自洛克式的自由主义,也与卢梭式的自由主义无关。事实上,它是站在传统新经院哲学的角度,来考虑一个由不同法团和阶层构成的社会。② 当一个军政府上台执政时,在国王的合法地位恢复之前,社会的组织结构仍然是法团主义性质的,包括检审庭、大主教、来自更低级别裁判所的代表、城市法团、天主教会实体、世俗团体、贵族、市民领袖和军人集团。按照这个观念,"人民"和个人都没有代表,只有法团组织才有。它直接来源于16世纪苏亚雷斯和路易·莫利纳(Luis Molina)的这一观点:只存在两种合法的权力主体,一是王权(现在缺失),二是法团。③

1812年,在法国占领军的影响下,西班牙起草并颁布了自由宪法,当时遭到墨西哥的强烈反对,后者开始预备独立。接下来,1814年西班牙国王斐

① Paz, "Latin America," p.7.

② O. Carlos Stoetzer, *The Scholastic Roots of the Spanish American Revolution*, New York: Fordham University Press, 1979.

③ Keyser提供了特别有价值的分析,参阅"Emilio Portes Gil"。

迪南七世复辟，推翻自由宪法，墨西哥重归平静。但是，1820 年西班牙自由革命又恢复了 1812 年宪法，而墨西哥和其他西班牙控制的美洲国家不仅没有接受新的自由秩序，反而与母国切断了联系。诸如军队、克里奥尔精英和教会这样有影响力的法团领导了争取独立的运动。此前数年间，在墨西哥出现了追求自由甚至革命(形式为土著居民起义)的倾向，现在被扼杀了；法团主义迅速恢复统治。然而，自由主义与法团主义之间的根本矛盾没有消除，像
260 教会、军队和克里奥尔地主这样至关重要的法团的作用和地位问题也没有解决，事实证明，这些将在未来 100 多年里引发争议。

1821 年墨西哥宣布独立，阿古斯丁・德・伊图尔维德成为总统，并起草了一部新宪法。新宪法赋予伊图尔维德类似君主的地位，立法机关形同橡皮图章。有人制订计划，呼吁建立两院制，其中上院将被称为法团议院；伊图尔维德建议实行一院制，完全建立在法团(包括不同阶层和行会)代表制基础之上。最后达成的妥协方案是设立一个混合议院，一部分为法团代表，另一部分以更加为人熟悉的区域代表为基础，但尽可能与平民选民保持距离。这样的主张再次从宪法结构和社会政治组织层面显现出，墨西哥从殖民地迈向独立的道路既有变革，又有延续性。[①]

然而，到 1823 年，伊图尔维德大权旁落。不久，政府以有争议的西班牙 1812 年宪法为模板，颁布了一部更加自由化的新宪法。尽管应当倾向于自由主义，但它却宣布罗马天主教是墨西哥的官方宗教，而且还保留了寡头土地制度，允许军队和教会保留法团权利。在墨西哥历史上，这部新宪法代表了自由主义的一极。在此后 100 年的绝大部分时间里，该宪法总是与代表另一极的保守主义或者法团主义宪法——以伊图尔维德的"保皇主义宪法"为例——交替出现。不过，在保留法团主义特性的问题上，这些宪法的规定大同小异。

---

① Keyser 的分析极为丰富，价值极高。

1821 年至 1824 年，主要是在伊图尔维德治下，保守派掌控权力；而后数年，自由主义者短暂重返权力中心。然而，在此后直至 19 世纪 50 年代的 30 年的大部分时间里，墨西哥的政治历史由独裁者安东尼奥·洛佩斯·德·圣塔安纳(Antonio López de Santa Anna)书写，此人恢复了更加保守的法团主义制度。1857 年，墨西哥又一次公布新宪法，重新建立更倾向于个人主义的自由社会。这个时期的改革运动颁布了更加严厉的法令，剥夺教会的土地和特权。1861 年至 1865 年，法国军队的占领曾使这一运动暂时中断。然后，从 1876 年开始，波菲里奥·迪亚斯(Porfirio Díaz)统治了墨西哥，时间长达 34 年。他重建了保守制度，依靠手下的实证主义科学顾问管理国家。如果说迪亚斯政府没有完全实行法团主义制度，那么从帕斯所谓的“精神力量”意义上 261
来看，它也是一个注重组织性的整体主义政权。事实上，在谈到过去一个世纪墨西哥历史在两极之间摇摆时，帕斯将保守主义这一极称为“隐修士彼得时代的天主教徒”，将自由主义称为“第三纪的雅各宾派”。[①] 在被分裂的墨西哥，两种主义都不能提供长期的稳定和有效的治理。另一方面，二者立场相距甚远，想要在它们之间达成妥协，似乎根本不可能。

1910 年，迪亚斯政权被推翻，随后几年，墨西哥爆发了激烈的社会革命。革命形势一片混乱，整体缺乏意识形态的指导。1917 年，一部自由主义倾向明显的新宪法问世。它剥夺了传统的权力行使者的特权，同时又继承了法团主义传统，在制度范围内给予农民、印第安人和工人团体以特权地位。20 世纪 20 年代早期，墨西哥的一些社会群体似乎要发动激进的马克思主义革命。20 年代末，普卢塔科·卡列斯(Plutarco Calles)总统一方面对持续的不稳定忧心忡忡，一方面在面对宪法禁止连任的规定时，希望保住自己的权力。尽管他对革命传统保持忠诚，但还是建立了一个组织架构独树一帜的政党，以帮助他延续权力。与此同时，他的做法也使得一种新的法团主义形式成为制

---

① Octavio Paz, *The Labyrinth of Solitude*, New York: Grove, 1961, p.11.

度。墨西哥制度革命党(最初名为国家革命党)按照行业或者法团组建而成，有农民部、工人部、市民部和军人部，后来官方机构撤销了军人部。墨西哥制度革命党弥合了自由主义和法团主义、传统法团主义和现代法团主义的历史性分歧，它是拉美历史上第一批做到这一点的政党之一，也许还是很长一段时间内最成功的政党。它的方法真实反映了这个国家的历史、文化传统和分裂的社会现状，有利于墨西哥的发展。[①]

虽然墨西哥革命制度党巩固自上而下的、整体的、法团主义的、统一的、垄断的，甚至威权的社会政治结构——以延续墨西哥长期的政治历史传统的某些特征，但它同时也从墨西哥其他的新近传统中吸收了自由主义、多元主义、参与式民主和社会公正，甚至还有革命的成分。这种制度结构是法团主义性质的；但重要的是，一些历史上形成的团体，包括教会、寡头集团和军队，
262 都没有被纳入到制度安排中，而其他法团组织，例如农民、工人和土著居民团体，则获得了大力支持。尽管卡列斯总统意图让这个党成为稳定的、相当保守的政治机器和资助实体，借以保持传统政治文化的延续性和保住自己的权力，但是在20世纪30年代拉萨罗·卡尔德纳斯(Lázaro Cárdenas)担任总统期间，制度革命党转向激进，接近工团主义立场，只是在1940年之后才又回归重视工商业的保守立场。着重讲述这几段历史的目的是要说明，尽管法团主义经常与右派保守力量联系在一起，但是它也足够灵活，可以转向中间道路、左派立场、民众主义和激进主义。

墨西哥革命制度党融合了诸多元素，它们来源于罗马法、托马斯·阿奎那的学说、新经院哲学、卢梭的思想和实证主义，还有墨西哥晚近历史中出现的自由主义、激进主义、无政府工团主义以及革命精神。这个党，第一次将墨西哥天然的和历史上形成的法团主义传统与更加紧迫的新需求、改革和现代

---

① 这里的分析参照了 Keyser 的分析，“Emilio Portes Gil”；还有 Evelyn Stevens，“Mexico：The Institutionalization of Corporatism，” in James Malloy，ed.，*Authoritarianism and Corporatism in Latin America*，Pittsburgh：University of Notes to Pages Pittsburgh Press，1977.

化结合起来。在拉美历史上，没有其他政党和社会运动如此成功或者如此长久地在两种传统中架设起桥梁。暴乱和分歧经常撕裂墨西哥，也折磨着其他拉美国家，制度革命党不仅一度结束了这样的局面，而且在过去 60 多年管理这个国家的过程中，帮助它形成一种环境，最终带来了长期的政治稳定和经济发展，使得该国脱离了第三世界行列，即将迈入当代第一世界工业化国家阵营。正是这样一种方案，即拉美历史传统（包括法团主义）与变革需求和现代化需求相结合，同时还要避免选择自由主义或马克思列宁主义，成为 20 世纪 30 和 40 年代其他拉美国家试图效仿的对象。①

掌权的拉美法团主义

现代意识形态法团主义诞生于欧洲，在那里极其受欢迎，而在拉美也拥有大量的拥护者。法团主义在这两个地区支持率高的原因，有很多是相同的。其一，法团主义可以取代受人鄙视的自由主义和北美风格的个人主义，后者从未在拉美发挥有效作用，也没有建立深厚的根基。其二，因为拥有天 263
主教基因和传统，法团主义似乎比其他世俗思想更适应拉美。其三，在民族主义膨胀时期，法团主义似乎为拉美提供了一条途径，避免选择美国支持的方案（见第六章）。其四，在马克思主义和不断壮大的共产主义政党虎视眈眈的时代，法团主义是社会主义和布尔什维主义的替代选项。其五，在经济萧条之际，法团主义为拉美国家提供了一种手段，既增强了对经济的监管权，也阻止了破坏性的，甚至可能是颠覆性的劳工运动发生的可能性。其六，也许是最重要的，法团主义在长期发展过程中与伊比利亚半岛和拉美传统思想保

① 最出色的研究参阅 George Grayson, *Mexico : From Corporatism to Pluralism?* , Fort Worth: Harcourt Brace, 1998.

持一致，因此看起来就是为拉美地区量身定制的。①

在拉美，从 19 世纪 80 年代开始，法团主义对精神生活和制度的影响力达到鼎盛，此后经过整个二战时期，一直延续到现代社会。因此，最初它与实证主义存在交集，二者非常相似，到了后期，又与民主思想有所重叠。法团主义与同一时期的其他主流思想和社会运动有过交流，吸收了它们的部分主张——这些思想和运动包括实证主义、爱丽儿主义、西班牙主义、民族主义、“土著主义”(indigenismo)、天主教社会活动和反议会主义。它一方面加剧了拉美精英对自由主义的幻灭感，一方面又强化了军队对秩序、纪律和稳定的要求，因而使得这两个领导集团在言辞和法律方面偏向法团主义制度。弗雷德里克·派克(Frederick Pike)坚称，同一时期，拉美精英第一次接触美式经济自由主义，看到的却是极端物质主义和强盗资本家精神，所以并无好感，这样又进一步增强了法团主义选项的吸引力。②

法团主义在拉美得到广泛认同，还有其他原因。法团主义既主张整体主义，又主张中央集权，故而接近拉美历史上其他带有天主教色彩的传统思想。它也是精英主义性质的，赞成自上而下的体制，所以就像前一个世纪的实证主义那样，表面上是引领拉美大陆走在深刻的政治变革的最前沿，实际上是为该地区已有社会政治制度的长期存在提供合理化外衣。此外，与欧洲的情况类似，法团主义提供了一套笼络本地区新兴的劳工运动的方案，以将其置于政府的管控之下。作为一种方法，法团主义表现出了进步性，同时又保留
264 了传统的社会结构和政治威权主义。由于以上种种原因，法团主义看起来非常符合拉美的思想，尤其是拉美的现实，这既因为它与拉美人传统的行为方式(精英主义、自上而下、有机主义和整体主义)相一致，又因为它提供了可接

① Howard J. Wiarda, *Corporatism and National Development in Latin America*, Boulder: Westview, 1981.

② Fredrick B. Pike, *The United States and the Andean Republics: Peru, Bolivia, and Ecuador*, Cambridge: Harvard University Press, 1977；也参阅他的 *Spanish America 1900 - 1970: Tradition and Social Innovation*, New York: Norton, 1973.

受的方案,来取代不被喜欢的自由主义和马克思主义。

1941 年 8 月,就在珍珠港事件发生及美国参加二战前夕,《纽约时报》刊载了一封非常引人注目的书信,解释了拉美青睐法团主义的原因。[①] 这封信由玛丽·R.马登(Marie R. Madden)寄出,此人是美国福德姆大学(Fordham University)一位优秀的教授,撰写过一本关于中世纪政治理论的知名著作。[②] 她写信的目的,是为了回应《纽约时报》一名记者关于拉美的一系列文章。这些文章声称,拉美的天主教徒非常怀疑,美国外交政策会从反法西斯扩大为反法团主义,具体而言,就是反对葡萄牙的萨拉查法团主义政权。《纽约时报》报道称,拉美的神父、世俗民众和天主教徒一般都认为,萨拉查政权是"接近理想的政府",但它不符合美国人心目中最令人向往的政府形式。马登的信,一方面试图解释,为什么法团主义在当时的拉美如此受欢迎,一方面则对天主教法团主义和纳粹的法西斯主义进行区分。

马登认为:"有一种事物,在美国的传统文化中不存在,但在葡萄牙和南美洲的传统中却根深蒂固。它就是社会中的法团组织,一种制度化的功能性组织。"她继续说道,法团主义和天主教社会的权力观来源于圣徒保罗的以下训导:一切权力由神赐予,"没有奴役和自由之分,所有人都是自由的,因为人类有着共同的起源和归宿"。她进一步解释说:"伟大的天主教思想家圣奥古斯丁、圣托马斯·阿奎那、圣贝拉明(Saint Bellarmine)和苏亚雷斯详细阐述了这种理念,并用它指导现实中的政府。"尽管 19 世纪时,在所有拉美国家,这种天主教和法团主义传统"受到世俗主义理论和经济学领域的曼彻斯特学派的冲击",影响力下降,但它经受住了考验,现在又以新的形式卷土重来。马登说,法团主义的复兴之地不仅包括西班牙和葡萄牙,还有巴西和"所有拉美国家"——在这些国家,它成为"南美洲领导人的热议话题"。在信的结尾,

① *New York Times* (August 7,1941), p.16.

② Marie R. Madden, *Political Theory and Law in Medieval Spain*, New York: Fordham University Press, 1930.

265 马登将伊比利亚半岛和拉美的法团主义与美国的自由主义和新政进行了比较，然后指出，“功能性组织，也就是社会中的法团组织”，并非与美国的利益和外交政策相抵触，只是“我们的人民普遍对它不熟悉”。

与其他单一来源相比，前文讨论的一系列原因和马登的信很可能更好地阐释了伊比利亚和拉美在那个时代的精神世界，从中我们可以轻松了解为什么法团主义在拉美大行其道。它首先吸引的是知识分子，特别是天主教知识分子，这些人长期以来一直在从天主教思想中寻找现代问题的解决之道。他们支持通过天主教方法处理社会问题，但又不希望恢复19世纪的保守政治制度。20世纪20年代，拉美许多天主教知识分子被欧洲同行的法团主义著作所吸引。他们喜欢法团主义传统上对秩序和稳定的重视，同时也赞赏它关于劳工组织的进步观点。他们发现，法团主义不断重复阿奎那和苏亚雷斯的下列观点：政府必须建立在被管理者和社会团体的认同基础上，必须尊重法团组织的政治社会权利。然而，首先是绝对王权，然后是拉美的独裁主义者，却肆意践踏这种权利。在天主教知识分子看来，一边是中央政府的合法权力，另一边是社会中的功能性组织所拥有的自我管理权和自治权，法团主义恢复了在二者之间已消失数个世纪的恰当平衡。这样一来，20世纪的法团主义思想与中世纪的法团主义在两方面产生了共鸣，一是宗教根基，二是关于政治社会建立合理秩序的见解。注意，这个见解同样与拉美独立运动的经院哲学根基非常相似。[①]

美国人接受的主要是自由主义传统，很少与法团主义接触，因此很难向他们形容，法团主义思想在拉美有多么受欢迎，而可供选择的自由主义和马克思主义思想又是多么受鄙视。美国人一般认为，如果有机会，全世界的民族都会自然而然地选择自由主义的、多元化的民主政治制度。可是，他们忘记了，在天主教政治理论中，马克思主义和自由主义等同于混乱和放纵，受到

---

① Stoetzer, *Scholastic Roots*; Wiarda, *Corporatism and Development.*

了罗马教廷的严厉谴责。而且,不仅在政治领域,同样在经济领域,天主教思想在历史上也批判过社会主义和资本主义。考虑到天主教思想及天主教国 266
家无法接受自由主义和马克思主义,法团主义提供了"第三条道路"。它一方面保留了天主教服务公共利益的传统,另一方面又体现了"现实为王"的精神。这里的现实指的是:社会环境发生变化,出现了新的社会群体(劳工组织),而社会必须予以接纳。①

实际上,20 世纪 30 和 40 年代,拉美每一个上台的政权总会以某种方式注入法团主义思想,实施相关计划。这些政权包括巴西的热图利奥·瓦加斯、阿根廷的胡安·庇隆、智利的卡洛斯·伊瓦涅斯、秘鲁的奥斯卡·贝纳维德斯(Oscar Benavides)、哥伦比亚的劳雷亚诺·戈麦斯、多米尼加的拉斐尔·特鲁希略、巴拿马的阿努尔福·阿里亚斯(Arnulfo Arias)、厄瓜多尔的何塞·玛利亚·贝拉斯科·伊瓦拉、委内瑞拉的马科斯·佩雷斯·希门尼斯(Marcos Pérez Jiménez)、尼加拉瓜的阿纳斯塔西奥·索摩查(Anastasio Somoza)、巴拉圭的阿尔弗雷多·斯特罗斯纳、萨尔瓦多的马克西米利亚诺·埃尔南德斯(Maximiliano Hernández)、危地马拉的豪尔赫·乌维科、哥斯达黎加的拉斐尔·卡尔德龙·瓜尔迪亚(Rafael Calderón Guardia)、墨西哥制度革命党、玻利维亚民族主义革命运动,还有秘鲁的社会民主主义政党阿普拉党。如果不了解法团主义现象,就不可能理解这一时期及之后的拉美。②

从这份人物及其掌管的政权清单来看,有几点值得关注。其一,其中既包含左派民众主义政权,如玻利维亚民族主义革命运动、20 世纪 30 年代拉萨罗·卡德纳斯(Lázaro Cárdenas)领导下的墨西哥制度革命党、秘鲁阿普拉党、巴拿马的阿里亚斯、厄瓜多尔的贝拉斯科·伊瓦拉,也有右派保守的独裁政

---

① Guenter Lewy, *Constitutionalism and Statecraft during the Golden Age of Spain*, Geneva: Droz, 1960;也可参阅他的 *Religion and Revolution*, New York: Oxford University Press, 1974.

② 关于这个观点的详细论述参阅 Wiarda, *Corporatism and National Development*;也参阅 Malloy, *Authoritarianism and Corporatism*.

权，不过后者居多。因此，法团主义不仅仅是右派保守主义思想，只是它强调秩序、稳定和可控的变革，这似乎使它特别吸引处于各党派的人群。其二，几乎每一个拉美国家都有代表，这真是令人吃惊，显示出法团主义哲学在当时无处不在。其三，拉美很少有彻底的法团主义政权，实际上，它们倾向于制定一些基于法团主义的新制度，同时保留以往民主共和制度中的许多特性，例如，根据地域代表制设立的立法机构。其四，法团主义对军民两种政权均有吸引力。的确，法团主义为这两种政权提供了一些共同基础，并在某种程度上成为沟通这种历史性的军民分界的桥梁和消除拉美昔日的不稳定根源的手段。

下面举几个例子来说明法团主义哲学的普遍性以及这种思想所影响的
267 新制度。例如，在瓦加斯领导下的巴西，1938 年宪法和政府颁布的劳工法体系都深刻地体现了法团主义原则。[1] 庇隆的“正义主义”也处处体现法团主义，如将工会融入到政权的政治体系中。[2] 巴拉圭成立了由法团代表组成的高级国务委员会，目的是整合社会中的主要功能性组织，同时为总统提供顾问机构。厄瓜多尔的贝拉斯科提议设立两院制立法机关，一个将由地域代表构成，另一个则由功能性组织代表构成。墨西哥的制度革命党、玻利维亚的民族主义革命运动和秘鲁阿普拉党都是受法团主义影响的政党，它们按照行业或功能建立组织，包括农民、工人、青年、工商界和妇女等部门。此外，这一时期拉美颁布的每一部劳工法几乎都来源于西班牙或葡萄牙的法团主义劳动法典，而这些法典本身就是根据墨索里尼的《劳动宪章》(*Carta del Lavoro*)修订而成的。[3] 同样，当时政府制订的几乎所有的社会保障和福利计划都是

---

① Philippe C. Schmitter, *Interest Conflict and Political Change in Brazil*, Stanford: Stanford University Press, 1971.

② Robert. Alexander, *The Perón Era*, New York: Columbia University Press, 1951; and George Blanksten, *Perón's Argentina*, New York: Russell and Russell, 1967.

③ Howard J. Wiarda, *The Corporative Origins of the Iberian and Latin American Labor Relations Systems*, Amherst: University of Massachusetts, Labor Relations and Research Center, 1976.

一种手段，旨在笼络劳工运动，将其纳入政府的福利和监管体系，启发这种思路的是法团主义的组织权利和资格原则，而非美国对个人权利的自由主义假设。[①]

笔者研究了伊比利亚半岛和拉美的诸多法团主义政权，如特鲁希略政府、墨西哥制度革命党、瓦加斯政府、庇隆政权、斯特罗斯纳政府、佛朗哥和萨拉查政权以及1968年至1975年的秘鲁革命政权[②]，得出了前面的几个结论，这里再总结一下：

1. 从20世纪30年代开始，法团主义思想及一整套思维方式在伊比利亚半岛和拉美盛行。这些地区的社会对天主教教义笃信不疑，事实上，它已成为一种生活方式。有时，佛朗哥、萨拉查、斯特罗斯纳和特鲁希略等人发表演讲，或者让手下的知识分子为其政权杜撰合法性，强调秩序、纪律、权威、等级和社会中的法团组织的必要性——他们经常直接引用《新通谕》和《四十年通谕》中的天主教社会理论。[③] 从这个意义上说，法团主义不只是一套临时性的政治制度，随着政权变更而潮起潮落。按照奥克塔维奥·帕斯的观点，法团主义是一套全面的社会、哲学、政治、经济理念。正如北美民众几乎无意识地从自由主义和多元主义的角度考虑问题，拉美人也自然而然地从法团主义和 268
整体主义角度看待世界。

2. 在伊比利亚半岛和拉美，天主教的影响无处不在，但还有一件事物也许同等重要，这就是法团主义的官僚主义和威权主义形式，来源于墨索里尼的意大利和其他“不太令人愉快”的政权。促使此类伊比利亚—拉美制度成

---

① Carmelo Mesa Lago, *Social Security in Latin America: Pressure Groups, Stratification, and Inequality*, Pittsburgh: University of Pittsburgh Press, 1978.

② Howard J. Wiarda, *Dictatorship and Development: The Methods of Control in Trujillo's Dominican Republic*, Gainesville: University of Florida Press, 1970; Wiarda, *The Brazilian Catholic Labor Movement*, *Corporatism and Development*, *Corporatism and National Development*.

③ 例子参阅 Manuel Arturo Peña Batlle, *Contribución a una campaña (Cuatro discursos)*, Santiago: Editorial El Diario, 1942.

形的人不仅有理想主义者和怀有善意的天主教思想家，还有精明的独裁者，他们利用天主教哲学为威权主义辩护。随着 20 世纪 30 年代逐渐过去，那些通常在政权形成之初具有影响力的意识形态法团主义理想家屈服于(或者说被迫让位于)更强硬的实践者，后者实行的是成熟的国家法团主义和威权主义。

3. 这一时期的法团主义不只是一种思维方式，也是深刻影响制度安排的决定性因素之一。它引导政府按照法团形式设立国务委员会、经济监管机构、劳资关系制度、社会福利部门，颁布社会福利法，甚至立法机构也是法团形式的。不过，在拉美的大环境下，这些法团形式的制度和机构几乎总是与产生于 19 世纪的自由主义和共和制度重叠，或者并存。

4. 这一时期，法团主义始终以某种方式影响拉美几乎所有的政权，但是表现形式千差万别。前文提供了一份按照法团主义建立或受其影响的政权清单，请将目光再次投向它：其中既包含文官政体，也有军人政权；有威权国家，也有民主国家；有左派政权，也有右派政府。法团主义不仅无处不在，而且看起来极其灵活。

5. 在欧洲和拉美，相当多的人认为法团主义与两次世界大战之间的这段时期密不可分。而且在大众的心目中，二战期间它与法西斯主义有关联，故而声名狼藉。尽管如此，它在战后却得以延续，只是其实践者现在一般避免使用“法团主义”这个词。甚至在一些国家，法团主义还有了长足发展，最终脱胎换骨，再次回到公众视野中，这一次，它的面目是新法团主义(见下一节)。

在拉美，法团主义从一组构建精神生活和意识形态的元素，发展为一套治理国家的方案，其间所走过的路与它在欧洲的历程非常相似。其一，拉美地区的政府利用法团主义作为工具，笼络和控制新兴的工人运动，而不是将
269 其作为全面的合作伙伴。其二，法团主义强调秩序、纪律、权威和稳定，许多政权用它来证明高压手段和各种威权体制的合理性。其三，法团主义对监管

的高度重视，为集中经济决策权和控制所有经济群体（工商界和劳工）提供了途径，而且还巩固了准重商主义的集权式经济，直到今天这种经济仍然存在。其四，精英集团利用法团主义来证明现有社会结构的合理性，或者将它作为一种手段，控制新群体（这个阶段是工人阶级）参与政治进程。其五，20 世纪 20 和 30 年代被法团主义吸引的理论家和知识分子，现在经常被政府收编，担任演讲稿撰写人、法律起草人，有时还充当溜须拍马之辈和文过饰非之徒，但很少被授予实权。实权通常保留在这个时期执政的独裁者手中，他们与社会精英一道，利用法团主义为自己的政治目标服务。[1]

简而言之，在拉美，如同在欧洲发生的情况一样，自上而下的、威权主义的国家法团主义取代了早期意识形态的法团主义。后者由知识分子提出，通常带有理想主义色彩，可与其他思想自由组合，也被称为"社会法团主义"。这一时期，拉美的模仿对象主要是佛朗哥的西班牙和萨拉查的葡萄牙，不是意大利成熟的法西斯主义，更不可能是纳粹德国政权。也就是说，按照胡安·林茨(Juan Linz)为人熟知的划分标准来看，拉美法团主义政权属于威权主义，而通常不属于极权主义范畴。[2] 而且，在拉美的各种政权中，法团主义思想通常与其他同样保守的思想相伴而行，如西班牙主义（也来自西班牙）、爱丽儿主义和民族主义。有人认为，成为一个拉美人，必然也要成为天主教徒、法团主义者、支持强势政府的人，甚至可能被迫成为这样的人。换而言之，拉美的法团主义和西班牙传统、民族主义传统都受到了执政者的操控，以为其私人政治目标服务。法团主义会因这样的关联而声誉扫地，这一点又与欧洲的情况相同。

---

① Joaquin Balaguer, *Memorias de un cortesano de la era de Trujillo*, Santo Domingo: Editora Corripio, 1988.

② Juan Linz, "An Authoritarian Regime: Spain," in E. Allardt and S. Rokkan, eds., *Mass Politics*, New York: Free Press, 1970, pp.251 – 283.

二战后时代与新法团主义

20世纪30年代，乃至进入40年代后，欧洲和拉美的每个政府基本上都在一定程度上实践过某种法团主义。它被认为是未来的潮流。当时，由于全
270 球大萧条，资本主义似乎已经失败，而马克思列宁主义看起来又无法让人接受，于是法团主义就被视为二者之间的第三条道路。法团主义知识分子米哈伊尔·麦诺伊雷斯科（Mihail Manoilesco）在1936年自信地预测：正如19世纪是自由主义的世纪那样，20世纪将是法团主义的世纪。[1]

但是，二战期间，法团主义由于被视同法西斯主义而受到广泛质疑。墨索里尼和希特勒都宣称，已经开展法团主义实践，实行相关制度；然而在这两个案例中，法团主义制度的作用，都没有达到法团主义规划者和理论家所设想或预期的效果。大量证据表明，对于法团主义，墨索里尼和希特勒制订了如下计划：他们希望借用法团主义当时享有的声望，为自己的政治目标服务，但是，他们无意全面推行真正的社会法团主义，只是利用这种思想和运动作为烟幕弹，来掩盖其政权的极权主义和独裁事实。此外，左派工人和作家认为，在法团主义制度下，工商界和劳工应有的同等地位其实是一种假象，因为法团主义为大企业带来重大利益，但这仅仅意味着对工人的直接压迫。他们指责法团主义是欺骗手段。[2] 因为这样的关联，也因为法西斯政权战败，与法西斯相提并论的法团主义同样变得声名狼藉。

在欧洲，尽管法团主义在意识形态层面为人诟病，但有许多政府仍然在战后执行法团主义政策，涉及领域包括劳工关系、社会福利计划和政府监管

---

① Mihail Manoilesco, *Le siècle du corporatisme*, Paris: Felix Alean, 1936.

② Wiarda, *Corporatism and Development*.

机构。[1]“法团主义”一词几乎不再使用，即使是天主教作家也鲜有提及。[2]与此同时，一种形式隐蔽的法团主义继续得到事实上的推行。最终，这些实践被人们重新认识，出现一批对其进行阐释的新文献。这批文献关注的焦点是所谓的新法团主义。[3]

在拉美，法团主义及其战后遗产的境况与欧洲不同。拉美本土没有因为反抗法西斯主义而发生战争，也没有羽翼丰满的法西斯势力上台执政。庇隆政府也许是最接近欧式法西斯主义的政权，但即使是他，也从未全面推行法西斯主义。因此，在拉美，法西斯主义与法团主义的肮脏关系从未像在欧洲那样充分发展。这样一来，战前和战后时期并无明显区别，仅有少数几个国家例外，例如巴西的瓦加斯于 1945 年卸任，但即便是这样，他的法团主义劳
工法也被保留下来。所以，20 世纪 30 年代在拉美成长起来的法团主义，通常 271
都没有受到削弱。不过，显而易见，战争结果还是给拉美放弃法团主义带来了某种有限的压力。同时，为了安抚毕竟刚刚完成反法西斯战争的美国和缓解拉美各国自由派的压力，“法团主义”不再被用来描述政权的意识形态。然而，基本上在所有的拉美国家，法团主义实践不仅继续进行，而且经常得到大规模的扩张。[4]

二战期间，几乎每一个拉美国家都处于威权主义——如果不是独裁主义——控制之下。不过，随着同盟国战胜法西斯主义，从二战结束到冷战开始前的这段短暂美好时光（1945 年至 1947 年）里，民主情绪高涨。战争结束了，联合国成立了，世界有望不再发生战争，民主制度很可能要遍地开花了。

---

① Samuel H. Beer, *Modern British Politics*, London: Faber and Faber, 1965; Diamant, *Austrian Catholics*.

② Richard Metáfora, "The Spirit of Corporatism and Catholic Social Welfare", Ph. D. diss., University of Massachusetts, 1998.

③ Martin O. Heisler, *Politics in Europe*, New York: McKay, 1974; Philippe C. Schmitter and Gerhard Lehmbruch, eds., *Trends toward Corporatist Intermediation*, Beverly Hills: Sage, 1979.

④ Malloy, ed., *Authoritarianism and Corporatism*.

在这样的压力下，相当多的拉美威权政府允许成立反对党，暂时给予国内共产主义政党合法地位，一定程度上扩大新闻自由和其他自由。这样的一些政权领导人，例如巴西的瓦加斯，还有危地马拉的乌维科和古巴的巴蒂斯塔（第一届任期内），被迫离职。然而，随着 1947 年冷战开始，原有的威权政府又可以实行高压政策，宣布共产党非法，取消此前规定的自由权利，全面恢复威权统治。在前面提及的三个国家中，民主只是取得了暂时的突破性成果，因为瓦加斯于 1950 年再次执政，巴蒂斯塔则在 1952 年发动军事政变，重回权力顶峰；至于危地马拉，在美国插手下，1954 年革命政府被推翻，一个军事威权政府重新掌权。与此同时，新的法团主义政权，如阿根廷的庇隆政府，开始登上历史舞台。

20 世纪 40 年代后期和整个 50 年代，一些国家恢复了成熟的威权制度，这也让法团主义得以复苏，并且迅速发展。事实上，这一时期拉美每个国家都颁布了新的劳工宪章，其中包含了常见的法团主义特性，如宣布罢工和停工违法，工人和资方有义务进行谈判——通常由政府强制执行，工会运动由政府监管和批准，严格控制持不同政见者团体，国家强力管控工人活动的方方面面。这些就是所谓的新组织法，它毫无自由可言，几乎涉及社会所有群
272 体，包括军队、媒体、学生和大学。甚至教会也不可幸免，政府通过与梵蒂冈签订新协定的方式对教会施加影响。在每一个国家，政府都极大地强化了对经济和社会经济群体的监督和管控，这些群体包括企业、商界、工业界、各行业从业人员，还有工人。这个时期颁布的社会保障和社会福利新法案，也具有法团主义或者说行业特色。所有这些特性本质上属于法团主义，无关乎自由主义，自然也与多元化无关。当然，国家对外表现为共和国，但社会根基还是法团主义。①

这一时期法团主义受到青睐的原因与战前一致。首先，也是最明显的，

---

① Kenneth P. Erickson, *The Brazilian Corporative State and Working-Class Politics*, Berkeley: University of California Press, 1977.

法团主义与拉美政治思想长期形成的传统相符,它的领导人知道如何在这个框架内开展工作,而且感觉游刃有余。除此之外,法团主义还为精英提供了工具,可以用于控制和监管下层社会群体,后者采取自下而上的方式,越来越频繁地向精英阶层发起挑战。法团主义也提供了经济监管工具,国家不需要推行无法让人接受的社会主义和仍然受到鄙视的自由市场资本主义制度。此外,法团主义指明了一条渐进式的、可控的变革之路——在这条道路上,变革不会陷入混乱,不会变质为自由主义,也不会出现系统性崩溃。在法团主义的控制下,疾呼权利的新群体可以在不断做大的经济蛋糕中分得一块(前提是他们接受法团主义的游戏规则,如果不接受,就会受到压迫),而同时,管理这块蛋糕的传统掌权者也不会被夺走权力。法团主义以这种方式获得了社会中所有群体的青睐,但它尤其吸引传统的权力拥有者,也就是社会精英,掌握国家机器的人。新的群体要经历一个过程,才会被国家体系接纳,而掌权者就控制和监管整个过程,并设置条件。①

从 20 世纪 50 年代中期开始直到 60 年代初期,又出现了一段短暂的民主插曲,它让拉美和美国重新燃起自由和民主的希望之火。庇隆政权被颠覆,瓦加斯卸任,委内瑞拉独裁者佩雷斯·希门尼斯被罢黜,巴蒂斯塔被革命推翻,独裁者特鲁希略遇刺身亡。当时艾森豪威尔政府在其任内最后两年兴起了一股政策变革之风,后来约翰·F.肯尼迪又推行“争取进步联盟”计划。 273
拉美的民主机会与美国的这些新动向相伴而行,而且在一定程度上是后者的产物。这些机会通常意味着民主有望取得突破性进展,但同样令人印象深刻的是,它们很少影响社会政治根基,法团主义虽然不是唯一的根基,但仍占有主导地位。即使在民主制度下,旧的法团主义劳工法依然有效,社会保障法案依然以团体为基础,组织法大体上保持不变,国家继续发挥监管作用(不仅

① Charles W. Anderson, *Politics and Economic Change in Latin America: The Governing of Restless Nations*, Princeton: D. Van Nostrand, 1967. 关于这些主题,更充分的研究参阅下一章。

针对工资和价格，而且还经常涉及政党和利益集团）。如果说有任何变化，那就是，在“争取进步联盟”计划的推动下，出现了新的规划机构和大量新的政府办公室，政府对经济和工商界的管控得到加强。在这些国家从独裁向民主转变的过程中，延续下来的元素通常远远多于第一眼能看到的，其中就包括法团主义制度和实践。肯尼迪政府曾推动整个西半球发展自由和民主，至少在开始阶段是这么做的。但是，由于如此多的基本制度，如劳工法、国家政体、军队体制等，都保留了法团主义性质，所以，变革不仅没有完成，反而为精英提供了各种制度化工具，帮助他们继续控制变革过程，使国家又回到中央集权统治和威权体制。[①]

与此同时，还有一个非常重要的法团主义机构也正发生变革，这就是教会，确切地说，是梵蒂冈和罗马天主教世界，尚不包括拉美的教会。这场变革也将产生深远的影响。二战后，形形色色的新潮流开始在教会内部出现，首先是在欧洲，最后传播至拉美。这些潮流包括雅克·马利丹（Jacques Maritain）和其他人提出的更倾向于自由主义的天主教哲学、比利时和法国的工人牧师运动，以及德国、奥地利和其他国家的现代基督教民主党，这些政党还建立了改良派工会、农会和青年团。此外，随着梵蒂冈第二次大公会议的召开以及之后解放神学的出现，由中世纪托马斯主义和自然法构筑的宏大体系开始让位于升级后的新理念，而这个体系曾经在800年左右的时间里有力地支撑了天主教教会。新的改良主义潮流，有时甚至是革命性的，于20世纪60年代开始大举进入拉美，在智利、委内瑞拉和其他拉美国家，表现为基督教民主党和社会运动的形式。但是，首先而且部分受到教会内部新潮流引发的
274 改良主义的推动，拉美不得不经历至少新一轮的威权主义和法团主义统治。[②]

---

① Erickson, *Brazilian Corporative State*; Jerome Levinson and Juan de Onis, *The Alliance that Lost Its Way*, Chicago: Quadrangle, 1970.

② Edward J. Williams, *Latin American Christian Democratic Parties*, Knoxville: University of Tennessee Press, 1967; Edward A. Lynch, “Catholic Social Thought in Latin America,” *Orbis* 42 (Winter 1998), pp.105 - 118.

20世纪60年代早期以及整个70年代,新一波威权主义浪潮席卷拉美。各国新生的民主政权仅存在了数年时间,便被接二连三地推翻。从1962年的阿根廷开始,接着是1963年的厄瓜多尔、洪都拉斯和多米尼加共和国,然后是1964年的巴西。军人政权无视民选政府,自己上台执政。随后几年里,甚至在智利和乌拉圭这些通常民主更稳固的国家,军队也攫取了国家政权,这个过程中往往会发生报复行为。60年代,危地马拉、萨尔瓦多和尼加拉瓜已经由军队控制,进入70年代,温和的中间派政府也不得不在军方的残酷镇压下解散。到70年代中期,20个拉美国家中有14个建立军人或威权主义政权;还有三个国家,军队距离执政仅一步之遥,被认为是政府的幕后势力,在这些国家,民选政府和军人政府的区别已无意义。这股独裁政府新浪潮通常被称为"官僚威权主义",借以强调掌权的是作为法团或官僚机构的军队,而非某个人(即所谓的"考迪罗主义")。此外,这样命名还有一个原因,即执政者包括文官和军人。[①]

这股新威权主义浪潮的成因有若干,如经济下滑和冷战压力。但是,有一个原因——也许不是主要原因,可以称为法团主义的危机,或者用更委婉的措辞来说,就是法团主义的衰落。由于前几年兴起了民主化潮流,加之"争取进步联盟"、美国和平队和其他组织施压,试图在自由主义(非法团主义)基础上,实现工人、农民、印第安人和下层民众广泛的自由联合,故而拉美的社会结构看似将要瓦解。社会似乎正在碎片化,四分五裂,就像奥尔特加-加塞特称呼20世纪30年代的西班牙是"无脊椎社会"一样——这曾导致那个年代的西班牙社会土崩瓦解,国家陷入内战。[②] 拉美的军人通常思维简单,这个群体常将上述变革视为"共产主义"的源头。神职人员、寡头集团和保守派知识分子思维更加成熟,他们认为新变革似乎意味着,社会正在解体并向原子

---

① Guillermo O'Donnell, *Modernization and Bureaucratic-Authoritarianism*, Berkeley: Institute of International Studies, University of California, 1973.

② José Ortega y Gasset, *Invertebrate Spain*, New York: Norton, 1937.

化发展；而且随着不同群体走上不同的轨道，有机统一性正在不可逆转地消失。但自圣徒保罗以降生活在天主教传统中的人都认为，有机统一性是美好社会所不可或缺的。对于一个天主教法团主义者，甚至对于许多不持任何意识形态的拉美人而言，这是不能容许的；军队有义务干预社会，使之回到正确
275 的轨道。①

20 世纪 60 年代和 70 年代的拉美威权制度有许多与早先威权制度截然不同的重要特点，尤其是对人权的普遍践踏。不过，本书关注的是拉美的政治理论，具体到本章，则是法团主义，在这些领域也出现了若干值得注意的新情况。首先，这些政权通常很自觉地在各个层面努力恢复社会的团结、凝聚、秩序和纪律。为了实现这些目标，多数时候，它们按照本国历史遗留下来的“整体主义”传统管理国家，即便这种传统不符合北美洲的自由主义和多元主义理念。不过，有一点是清楚无误的，即它们对人权的侵犯经常超越界限，超越了团体权利和习惯权利对托马斯—苏亚雷斯式的中央集权传统的约束。

其次，有一些政权，不仅恢复了法团主义制度形式，并且还重新树起伪饰法团主义思想的大旗，而这个流派自 20 世纪 40 年代初以来就淡出了人们的视野。还有若干这样的政权不仅实施隐性的法团主义政策，而且完全公开地、明目张胆地推行意识形态法团主义——其来源可追溯到 19 世纪的《四十年通谕》和 20 世纪 30 年代卷帙浩繁的法团主义著作。从这个意义上说，法团主义逃脱了二战爆发以来就被紧锁于其中的密室而重见天日。不过，我们还是要深入分析它们的区别。在中美洲一些不太成熟的军人政权中，士兵，甚至还有军官，一般对本书评述的这些哲学思想和传统一无所知，但他们通常对社会秩序和纪律持有坚定的信念，这些正是法团主义理念的一部分。不过，站在这些军官身后的是受教育程度更高的宗教领导人、天主教知识分子和企业家，这些人真正了解天主教传统，经常为军方提供清晰明了的计划，宣

① 参阅 Alfred Stepan, *The Military in Politics: Changing Patterns in Brazil*, Princeton: Princeton University Press, 1971，该书的主题是军队“收敛的权力”。

传意识形态的正当性,而这些正是军方所欠缺的。在阿根廷、巴西、智利、乌拉圭和秘鲁,军官法团更加成熟,他们自己,还有文官支持者,经常会明确阐述伪饰法团主义的意识形态。[①]

这一时期法团主义复兴的第三种表现形式是基督教民主政党、工会、农
会、工商界组织,以及前文提及的研究和教育团体的壮大。在欧洲,德国、奥 276
地利和意大利等国的基督教民主政党在二战后取得了巨大成功,人们认为这些政党继承了以往的天主教社会传统,现在又完成了民主化改革,剔除了过去的法西斯倾向。在拉美,考虑到它的天主教背景,基督教民主法团主义的第三条道路同样看似蕴含着巨大的机会。但是,由于该地区政党弱小,且威权主义势力频频长期执政,保守派和改革派天主教徒之间又存在深刻分歧,所以基督教民主政党过去从未像欧洲同行那样有过非常出色的表现。但是,到了 20 世纪 60 年代,接着是 70、80 和 90 年代,基督教民主力量似乎准备着发挥更大的影响力。事实上,在一些国家,如智利、哥斯达黎加、萨尔瓦多、多米尼加共和国和委内瑞拉,基督教民主制度看起来将会是取代军人专政的少数选择之一,有时甚至是唯一选择。不过,在这些国家,基督教民主制度的实践者,例如委内瑞拉的拉斐尔・卡尔德拉(Rafael Caldera)和多米尼加共和国的华金・巴拉格尔(Joaquín Balaguer),都是年迈之人,已经适应了 20 世纪 30 年代的法团主义社会,对升级后的版本并不适应。此外,军人政权对基督教民主也有自己的威权主义和传统主义解读,某些情况下,这种解读似乎意味着要恢复 30 年代的法西斯主义。尽管如此,从许多表现来看,基督教民主在拉美似乎面临着重大的新机遇,要么取代军人专政,要么在军人专政结束后建立政权;而且,只有少数方法可以在和平的前提下,实现早期保守的天主教

① 相关探讨参阅 Howard J. Wiarda, ed., *The Iberian-Latin American Connection*, Boulder: Westview, 1986. 由于笔者是法团主义研究者,因此这一时期为自己的统治寻求合法性的阿根廷、巴西和智利政府曾联系过笔者。

法团主义传统与新的社会公正需求相结合，基督教民主就是其中之一。[①]

20世纪70年代新法团主义的第四个特点是，它对过去从未有过的新社会团体敞开大门。回想一下，19世纪，法团主义作为一种意识形态和政治运动得以重生，其原初动力就是所谓的“社会问题”：有必要在大体相互平等的基础上，将劳工组织纳入政治体系，同时要在一定程度上将其置于政府管控之下。笼络和控制工会，仍然是20世纪70年代法团主义的目标之一。不过，在这个时期，要求政治参与的不仅仅是城市工人，农民、土著居民、妇女和其他团体也大声疾呼，要求在会议桌旁觅得一席之地，有时甚至为了获得这样的权利而诉诸武力，如占领土地、暴力抗争、蓄意破坏和参与游击活动。因
277 此，20世纪60年代和70年代的法团主义政权有选择地将法团主义劳动法和社会福利法的适用范围扩大至这些新的团体。这种手段与早期法团主义政权应对商业团体、新兴中产阶级和工会的方法不无二致。它是一种经典的法团主义式交易：用利益换取政府的管制和监督，笼络和控制。拒绝参与这种交易的团体，以及未获承认、法律人格缺失的团体，通常会被政府野蛮地取缔。总而言之，拉美国家的社会仍然是金字塔形的垂直结构，只是现在这个结构中又增加了一些新的法团主义柱石，但它一般还是保持法团主义的和自上而下的组织方式，多元化和民主并非其主流。[②]

新法团主义政权的第五个特点与其经济政策有关。当法团主义势力执政时，国家对经济的监管作用将会加强，这是一般惯例。法团主义国家不仅强力控制上述社会政治组织，而且还对经济活动严加监管，形式包括工资和价格管控、政府主导的工业化、加大监管力度等等。拉美在很大程度上也存在这些特点，20世纪30年代第一波法团主义浪潮和70年代最近一波浪潮期间，就发生过此类监管行为。70年代，所有拉美国家都建立了重商主义政府。

---

① Williams, *Latin American Christian Democratic Parties.*

② Charles W. Anderson, *The Governing of Restless Nations*; Howard J. Wiarda, *Latin American Politics: A New World of Possibilities*, Fort Worth: Harcourt Brace, 1995.

在某些国家,银行业被国有化;在多数国家,国有经济和国有企业产出占国民生产总值的比重升至40%、50%,甚至60%。这样一来,就国有经济占国民生产总值的百分比而言,拉美的重商主义或法团主义国家几乎与一些社会主义国家处于同等水平。[①]

不过也有例外,而且是一个极大的例外,即智利。奥古斯托·皮诺切特政府在执政的头两年,借助各种手段,包括大肆践踏人权和政治谋杀来巩固自己的统治地位。1975年,皮诺切特政府开始执行新自由主义经济方案,缩小国有经济规模,停止政府对经济的强力控制。其在所谓的"芝加哥弟子"——一群在保守的芝加哥大学经济系获得博士学位的智利一流经济学家——力促之下,开始解放智利经济,放弃法团主义经济,转向自由市场和自由经济制。皮诺切特政府可能是历史上唯一一个真正压缩国有经济规模,转向不受阻碍的、充分发展的自由资本主义的威权法团主义政权。经济与法团 278
生活被认为密切相关,迄今为止,整个法团主义历史都与政府加强对二者的监管有关。但是,这样就会产生一个显而易见的问题:如果你致力于实现市场自由化,那么,既然经济与法团生活密不可分,多久之后你又会被迫开放政治体系,使之自由化呢?这样做当然意味着民主,而非法团主义或威权主义。这是皮诺切特迟早必须面对的一个问题。[②]

最后,即第六点,20世纪60年代和70年代,拉美的法团主义是军人法团主义,不同于30年代的文官法团主义。毫无疑问,此类军人政府都有文职顾问,但这些较近时期的法团主义政权也出现了新的情况,即军官们自己经常

---

① William Glade, *The Latin American Economies: A Study of Their Institutional Evolution*, New York: American Book, 1969; 以及 Howard J. Wiarda, "Economic and Political Statism in Latin America," in Michael Novak and Michael P. Jackson, eds., *Latin America: Dependency or Interdependence*, Washington, D.C.: American Enterprise Institute for Public Policy Research, 1985, pp.4 - 14.

② Paul Sigmund, *Natural Law in Political Thought*, Cambridge, Mass.: Winthrop Publishers, 1971. See also Michael Novak, *The Spirit of Democratic Capitalism*, New York: Simon and Schuster, 1982.

痴迷于法团主义思想。新的军人法团主义既反映了高涨的拉美民族主义——这在军官集团中尤为强烈，又显示出天主教社会活动和基督教民主运动的兴起，其目标是重塑社会团结和社会使命。不过，也许最重要的是，新的军人法团主义反映了文官精英无力同时完成两项使命：既要推动拉美现代化，又要防止社会崩溃这个幽灵现身。因此，军方经常认为自己必须填补权力真空。[①]

还有两个问题。第一个问题，拉美政权依赖于法团主义柱石，倘若法团主义应对社会变革的方法就是不断添加此类柱石，那么，这个过程的终点会是怎样一番景象呢？答案显而易见：将会像 20 世纪 60 年代和 70 年代的阿根廷。当时，这个国家几乎所有的组织都在法团化体系中找到了自己的位置。这里所说的组织不仅包括前文谈论过的社会经济团体，还有记者、演员、医生、律师、电影制片人、商人、农民、官僚、军人、各类专业人士、妇女、佣人和宗教团体。全体国民几乎都在公共部门上班，享有国家资助的权益，从政府那里获得津贴，或者成为与国家机器有联系的法团主义组织成员。阿根廷律师和学者豪尔赫·布斯塔曼特(Jorge Bustamante)在其关于这种现象的开创性著作《法团主义共和国》(*La República Corporativa*)[②]一书中，将这种政体与
279 自由主义或多元化政体进行了比较。布斯塔曼特在阿根廷政府担任过多个级别的官职，他不仅记录了上述所有组织与本国政权融合的过程、它们所获得的收益，以及被政府笼络的过程，而且还说明了这个过程所造成的社会全面瘫痪、政治僵局、碎片化和腐败，乃至最终崩溃瓦解。墨西哥、委内瑞拉和其他法团主义政权的历史沿革就是遵循这样的脉络。这种历史传统最后似乎并没有产生一个令人满意、运转正常、高效的法团主义政府，反而滋生出一

---

① David Scott Palmer，关于 Fredrick Pike 的书评"The United States and the Andean Republics," *American Political Science Review* 72 (December 1978, pp.1486 - 1487.

② Bustamante, *La república corporativa*, Buenos Aires: EMECE Editores, 1988. 相关概述和分析参阅 Howard J. Wiarda, "Dismantling Corporatism: The Problem of Modernization in Latin America," *World Affairs* 156 (Spring 1994), pp.199 - 203.

个严重分裂、效率低下、令人痛苦、混乱不堪的政府。从这个意义上说，法团主义与多元主义有相似之处：如果这两个现代体系都涵盖了太多团体，而这些团体都吵嚷着要求控制权和特权，体系就会饱和，变得无法管理和正常运转。只有与过去彻底决裂，摆脱所有这些法团主义遗老遗少，似乎才有可能重建高效政府——这种政府将真正致力于为公共利益而不是为无数私人利益服务。[1]

第二个问题与新法团主义有关。新法团主义这个术语指的是二战后欧洲的法团主义。它是一种“共生型法团主义”(corporatism of association)，或者说“社会法团主义”;它的立场更加温和，更加多元化，更具民主气质和参与性，取代了过去法西斯式的“国家法团主义”。现在，拉美会发生同样的事情吗？也就是说，更加温和的民主法团主义现在将开始取代更加强硬的旧威权—法团主义吗？我们立刻会想到三个问题。首先，没有人知道，当前拉美法团生活和多元化利益集团的发展水平是否足以支撑真正民主的欧式新法团主义。其次，既然今天的拉美法团主义因与早期独裁政权联系紧密而普遍名誉扫地，那么它是否能够重新获得足够的合法性和拥护以此作为一种新型政权的基础，还有待观察。最后，必须设计一种迄今尚未出现的新式法团主义：它包含多元主义，提倡民主和选举，以社会为中心，属于草根阶层，但又相容于悠久而强大的法团主义传统——如本书所述，这种法团主义的特征是自上而下、整体主义、有机主义和由政府主导。这些未知问题正是当前激辩和讨论拉美民主转型的核心所在。 280

---

① Mancur Olson, *The Rise and Decline of Nations*, New Haven: Yale University Press, 1982.

第十章

冲突社会：20世纪30年代至80年代

大约到 20 世纪 30 年代为止，拉美的历史、政治和意识形态传统显示出某种不同寻常的延续性。拉美由西班牙和葡萄牙这两个信奉托马斯主义和新经院哲学的中世纪封建国家孕育而成，它既脱胎于两个母国的政治文化和制度，又反映了这种政治文化和制度。拉美本土的制度和实践，如法团主义、威权主义、整体主义、等级制度、神权政治，与伊比利亚半岛格外相似。事实上，由于这些制度和实践在该地区的影响力更大，我们可以说，拉美甚至比西班牙和葡萄牙更加封建，中世纪精神更加根深蒂固。西班牙—葡萄牙体系，也就是这里所说的哈布斯堡模式，在拉美不仅经历了 300 年的殖民史，而且几乎完好无损地延续到独立运动时期。

18 世纪，受波旁王朝改良运动和启蒙运动的冲击，拉美的灵魂（或者说政治文化）出现了比较传统的经院哲学和更富现代主义思想之间的分裂，由此导致这个铁板一块的体系出现了最初的裂痕。随后，19 世纪早期，受独立运动以及共和自由思想输入的影响，发生了一场大分裂。20 世纪早期到中期，受马克思主义及其随之而来的群众运动的影响，分裂再次降临。不过，可以证明这次程度相对较小。

然而，旧的体系和行为方式不仅安然经受住了上述所有社会变化，而且还有了长足发展，这证明传统制度具有非凡的持久性。有时，它们仅仅压制新的势力和思想；其他时候，传统团体和政治过程会吸收这些新兴团体进入 281
政治体系。这两种情况通常同时发生。传统的新经院哲学思想展示了一种持续改造自我的出色能力。拉美独立之后，它化身为保守主义、实证主义、爱丽儿主义和西班牙主义等不同形式，最近一次又变身为法团主义。然而，正如卢梭的自由主义那样，新经院哲学虽然会重新定义自我，但仅仅变换外观和表面属性，而长期隐藏于表面之下的威权主义、精英主义和法团主义元素则大体保持不变。有人也许不喜欢这种不断变换的立场，而长期缺乏真正的民主和平等主义也会令人反感。但是，如果你是政治学研究者，就不得不钦佩拉美精英在捍卫自己的权力体系时所表现出来的即兴反应能力、灵活性、适应能力、非凡的生存能力和卓越的才能。这些品质让他们坚持下来，并充满活力地进入 20 世纪。①

然而，20 世纪 30 年代，这一切在不同国家或早或晚都开始瓦解。1929—1930 年的世界经济危机是主因，它破坏了拉美地区的经济及与其相关联的政治体系。1930—1934 年，20 个拉美国家中有 14 个爆发了革命，这不是通常意义上的喜歌剧式的政变，而是根本性的改变。② 这一次，阶级结构也在发生剧变，出现了具有挑战性的新思想和新政治运动，吸收它们进入政治体系的常规办法不再有效。旧秩序的法理基础不断受到破坏。拉美精英试图像以

① 关于这些主题，主要的文献包括 John Mander，*The Unrevolutionary Society：The Power of Latin American Conservatism in a Changing World*，New York：Knopf，1969；Luis Mercier Vega，*Roads to Power in Latin America*，New York：Praeger，1969；Claudio Veliz 编辑的两套文集，*Obstacles to Change in Latin America*，New York：Oxford，1965 和 *The Politics of Conformity in Latin America*，New York：Oxford，1967.

② Howard J. Wiarda，*Critical Elections and Critical Coups：State，Society，and the Military in the Processes of Latin American Development*，Athens：Ohio University，Center for International Studies，1979.

往那样借助法团主义思想使自己适应新形势,这有望成为笼络新兴工人阶级的一种方法。但是,这些努力仅取得部分成功,因为 20 世纪 30 年代和 40 年代拉美名义上的法团主义政权实际上从未全面推行法团主义,而是不得不持续地在自由主义、民主和其他力量之间做出妥协。

约瑟夫・梅尔(Joseph Maier)和阿尔弗雷德・韦瑟黑德(Alfred Weatherhead)将两次世界大战之间的这段时期准确地称为拉美的“中世纪的黄昏”。[①] 他们的意思是,封建主义和中世纪精神在拉美的终结,根源不在于独立运动的爆发,也不在于西班牙和葡萄牙被逐出拉美,而在于经过足足 100 年,又过了若干年之后,到 20 世纪 20 年代和 30 年代,经济、社会和政治领域的沧桑巨变。但是,在中世纪精神终结之后,随之而来的并不是向民主与多元化的顺利转型,按照卡尔曼・H.西尔弗特的措辞,紧随其后的是“冲突社
282 会”的出现,紧张关系和分裂让社会瓦解。[②] 在多数国家,冲突社会现象在此后持续了 50 年,到 20 世纪 80 年代和 90 年代才开始改变——当时越来越多的国家最终启动了民主转型,同时进一步开放市场。

活着的博物馆

侵蚀拉美社会的因素之一是相互竞争的意识形态的广泛传播。到 20 世纪 30 年代和其后几十年间,拉美涌现的意识形态如此之多,以至于政府几乎无法管控。这些意识形态没有一种拥有完全的合法性;在大部分国家,任何一种意识形态获得多数支持,都是值得怀疑的。这些意识形态不仅数量众多,而且分歧之大,根本无法弥合它们之间的裂隙。故此,本章以“冲突社会”作为标题。

---

① Joseph Maier and Alfred Weatherhead, eds., *The Twilight of the Middle Ages: The Politics of Change in Latin America*, New York: Praeger, 1964.

② Kalman H. Silvert, *The Conflict Society: Reaction and Revolution in Latin America*, New York: Harper and Row, 1968.

与“冲突社会”的观点密切相关的概念是“活着的博物馆”。这个说法是威斯康星大学政治学家查尔斯·W.安德森(Charles W. Anderson)于 20 世纪 60 年代提出的。[①] 安德森认为，拉美是一座“活着的博物馆”，陈列着人类诞生以来的各种政治意识形态。他还认为，所有这些意识形态仍在拉美生龙活虎，以此种或他种形式存在着。当其他国家或地理/文化区域发生社会经济变革、社会从封建时代向现代转型时，它们处理声誉不佳的传统意识形态的方式，就是一弃了之；相形之下，拉美则是吸收每一种意识形态，而且从不抛弃它们。这是因为很少有拉美国家像英国、法国和俄国那样经历过全面的社会政治革命——这种革命会淘汰某个社会阶级及其持有的意识形态，以其他阶级和意识形态取而代之。在拉美，由于新经院哲学的传统韧性十足，又缺乏革命性变化，所以这样的淘汰和取代过程从未发生。相反，每一种意识形态都被设法保留下来，还获得了一定程度的民意支持，虽然通常都会降低影响力，但从来不会被彻底抛弃。迄今为止，只有 1910—1920 年的墨西哥发生过全面的社会革命，旧秩序被破坏，新秩序得以建立，但即便是在这里，旧制度在革命后又逐渐卷土重来。[②] 拉美从未经历过全面的社会革命，从这个意义上说，它始终是一个非革命社会；拉美仍然是每一种可追溯至希腊、罗马和《圣经》的意识形态的“家园”。 283

下面列出所有这些思想，让读者了解它们的数量、范围和大致时间顺序：

柏拉图主义

亚里士多德主义

基督教信仰

奥古斯丁主义

托马斯主义

① Charles W. Anderson, *Politics and Economic Change in Latin America: The Governing of Restless Nations*, Princeton: D. Van Nostrand, 1967.

② John C. Womack, *Zapata and the Mexican Revolution*, New York: Knopf, 1969.

经院哲学

神权思想

新经院哲学

封建主义

泛神论

哈布斯堡精神

传统主义

共和主义

保守主义

自由主义

理想主义

功利主义

克劳泽主义[①]

实证主义

资本主义

唯灵论

爱丽儿主义

民族主义

西班牙主义

马克思主义

无政府主义

工团主义

无政府工团主义

社会主义

---

① 19世纪德国哲学家卡尔·克里斯蒂安·弗里德里希·克劳泽(Karl Christian Friedrich Krause)提出，五大洲的各国应组成一个统一的全球政府。——译者注

俄罗斯共产主义

中国共产主义

社会民主主义

法团主义

法西斯主义

基督教民主主义

古巴革命主义

自由主义神学

民主主义

多元主义

新自由主义

新法团主义 284

大约有 40 种意识形态！另外，这些主要的社会运动还有许多流派、亚流派和其他各种版本。这些意识形态可以追溯到有文字记载的历史的起始年代，其中既包括西方漫长历史上的各种意识形态，也有同拉美本土的信仰体系相融合的意识形态。除此之外，可以肯定，这份清单无意中遗漏了一些意识形态和运动；其他研究者无疑会将没有列出的“主义”添加上去。当然，有一些意识形态显然更受欢迎，存在时间更长。总之，经过历史积累，拉美现有意识形态的绝对数量实在惊人。

然而，导致冲突社会这一现象愈演愈烈的不仅仅是意识形态的数量，它们之间的巨大分歧也是原因之一。请再次观察上述清单，其中包括经院哲学和中世纪精神、自由主义和共和主义、马克思主义和社会主义。这些意识形态不只是差异巨大，而且分属于不同的历史时期：封建时代，资本主义时代，社会主义或社会民主主义时代。在许多西方国家，总的说来，这些历史时期要么依次出现，要么互相取代，或者二者皆有。但在拉美，也是因为缺乏真正的革命传统，无法做到破坏和埋葬一个时代，继而迎接新的时代，故此，不同的历史时期继续共存于一个时空，从未发生过一个时代完全替换另一个时代的情况。封建主义、资本主义、后来出现的社会主义和社会民主主义仍然同时存在，共同成为社会的柱石，相互之间从未完全取代。今天，现实依然如故，最现代化的城市和社会继续与最传统、最落后的制度并存。长期以来，由于拉美不能彻底抛弃过去，因而始终是一座活着的博物馆，不仅收藏了所有西方的和某些非西方的意识形态，而且展示了分属不同时代也从未完全消失的社会政治组织形式。

拉美政治过程

有些著书人质疑拉美是否存在政治体系或政治过程。他们的观点是，拉美政治如此混乱，没有组织性，动辄发生政变，因此，这个地区抗拒一切体系和有组织过程。

不过，其他人回应说，即使是政变、革命和暴力，通常也会有系统性特征；
285 它们并非绝对的随机事件，而是有规律地出现在一个政治过程中，甚至可以预测；与美国政治相比，拉美的政治过程显然更加暴力、混乱，但即便是混乱，也是有模式的。此外，现在我们更加清楚，暴力并非愚蠢的随机行为，不同群体经常很理性地用它来向政治体系施压，以实现他们想要的目标。一个政治过程和体系充满暴力和混乱，并不意味着它没有规律、不成体系。事实上，西尔弗特提醒我们，暴力和革命可能属于拉美政治过程中最容易预测、最有规律、最具系统性的特性。[①] 这也许不是美国偏爱的那种政治体系，但毋庸置疑，它包含了系统性的、有规律的模式和过程。

安德森以西尔弗特的观点为基础，设计了一个拉美政治过程和体系模型，这可能是此类模型中最详尽的。[②] 他从大量可观察到的经验事实入手，下

---

① Silvert, *The Conflict Society.*

② Anderson, *Governing of Restless Nations*, chaps. 2 - 4.

面就是其中部分事实：

1. 与美国政治相比，拉美政治更加不正规，制度化程度更低。

2. 暴力、政变和革命是这个政治过程不可分割的一部分。

3. 军队不一定总是从属于文官政府，它也是政治过程的重要组成部分。

4. 拉美的政治体系通常在某种政治文化范围内运转，这种文化过去或者现在都受到了以下天主教政治假设的重要影响：神的无上权威，组织性和整体性是社会的本质属性，相互责任和互惠互助，追求公共利益的必要性。

5. 社会的构成元素是安德森所谓的各种“权力竞争者”，即笔者在本书中所讨论的各种法团组织，如教会、军队、寡头统治集团、工会、农民、学生和知识分子、专业协会、独裁者和官僚。

6. 这些组织围绕着中央政府开展活动，并试图成为掌权者，因为中央政府会提供就业、帮助、恩庇和福利。

7. 此类尝试经常会引发若干相关法团之间的复杂竞争，或者导致它们建立联盟；它们试图控制和执掌国家，手段可能是选举，也可能是其他夺取权力的方式，如政变和革命。

8. 各个层面上的恩庇行为是让政治体系运转的“润滑剂”。 286

这些事实描绘出一种非常不正规的，有时是暴力的，经常陷入中断的政治过程。不同的政治组织联盟利用各种手段在此过程中占领财富场和权力场。安德森详细解释道，在这些政治体系中，选举不是通往权力的唯一合法路径，因为通过非民主手段获得权力的政府也可以实现合法化，工具就是它们所实施的公共政策。也就是说，它们以公共利益的名义管理国家，为公共利益而执政。这还是托马斯主义的理念，后来卢梭也提到过。由于与前文分析的中世纪传统保持一致，一个尊重治下法团组织权利的政权，即便不一定是民主选举产生的，也有可能被视为“民主”政权——民主一词，在伊比利亚半岛和拉美有着特殊含义。正是在这个意义上，尽管墨西哥只有一个政党，而且该党从未在本国的可控选举中失利，但墨西哥始终宣称它的政治制度是民主制度，因为这个政党是由法团组成的，代表了社会中的主要法团，所以从托马斯—苏亚雷斯主义的角度来看，它是民主政党。

起初在19世纪时，拉美政治过程只涵盖了三个主要法团，分别是教会、军队和寡头统治集团。但是，随着经济增长和社会变迁，新的法团开始要求成为政治体系的参与者，它们是工商界人士、中产阶级、工会、农民，最后还有妇女、佣工和土著居民。安德森指出，在一个法团被允许进入政治体系之前，必须要满足两个条件。其一，它必须展示出某种“潜在实力”，必须强大到足以让体系中其他法团郑重对待，并视之为对体系的潜在威胁。举例来说，这意味着，诸如劳工、农民和土著居民这样的弱小组织，在其刚出现的那段时期，可能会受到压迫，事实上这样的事确实经常发生；只有当它们拥有足够数量的成员和足够强大的组织实力，被当作潜在威胁，受到严肃对待时，政府才会设立机构（如新的劳工部门、社会福利部门、土著居民权利部门）笼络或接纳这些团体，使之成为体系中的成员。其二，得到政府承认（首要的是“法律人格”）、允许享受政府福利的条件是，倘若该法团有任何破坏更加传统的团体、独占整个体系的愿望，现在都必须放弃。举例来说，这有助于解释为什么
287 在20世纪30年代和40年代，服从政府并同意合作的劳工团体获得政府承认、享有福利，而更加激进的马克思主义和共产主义组织则继续遭到镇压。换言之，要想被政治体系认可，新的团体必须放弃任何极端主义或革命主张，接受既有的游戏规则。[①]

安德森接着将这一现象称为几乎从未间断的融合——同化过程。最初，在19世纪晚期和20世纪初，实证主义哲学关于秩序、进步和产业的论述赋予了新生的工商界和进出口团体以合法性；利用这种合法性，这些团体被允许加入政治体系。于是，传统的大地主和寡头富豪与工商界新贵捆绑在一起。接着到了20世纪10年代和20年代，在阿根廷和智利这样的先进国家，

---

① David Collier and Ruth Berins Collier, *Shaping the Political Arena: Critical Junctures, the Labor Movement, and Regime Dynamics in Latin America*, Princeton: Princeton University Press, 1991.

轮到中产阶级被体系同化，方式还是一样的。在这两个国家，同化中产阶级的行为反映了精英权力体系对前者的认可——这个体系由新成立的激进党所创建，它的作用是为中产阶级向上层社会流动提供途径。在其他发展较为滞后、制度化程度更低、不太民主的国家，如多米尼加共和国和尼加拉瓜，通常是国民警卫队或军队，为志向远大、雄心勃勃的中产阶级（一般是西班牙裔和美洲土著居民的混血儿或黑白混血儿）向上流动担当传送带的角色。[①]

到 20 世纪 30 年代和 40 年代，以及二战后的时期，工人阶级成为同化的对象。与此前的法团相比，工人阶级拿到入场券的过程更加艰难，这是因为：(1) 涉及人数更多，也就是所谓的大众政治，所以问题很复杂；(2) 劳工团体经常建立在马克思主义、无政府工团主义或者共产主义基础之上，这些思想都包含了全面变革、彻底革命的内容，因此违反了前面提到的游戏规则。但是，归根结底，同化工人阶级，正是法团主义意识形态要求做的工作。因为法团主义承诺要建立的是一个阶级和谐而非令人恐惧的马克思主义的阶级冲突的体系，其处理社会问题的方式也是和平、有序和非革命手段。它提供了一种实用方法来化解想象中的布尔什维克威胁，即将劳工组织纳入政治体系，但又不会涉及革命性变革。因而，这一时期阐述劳工法规和新社会福利计划的著作主题就是，为劳工组织提供福利，换取工人放弃革命主张。此外，在许多国家，由政府控制的官方工会也服务于这个目标，或者是吸收更加保 288
守、更加温和的劳工团体进入政治体系。与此同时，更加激进的马克思主义工会继续受到镇压。

进入 60 年代，轮到农民和农民协会被政治体系以同样方式笼络。政府发起了农业改革和其他与农民相关的计划，但并非真正大规模地重新分配土地，而是以传统方式吸收农民进入体系，有保留地承认他们的地位，并给予有

① John J. Johnson, *Political Change in Latin America: The Emergence of the Middle Sectors*, Stanford: Stanford University Press, 1958.

限的福利，以此遏止潜在的农村革命。[①] 拉美的精英管理着这些日渐复杂的体系，对他们而言，要以古巴及其农民革命为前车之鉴。为此，他们制订的瓦解农民运动的计划又一次采用了这样的手段：将更加顺从的农民协会纳入政治体系，收买他们，同时孤立和压制其他协会。从 70 年代开始，一直持续到今天，被纳入政治体系的对象变成了妇女、佣工和土著居民团体，政府以同样的方式吸收和笼络他们，经常采取收买的方式（第十一章会讨论这个主题）。

安德森的阐述表明，在上述有限范围内，拉美的政治体系在灵活性、适应性和包容性方面，要优于人们通常给出的评价。事实上，各国政府并不是反对一切变革，而是顺应变革潮流，吸收新群体进入主流体系，启动各种新的改革计划。但是，这些变革被限定在法团主义框架内，并非始终或一定是自由主义或多元化变革。被吸收或者被接纳的一直都是最服从政府的那一类法团，否则政府就会建立官方自己的工会和农会，同时压制更加激进、更具威胁的团体。这是有限的、可控的、官方的多元化，不是美式民主那种无限制的、放任自流的、混乱的、近乎无政府状态的多元化。[②]

需要补充的是，在这种体系内，某些有限的、可控的变革取得了进展，而大量变革还是止步不前，这表现在：[③]

1. 体系仍然是自上而下的等级制结构，通常具有威权主义性质。

289 2. 从本质上说，体系仍然受控于精英集团，他们通常非常聪明，可以认识到，如果他们控制的资源和政治体系要保持原貌，就必须进行一些适度的

---

① 简而言之，推行农业改革计划也让拉美国家有资格获得美国“争取进步联盟”计划的援助。拉美国家制订农业改革计划，获得援助经费，利用这些资金消除农民革命的威胁，但很少大规模重新分配土地。

② Howard J. Wiarda, ed., *Politics and Social Change in Latin America*, 3d ed., Boulder: Westview, 1992.

③ 关于安德森模式的各种详细阐述，参阅 Howard J. Wiarda, *Latin American Politics: A New World of Possibilities*, Fort Worth: Harcourt Brace, 1995.

改革。

3. 在这个仍然以国家为中心的官僚主义体系内，由精英管理的政府来控制和批准可接受的新法团进入体系，同时排斥其他法团。

4. 体系保持着法团主义性质，不具备真正的自由主义和多元化属性，政党和利益集团的活动、任何类型的自发运动仍然经常受到严格的约束和限制。

5. 体系始终是金字塔结构。这个金字塔在一定程度上得到扩大，以涵盖新成立的法团组织；只有在这种非常狭隘的意义上，它才具有“代表性”“参与性”和“民主性”。大部分民众依然被排除在完整的真正的民主参与之外，也许只有选举期间例外。

6. 整个体系的润滑剂仍然是政治恩庇，而非道德或真正的民主。

令人惊讶的是，这个体系——它的确是一个体系——与前面几章所讨论的历史上的政治体系不仅如此相似，而且是后者的延续。拉美政治体系的基本观念仍然是政府为公共利益服务，这一观念来自托马斯·阿奎那和基督教传统。它现在还是自上而下的等级制威权主义体系，但通常也会受到习惯权利和法团组织权利的制约，这来源于西班牙和苏亚雷斯主义的传统。它继承了哈布斯堡模式的国家主义、中央集权制、金字塔等级结构和官僚主义。它吸收了更多的共和主义与自由主义元素——但来自中央集权和有机主义的传统、卢梭的而非洛克的思想——也体现了康德和实证主义的进取精神、现代化和发展主义意识。它吸收了法团主义的全部元素，大量借鉴爱丽儿主义和西班牙主义。但是，长期以来它与麦迪逊、杰弗逊和约翰·斯图尔特·密尔几无关联，直到最近才有所变化。它的建构基础是政治恩庇、相互义务和“恩惠”(gift)传统，而非不带人情味的民主。

这种安德森式的法团主义笼络模式在很长时间内效果还算不错。只要所涉及的法团仅为 3—5 个，如教会、军队、寡头集团、工商阶层、中产阶级，政治体系就能在一定程度上有效运转，同时吸收新的元素。可是，当涉及工会

时，由于其成员人数庞大得多，且往往建立在马克思主义和革命思想基础上，
290 社会其他群体视其为非法组织，于是政治体系的困扰开始增加。20 世纪 30 年代的大动荡就证明了这一点。60 年代，同样的原因导致困扰再度出现，当时，农民越来越难以控制，革命形势一触即发。此外，在欠发达的拉美国家，社会上慢慢兴起了劳工运动。在其中一些国家，如多米尼加共和国、萨尔瓦多、危地马拉、玻利维亚、秘鲁，最后是尼加拉瓜，难以驾驭的工会和农民协会同时向政坛发起攻击。它们不是先后行动，如果是这种情况，政治体系本来有可能妥当处理。这次攻击引发了危机，有时还导致国家崩溃，暴行、镇压和冲突持续不断，甚至爆发区域性内战。①

这个体系的一个更深层次的问题，亦即本章的核心主题，是它所牵涉的团体数量太多。当需要满足的团体数量膨胀至 10 个或 10 个以上——包括建立在截然不同的假设和信仰基础上的团体——时，这个体系就开始失控、分裂、无法管理。在拉美最发达的国家阿根廷，也许还有委内瑞拉，几乎每个人都归属于某个享有资源汲取特权的团体，巴斯塔曼特将这种现象称为“法团共和国”②。当一国出现这样的情况时，这种体系就开始全面崩溃，沦为“无脊椎社会”③。在这样的社会，每个团体都在争取自己的利益，公共利益退居次要地位，以致陷入不可治理的境地。因此，法团主义政体最终留下的通常不是一个令人满意的、建立在不同阶级和法团和谐合作的基础上的体系；它所带来的是冲突、游击恐怖主义、右派反暴力行为和社会瓦解。作为拉美最发达的国家，阿根廷可能为美洲大陆其他国家提供了未来发展的典范。但是，30 年代至 80 年代的阿根廷历史呈现出来的是频繁的崩溃、亲法西斯主义

---

① 最完整的研究也许是 Howard J. Wiarda，*Dictatorship，Development，and Disintegration：Politics and Social Change in the Dominican Republic*，Ann Arbor：Xerox University Microfilms，Monograph Series，1976；更容易得到的简化版参阅同一位作者的 *The Dominican Republic：Nation in Transition*，New York：Praeger，1969.

② Jorge Bustamante，*La república corporativa*，Buenos Aires：EMECE Editors，1988.

③ José Ortega y Gasset，*Invertebrate Spain*，New York：Norton，1937.

立场、病原政治（morbific politics）、局部内战——如果这就代表了未来的趋势，那么它绝对不是一幅很吸引人的画作。[①]

拉美的这种体系的另一个特点是它对长期经济增长的严重依赖。一直以来，为了吸收和有效笼络更多的团体进入体系，使它们满足于政治恩庇、政府计划和格外关照，就需要一个持续做大的经济蛋糕。这个体系总是必须提供越来越多的蛋糕份额，分给越来越多的团体，用越来越多的利益让所有参与者满意。在这种体系内，合法性岌岌可危的制度缺乏效力，政治和经济资源储备寥寥无几，社会保障体系几乎完全没有，因此即便是最轻微的经济下 291
滑，也可以将政治过程转变为零和博弈，给整个体系造成严重破坏。如果经济停滞不前，或者更糟——开始萎缩，那么这个体系很快也会遇到麻烦。在 20 世纪 30 年代经济大萧条、60 年代进口替代工业化危机和 80 年代债务危机中，形势正是这样演变的。在这三个时期，经济出现下滑后，紧接着而来的通常还不是政治动荡（虽然这也会发生），而是全面的体系崩溃。如果经济危机爆发的同时伴随着政治体系的团体饱和、政治僵局，以及由此导致的不可治理困境，那么这的确是制造大麻烦的好办法。阿根廷、智利、乌拉圭、巴西、秘鲁、委内瑞拉，甚至还有墨西哥，都发生过此类遭遇，更不用说那些欠发达的小国了。

“体系”的危机

其他危机也开始影响这个体系（这里关注的同样是历史大趋势，时间从 20 世纪 30 年代直至二战后）。首先是宗教和宗教情怀在拉美的衰落，与此同时，作为硬币的另一面，对宗教的冷漠情绪和世俗主义正在兴起。随着城市化和工业化进程的推动，如同其他国家的情况一样，宗教的重要性下降了。

---

① Howard J. Wiarda, “Toward a Framework for the Study of Political Change in the Iberic-Latin Tradition: The Corporative Model,” *World Politics* 25 (January 1973), pp.206 – 235.

拉美名义上仍然是天主教地区，但是数字显示，只有10%至15%的天主教徒积极参加宗教活动。此外，天主教的教团、圣召中心、慈善团体、教育机构、医院、社会服务机构等等，都在减少；牧师和修女严重短缺。拉美之外出生的神职人员数量超过本土人员，比例达到4∶1甚至5∶1。教会面临大规模的制度危机。①

宗教生活的低迷对拉美的社会和政治体系产生了深远影响，因为这个体系长期以来就是以天主教和基督教教义为根基的。随着宗教感情的衰减，政治社会的整个基础开始受到侵蚀，包括对法团主义和基督教民主方案的支持也下降了。事实上，我们可以说，20年代和30年代，天主教与法团主义的全面复兴并不代表教会势力强大，反而表明弱势的教会不顾一切地设法留住领
292 受圣餐的信徒，并努力挽回已经离开的信徒。总之，在20世纪的拉美，世俗主义以及后来新教和其他信仰的兴起，产生了长期效应，即逐渐削弱了天主教信仰和神学的影响——后两者长期以来一直是拉美社会和国家的根基。到了60年代，为了应对危机，教会自身开始变革，摒弃了托马斯主义的等级制和诫命，走上改革之路。但这次转折只是加剧了拉美的合法性危机。

第二个相关的变化是大规模的政治和文化变革。一些旧观念，如神授人之等级，人生而不平等，越来越不被接受。当然，传统宿命论中的某些内容被保留下来，但在一个更加世俗化的社会中，这样一些观念越来越无法以理服人：贫穷有助于灵魂的升华；儿童就应该营养不良、患病，或者大肚子，因为这是神或者圣托马斯所希望的。慢慢地，民主、平等主义、社会公正、个人权利（与法团权利不同）等理念开始在拉美流行。有一种观念认为，人们必须接受自己在生活中的身份，社会秩序是不可改变的，如今这样的观念不再得到认同。基督教福音派的兴起也极大地改变了传统的宿命论；而在新宿命论的指引下，人们渐渐掌控自己的生活。随着这些观念的广为传播和政治文化变

---

① Daniel Levine, *Religion and Politics in Latin America*, Princeton: Princeton University Press, 1981.

革的日益深入，依附于其上的社会政治体系最终也一定会发生变化。[①]

第三种变化是由现代交通和通信开启的。新的高速公路系统、“农庄到市场”的新道路、广播、电视机、美国和平队、政党和其他改宗者（包括新的新教传教士）、录像机、卫星、手机以及电子转账等共同作用打破了传统观念、孤立和对“小祖国”的传统依恋，灌输了一种新的意识，即外面的世界更大、更好、更光明。今天，在拉美任何地方都能看到卫星电视。正在播放的电视节目，如《豪门恩怨》（*Dallas*）、《新飞跃情海》（*Melrose Place*）、《飞跃贝弗利》（*Beverly Hills 90210*）、《老友记》（*Friends*），一方面备受观众喜爱，另一方面又极大地颠覆了传统的生活方式。构成社会核心价值的，不再是简朴而非常保守的、奥古斯丁和托马斯主义的中世纪天主教价值观，而是蓝色牛仔裤、可口可乐、摇滚乐、消费主义及其相伴随的价值观念，特别是民主和人权。除此之外，美国和平队向草根阶层传授介入和压力集团的策略，玛利诺外方传教会推广新英格兰式的市政会议型政府，解放神学将马克思主义引入国家大教 293
堂。上述所有价值观和理念都对旧秩序产生了巨大的颠覆作用。

第四个变革领域是经济。1960 年至 1990 年，许多拉美国家的人均收入翻了两番。诚然，贫困现象仍然极其普遍，但是越来越多的人将会获得令人满意的基本生活工资。社会经济虽然还存在巨大差距和严重的不平等，但中产阶级正在壮大，部分新财富甚至还会出现“涓滴效应”。一定比例的财富来自于外国援助，还有些财富来自国内产出，有些来自海外拉美人的汇款，还有一些源自外国投资。各国普遍经历了高速经济增长，人民生活更加富裕，重大建设项目提供就业岗位，经济的动力和活力更强。即使在 20 世纪 80 年代（即所谓“失去的 10 年”）债务危机期间，许多国家的经济仍然保持增长，到 90 年代再次加速。这些经济变革不仅深刻地改变了拉美的面貌，而且使该地区

---

① 关于各国情况的有价值的概览和详尽论述可以参阅 Howard J. Wiarda and Harvey F. Kline, eds., *Latin American Politics and Development*, 4th edition, Boulder: Westview, 1996.

经济更加紧密地融入到世界经济之中。①

第五个出现大规模变革的领域是社会秩序，其推动因素是经济增长。传统的双阶层体系开始让位于多阶层甚至准多元化体系。当然，这些变化过去已经慢慢发生，而今由于经济增长和大规模城市化的推动，变化速度越来越快。一个静止不变的、金字塔结构的封闭社会开始被开放的、更有活力的社会所取代。一个主要由文盲构成的、"沉睡的"农村社会变成了一个充满活力的、被唤起的、有文化的城市社会。城市劳工、有组织的农民、中产阶级、商人、妇女、土著居民等新阶层登上历史舞台，开始争取权利。

与此同时，传统的掌权者，如教会、军方和精英进一步分裂。年轻军官通常比高级军官更倾向于改革和民族主义。军官团还分裂成不同的派系。教会的情况也类似：神职人员不再来自上层社会，而是来自中产阶级，且许多人是在国外出生的；教会和寡头统治者之间的传统同盟不再是铁板一块。精英也出现了分裂：农场主与商业利益集团；西班牙裔拉美人与海外出生的族
294 群（意大利人、西班牙人、德国人、阿拉伯人、犹太人、美国人）；教育程度更高的年轻人与固执己见的年长的家长式统治者。此外，在新兴的社会团体中，劳工、农民和其他一些团体不再只是政府控制下的法团组织，而且是真正自由的、主张社会主义的独立组织。

前文所述的法团主义意识形态和政治体系主要是为 30 年代之前的早期社会量身定制的，同时也是后者的产物。那时的社会还是农业社会，生活节奏更慢、更传统，天主教盛行，缺少变化。② 更传统、国家主义和威权主义色彩更浓厚的法团主义也许在这样的环境下能够发挥效用。但是，到 90 年代，拉美 70%的地区实现了城市化，与之相比，仅仅 40 年前，70%的国土是农村。

---

① Scott B. MacDonald and George A. Fauriol, *Fast Forward*: *Latin America on the Edge of the 21st Century*, New Brunswick: Transaction Books, 1997.

② 这是 Howard J. Wiarda 的结论之一，参阅 *Corporatism and Development: The Portuguese Experience*, Amherst: University of Massachusetts Press, 1977.

90 年代，识字率达到 70%，而在 50 年代，文盲率为 70%。在经济上，与 50 年代相比，拉美的发展水平有了显著提高，活力大为增加；在社会领域，出现了新的上升通道，就像上行电梯，使得多元化程度也远远超过了此前数十年；在政治领域，出现了有活力的新政党、劳工运动和技术官僚精英，等等。换言之，在过去几个世纪里为拉美服务的自上而下的、封闭的法团主义体系，虽不能说毫无是处，但已不再适合现代社会，因为现在的环境已经发生变化，更加具有活力。要么放弃法团主义并建立新政治体系，要么对法团主义进行彻底改革（也许变身为新法团主义）[①]，以使其顺应变化了的环境。

新社会正在拉美兴起，而旧社会的柱石正在倒塌：不仅是它的主要机构——教会、军队和寡头集团——正在瓦解，就连价值观和政治文化也难逃厄运。森严的等级、阶层、秩序和纪律等传统价值观不再适用于现代性的环境。农民和其他群体不再愿意接受悲惨的生活地位。政治资助也许仍然为政府机构运转提供润滑剂，但在当时的环境下已经不合时宜，因为民众要求政府推行真正的计划，例如就业、医疗、教育、供水、供电计划，否则民众就将 295
撤销对政府的支持。也就是说，40 年前加布里埃尔·阿尔蒙德（Gabriel Almond）和西德尼·韦尔巴（Sidney Verba）在拉美发现的以“逆来顺受”（subject）和“地方主义”（parochial）为基调的旧政治文化正被参与度更高、刚刚兴起的民主政治文化所取代。[②] 如此，与西欧和美国相比，拉美仍然威权色彩更浓厚、等级制更明显，本质上更偏向于法团主义吗？答案很可能是肯定的，但二者的差异显然大为缩小，界限也比过去数十年更加模糊。

最后，国际秩序也发生了变化。拉美不能再像过去 450 年那样与周边国家和外部世界隔离。窄小、封闭、离群的“小祖国”世界正在瓦解；而与此同

---

① Philippe C. Schmitter and Gerhard Lehmbruch, eds., *Trends toward Corporatist Intermediation*, Beverly Hills: Sage, 1979; Suzanne Berger, ed., *Organizing interests in Western Europe*, Cambridge: Cambridge University Press, 1981.

② Gabriel A. Almond and Sidney Verba, eds., *The Civic Culture*, Princeton: Princeton University Press, 1963.

时，冷战、世界银行、国际货币基金组织、广播和电视机、美国和平队、美国大使馆的项目、世界市场力量、美洲国家组织和联合国、社会主义阵营及其在古巴的“先遣队”、欧洲国家和其他国家，还有全球化，都在对拉美产生影响。这些力量有助于将拉美带入互相依存的现代世界，这确实是第一次有这样的机会。所有这些新的国际影响正不断颠覆传统价值观和制度的地位与合法性。

然而，上述所有变化都没有完全结束。在其他发展中国家[1]，传统制度仍然强大。与马克思主义和韦伯主义的范式相悖的是，这并不意味着现代性一定会接替或取代传统性。事实上，这两个并行的权力结构，虽然很难完全成形，但始终相互影响；两者的关系总是被反复讨论，新的临时联盟也不断形成。这不正是安德森所描述的传统或者说拉美本土的政治过程吗？在这个过程内，新的法团不断被吸收进来，而旧法团又很少被抛弃。到目前为止，拉美只有墨西哥和古巴发生过全面的社会革命，玻利维亚和尼加拉瓜也经历过，不过没有那么彻底。这些革命推翻了旧社会，赶走了旧的权力争夺者，但其中至少三个国家在此后出现了大规模复辟的现象。因此，也许安德森模式
296 或者法团主义模式终究没有过时。

瘫痪、僵局和崩溃

20 世纪 50 年代后期和 60 年代初，拉美传统社会和相应的政治模式显然已经走向衰退——但只是衰退，还没有完全解体或崩溃。与此同时，社会更加自由和多元化，民主和社会公正程度提高，随之而来的是新生力量正在崛起，但还没有完全制度化，或者说地位还不巩固。在某些方面，拉美的境况是所有可能的情形中最糟糕的：传统社会渐渐衰败并日益受到挑战，而新社会尚不成熟，还没有强大到足以取代前者。在多数国家，这种境况导致冲突爆

---

① Lloyd Rudolph and Susan H. Rudolph, *The Modernity of Tradition*, Chicago: University of Chicago Press, 1967.

发、社会瘫痪、局势紧张和暴力行为加剧，最后往往导致政治僵局和社会崩溃，全国一片混乱，甚至引发内战。20 世纪 60 年代的拉美是一个两极分化的"无脊椎社会"和"冲突社会"，就像 20 世纪 30 年代爆发全面内战前夕的西班牙。

多米尼加共和国是一个典型案例。从 1930 年至 1961 年，残暴的专制独裁者拉斐尔·特鲁希略执政 31 年。特鲁希略帮助本国发展经济，但也利用独裁统治和法团主义政府控制社会中的所有群体。[①] 在他被刺杀后，60 年代早期出现了第一个民主政府。1962 年，经过民主选举，胡安·博什(Juan Bosch)领导的中左派改革派政府上台执政。博什第一次试图引导历史上被遗忘的群体参与政治，这些群体包括农民、工人和赤贫阶层。可是，这种做法招致教会、军队和商业精英等传统法团的强烈敌意。这些团体聚集起来，在一次军事政变中推翻了执政仅 7 个月的博什政府。

1963 年至 1965 年，接替博什政府的是两个专制政权，一个军事政权和一个文官政权。支持博什的势力策划东山再起，并发动了军人和平民都参与的起义，以恢复宪政。这时，保守势力也动员起来，整个国家陷入混乱，暴行不断，最后爆发内战。美国出动军队干预，占领了这个国家，到特鲁希略的傀儡、保守派分子华金·巴拉格尔在国家宫就职后才撤军。在此期间，两极分化和冲突依然存在，零星的暴力事件仍有发生。[②] 后来多米尼加共和国模式在洪都拉斯再次出现，虽然没有那么引人注目。当时的民选总统拉蒙·比列达·莫拉莱斯(Ramón Villeda Morales)被推翻，一个军事专制政权取而代之。 297

在巴西，情况类似，只是规模大得多。瓦加斯独裁政权倒台之后，20 世纪 40 年代后期和 50 年代的巴西开始了进一步民主化的进程，但保留了许多法团主义组织和制度。到 60 年代初，在雅尼奥·夸德罗斯(Janio Quadros)和

---

① Howard J. Wiarda, *Dictatorship and Development: The Methods of Control in Trujillo's Dominican Republic*, Gainesville: University of Florida Press, 1970.

② Wiarda, *The Dominican Republic; Dictatorship, Development, and Disintegration.*

若昂・古拉特(Joâo Goulart)的相继统治下，巴西的民主制度摇摇欲坠，变得更不稳固。工人罢工表明经济可能停滞不前，也许还会破坏政治制度；农民争夺私有土地，显然得到了政府的默许；最后一根稻草是，政府公然鼓励青年军人反对高级军官。面对不断加剧的暴力活动、冲突和局部内战，巴西军方于1964年出面干预，他们决心让巴西走上新的改革之路，包括重建纪律、秩序和威权政治。事后证明，军事政权与文官政府一样无能。最终，在执政20年之后，军队被迫回归军营，但留下了糟糕的人权纪录。①

在中美洲三个所谓的危险国家，即萨尔瓦多、危地马拉和尼加拉瓜，其民主发展进程相似。在60年代的萨尔瓦多，胡利奥・里韦拉(Julio Rivera)建立了温和的中间派民族主义军事政权。他倒是进行了一系列实证主义改革，但在70年代初被罢免，一个残暴的专制军事政权随即上台。该政权无数次践踏人权，最终导致70年代后期和80年代的游击队起义，全面内战爆发。60年代的危地马拉，先后建立了一定程度上走中间路线的军事政权和文官政府，但在70年代初被一个残暴的极右派政府取代。这个极右派政府对人民实行恐怖统治，导致国家两极分化。在60年代的尼加拉瓜，作为老独裁者阿纳斯塔西奥・索摩查的继任者，其长子路易斯的政府和勒内・希克(René Schick)的傀儡政府推行温和路线，但是都屈从于索摩查次子小阿纳斯塔西奥。此人生性蛮横，采用肮脏的专制手段统治国家，终于在70年代引发了桑地诺革命运动。三个案例的相似之处显而易见：温和派政府让位于极右派政府，后者的政策导致国家两极分化，造成大量冲突，甚至挑起内战，最后招致美国的军事干预。②

在安第斯山麓国家，引发民主化进程的动力似乎截然不同，但事实上，也存在一些令人着迷的相似成因和结果。在50年代的哥伦比亚，暴力行为和

① Thomas Skidmore, *Politics in Brazil, 1930 - 64: An Experiment in Democracy*, New York: Oxford University Press, 1967.

② 参阅Wiarda和Kline编撰的*Latin American Politics and Development*中关于单个国家的各章。

政治冲突十分严重，以至于两大政党签订了一份带有法团主义色彩的协议，同意轮流执政，共享政府职位和这个体系带来的好处。这种做法从另一个角 298
度展现了有机统一和整体主义的主旋律，很有趣，但没有阻止哥伦比亚进一步退化为充斥暴力和冲突、贩毒猖獗、社会瘫痪的国家。[①] 60年代和70年代，委内瑞拉也保留了两个政党，整体上坚持民主制度，不过在这个国家，主要的法团被政党吸收，成为党内职能部门。它们垄断了所有的政府部门和计划，截取资金，加剧腐败，导致危机加速到来——这正是今天委内瑞拉的政治现状。[②] 在秘鲁，无能的文官政府和军人政权轮流执政，但1968年让位于一个具有改革倾向的民族主义军人政权。它自认为属于法团主义政权，决心根除古老的“克里奥尔政治”传统，但是在充满激情和希望的开端之后，它也未能比前几届政府更有效地解决大量秘鲁特有的问题。[③] 在何塞·玛利亚·贝拉斯科·伊瓦拉的五届任期内，厄瓜多尔断断续续地尝试了一种法团民众主义，然而，无论是这样的尝试，还是其他任何类型的制度，都不能阻止这个国家一再发生动荡，也没有使它避免成为世界上最腐败的国家之一。

玻利维亚和墨西哥两国试图建立包容一切的、按照法团主义原则管理的一党制，以此解决那些充斥着对抗和分裂的政体所遇到的问题。在玻利维亚，暴力冲突持续了数十年，并随着1952年的革命而达到高潮。当时，民族主义革命运动党开始执政，该党领导的革命消灭了传统的地主、采矿企业主和贵族阶层，以占主导地位的单一政党政权取而代之。这个政权按照法团主义路线构建而成，但还包括了劳工组织（特别是矿工）、农民和学生等左派团体，排斥右派团体。玻利维亚用这个方案来解决贫穷、暴力和四分五裂等长

① Harvey F. Kline, *Colombia: Democracy under Assault*, Boulder: Westview, 1995.

② David Scott Palmer, *Peru: The Authoritarian Tradition*, New York: Praeger, 1980; Kevin J. Middlebrook and D. S. Palmer, *Military Government and Corporatist Political Development*, Beverly Hills: Sage, 1975.

③ James M. Malloy and Eduardo A. Gamarra, *Reaction and Revolution: Bolivia, 1964–85*, New Brunswick: Transaction, 1988.

期问题，可是效果与其他方案一样糟糕。结果，革命运动党不久就分裂了，事实证明它是一个腐败的政党。军方重新回到权力中心，贩毒成为普遍现象，国家继续四分五裂。

墨西哥的情况也很有趣，不亚于玻利维亚。如前文所述，墨西哥革命之后，1928 年卡列斯总统试图通过建立一党制来稳定国家。最初，这个政党起名为“国家革命党”，后又重新命名为“制度革命党”。它在革命后所有的重要组织内部创建了法团主义分部，这些组织包括军队（后来从该党的组织结构
299 中剔除）、工会、农民和大众部（the popular，一个包罗万象的部门）。数十年来，制度革命党保障了政治稳定，提供了一个有助于墨西哥经济腾飞的环境。然而，在 60 年代，与其他拉美国家一样，墨西哥的政治体系开始被撕裂，曾经铁板一块的政治格局出现了裂缝。军队在特拉特洛尔科广场对学生进行大屠杀；政坛左右摇摆，暴力事件频发；经济和债务危机（正是墨西哥宣称无法偿还债务，引发了 80 年代第三次世界债务危机）爆发；左派和右派新政党的崛起，打破了制度革命党对政府职务的垄断；腐败和贩毒现象广泛存在，这些都是墨西哥螺旋式危机的体现。①

不过，最重要的考验发生在南锥体国家，因为它们被视为拉美发展水平和现代化程度最高的国家。然而看似矛盾的是，这些国家的政治体系也最有可能发生分裂、瘫痪和崩溃。其实，如果认识到下面这一事实，就能理解这个矛盾：拉美的历史模式是不断增加新的法团和权力竞争者，这种模式和传统思想在发展过程中往往不能孕育出令人愉悦的、和平的多元化和民主制度，反而孵化出“无脊椎社会”，导致危机四伏，社会停滞不前，国内冲突不断。

首先来看乌拉圭。长期以来，乌拉圭被誉为拉美最民主、社会最公正的国家。20 世纪初，在魅力不凡的何塞·巴特列-伊-奥多涅斯（José Batlle y Ordoñez）的卓越领导下，乌拉圭逐步建立了表面上稳定的两党制民主政体，

① George Grayson, *Mexico: From Corporatism to Pluralism?*, Fort Worth: Harcourt Brace, 1998.

而且该国拥有十分先进的社会福利计划，以至于被称为“拉美的瑞士”。[1] 但是，接下来，在美好的景象背后，裂缝开始形成：两个主要政党分裂为多个派系，使乌拉圭实际上成了多党制国家；“硬化病”现象开始侵蚀政治体系；乌拉圭的出口价格下降，导致底层民众在经济体系中被边缘化；国家精心制定的社会福利计划再无支付能力；不满情绪蔓延，图帕马罗斯(Tupamaros)组织发动城市游击战；文官控制的民主政治体系开始动摇。1969—1973 年，一场“静悄悄的政变”逐渐剥夺了民选总统的权力；1973 年，军方夺取政权。虽然军队历史上很少插足乌拉圭政坛，但始终是重要的法团参与者。掌权后的军方策划建立了专制政权，此后 12 年一直是国家的统治者。[2] 300

在拉美另一个发达、先进的国家——智利，社会分裂和阶级冲突导致国家瘫痪，危机再现——这次以极端的形式爆发。智利具有多年深厚的民主传统，但也有法团主义组织传统，后者常被其民主外衣包裹起来，很少有外国学者认识到这一点，智利人自己也不承认。到 20 世纪 60 年代，智利建立了欧洲式的多党制，其中包括两个右派政党(自由党和保守党合并为国家党)、两个中间派政党(激进党和基督教民主党)和两个左派政党(社会党和共产党)。右派、中间派和左派都能够控制大约三分之一的选票，不过两次大选之间会出现明显波动。政党之间分歧严重，而且每一种立场都代表了完全不同的社会愿景，甚至代表了对不同历史时期的向往：右派象征着封建主义和旧式贵族法团主义社会；中间路线代表了中产阶级和 20 世纪初的自由主义社会；左派体现的是两种主要形式的社会主义。[3]

这些组织及其所代表的时代之间的分歧如此之大，几乎无法调和。由于在每次选举中，每个集团仅能获得 30%—35%的选票，所以选出的是力量薄

---

① Philip B. Taylor, *Government and Politics of Uruguay*, New Orleans: Tulane Studies in Political Science, 1962.

② Martin Weinstein, *Uruguay: Democracy at the Crossroads*, Boulder: Westview, 1988.

③ Paul E. Sigmund, *The Overthrow of Allende and the Politics of Chile, 1964 - 76*, Pittsburgh: University of Pittsburgh Press, 1977.

弱的少数派总统，缺乏多数合法性，导致政府瘫痪现象加剧。这些趋势在1970年大选中达到高潮，当时社会党和共产党联合推出的总统候选人萨尔瓦多·阿连德当选，但得票率仅为36％。美国试图阻挠阿连德任职，未获成功；但是，作为少数派总统，他的政治根基有限，右派和中间派都对他怀有敌意。面对日益严重的动荡、暴力行为、混乱和僵局，奥古斯托·皮诺切特领导的智利军方于1973年干预政局，推翻了阿连德政府。考虑到智利右派和军方的法团主义背景（虽然经常隐藏起来），这场军事政变也在意料之中；真正令人震惊的是政变后军队的所作所为。他们严重侵犯人权，杀害了1.5万—2万人。[①]

阿根廷是拉美现代化程度最高的国家，正因为如此，它也是证明本章观
301 点的最佳范例。该国社会非常富有，高度发达，教育程度高，具有鲜明特色，存在大量利益同盟。然而，正是由于这些原因，阿根廷最易走向分裂，也最可能爆发危机。这个过程在阿根廷始于20世纪30年代，早于拉美其他国家，彰显出它的发达地位。在此之前，1929—1930年的全球市场崩溃让传统的贵族社会土崩瓦解。此后在30年代和40年代初，相继出现了军事政权，不稳固的文官政府，甚至还有准法西斯政权。接下来是1946—1955年的胡安·庇隆政府，它代表的是法团主义、威权主义和民众主义倾向的联合。1955年庇隆被军队罢免，但他的政治遗产被保留下来：任何时候，如1962年和1966年，只要有群众基础的庇隆主义政党发出重新参选的信号，选举就会被取消，管理选举的文官政府就会被立即推翻。像阿根廷这样发达的现代国家不可能长期存在于这样的基础之上：占总人口50％的庇隆主义支持者被排斥在政治过程之外，不能发挥作用。1973年，作为摆脱这一困境的一条途径，庇隆本人被允许以当选总统的身份重新执政。但不久之后他就离世，不称职的副总统伊莎贝尔·庇隆（胡安的妻子）无法团结全国民众，促使军方于1976年

① Frederick Nunn，*The Military in Chilean History*，Albuquerque：University of New Mexico Press，1976.

发动政变。这场政变在阿根廷引发了针对左派和所有反对派的“肮脏战争”。①

与此同时，阿根廷社会政治生活继续朝着豪尔赫·布斯塔曼特所说的“法团化”方向发展。② 他提出这个词，并不是指 30 年代的法团主义，而是指法团主义利益集团数量大幅增加，像吸血鬼一样依附于阿根廷政治过程，从它的资金和政策计划中榨取利益，为自己的目标服务。阿根廷几乎所有的社会群体现在都组织起来，并进入到政府的拨款、福利和资助体系中。这些组织不仅包括通常意义上的法团主义工商业和劳工团体，而且还涵盖了新闻工作者、电影制作人、教会、军队、政府雇员、中产阶级、牧场主、专业协会，无所不包。每一个组织要么享有拨款，要么掌握了获得某种拨款——通常是几种拨款——的特殊渠道。

这个体系如此消耗资源，以至于用于发展、再投资和真正的公共项目的资源所剩无几。腐败、超雇冗员和恩庇（包括对所有公共项目甚至还有政府部门的资助）的规模已经不可容忍。而且，每一个政党都有一个附属的法团主义核心组织，该组织与社会某个行业相对应。这种做法又进一步加剧了社会分裂。
很少有人服从于国家的核心价值观或者国家本身；相反，所有组织都在各自的 302
独立轨道上运转。作为一个社会，阿根廷正在瓦解。正如曼瑟·奥尔森（Mancur Olson）的理论研究所示，当一个社会充斥着自私的利益集团时，这个国家不仅财政上会破产，而且还会陷入政治僵局，阿根廷就是一个经典案例。③ 在西尔弗特为他的名著《冲突社会》命名时，脑海中浮现的就是阿根廷。

阿根廷是拉美最发达、最现代化的国家，人们不由自主地认为，它是领路者，可以为其他拉美国家指明未来的方向。如果将 20 世纪 60 年代——当时

---

① Peter H. Smith, *Argentina and the Failure of Democracy: Conflict among Political Elites*, Madison: University of Wisconsin Press, 1976.

② Bustamante, *La república corporativa*.

③ Mancur Olson, *The Rise and Decline of Nations*, New Haven: Yale University Press, 1982.

切·格瓦拉发动了注定结局悲惨的游击战——学生们的颂词加以修改，就变成了：未来不属于玻利维亚，而属于阿根廷。可是，这个“未来”似乎指向这样一个政权：四分五裂，没有“脊椎”，内部法团化，腐败盛行，财政破产，支离破碎，容易引发冲突，并濒于内战，就像1931年至1936年的西班牙和1974至1976年的葡萄牙。

就阿根廷而言，发展和现代化带来的不是多元化、自由主义和社会公正，而是混乱、冲突、相互仇恨、社会崩溃和政权解体。这个分析可能适用于所有拉美国家，包括阿根廷邻国墨西哥，该国长期存在的法团主义政体现在正处于转型期。如果这就是拉美的未来，如果这就是本书所论述的长期同化过程和传统的最终结果，那么，拉美的真实状况比它外表显现出来的还要糟糕。美国的外交政策同样如此。长期以来，美国人基于这样一个自由主义假设来制定外交政策，即社会发展将带来民主、多元化和社会公正，而不是崩溃和内战。20世纪60年代和70年代早期是检验这个假设的良机，然而从这段时期来看，由阿根廷、智利和乌拉圭引领的拉美所呈现出来的正是后一种景象。[①] “冲突社会”“病原政治”“硬化病”“无脊椎社会”“僵局”，在这些现在广为人知的比喻中，无论哪一个都适用于这一时期的拉美。它似乎深陷困境，回天乏术。民主制和真正的自由主义看起来遥不可及，马克思列宁主义无法让人接受，传统的法团主义范式要么已经失败，要么就是将拉美引入冲突和不可治理的绝境。

沦入威权主义

20世纪60年代和70年代初期，威权主义浪潮席卷拉美。在一个又一个
303 国家，军事独裁者从民选文官政府手中夺走权力。当然，这股逆流也预示着反转的第三波民主化浪潮将要到来，并为后者铺平了道路。塞缪尔·P.亨廷

---

① 阿根廷是笔者《法团主义框架》(Cooporatist Framework)一文最后一节的主要关注对象，这篇文章在本书前文曾有提及，笔者在其中探讨了法团主义体系的解体。

顿在其著作《第三波》中分析了这股出现于80年代的浪潮。[①] 到70年代中期，拉美20个共和国中有14个由军方直接统治。还有3个国家，古巴、墨西哥和多米尼加共和国，由文官执政，但是很难将这3个政权划为民主政府，因为它们的政权根基事实上都包含军方势力。在剩下的哥伦比亚、委内瑞拉和哥斯达黎加三国中，前两国建立了文官政府，但仍然是准法团主义政权。三者都可以被视为精英领导和支配的国家，其制度未必是充分多元化的参与式民主。[②]

军事威权政府和文官威权政府都曾大规模侵犯过人权。阿根廷、巴西、智利、乌拉圭政府和其他许多政权的人权纪录尤为骇人。它们杀害了成千上万的民众，还有数以万计的人被投入监狱，遭受酷刑，或者被驱逐出境。不过，对人权的践踏并非直接针对个人，而是针对某个群体，如工会、农会、记者、学生、改革派政党、土著居民组织。传统的包容性法团主义试图将许多这样的群体吸收到政治过程中，可是新形式的官僚威权主义却竭力排挤整个群体。包容性法团主义让位于排斥性法团主义。[③]

在20世纪50年代后期和60年代初第一波民主化浪潮之后，拉美试图通过官僚威权主义，让时光退回到死气沉沉的革命前时代。这是一次重新排挤某些群体的尝试；如前文所述，这些群体现在似乎对拉美政治体系特有的稳定构成了威胁。官僚威权主义与想象中的“进口替代工业化危机”几乎没有任何关系，就算是间接关系也微乎其微，这一点吉列尔莫·奥唐奈

① Samuel P. Huntington, *The Third Wave: Democratization in the Late Twentieth Century*, Norman: University of Oklahoma Press, 1991.

② Howard J. Wiarda, ed., *The Continuing Struggle for Democracy in Latin America*, Boulder: Westview, 1980.

③ 差异参阅 Alfred Stepan, *The State and Society: Peru in Comparative Perspective*, Princeton: Princeton University Press, 1978.

(Guillermo O'Donnell)在各种著作中都提到了。[①] 确切地说，它主要与60年代的阶级和政治危机有关。这一系列危机有其本土根源，但是美国的“争取进步联盟”政策加速了危机的爆发。具有讽刺意味的是，这项政策由肯尼迪总统发布，本意是希望它会促进拉美的社会和经济发展，从而提高该地区民
304 主稳定性，巩固拉美的反共产主义立场。然而，政策的效果却截然相反。

争取进步联盟鼓励农民、工人、印第安人和下层社会民众动员和组织起来，但这种做法却令军方、教会和经济精英等传统掌权者震惊。在古拉特控制的巴西，反抗军官的现役士兵，也是造成社会灾难的因素之一。在相当多的国家，导致军队干政的其他原因包括游击战、动乱频发、农民占地运动和城市暴力。因此，在一个又一个国家，当这些新生群体夺取权力、推动国家改革时，特别是在他们破坏传统法团权力的根基时，军方会依靠经济精英和中产阶级的协助，通常还有教会的支持，出面阻止这种情况的发生。[②] 导致60年代和70年代军队接管政权的主要原因是政治和阶级因素，而非经济因素。不过，也是因为拉美地区经济衰退如此严重，所以政府无法采用前文论述过的笼络策略，而是依赖于高压手段。

在官僚威权主义控制的所有国家，政党（尤其是左派政党）属于非法组织，工会被解散，农民运动被禁止，土著居民组织遭到镇压，游击队经常被残忍追杀。许多国家恢复或者再次大力推行过去法团主义时代实施的劳工法，通过这种方法来约束工人和农民组织，将其置于政府的控制之下。许多这样的政权制定了更加保守的新宪法，恢复19世纪宪法的形式；还有一些国家建立新的官方政党（巴西既有官方政党，也有忠于政府的反对党），以取代非法政党。还是这些政权，通常采取类似的方式，创立官方的农民和工人分支机

① Guillermo O'Donnell, *Modernization and Bureaucratic Authoritarianism*, Berkeley: Institute of International Studies, University of California, 1973. David Collier 提出了严厉批评，参阅其编辑的 *The New Authoritarianism in Latin America*, Princeton: Princeton University Press, 1979.

② José Nun, "The Middle Class Military Coup" in Veliz, ed., *Politic s of Conformity*; also Wiarda, *Dominican Republic*.

构，代替更加独立的利益集团——这些集团成长于自由主义气氛更加浓厚的前数十年间。

20 世纪 60 年代和 70 年代的官僚威权主义政权，是传统势力恢复旧面貌的
一次努力，它们试图回到 20 世纪 30 年代之前的社会，即一个更加传统和保守
的天主教社会。这次尝试显然是以 20 世纪的先进形态复兴哈布斯堡模式以及
圣·托马斯和苏亚雷斯的新经院哲学，再现组织有序、守纪律的中世纪社会，重
建佛朗哥式的政权。它试图遏制 18 世纪以来就存在的自由主义潮流，以及 20
世纪新兴的社会主义、马克思主义和社会民主主义热潮。应当谨记前文关于两 305
个西班牙和两个拉美的论述：它们自 19 世纪以来就作为两个平行的权力体系
并存于世。这是比较传统的权力体系进行的一次尝试，目的有二：或者摧毁新
生的自由主义和社会主义体系；或者回到 20 世纪 30 年代的法团主义模式——
这种模式能够让传统法团精细地监督和控制新法团进入体系。

我们有必要进一步区分官僚威权主义政权，因为这类政权所采取的策略并非完全相同。中美洲（危地马拉、洪都拉斯、尼加拉瓜和萨尔瓦多）和南美洲（巴拉圭、玻利维亚）的一些军事政权是纯粹的野蛮独裁政府，通常除了权力原则，它们没有任何意识形态，对本书论述的政治理论和潮流所知有限，甚至根本不了解。在巴拿马，特别是在秘鲁，法团主义军政府企图操纵国家走上左派的、民众主义的和民族主义的道路，以此阻止底层民众的反抗，同时保住自己在体系中的军事地位。一位秘鲁上校的评论很有见地："公牛（民众）开始惊逃。此时，你有三个选择。一是跪下祈祷。我们发现这不是最有效的策略。二是转身逃跑。比第一个强不了多少。三是我们军人把公牛引到更高处。"①

更大、更先进的国家，比如阿根廷、巴西、智利和乌拉圭，采用了更加巧妙

① 引用自 Howard J. Wiarda, "The Latin American Development Process and the New Developmental Alternatives: Military 'Nasserism' and 'Dictatorship with Popular Support'," *Western Political Quarterly* 25 (September 1972, pp.464 - 490.

的策略。首先，它们有意识地努力恢复20世纪30年代的若干法团主义机构和制度，例如价格监管机构、官方工会、农会以及国家委员会，这些机构具有法团或职能代表特性。其次，它们重新尝试建立一种既能成功实现现代化，又没有被自由主义（更不用说社会主义）倾向所“腐蚀”的模式。在这个过程中，佛朗哥的西班牙受到特别关注。60年代和70年代早期，拉美的铁腕人物及其顾问曾络绎不绝地访问西班牙。佛朗哥看起来实现了拉美国家所追求的目标：当时年均经济增长率达到奇迹般的8%—9%，但似乎又没有产生现
306 代化过程中常见的社会和政治副产品，包括民主制、自由主义、不受约束的多元化和社会变革，以及对现状的根本性挑战。① 20世纪30年代的法团主义版本中，在拉美受到广泛推崇的通常是葡萄牙的萨拉查政权，然而到了60年代，葡萄牙遇到严重的经济和政治问题。因此，吸引所有满怀敬意的拉美官僚威权主义政权代表的，是声称获得成功的西班牙模式。②

越来越多的学术文献认为，威权主义、法团主义和有机国家主义很可能是伊比利亚半岛和拉美政治体系的永恒特性。③ 此类文献的出现，强化了当时拉美政权的政治倾向。对西葡两国以及佛朗哥和萨拉查政权的研究成果，是这批文献主要的第一手资料；对这些成果的解读从伊比利亚传播至拉美。其中一些文献的基础是伊比利亚—拉美政治文化研究，另一些文献分别来源于政治制度形式和政治社会学研究，还有一些以经济研究为基础。但是，它们有着相似的目标，并且得出了相似的结论：首先，现代化的、带有法团性质

---

① Middlebrook和Palmer提供了例子，参阅 *Military Government and Corporatist Political Development*.

② 事实上，如果拉美人更加仔细地研究佛朗哥政权，他们会看到，即便是在佛朗哥仍然活着的时候，西班牙也在发生巨大的社会文化变革，这场变革将在70和80年代引发大规模政治变动和民主化。但是，在60年代后期和70年代初，这样的迹象还没有立刻显现出来。参阅 Howard J. Wiarda, ed., *The Iberian-Latin American Connection*, Boulder: Westview, 1986.

③ 参阅 Linz, "Spain: An Authoritarian Regime"; James M. Malloy, ed., *Authoritarianism and Corporatism in Latin America*, Pittsburgh: University of Pittsburgh Press, 1977; Schmitter and Lehmbruch, *Trends toward Corporatist Interest Intermediation*; Stepan, *State and Society*; and Wiarda, *Corporatism and National Development in Latin America*, Boulder: Westview, 1981.

的官僚威权主义很可能并非昙花一现，而是上述政治体系的持久特性；其次，威权法团主义，连同自由多元主义和马克思列宁主义，代表了三种重要的现代社会政治组织体系，不同国家的社会试图通过这几种体系来应对和驾驭三台强大的引擎：变革、现代化和工业化。

今天，研究人员知道，这样的程式化太简单了。一方面，马克思列宁主义已经式微。另一方面，现在我们已经比过去更加清楚地知道，即便在威权主义制度下，也可能发生社会、文化、政治变革，显然还有经济变革，而且这一切也确实发生了。这些全方位的变革最终会影响政治体系的本质属性，纵使在葡萄牙和西班牙这样的国家，也不例外。这两个国家建立了天主教主导的却又兼具现代性的稳固政权，因此一度被视为此类政权的典范。的确，有一段时间，在谈到与法团主义和威权主义相结合的稳定的现代化时，人们会以葡萄牙和西班牙作为范例。然而，在 20 世纪 70 年代中期，两国政府都被民主 307
政府取代，一个是通过革命手段，一个是自我演变而成。[①] 事实上，葡萄牙和西班牙，还有希腊，都是新一波民主转型大潮的先行者。这次转型风潮即亨廷顿所说的第三波，始于 70 年代中期，后扩散到世界其他国家。

官僚威权主义是解决政治僵局、社会碎片化和瘫痪问题的一条途径。在 60 年代的紧张局势下，安德森式的政治过程似乎正失去控制，而官僚威权主义提供的方法，可用于改造这种政治过程的同化模式和自适应模式。虽然传统模式表现为民众主义形式时，同化功能并非彻底失效或者完全脱离民主，但是 60 年代农民和工人的大规模动员、左派游击队的挑战，给这种模式带来了前所未有的压力，以致它难以应付。结果，20 世纪 60 年代军事威权主义政变的浪潮开启了一个反动时期，这给那些精英集团提供了一种更强势的选

---

① 笔者曾尝试深入探讨这些主题，参阅 *Transcending Corporatism: The Portuguese Corporative System and the Revolution of 1974*, Columbia: University of South Carolina, Institute of International Studies, 1976; *Politics in Iberia: The Political Systems of Spain and Portugal*, New York: Harper Collins, 1992; and *Iberia and Latin America: New Democracies, New Policies, New Models*, Lanham, Md.: Rowman and Littlefield, 1996.

择，以取代秘鲁法团主义革命的军事领导人所指称的“克里奥尔政治”（criollo politics）。

但是，这一时期的官僚威权主义政权只提供单方面的选择。它试图将时钟拨回到过去更保守、更有秩序的等级制社会。不过，尽管这股潮流在拉美仍然势头强劲，也许得到了三分之一人口的支持，但它不再是唯一的。此时的自由主义和社会主义（或者说社会民主主义）潮流也很强劲。现在，保守主义观念的性质发生了变化，成为主要的或者说唯一将要（并且确实）依赖大规模镇压的意识形态，同时它也离不开事实上的极权统治，如皮诺切特的智利所示。可是，这不再是民众可以接受的，不仅因为自由主义的缘故，而且因为它违背了以往托马斯—苏亚雷斯主义的要求：公平的治理。此时，拉美地区已经发生了全面的变革，而无法退回到早期的观念——这个观念本身正在失去影响力，而且需要实施既愚蠢可笑，又令人无法接受的严厉措施（例如布宜诺斯艾利斯的夜总会要开灯营业）。

当前所需要的是一种新模式。这种新模式要求能够融合这三种主要的社会观念，并且能够在不推行难以忍受的高压政策和极权主义的情况下以某种方式调和这三种观念。官僚威权主义模式不是解决方案。但笔者也不能
308 确定，拉美当前摇摇欲坠的民主制度就是我们需要的答案。

第十一章

民主转型——抑或转型不足？

在过去的20年里，拉美成了一个被称赞的地区，而不再是经常遭人嘲笑的对象。据说，拉美无论在政治上，还是在经济上终于发愤图强了。过去，这一地区曾因《纽约客》所臆想的滑稽政治而常常成为其讽刺漫画的主角，也经常遭到美国政客无知的贬损，《纽约时报》甚至搞不清拉美地图，一度将巴西和玻利维亚搞混。而今，它正受人赞誉，因其20个共和国中有19个都是"民主的"。主流观点认为，拉美不仅正变得愈加民主，而且想必也开始效仿美国走向自由贸易和开放市场。民主、开放市场和自由贸易甚至被拔高而写入了通常所称的"华盛顿共识"，这是围绕美国究竟要制定什么样的对拉政策争论几十年之后，才至少在美国达成一致的意见。① 但问题是，拉美是否认同这一

① 参阅1994年在迈阿密召开的美洲峰会上的"原则声明"和"行动方案"。在20世纪90年代对拉美研究持有乐观态度的众多书籍与研究中，主要是 Inter-American Dialogue, *Convergence and Community: The Americas in 1993*, Washington, D.C.: Inter-American Dialogue, 1993; Abraham Lowemthal and Gregory Treveton, eds., *Latin America in a New World*, Boulder: Westview, 1994; and Howard J. Wiarda, *Latin American Politics: A New World of Possiblilities*, Belmont, Calif.: Wadsworth Publishers, 1994.

共识?而如果认同的话,认同程度几何?拉美对“民主”“自由主义”和“开放市场”的理解是否和美国一样?

当然,本书的分析让人有充分的理由怀疑这些问题。在漫漫500年长河里,大多数拉美国家也只有10年或20年的民主历史;而在此之后,就期望拉美的民主制度发芽抽枝并在一夜之间实现全面成熟,这是否现实?那些在经济上践行重商主义和国家主义、政治上厉行威权主义长达490年的国家,会突然之间成功地形成市场经济及多元主义和自由主义的政治吗?那些世袭制、个人统治(personalismo)、家族偏爱和恩庇政治的历史根基深厚的国家,能 309
够迅速地变得至精至简,在一个没有高关税、充满竞争性和不受任何限制的全球市场上同日本、韩国、德国和美国竞争吗?如此一来,这些问题就说明,我们在评价拉美向民主、开放市场和自由贸易转向时,仍然需要抱一定的怀疑精神。

官僚-威权主义政体的瓦解

对军人干政的研究一直繁多,但对军人退出政治的研究却寥寥无几。[①]这里重点分析20世纪70年代后期和80年代拉美军人回归军营的四大因素:与军事制度本身相关的因素,在此期间公民社会(政党、利益集团)的再度兴起,情境因素和外部因素。

拉美有悠久的军人干政历史。军人不仅继承了军事特权这一历史性的西班牙法团理念和军队历史上先于甚至高于文官政府的思想,还继承了宪法条款,从而几乎成为政府的第四权,执行曾由王室保留的传统“节制权”(moderative power),在经济低度发展和公共机构软弱无能的情况下则由其统

① 其中有:Martin C. Needler, “The Military Withdrawal from Power in South America,” *Armed Forces and Society* 6 (Summer 1980); and Talukder Maniruzzaman, *Military Withdrawal from Politics: A Comparative Study*, Cambridge, Mass.: Ballinger, 1987.

治。然而，拉美军人在政治层面的这种职能，在美国宪法中将不会被容忍。[①]此外，20世纪60年代拉美军方上台执掌大权时，已经拥有从军事院校习得的崭新发展观念。这些军官当时学习的不是拿破仑的战略战术，而是现代公共行政、发展理论、现代管理、金融、国际贸易、国际关系——所有这些学科都武装了他们的头脑，以使其高效地治国理政，其治国能力甚至可能高于那些被他们所取代的文官政府。[②]

因此，拉美军队的“专业化”与美国的含义截然不同，这与拉美军方固有的传统和社会组织有机合作的观念是一致的，其真实含义往往包括监督政治进程，在危机时期取代文官政府。而其他的政治动荡：例如游击队叛乱带来的威胁，农工组织造成的群众动员，还有文官领导人在面对危机时的能力不足，都使得军人干政成为可能。另外，中上层阶级和保守牧师们的担忧，也给
310 军人干政带来了机会。关于军事体制的观点并不总是负面的，至少在最初阶段，那些认为自由主义和民主就意味着战争、混乱和国家分裂的公众，对于军事体制的态度是认为其是国家的救赎者，或者至少不会在意军队对国家的影响。[③]

但是一旦执政，军政府就显现出腐败、贪污，甚至与被推翻的文人政府一样的低效。军政府无法证明自己能比之前的民主政府更好地解决拉美不断产生的社会和经济问题，于是民众对军政府的善意或者对其错误举措的不在意消失了。相反，军政府开始采取更残酷的镇压手段来维持权力并打击兴起

---

① 对此有较好研究的有：Edwin J. Lieuwen, Arms and Politics in Latin America, New York: Praeger, 1961; Lyle N. McAlister, *The "Fuero Militar" in New Spain*, Gainesville: University of Florida Press, 1962; Frederick Nunn, *The Military in Chilean History*, Albuquerque: University of New Mexico Press, 1976; and Alfred Stepan, *The Military in Politics: Changing Patterns in Brazil*, Princeton: Princeton University Press, 1971.

② Lyle N. McAlister et al., *The Military in Latin American Sociopolitical Evolution*, Washington, D.C.: Center for Research in Social Systems, 1970.

③ Jose Nun, "The Middle Class Military Coup" in Claudio Veliz, ed., *The Politics of Conformity in Latin America*, London: Oxford University Press, 1967, pp.66 - 118.

的反对派，于是军方越来越不被民众信任。另有军事机构的其他问题，比如在福克兰群岛的惨败。军队内部的意见分歧取代了早年的统一战线。[1]

最后主要是出于政治与专业两个方面的综合考虑，决定了军队从政治舞台的撤退。拉美军队的撤退都不是被武装部队或起义强迫的。不如说，军队一直被认为是声名狼藉的管理者和统治者，军事机构在激烈的政治冲突下建立，但当仅仅存在一小部分坚定的支持者时，军方的政治联盟（包括平民支持者）开始瓦解。官僚威权制度几乎失去了它所有的合法性。面对如此强大的敌对势力，军队所遭受的威胁不仅仅在于能否继续军事规则，还有能否保持军事职业的完整性，以及它们在社会中的制度作用。于是军队在能保持制度完整性的前提下开始谨慎地远离权力。这一权力撤离过程，并不是因为军队的失败，或者说是民主力量的胜利；恰恰相反，是因为军事当局认为自身的利益受到了威胁，而他们认为与其等待暴动的到来，不如自行远离权力场来保全自己尚存的利益。[2]

因为军事统治显得脆弱且不堪一击，已经被忽视或中止多年的文官机构开始重新出现在人们的视野中。这些公民社会组织的出现是因为对军队的
不满而产生的。民众逐渐厌倦了军队的虚伪、贪腐、严酷和傲慢；民众从起初 311
对政治的漠不关心到热心参与：于是政党、工会，还有其他一些曾被管制、镇压或者不被承认合法性的社会组织纷纷再次要求扮演它们应有的社会角色。此外，还涌现了一批新的宗教性的激进主义组织，它们由改革后的天主教会、社区组织、非政府组织，还有一些新的社会运动（女性运动、原住民运动等）构成。最终，这些新的大众组织都将被吸纳进主要的政党和规模更大的社会运动中，同时，它们的重要性将随着民主制度的确立而下降。不过，只要军政府依旧掌权，并且对利益集团的活动采取限制措施，那么这些非正式组织就还

① 参照作者早年对于军事力量退出政治舞台的分析：*The Democratic Revolution in Latin America*, New York: Holmes and Maier, 1990, chap.3.

② Maniruzzaman, *Military Withdrawal*.

会扮演着重要的角色。更为主要的是，军队与公民社会两者的力量此消彼长：当军队开始逐渐失去公信力，公民社会的力量就占据上风；而当公民社会略有优势时，军队则准备着更强大的进攻。①

但是，接下来就发生了对拉美民主的未来极为重要的一些变动。起先，一些非营利性社会组织和其他一些非正式组织没有规则、无拘无束地采取行动。但当一个国家的民主制度巩固之后，地方层面和国家层面的官员开始要求这些组织注册在案，需要被国家认可其身份，公开成员名单，写明资金来源，并且还要获得法人身份。这些严格规定，包括当局对利益组织活动的监管，都是深植于法团主义的核心要义，区别于自由多元主义的概念。所以，即使民主重现，法团主义依然会以各种新的形式存在；事实上，可以说，那些非政府组织和利益集团还被增添了新的管理层次——地方层次，它截然不同于国家层次，因为过去在国家层次上通常使用法团控制方式。在墨西哥，这一管控机制用来追踪在全国范围内活动的非政府组织，尤其是那些来自外国的组织，它们对于恰帕斯的帕萨塔游击队运动的支持成为墨西哥当局将一批非
312 政府组织驱逐出境的理由。②

我们同样还需要回答一个基本问题：是谁将这些运动从军事场域带离而走向民主？按照拉美的惯例，变革的主要引领者是精英，而不是普通民众。一篇由哥伦比亚大学道格拉斯·查梅尔斯和克雷格·罗宾逊撰写的题为《为什么权力争夺者选择了自由化》的文章没有得到应有的关注。③ 他们认为拉美转向民主的原因，只是精英阶层单纯地出于实用主义的考虑，并不是源自他们对民主的热爱，或者说任何对于民主稳定的承诺。不如说，精英们看到

① Wiarda, *The Democratic Revolution*.

② 美国国际开发署一直在私下收集在地方上的法团控制的数据，但是这些数据一直没有公开，因为担心会影响到有关拉美已经变得更民主的论断。这基于作者对美国国际开发署数据的解读和对该机构行政人员的访谈。——译者注

③ 参考道格拉斯·A.查尔梅斯(Douglas A. Chalmers)和克雷格·H.罗宾逊(Craig H. Robinson)1990年8月28—31日在美国华盛顿特区举办的美国政治学年会上报告的论文“Why Power Contenders Choose Liberalization: Perspectives from Latin America”。

了历史的大势将飘向何方：军事规则不被信任；美国政府及其倡导的人权运动始终坚守民主立场；那些来自于国际性机构的信贷、资助、借款和投资等都受制于民主进展的进程；没有其他可被接受的替代选项——既不是卡斯特罗主义或者桑地诺主义，也不再有威权主义。因此，在拉美的各个精英群体们，不管是经济领域的、政治领域的，还是工业领域的，都选择了一种危险最小又可控的方式向民主转型，这也是一种最经典的克里奥尔式的处事方式。但是，如果他们出于这样一种完全实用主义的出发点，而没有一个坚定且长久的对民主的投入，那么在未来的某个时间点，他们也可能为了满足其他的需求而抛弃民主。

20 世纪 70 年代后期到 80 年代早期拉美民主复兴的第三种解释可被称为情境分析。第一，1974 年的葡萄牙康乃馨革命，1975 年西班牙佛朗哥的逝世，以及这两个国家成功的民主转型表明，即使在威权法团主义被视为永久政治形态的伊比利亚半岛，民主并不仅仅被认为是可能的，更是被需求的。第二，在第三波民主化初始的南欧地区（包括希腊、西班牙、葡萄牙），这一政治形态被不断地扩展延伸并传播到拉美[①]。第三，美国总统吉米·卡特的人权运动给拉美带来了重大影响。他不断强调人权而避谈国家利益，不仅使那些对民主心怀期许的人受到鼓舞，而且使军政府及其支持者蒙羞，同时陷入 313
对民主需求的默许中。第四，这一转变在拉美各国间产生的示范效应：如果阿根廷选择了民主，那么巴西也会做同样的决定，乌拉圭和智利也会，接着秘鲁、厄瓜多尔、玻利维亚和巴拉圭也会加入到大潮流中。换言之，民主是一种流行趋势，而军事体制则是过时的，需要被淘汰的；选举和民主才是未来的道路。一旦这一转变聚集于拉美民众的脑海中，那么就不需要再质疑接下来还会发生什么了，民主近在咫尺。[②]

---

① Samuel P. Huntington, *The Third Wave: Democratization in the Late Twentieth Century*, Norman: University of Oklahoma Press, 1991.

② Wiarda, *The Democratic Revolution*.

外部世界的压力是剖析当时民主复兴的第四种解释。民主转型的文献一直没有重视这种解释，因为许多拉美学者，包括美国的学者都更倾向于从拉美内部，而不是从国际角度来解释。[①] 但是事实上，外部压力可能是拉美民主化的重要因素，甚至在某些案例中是决定性的因素。美国总统卡特的人权运动及其影响我们已经说过了；同一时期，西欧国家也开始对拉美施压，要求其实现民主化，同时改善人权问题。20 世纪 70 年代的两次重大油价下跌和全球经济衰退使拉美军政府的治理效率饱受质疑，于是民众要求政治转型的呼声提高了。

其中最大的压力是冷战和 20 世纪 80 年代的中美洲冲突。里根政府面对贪婪腐败的军政府和卡斯特罗式游击队的胜利手足失措，并且美国民众还不支持当时美国政府的政策。于是，里根政府开始在中美洲推行民主选举，一方面是克服国内的政治僵局，另一方面是为中美洲提供第三方或者更多能被接受的选择。首先，在萨尔瓦多、洪都拉斯、危地马拉、尼加拉瓜，还有其他一些国家（俄罗斯、海地、菲律宾、东欧、波斯尼亚），美国一直在强推民主选举；在中美洲开始的转变成了全球运动的一部分。[②] 这并不仅仅是因为民主选举可以增强政策的合法性，获得公众、媒体，以及国会的支持，而且有助于
314 解决中美洲迫在眉睫的政治问题，即其他选择——军政府和游击队——都是不可以接受的。（本章稍后，我们将评估民主在该地区的制度化程度，如果美国国内政治和[已不复存在]的冷战是背后动机的话。）

所有这些内外因素推动着拉美走向民主。但是现在还存在一些问题：民主的质量到底如何？民主的被接受程度如何？拉美所谓的民主究竟是什么？民主是否可持续？内生性民主（在某些案例中）与外部强加型民主的意

---

① 例如：Guillermo O'Donnell, Philippe C. Schmitter, and Lawrence Whitehead, eds., *Transitions from Authoritarian Rule*, Baltimore: Johns Hopkins University Press.

② Enrique Baloyra. "The Salvadoran Elections of 1982 - 1991," *Studies in Comparative International Development* 28, 3(1993), pp.4 - 31; and William A. Douglas, *La democracia en los paises en desarrollo*, San Jose, Costa Rica: Libro Libre, 1985.

义有何不同?如果拉美要实现成功的民主转型,就必须在转型前回答所有这些问题。

民主的成功

2000 年,拉美 20 个国家中,有 19 个被认为或多或少属于民主国家。如果我们把加勒比那些较小的国家加上的话,35 个国家中有 34 个都可以被称为民主国家。在所有拉美民主国家的阵营中,只有古巴是被排除在外的,但仍然有希望认为那个小岛上的民主转型也将会发生。此外,除了仅仅正式的民主制度和选举形式的转变,没有人认为拉美有关人权问题的局面在过去 20 年得到了极大的改善,或者说整体的政治环境变得更自由、更开放、更多元了。问题往往不在于拉美是否民主化了,而在民主化的程度如何?民主的类型如何?拉美对民主的理解是怎样的?它是否赞成美国所理解与偏好的洛克的自由多元主义的民主?如果是,是怎样的?这种新的民主能代表同过去政治形态的决裂吗?或者在本书中它依旧是历史传统的重要延续?

为了更深入地回答这一问题,我们将对拉美各国的民主转型做一个简单的概述。这样一个简短的描述并不能解释清楚参与到这一现象的政治力量的复杂性,但它至少能提供时间、人物、事件的概况来理解这一历史问题。[①]我们将按照各国名称英文字母的排序进行陈述。 315

阿根廷是一个相对发达却长期碎片化和问题不断的国家。1983 年军政府倒台后,激进党领导人劳尔·阿方辛(Raúl Alfonsín)击败庇隆党的对手获得总统选举的胜利,使得这个国家重回民主道路。玻利维亚是一个不稳定、贫穷、混乱的国家,在结束 18 年军政府统治后,于 1982 年恢复民主制度。巴西抛弃了 21 年的军政府统治,在 1985 年迎来了民主制度,但制度建设较弱,

---

① 更多的国别分析可以在本书中找到:Howard J. Wiarda and Harvey F. Kline, *Latin American Politics and Development*, 4th ed., Boulder: Westview, 1996.

而且首要的就是领导层碎片化和不稳定。智利的民主回归稍迟，它于1988年开启了是否延续奥古斯托·皮诺切特（Augusto Pinochet）政权的全民公决（回答是响亮的“不”），随后在1989年的大选中，基督教民主党人帕特里西奥·艾尔文（Patricio Aylwin）赢得了选举。在其他拉美国家都处于官僚威权主义统治下时，哥伦比亚和哥斯达黎加始终保持着民主制度，不过这两个国家都被认为是精英民主。

在卡特政府的压力下，多米尼加共和国于1978年经历了拉美最早的民主转型之一，不过并不是从军事威权主义转向民主，而是从华金·巴拉格尔（Joaquín Balaguer）长期领导下的文人威权主义转向安东尼奥·古兹曼（Antonio Guzmán）领导下的更民主的政府。[1] 厄瓜多尔在经历了7年的军事统治之后，于1979年加入到了民主化的先锋队中，但该国的民主制度依旧是脆弱且不稳定的。萨尔瓦多是中美洲政治危机国家中较早发生转型的国家之一，它在1982年召开了立宪大会选举，1984年举行了总统选举，当选总统是何塞·拿破仑·杜阿尔特（José Napoleón Duarte），他的当选开启了萨尔瓦多重返中心角色的进程。另一个被冲突、内战和美国干预撕裂的国家——危地马拉，于1982年开始了一项改革计划，由此导致1984年的立宪大会选举、1985年的国民议会选举和1986年的总统大选，当选总统是马里奥·比尼西奥·塞雷索（Mario Vinicio Cerezo）。

在海地，杜瓦利埃家族的长期独裁统治在1986年落下帷幕，当时的总统让-克洛德·杜瓦利埃（Jean-Claude Duvalier）乘坐美国提供的军事运输机踏上了流亡之路。但是海地的民主十分短命，在经历了毁灭性的美国经济禁令后，民选总统让-贝特朗·阿里斯蒂德（Jean-Bertrand Aristide）还是被军事力量干涉，并且最终导致了全面的军事复辟。海地的民主制度始终都是极脆弱
316 的。同样，在制度化不足的洪都拉斯，军政府执政已达18年，终于在1980年

[1] Micheal J. Kryzanek, “The 1978 Election in the Dominican Republic: Opposition Politics, Intervention, and the Carter Administration,” *Caribbean Studies* 19, nos. 1, 2 (1979), pp.51 – 73.

召开了立宪大会，1981 年举行了总统选举。墨西哥则是一个特例：一党制的法团威权主义政权统治该国达 70 年之久。[①]

在尼加拉瓜，小阿纳斯塔西奥·索摩查（Anastasio Somoza，Jr.）于 1979 年被推翻，继任的马克思主义—桑地诺主义政府直到 1990 年才同意民主选举。在这次选举中桑地诺主义领导人丹尼尔·奥尔特加（Daniel Ortega）被比奥莱塔·查莫罗（Violeta Chamorro）击败。在巴拿马，军政府的统治从 1968 年一直持续到 1983 年恢复民主政府。但是，这一民主政府被曼努埃尔·诺列加（Manuel Noriega）将军推翻；诺列加则于 1989 年被入侵的美国军队罢黜和逮捕，继而一种精英民主制度恢复了。在巴拉圭，阿尔弗雷多·斯特罗斯纳（Alfredo Stroessner）将军领导的威权法团主义独裁政府从 1954 年一直持续到 1989 年，但它最终于 1993 年让位于尚不稳定的民主制度。秘鲁于 1968 年被军政府接管，并一度被军政府引向民族主义和改革主义—法团主义方向，结果在 1975 年被改革精神较弱的军政府取代，直到 1980 年完成民主转型。乌拉圭在 1973 年至 1985 年经历了彻底的军政府统治，但随后重建了民主制度，同时也探寻这个“新常态”究竟应该是怎样的。最后，委内瑞拉与哥伦比亚和哥斯达黎加一样，同一时期始终坚持民主制度，即使法团主义不断渗透进政党和政府体系[②]。

总之，在过去 20 年中，拉美有 14 个国家（阿根廷、玻利维亚、巴西、智利、厄瓜多尔、萨尔瓦多、危地马拉、海地、洪都拉斯、尼加拉瓜、巴拿马、巴拉圭、秘鲁、乌拉圭）都完成了从军事独裁向民主的转型。其中两个国家（多米尼加共和国和墨西哥）都有威权主义政权，但其民选政权却比较民主。同一时期，还有 3 个国家（哥伦比亚、哥斯达黎加、委内瑞拉）一直保持着民主制度，而没

---

① George Grayson, *Mexico: From Corporatism to Pluralism?*, Fort Worth: Harcourt Brace, 1998.

② Jennifer McCoy et al., eds., *Venezuela Democracy under Stress*, New Brunswick: Transaction Books, 1995; Daniel C. Hellinger, *Venezuela: Tarnished Democracy*, Boulder: Westview, 1991.

有走向官僚威权主义的道路。最后，只剩下古巴，既非选举又不民主的政府。

虽然这些民主转型就其范围和数量而言肯定是惊人的，虽然当时拉美的政治权利和人权形势在20世纪70年代获得了大幅改善，但仍然存在诸多困
317 难。甚至仅在以上的简单概述中，我们就可以看到有相当多潜在的困难：弱制度化的民主、不完全的民主、受限的民主，以及民主和保持古老传统的有机法团主义并存的政权体制。

民主的不安

每个人都认识到：拉美的民主是不确定和脆弱的；在大多数国家，民主运行得并不太好；其仍然呈碎片化和摇摆不定的特点；民主仍有可能被逆转；仍存在许多问题。

另外，就存在的主要问题也达成了普遍的共识。这些问题包括：虚弱的、效率不高且常常腐败的司法制度；虚弱的机构和组织——国会、政党、利益组织和政府机构；普遍存在的腐败、庇护主义和世袭制。经济层面的问题包括：经济低效而缺乏活力，尚不能成功地转向全球主义、新自由主义并参与竞争。社会层面的问题包括：巨大的社会鸿沟与种族差异，堪称世界上最糟糕的收入分配模式。一系列民意调查都显示，拉美的政治文化充斥着冷漠、不关心、包容威权主义等尤其不利于民主的价值观念。

面对这些问题，拉美各国采取了两种回应方式。第一种而且是迄今最普遍的做法是接受民主和自由市场目标，同时不断解决出现的问题。这是一种非常美式的、积极的和问题解决导向的做法。当然，这也是美国政府和权威智库——比如尤其接近美国对拉美政策决策圈的美洲对话组织——的公开立场。如果拉美的司法系统需要修复，那么可以肯定的是，得到美国国际开发署帮助的美国律师们和福特基金会一定能解决这一问题，即使拉美的成文法系与美国的判例法系有着本质区别。如果拉美的政党制度是羸弱的，那么

美国机构和志同道合的拉美人一定会加强其组织结构;如果拉美的民主需要进一步的制度化与巩固,那么美国的学者们一定会满怀希望地开展学术研究,以期实现拉美民主的制度化和巩固。

同样,美国会加强拉美各国议会的独立性——尽管拉美拥有500年的行 318
政集权历史;会增强地方政府——尽管拿破仑的传统实际上将全部决策权都赋予中央部门;会加强非政府组织和公民社会——尽管大量证据显示拉美对许多外国扶持的非政府组织深恶痛绝,其公民社会的多元主义倾向在减弱而法团主义倾向在增强。而且,美国人会致力于消除拉美的腐败——即使从不曾明确地界定何为腐败,无法区分低水平却必不可少的恩庇和真正令人讨厌的贿赂,或者无法认识到全面消除拉美的“腐败”无疑会让——仍有世袭制占据统治地位的——本地区的每个政府完全停摆。① 同时,他们推动将新自由主义和自由市场强加于一个重商主义和国家主义的社会。与此同时,他们还完全无视一些政治文化因素——这些因素提出的疑问包括:拉美是否渴望民主,渴望程度几何,或者渴望的是否是美式民主。

对拉美民主问题的第二种反应似乎是本书所赞成的,即暗示美国人设定的目标——美式民主与新自由主义——可能是错的,不适合的,且不符合拉美的历史与发展现实。这种观点认为这一门槛——一种纯正的、不受限制的美式民主,甚至代表着美国民主的一种理想愿景——设定得太高了。鉴于这一地区制度建设不强、经济孱弱、社会分裂、失序政治频仍,以及有着一种截然不同于美国的历史、政治和文化传统,让拉美民主按照美式民主来打造是不可能实现的。当前需要的是可以展示出通往民主道路的各种折中方案、混搭模式和混合制度的模式。这种模式恰能反映出拉美国家自身的天然特性,即通常并存着传统和现代、民主和不太民主等特征。问题不再是威权和民主

① 参阅巴西社会科学家和文化部长弗朗西斯科·魏福特(Francisco Weffort)的演讲:“Culture, Politics, and Greed: The Complexity of Anti-Corruption Policies in Latin America,” Washington, D.C.: Latin America Program of the Woodrow Wilson Center, Noticias (1998).

之间非此即彼的二元对立，而是找到一种方案——这种方案要既能够将混杂、现在已相当复杂的拉美传统的诸方面特质融入一种可行的混合方案，又可以在未来增强和巩固民主。如果所有拉美国家都暴露出民主问题，那么我
319 们就不得不——尽管不情愿——得出这样一个结论：与其说问题可能出在国家身上，不如说问题恰恰出在民主模式和民主评价标准。

这种情况与20世纪60年代围绕发展理念的讨论类似。60年代早期，出现了一种政治发展的理论观念（主要提出者是没有在第三世界长期生活过的学者）；这种理论观念认为，要想实现现代化，第三世界国家需要一种利益集团架构，一种政党制度，以及类似美国的那种立法与行政机构。如果一个国家缺乏这些特质，就被宣告是“欠发达的”或“功能失常的”。到20世纪60年代后期，围绕这些国家撰写博士论文和专著的学者可谓络绎不绝，以至于整整一代学者得出结论：与其将错误归咎于发展中国家缺乏这种理论要求的特质，不如说是这种发展模式本身没有考虑这些国家的现实。正是因为对发展主义的重新审视，才在20世纪70年代出现了各种可替代的理论方法：法团主义、依附论、有机—国家主义、本土化模式等。[①] 这一论断同样可用于民主化理论：如果拉美没有一个国家有可能达到美国提出的原初民主模式的标准，那么这时候就需要重新审视这种模式，而不是继续指责这些国家没有采用这种模式不切实际地为其安排的制度（见第十二章）。

为什么拉美的民主困难重重？原因并不仅仅在于制度的修补和前文第一种反应中所提到的改革议程，而是要更加深入、更从哲学层次上讨论这一议题，即拉美的民主为何并不奏效。如果这一议题仅仅需要制度或者其他改革，问题就相对容易解决，因为制度严格执行起来几乎可以一夜之间就改变了。但是，还有更深层、更基本的问题。他们需要进行根本而核心的改革：制度的运作方式、拉美的价值观和政治文化，以及那些很难发挥实效的领域。

---

① See Howard J. Wiarda, ed., *New Directions in Comparative Politics*, Boulder: Westview, 1991.

这些改革需要两三代人的努力，大约50—75年。观察家们现在普遍接受这一观点，即改变俄罗斯和其他苏联成员国，使之采取良性运转的多元民主和市场开放体制，可能需要两三代人，甚至更长；很难指望拉美——这个地区和 320
俄罗斯类似，都处于发达世界边缘地带，均拥有悠久的威权主义传统，均是西方主要的传统欠发达部分——在不太长的时间里完成民主化和自由化这种巨大转变。

在接下来的部分，我们不再讨论相对容易的、拉美民主化所必需的制度变革，比如司法改革，转而探讨更加本性的问题，这正是本书要论证的核心。

选举民主 vs 自由民主

从20世纪70年代开始，拉美国家毫无疑问地成功实现了从威权主义向选举民主的转型。从结束威权主义至今，除古巴外，拉美每个国家至少都举行了一次公平且具有竞争性的选举；许多国家还举行了几次类似选举。不仅如此，数个国家还通过了成功的民主转型的严峻考验：至少举行过两次民主选举且权力从一党或一个统治集团向另一个党或统治集团和平交接。①

不过，虽然拉美在推进选举民主制度化方面大体上是成功的，但在大多数拉美国家还没有实现自由民主的制度化。拉里·戴蒙德（Larry Diamond）最近在他的一篇经典文章中提出了这个重要区别。拉里·戴蒙德本人隶属于改革阵营，但现在对民主的进一步扩展愈加悲观。② 戴蒙德赞美拉美在举行民主选举方面取得的成就，但他认为，仅仅举行选举不应等同于发展了充分自由的民主。自由民主不仅需要体制上的改变——选举，

① Arend Lijphart, *Democracies*, New Haven: Yale University Press, 1984.

② Larry Diamond, *Promoting Democracy in the 1990s*, Washington D.C.: Carnegie Commission, 1995; Fareed Zakaria, "The Rise of Illiberal Democracy," *Foreign Affairs* 76, November-December 1997, pp. 22 - 43. See also Howard J. Wiarda, *Cracks in the Consensus: Debating the Democracy Agenda in U.S. Foreign Policy*, Westport, Conn.: Center for Strategic and International Studies and Praeger Publisher, 1997.

而且要求阶级结构、社会关系和政治文化的改变——新的政治文化要足以催生真正的平等主义、充分参与、公民自由权利、多元主义，以及一种公民的和真正民主的政治文化。尽管戴蒙德发现拉美地区在这些领域的许多方面都有进步，但他断定大部分拉美国家还没有建立真正的自由民主政体。此外，鉴于19世纪晚期实证主义胜利后拉美自由主义本身的弱点和实际上并
321 不存在的特性（根据我们的某些来源，见第五章），人们不得不怀疑这种真正自由的民主形式是否能够形成。

拉美民主名副其实吗？拉美真的渴望民主吗？如果渴望，有多渴望？拉美的精英和群众是否真的为民主全力以赴？或者，这只是某种巨大的骗局——一个烟幕弹——精于此道且过去经常玩这种把戏的拉美精英们呈现的只是民主之形而称不上民主之实。“我服从但不执行”（Obedezco pero no cumplo）就是一个在拉美拥有悠久历史的谚语。

伊比利亚和拉美使用的另一个习语是“做给英国人看”。精英们长期以来一直用它描述一种通常不得已而为之的行为。不过，无论如何他们还是采取了行动，因为作为弱小国家，他们深知这正是他们更强、更大的主宰者希望他们做的——他们依靠主宰者提供的保护、援助和慷慨捐赠。这个习语起源于19世纪，当时英国人是这些国家最强大的外部力量和投资者；现在我们需要将习语中的“英国人”替换为“美国人”。因此，如果英国人想要在伊比利亚半岛或者拉美建立议会、忠实的反对派和两党制——甚或纵使这些国家明白这就是英国人的要求——他们也会建立起来。伊比利亚和拉美并不必然渴望这样的机构，或者打算赋予其任何实权。确切地说，他们这样是做给英国人（现在的替代者——美国人）看、欣赏和鼓掌，而且最重要的是获取经济支持。[①]

这种怀疑是强烈的，现在至少在对民主的态度方面存在某种程度的类似情绪；也就是说，拉美并不是真的渴望或者非常渴望民主，但仍然选择了民

① 可参阅 Antonio H. de Oliveira Marques. *A History of Portugal*, New York: Columbia University Press, 1972.

主,因为他们深知美国人希望他们这样做。恐怕“民主”就像过去的“土地改革”“社区发展”和“计划生育”一样,所有这些计划都是美国希望的而拉美顺从去做的,但并非因为拉美全力投入这些改革,而是因为他们知道美国人会全力投入其中,外国的援助、贷款和投资都是基于他们执行这些计划。然而,拉美地区并没有推进这些计划的强烈意愿,往往是美国人投入这些计划的精力一衰减,拉美就会让其计划夭折。因此,需要质疑的是:这也将是拉美民 322
主的命运吗?一旦美国推进民主和宏大计划的热忱和承诺消失、面临的外交麻烦减少,这种计划是否也将凋零并走向毁灭?毕竟,如果不将实行民主作为先决条件,那么当前没有一个拉美国家的政府有资格获得贷款、援助或投资。

我认为这种约束条件并不是拉美实行民主的唯一原因,但这一问题令人担忧,值得研究。我认为拉美的民主并不纯粹是“做给英国人看”,原因在于许多拉美人本身就真正地致力于推进民主议程。下面援引的民调和调查数据无疑表明:拉美渴望民主。民主并不仅仅是一种外来移植物、一种外部强加的制度。但另一方面,有充分的证据证明值得担忧。首先,说一套,做一套,还让美国人掏钱,是拉美精英传统的和惯常的行为。其次,需要看结果,拉美的民主事实上在许多国家都运转不太好——也许它们是故意如此。第三,我对精英的大量访谈和相当多的逸事佐证表明,虽然民主可能主要源于拉美对民主的普遍渴望,但有一种思想——即民主主要是做给美国人(和国际货币基金组织、世界银行等)看以获得其激赏、称赞和经济奖励——充分表明需要对其加以认真研究。[①]

民主转型 vs 民主巩固

一个相关的问题涉及民主转型与民主巩固或民主制度化之间的区别。大多数学者相信,到目前为止,拉美已经成功地完成了民主转型并经受住了

① 可参阅 Wiarda, *The Democratic Revolution in Latin America*.

民主转型的考验。但是，民主，特别是自由民主的全面巩固和制度化显然需要更长的时间，两三代人似乎是一种合理的估计。

在民主的制度化和巩固方面，涉及几个重大问题。首先，对民主的利益表达和聚合功能而言最重要的政党，是软弱的、碎片化的、个体主义的，而且同时存在着庇护主义和民主框架下政党的正常运作这两种倾向。[1] 其次，拉
323 美比以前更为多元化，但是这种多元主义的集体表达——利益集团——往往同样软弱、无组织、个体主义、偏向精英集团，并且往往是无效的；拉美采取了一定程度的多元主义，但仍然是一种有限多元主义体系，而且具有广泛的法团控制的特点。[2] 此外，尽管有新的非政府组织和社会运动，但拉美的社团生活依然不足，而且往往不存在；从来不存在长期折磨该地区并需要填补的制度真空；拉美绝不是一个托克维尔式的社会，其不具有北美民主特有的那种广泛交叉的社团网络特点。事实上，在各个层级——地方政府、国会、司法系统、行政部门、内阁各部、规划机构、总统，令人感到遗憾的是，拉美仍然欠制度化，其民主体制因此没有得到巩固。当然，在机构虚弱和社团联系欠发达的情况下，拉美地区可能仍会受到政变和暴力结构的困扰：规模小而力量集中的集团（军队、寡头和游击队）可以进场接管正是因为其他机构过于虚弱。

拉美在许多方面仍然信守过去的一元论、有机主义和法条主义。[3] 它的民主理念大多不支持不受约束的多元主义，反而赞同可管、可控的多元主义。首先，拉美的大部分私营部门，仍然顺从于国家，而没有获得真正的独立，也

---

① Ronald H. McDonald and J. Mark Ruhl, *Party Politics and Elections in Latin America*, Boulder: Westview, 1989; Scott Mainwaring and Timothy R. Scully, eds., *Building Democratic Institutions: Party Systems in Latin America*, Stanford: Stanford University Press, 1995.

② 有关有限多元主义的论述可参阅 Juan Linz, "An Authoritarian Regime: Spain," in E. Allardt and Stein Rokkan, eds., *Mass Politics*, New York: Free Press, 1970.

③ Glen Dealy, *The Public Man: An Interpretation of Latin American and Other Catholic Countries*, Amherst: University of Massachusetts Press, 1977; more recently, Dealt, *The Latin Americans*.

没有用美国利益集团的多元主义方式向国家施压。它们依然依赖国家来获取商品、项目、合同和优惠待遇,通常并不愿意挑战国家、游说国家,更不用说与国家抗衡了。有限、可控的多元主义的第二个指标是基层民众最低限度地参与决策。国家的角色仍然是教父、世袭主义者、恩庇和资助的分配者,以及一个家长式的形象;国家不会友好地邀请基层民众参与这一过程,更不要说美国式的压力了。[①]

第三个方面是国家对过量的非政府组织的态度。过去 20 年里,非政府组织如雨后春笋般涌现,且多以民主、选举和其他议题的名义行事。从大多数拉美国家的角度来看,正当的且得到充分认可(即拥有法律人格)的民主和选举代理人是政党、选举机构,以及类似机构——通常都要费些周折才获得
批准和正式认可。因此,如果非政府组织或利益集团加入这一行动,国家就 324
会对此感到愤慨:在美国政治进程中这是完全正常的举动,但在拉美的法律文化中则是不恰当的,因为在后一种文化中,一个团体可能被承认是基于一个具体的目标,而不是自由放任的多重目标。许多非政府组织正被迫向东道国政府进行登记、获得法律人格,或者参与公共政治过程的授权,并服从政府的监管——这些都具有明显的法团主义的特征,而肯定不是非常民主的特征。最近,有几个国家已经开始驱逐非政府组织或者限制超出其具体授权范围的活动。所有这些因素都表明,拉美多元化的理念至今仍是多么有限。[②]

经济逻辑 vs 政治逻辑

随着马克思主义经济模式的崩溃和国家—重商主义几乎同时被污名化,拉美转向了新自由主义模式。经济自由化的压力既来自美国,也来自国际贷

---

① 历史部分可参阅 Magali Sarfatti, *Spanish Bureaucratic-Patrimonialism in America*, Berkeley: Institute of International Studies, University of California, 1966; also Raymundo Faoro, Os Donos do Poder: *Formacao do Patronato Politico Brasileiro*, Puerto Alegre, Brazil: Globo, 1976.

② 这一结论基于我在拉美的田野调查;同行的结论在 1998 年智利举办的美洲峰会上由理查德·法因贝格(Richard Feinberg)陈述:"The Santiago Summit of the Americas: A First-Hand Report," presented at the Institute on Global Conflict and Cooperation, University of California Washington Center, Washington, D.C., April 20, 1998.

款机构；全球化的隐现前景和现实正迫使拉美各经济体采取国家裁员、私有化和提高效率等方式保持竞争力。

美国政府、世界银行和国际货币基金组织以及拉美国家都有关于机构精简规模、私有化数量、裁员和紧缩开支等方面的详细统计数字。当然，所有这些机构都有其既得利益，因此呈现这些趋势时有浮夸成分，不过拉美一直有真正的私有化案例和向新自由主义转变的真实趋势。但是，在某种程度上，这些出版物是“做出来”的，即是虚假的或夸大的——再一次“做给英国人看”。例如，五个国有企业可以合并成一个大企业；或者一个国有企业可以“出售”给一个名义上是私人的组织（例如在墨西哥），但其实是官方赞助的，或者是工会运行的企业；或者国有企业以低价向知悉政府交易的内部人士出售。这种把戏的结果是，几乎不能够直接相信私有化的统计数据：观察员们近年来获取的大规模私有化的统计数据需要挤掉大量的水分。

1993 年墨西哥比索危机似乎敲响了拉美新自由主义的丧钟。这场危机
325 导致墨西哥中产阶级萎缩，失业率急剧上升，物价暴涨，银行危机严重，投资流失，以及生活水平至少下降 25%。此后，墨西哥开始恢复；但墨西哥危机，即所谓的“龙舌兰效应”，让整个拉美的政治家清楚地认识到，为新自由主义付出的政治代价实在是太高了。没有任何一个政治家——特别是在拉美的新兴民主国家——可以承受如此严重的代价并有望能在选举中幸存下来。事实上，在一些国家，新自由主义议程如果推力过猛，就会威胁到民主本身而不仅仅是当前的政权。新自由主义仍将继续推进，但是拉美没有人敢冒天下之大不韪，过快或全盘地接受它。①

新自由主义的问题是，两种截然相反的逻辑同时在发挥作用。首先是经济逻辑。经济逻辑最受分析家们的关注，也最浅显易见。几乎每个人都承认，拉

① Howard J. Wiarda, “After Miami: The Summit, the Peso Crisis, and the Future of U.S.-Latin American Relations,” *Journal of Interamerican Studies and World Affairs* 37 (Spring 1995), pp.43 - 68.

美要具有全球竞争力,就必须精简机构、实行私有化和增产节约——不过,这种经济正统思想从未在拉美被完全接受,保护主义和国家—重商主义的鼓吹者仍有强大的力量,甚至很可能卷土重来。墨西哥比索危机加剧了这最后一种恐惧,事实上已经将私有化的速度降至蜗牛爬行的速度。然而,经济逻辑是显而易见的:要在当下全球化时代成为一个充满活力的、以增长为导向的经济体,就必须精简机构,实行私有化,降低关税,解放市场以迎接各种竞争力量。

另一个逻辑是政治逻辑,而且同等重要。缩减国有规模或国有企业私有化,意味着丧失一系列的可乘之机:比如恩庇、政府职位、合同、腐败、特殊通道、内情,以及大肆敛财的机会等。无论是拉美,还是其他地方,没有一个政治家会支持削弱其政治支持者的工作和恩庇根基的政策。这就是政治自杀:如果美国议员因为提议社会保障改革而会承担自杀性的政治代价,那么为什么要指望拉美政治家接受一种会损及其选民并让其丧失政治职位的新自由主义议程呢?在拉美鼓吹新自由主义就如同签署自己的政治死刑判决书;大家都非常实际,不会期望这种勇气。总之,经济逻辑召唤新自由主义,但政治 326
逻辑则坚持终结所有这些建议。到目前为止,它看起来陷入了一个僵局。

动机

20 世纪 70 年代和 80 年代拉美选择民主的动机是一个特别有趣的问题。是出于对民主价值观和实践的真爱和奉献吗?证据似乎不支持这一观点。或是出于更务实的考虑,即权宜之计和机会吗?证据确实指向这个方向。但是,如果动机是务实的和有条件的,那不就是说民主的建立根基可能也是脆弱的吗?如果在某些特定情况下催生民主的条件变化了,对民主的忠诚是否也可能不会受到削弱?换句话说,民主并不是某种宏大的普遍进程或不可避免的民主第三波的结果。[①] 恰恰相反,其是拉美精英们对变化了(而且很可能会再次变化)的环境和特定条件深思熟虑之后做出的回应。

---

① 文献参阅 Samuel P. Huntington, *The Third Wave*.

以军事精英为例。所有的证据都表明，20世纪70年代和80年代军人退出权力场不是因为他们顿悟，突然间看到了民主的光芒。相反，他们认识到，军事机构本身正声誉扫地，军队的不称职和对军队的广泛批评破坏了军事机构的职业精神。国际上的批评声音也很强烈。因此，军方发现转移这种批评，挽救其职业、法团和制度诸方面的声誉，谋求认同、团结和尊重的最好办法就是退出政治。如前所述，令人震惊的是，没有任何地方的军队被逐出权力场。①

平民精英呢？他们的动机也是清楚的，纵使这些动机并非民主的良好征兆。精英们看到卡特和里根两位总统治下的美国政府、人权组织、宗教团体，以及所谓的无形存在的“国际舆论”都赞成民主。他们也认识到他们的军事政权已经声誉扫地，威权主义不再被认同，马克思主义的游击队也不再被接受；利用排除法，结果只剩下民主这一个可供选择。另外，本国舆论、非政府
327 组织、新兴的公民社会、宗教团体、社会运动和政党都要求民主。和军人一样，精英们不是出于对民主的热爱，而是因为在当时那是务实之举且没有别的选择。这种情况类似于早些时候援引秘鲁上校描绘的情况：公牛（民主情绪）开始狂奔时，既不要与其正面对抗而冒着被惊吓的危险，也不要茫然无助地袖手旁观；我们精英的责任是引导公牛进入新的民主之地。但是，到达民主之地后，不要给公牛太多的实权。②

民主得以维系同样建立于这种务实基础之上。我不相信拉美的军事精英和文官精英都必定充分相信民主的功效。但是，美国人渴望民主，欧洲人坚持民主，世界舆论拥护民主；而且，最重要的是，如果民主被倾覆，国际贷款机构就都不会提供贷款，甚或限制投资。如果民主被推翻，那么对于20世纪90年代拉美经济复苏和腾飞至为关键的那种私人资本就可能立即被切断。

① Maniruzzaman, *Military Withdrawal*; also Guillermo O'Donnell et al., *Transitions from Authoritarian Rule*.

② Chalmers and Robinson, "Why Power Contenders Choose Liberalization."

例如,我和其他人对拉美军官进行的采访清楚地表明,虽然许多军官对民主和人权的理解有限,或者只是有着初级的认识,但他们确实明白,如果他们试图推翻民主,那么他们的“水源”(即援助、投资和硬件)就会被切断。国际排斥的威胁是真实存在的而不能掉以轻心,但这种威胁并不能成为构建长期民主的最坚实的基础。

如果这是精英的态度,那么群众的态度呢?答案很复杂,我们在接下来的两节会看到:初步可以说,尽管群众在民主转型早期热烈支持民主,但现在他们的态度是更加地质疑和将信将疑。民主既没有兑现社会和经济改革的承诺,也没有带来大众期望的即时的改善;普遍的幻灭感开始出现。另外,拉美的公众对民主的内涵及其象征的理解明显不足。

民主的含义

民意调查显示,拉美人经常对“民主”抱持多重理解,并非所有的理解都认同对该术语的那种洛克的、北美的或者可接受的政治学的定义。例如,在 328
乌拉圭,鉴于该国早期发达的社会福利的历史,因此毫不奇怪的是,民主通常被定义为“福利主义”,意即“政府照顾你”;在巴西,鉴于恩庇文化对巴西社会的强大影响,因此,同样毫不奇怪的是,民主经常被视同于恩庇、美式互助和利益互换。针对整个拉美的调查显示,民主政府通常意味着政府尊重人民权利,不殴打你,不干涉你,以及尊重当地习俗。但是,这个定义几乎与最远可追溯至中世纪的西班牙政治理论中对立宪主义和“权利”的定义没有什么区别。[①]

对这里的讨论具有特别意义的是在拉美经常被援引的定义,即民主意味着强势政府。也就是说,虽然根据各种民意调查,有65%—70%的人口更喜欢民主,但当被问及这个词的含义时,仍有高比例的人口(40%—45%,甚至更高)表示,是强势政府。在他们看来,民主意味着一种强大的、威权主义的、

---

① 调查结果显示在 Wiarda, *The Democratic Revolution*.

民族主义的政府，一种以民众主义或世袭制的方式照顾他们需要的政府。但这些正是独立以来拉美政治发展道路的两大分支——民主或威权主义。其含义可能是，如果民主失败，威权主义或强势政府仍可发挥作用，亦即作为一种可能令人遗憾但却可以接受的选择。抑或，拉美正在追求的是一种融合了以下所有特征的体制：形式民主、强势政府、民族主义和民众主义。但这种政府听起来疑似阿根廷的庇隆政府，巴西的瓦加斯政府或者其他类型的政府（比如秘鲁的藤森政府或者委内瑞拉的查韦斯政府），因此很难称之为民主政府。或许，这是拉美的一种现实反映，即虽然偏爱民主，但还认识到，在这些断裂的、无脊椎的（奥尔特加-加塞特语）、失序的和弱制度化的社会中，稍强势的政府或专制政府可能不全是坏事，或者至少是可以保持的东西，特别是在民主衰落、经济下滑，或者社会不稳定的情况下。[①]

除了对强大、权威但公平和家长式政府的偏爱，这些调查还惊人地发现了拉美人民对有机主义、法团主义和卢梭式的民主的偏爱。他们显然希望有
329 一个高效的国会和司法机构，但也希望有一个强大的总统能够整合体系的几个组成部分并充当连接体系的各辐条的轮毂。另外，当拉美人主张和行使其权利时，他们通常所指的既不是法团权利，也不是个人权利。他们尊奉卢梭的理念，青睐的是一种有机的、统一的政体，一种即使在缺乏稳固的制度保障的情况下仍能团结成一个共同体的政体。在这种政体下，领导人不仅洞察公共意志，而且化身为公共意志——最优路径是通过选举，但可能凭借领导人的个人能力展现也同样重要。

蒂娜·罗森伯格（Tina Rosenberg）在一篇没有得到应有关注的有趣文章中称这种形式的民主是“魔幻自由主义”。[②] 正如拉美小说作家以其魔幻现实

---

① 参考自娜塔莉亚·R.波塔曼（Natalio R. Botana）1983 年 6 月 5—6 日在美国华盛顿特区举办的南锥体研讨会，阿根廷与美国论坛上宣读的文章“New Trends in Argentine Politics.”

② Tina Rosenberg, “Latin America’s Magical Liberalism,” *Washington Quarterly* (Autumn 1992), pp.58 - 74.

主义的文学风格而闻名一样，在政治领域，拉美也有一种魔幻自由主义。蒂娜·罗森伯格认为，魔幻自由主义是一种对洛克和麦迪逊所勾画的那种闲散、优雅、务实民主的高度想象。但是，她争辩说："法国大革命和法国思想家——最著名的是卢梭——远比盎格鲁美洲的思想和经验对拉美自由主义的影响更具有决定性。"罗森伯格解释道："从卢梭和法国模式来看，拉美自由派无论在政治上还是经济上都继承了强大的国家主义趋向。"她说："虽然洛克和盎格鲁美洲传统强调宽容、公民社会、个人权利和对中央权力的限制，但卢梭（尤其按照拉美知识分子的解释）往往强调一切社会利益均服从于中央权威，甚至必要时，服从于一个强大的、有远见的领导人。与这种中央集权和威权主义倾向相伴随着的是同样强大的法团主义影响。"[1]

罗森伯格继续说道："吊诡的是——甚至可以说魔幻的是——自由理想在拉美之所以长存似乎正是因为它缺乏实质内容。"当然，民主制度的调查数据证实了这一观点。虽然在大多数拉美国家，抽象地支持民主的民众占总人口的比例达三分之二左右，但对多元主义及其支撑制度——美国公民认为二者是民主的先决条件——的支持比例极低。例如，在拉美，对政党——无论任何政党——的支持率只有 25%—30%，对工会——无论任何工会——的支持率甚至更低，在 15%—20%，对国会和政治家的支持率甚至低于美国。[2] 330
就此而言，许多问题都有一个分离的、潜在的根源。因为如果拉美的民主支持率相当高，那么为什么对民主至关重要的多元主义制度——政党、工会和立法机构——的支持率如此之低？答案是：尽管按照卢梭的有机主义和整体主义思想，拉美可能是民主的，但按照多元主义、自由主义和洛克的思想，拉美则不一定是民主或完全民主的。但是，如果没有自由主义，没有多元主义

① Tina Rosenberg, "Latin America's Magical Liberalism," Washington Quarterly(Autumn 1992), p.61.

② 参阅 1993 年 7 月 19 日 *Cambio 16*［马德里］对拉美 11 国进行的调查；另外还可参阅智利机构拉美晴雨表（Latinobrómetro）对拉美 17 国进行的调查。美国新闻署对拉美各国有关民主概念的调查同样提供了相似的结果。

的结构，即没有托克维尔所说的潜藏的巨大社团生活网络，那么人们能够真的拥有民主吗？大多数真正的民主人士对此是持怀疑态度的。不过如此一来，观察家就需要质疑：如果没有这种多元主义，拉美的民主程度究竟几何？民主是否能够生存下去？

支持度

当20世纪70年代末和80年代拉美首次敞开怀抱拥抱民主时，民主的支持率占压倒性多数，几乎是一致赞同的。在80年代的民意调查中，赞成民主制度的受访者按照国别来看一度高达80％、85％，甚至90％。[①] 如此高的支持率赋予民主这种政府制度以巨大的合法性。实际上，拉美的民主支持率与同一时期西欧或北美衡量民主合法性的数字一样高。然而，从某种程度上来看，这些高支持率并不像其表现出来的那样，而是比较不稳定，甚至是短暂的。这很可能反映出两个方面的问题：一是拉美人民完全不信任早期的官僚威权主义政权，一是围绕最近的民主开放而滋生的新鲜感，甚至是亢奋感。

90年代初、中期，伴随着早期的民主转型滋生的亢奋感开始渐行渐远，民主的高支持率开始下滑。此外，当时掌权的民主政权往往被证明是令人失望的，没有兑现承诺，也没有达到早先——可能不切实际——的期望。几乎在每个国家，民主的支持率都开始下降，从80％、85％或90％降至65％、70％或75％；选民的投票弃权率开始上升，这表明对民选政府的信任度不断下降。显然，有些国家在这些比例上的排名高于其他国家：智利、哥斯达黎加和乌拉圭的民主支持率和过去一样依然较高，有人觉得这是因为这些国家都是真
331 正高效运转的、能够兑现其经济承诺的民主国家。但在比较贫穷和制度化程度较弱的中美洲国家，以及在厄瓜多尔、玻利维亚和巴拉圭，民主的支持率经常降至50％，甚至更低。在这些国家，民主遭遇了大麻烦。[②]

---

① 报道可见 Wiarda, *The Democratic Revolution*.

② 拉美晴雨表最近的调查结果可以参阅《经济学人》杂志1998年4月4日版。

一个关键的国家是委内瑞拉。该国在20世纪40年代中期实现了民主突破，尔后在佩雷斯·希门尼斯10年独裁统治之后，于20世纪50年代后期完成第二次民主转型；此后维持了40多年稳定的、高度制度化的民主体制。但是，腐败、经济衰退和政府低效已经慢慢削弱了委内瑞拉对民主的支持。支持率从20世纪80年代的80%降至90年代中期的仅仅60%。更令人担忧的是，与此同时委内瑞拉支持威权主义、民族主义和民众主义的解决方案或"出路"的力量在上升。1992年，在委内瑞拉有两次军事政变图谋，其中一次几近成功。而且，由于民主政治体系无法令人满意地应对日益严重的危机，支持威权主义解决方案——或者至少考虑将威权主义作为一种可能的解决方案——的比例攀升至40%，甚至45%。

换而言之，公众对在委内瑞拉施行可能的威权主义的支持飙升到危险的地步，几乎接近于对民主的支持率。要知道，这可是稳定的、富裕的、高度制度化的、民主基础坚实的委内瑞拉，而不是一些贫穷的"香蕉共和国"[①]。1998年，乌戈·查韦斯(Hugo Chavez)当选为委内瑞拉总统，他曾掀起了1992年军事政变。早期的民意调查显示，威权主义、民众主义和民族主义这三种思想倾向在委内瑞拉均在上升。而在查韦斯身上集中体现了所有这些思想倾向：查韦斯长期以来一直猛烈贬低委内瑞拉悠久的民主制度；而且充满不祥预兆的是，他自称是一个"卢梭式的民主主义者"。人们非常担心这种反民主的或卢梭式的民众主义情绪可能迅速地在整个拉美蔓延开来。

最近，整个拉美的民主支持率再度攀升，但升幅有限。总部在智利的民调公司拉美晴雨表对17国进行的民意调查显示(1997年12月)，大约三分之二的拉美受访者认为民主是最好的政府形式。这一比例比10年前低15%—20%，但略高于1995—1996年。平均数掩盖了巨大的国家间差异：智利、哥斯达黎加和乌拉圭三国的民主依然稳固，但在其他国家却有高度的不确定

① Consultores 21, *Culture democratica en Venezuela: Informe analitico de resultados*, Caracas, 1996.

332 性。在地域辽阔、拥有约1.7亿人口的重要大国巴西，民主的支持率一直徘徊在50%，就民主的存活度而言，这是一个危险的水平。但在巴拉圭，民主的支持率降至44%（而1996年是59%）；在厄瓜多尔，这一比重从1996年的52%降至41%。玻利维亚、哥伦比亚、中美洲各国（哥斯达黎加除外）和多米尼加共和国的民主也是不稳定的。①

在巴拉圭——亲民主硬币的反面，支持威权主义的力量在上升，而且巴拉圭和其他国家可能选举军人担任总统。1997年，玻利维亚选举前独裁者乌戈·班泽（Hugo Banzer）担任总统。与此同时，在几乎所有的拉美国家，只有不到40%的人口对其民主体制的运作感到满意。但在中美洲，对民主的满意度实际上上升到49%，而在墨西哥则反映出该国最近的民主开放——对民主的满意度从之前低迷的11%上升到45%。对民主运作感到不满意的唯一国家是秘鲁，从28%降至21%。但是，对藤森总统的支持上升了，这表明虽然民主岌岌可危，但人们承认藤森在处理游击队、经济和其他问题方面是一个高效的准威权领导人。

这种现象会持续下去吗？1997年年底民主支持率的小幅上升可能很大程度上归功于同年经济的好转。只要经济表现良好，民主在大多数国家就可能是安全的。和安德森模式一样，只要有更多的经济蛋糕分配给新老政治集团，稳定就能得到维系，民主就能得以幸存。但这难道不是再次表明拉美的民主是非常危险的吗？其有赖于经济的持续繁荣；拉美的民主主义者可能被称为成功的或者可共甘不可共苦的民主主义者。只要有成功的经济增长，拉美人民就会支持民主。但是，如果经济因欧洲、亚洲或俄罗斯经济或其他一系列原因发生震荡呢？那么拉美人民还会支持民主吗？事实上没有人知道答案。但凡问这种问题，答案的不确定性就表明拉美的民主是多么的不稳定。可以肯定的是，随着公众对民主的支持下降，而同时对强势政府，甚至威

① 此处的分析与之后段落的数据均来自拉美晴雨表的调查。

333 权主义的支持上升到接近支持民主的危险地步，那么似乎就会出现这样一种情况，即纵使是轻微的经济下滑或者只是停滞都可能在某些国家导致天平向强势政府的“弊端”(evil option)倾斜。[1]

带形容词的民主？

20世纪70年代末和80年代，当拉美重建民主时，有很多种讨论认为：拉美的民主实现了决定性的突破；真正的民主已经确立；现在终于有可能拥有“不带形容词的民主”了。

但现在，10年甚至更长时间以后，形容词又回来了。关于拉美的文献遍布各种提法：“有限民主”“精英民主”“受控式民主”“监护式民主”[2]，或“自上而下的民主”。奥唐奈一直使用“委任制民主”描述这一现实：拉美的选民每4—6年践行一次民主——选举总统；但在两场选举之间，他们实质上将所有权力都委托给了行政机关，由其便宜行事而无需公众广泛的民主参与。[3] 戴蒙德和法利德·扎卡里亚(Fareed Zakaria)[4]都用“不自由的民主”(illiberal democracy)一词来暗示：尽管拉美有民主选举，但尚未形成一个真正的自由社会应拥有的做法和政治文化。罗伯特·卡普兰(Robert Kaplan)过分悲观地将海地和拉美其他欠发达国家同某些非洲和中亚国家相提并论，以此表明威权主义领导人已经学会了如何操纵民主议程：给予民主和自由选举的程度刚好满足美国和其他国际援助机构的申请要求，但尚不足以允许反对派获胜或者让民主完全绽放。[5]

---

① 此段落可参阅 Botana's, “New Trends.”

② Luis J. Oropeza, *Tutelary Pluralism: A Critical Approach to Venezuelan Democracy*, Cambridge: Havard University, Center for International Affairs, 1983.

③ Guillermo O'Donnell, “Delegative Democracy,” *Journal of Democracy* 5 (January 1995), pp.55 - 69.

④ Diamond, *Promoting Democracy in the 1990s*; Zakaria, “Rise of Illiberal Democracy.”

⑤ Robert Kaplan, “The Coming Anarchy,” *Atlantic Monthly*, (February 1994), pp.44 - 76.

我曾用两个形容词——“卢梭的”和“法团主义的”描述和界定拉美的民主。[①] 加上这两个形容词，我的意思是说拉美的民主通常仍然具有以下特征：自上而下、有机主义、精英主义、中央集权、国家主义、非参与式、世袭制、以行政权为中心、集体导向而非个人导向。只要所有这些其他元素还存在，就不是完全的民主；其他人则使用更强硬的术语：“民主专政”或“民主恺撒主义”。

诸多学者使用这些形容词界定拉美的民主具有重大意义。它意味着民
334 主尚不完整、尚未完成、尚在中途、尚任重而道远。它意味着拉美的民主之杯只是半满——意即杯子也是半空的。但是，杯子的半空部分装什么？它会仍然濒于倒向——如果不是真的践行——威权主义的强势政府的“弊端”吗？民主之杯里能否注入更深、更好，或巩固的民主？抑或能否注入克林顿总统1998年在圣地亚哥美洲峰会上所呼吁的，包括扩大社会、经济和政治诸领域改革的“第二代”民主变革？杯子里民主那一半会继续扩容吗？也就是说，空的那一半杯子会注入更优或更新的民主吗？抑或杯子仍不满的、传统的和威权的那一半，可能会以民主为代价继续扩大吗？或者，最有可能的是，半满和半空的两个部分继续在一种动态的、变化的、始终不稳定的关系中共存？这些问题的答案不仅取决于拉美的未来，而且取决于对民主议程的大量投入，即美国对拉美的政策。

民主：永久性的还是周期性的？

毫无疑问，民主在拉美实现重大突破发生在20世纪70年代末和80年代。问题是这种新民主是否能够永续。抑或说，拉美是否会经历另一个周期，即民主同时孕育着失序、碎片化和放荡不羁，从而产生要求威权主义，甚或藤森式强势政府回归的压力？

美国的外交政策基于一种满怀希望的，也许是一厢情愿的前提，即拉美

① 评论可参阅 *Washington Quarterly*（Autumn 1992）；还有 Wiarda，*Democracy and Its Discontents: Development, Interdependence, and U.S. Policy in Latin America*，Lanham，Md.：Rowman and Littlefield，1995.

的民主变革是永续的。这是一种非常具有美国特点的假设。美国人往往认为，民主进程是永续的、单线程的、不可逆转也不可避免的。如果给予他们选择权，所有思想健全的人都会选择民主，尤其是美式民主。好东西（经济发展、社会变革和民主化）都会一起来。[①] 如果所有思想健全的人都渴望民主，那么他们就会追随美国的观点，即只有坏人才会想要不太民主的东西——可能是寡头、未经改造的军队和其他反动派。

我的研究和早期著作，相比上一段的描述少了一些种族中心主义，希望支持了这一观点，即民主开放不仅已经出现在拉美，而且可能是永久性的。[②]
然而，这种判断的依据不是主观愿望或主观的社会科学，而是与更早时候可 335
谓不成功的20世纪60年代相比，近几十年来拉美地区更繁荣、中产阶级规模不断扩大，以及制度化程度更高（填补结社空白）。我的分析认为，虽然向威权主义倒退的现象很可能出现在一些制度化程度较低的弱小国家，但却不可能出现在面积较大、资源禀赋较好、制度化程度较高的国家。因此，我一直批评各种周期理论，认为这些理论忽视了实际上近几十年间拉美发生的重大社会、经济和政治变化。[③]

但是，1997年对拉美六国政治精英进行的新一轮采访表明，也许周期理论仍有其正确性。如果问这些领导人为什么拉美仍然存在有限民主、监护式和受控式民主、法团式和卢梭式民主，亦即带形容词的民主，务实的回答是，除此之外的任何民主形式都可能招致该地区仍然脆弱的民主被颠覆。要注意的是，领导早期民主转型的主要是精英，其次才是大众；精英控制了民主转型过程，而不让其失控。但是，如果允许民主走得太远，如果真正推进国际社

① 对于发展主义学者观点的批评可参阅 Samuel P. Huntington, *Political Order in Changing Societies*, New Haven: Yale University Press, 1968.

② Ward, *The Democratic Revolution; Democracy and Its Discontents*.

③ Roderic Ai Camp, *Democracy in Latin America: Patterns and Cycles*, Wilmington, Del.: Scholarly Resources, 1996; and James M. Malloy and Mitchell A. Seligson, eds., *Authoritarian and Democratic: Regime Transitions in Latin America*, Pittsburgh: University of Pittsburgh Press, 1987.

会和一些拉美国家当前正呼吁的民主“深化”行动，那么仍可能会让民主的计划泡汤。抑或，如果迄今一直温和、理性、中立的拉美民主采取了激进的、民众主义的或者左派的立场(比如巴西的卢拉，墨西哥的卡德纳斯，以及正在形成中的新左派人民阵线的一些领导人就有这种趋向)，那么逆转的压力也会加大。只要拉美的民主仍由精英控制，仍是有限民主且不走激进的民众主义—左派路线，民主就会找到容身之地，就能幸存并得到更好的巩固。但是，如果民主深化过程推进得过深，那么周期理论还会有效，民主本身就更加岌岌可危，甚至沦为潜在的牺牲品。[①]

民主的问题

虽然很多学者和决策者都不愿意——原因显而易见——得出这种结论：
拉美的民主已经失败了(这是一个过于肯定的结论)，但他们现在确实倾向于
336 关注西半球那些公认的和多层面的问题。取代早期民主转型文献表现出来
的亢奋性和庆贺性的，是一种严肃的再评估；再评估突出了拉美民主必须克
服的无数重大问题——如果拉美的民主不仅仅要生存而且要繁荣的话。

问题领域的部分清单如下：

· 收入分配制度和不平等都是全世界最糟糕的；

· 司法制度无力满足当今需求，急需自上而下的改革；

· 腐败肆虐且难以根绝，这不仅破坏了国内政治进程，而且阻碍了外国投资；

· 在公共事务和合同授予方面缺乏问责制和透明度；

· 国有部门效率低下，既无力参与当前世界竞争，又无法妥善管理公共账户；

· 欲增强拉美民主，则须加强脆弱的公民社会；

· 地方政府势弱，在地方层面缺乏决策权或税收权；

---

① Peter Smith, "On Democracy and Democratization," in Howard J. Wiarda, ed., *Politics and Social Change in Latin America: Still a Distinct Tradition*, 3d ed., Boulder: Westview, 1992.

• 缺乏信贷,特别是小额信贷,来帮助当地的小企业家;

• 官僚机构效率低下、机构臃肿和庇护主义盛行,导致几乎不可能厉行改革或者实施有效的政策;

• 毒品和贩毒活动正侵蚀整个社会以及司法制度和政治进程;

• 军队尚未完全服从文官政权且在许多国家继续威胁民主统治;

• 犯罪率和不安全感上升,而同时防范力度不足;

• 政党和政党制度等代议和民主统治机构薄弱;

• 利益集团体系不平衡:精英组织有序,具有充分的代表性;而占大多数的下层阶级代表性不足,且必须经常依靠政府救济。

这个清单可以一直列下去。

道格拉斯·W.佩恩(Douglas W. Payne)最近的一项研究,题目意味深
长——《暴风雨观察:西半球的民主迈入下一个世纪》[①]。这项得到华盛顿智 337
库战略与国际研究中心支持的研究得出的一些结论出乎意料地令人悲观。
之所以说出乎意料,是因为佩恩和该中心长期以来一直支持拉美的民主事
业,并帮助其提升民主议程至高层政策水平。[②]

佩恩的研究调查了拉美每个国家的民主状况。为得出结论,他利用了4个主要的民主衡量标准:

• 真正三权分立,保证司法独立和不受歧视;

• 政党有代表性且实行党内民主;

• 政治阶层和普通公民均普遍接受民主规则;

• 在法律及实践中保障广泛的公民自由权,允许活跃的公民社会存在,

---

① Douglas W. Payne, *Storm Watch: Democracy in the Western Hemisphere into the Next Century*, Washington, D.C.: Center for Strategic and International Studies, Policy Papers on the Americas, 1998; also Anthony Faiola, "Some in Latin America Recall the Good Side of Dictatorship," *Washington Post* (May 31, 1998), A24.

② 主要可参阅由乔治·法里奥领导的智库战略与国际研究中心在美洲项目下开办的西半球选举观察。

允许强化问责制。

根据这些标准，佩恩认定哥斯达黎加是拉美最民主的国家，其次是乌拉圭和智利。但除此之外，拉美没有其他国家——按照佩恩的话来说——“更接近于”建立起了必要的民主基础，以抵御目前正笼罩着拉美的国内外压力。即使这 3 个拉美最民主的国家，也绝非没有问题，或者不存在非民主的倾向。

佩恩继续研究每个国家的民主状况，包括加勒比地区的小岛国。他的调查展现了一个普遍令人不安的政治局势。他说，在大多数国家，民主仍然不稳定。鉴于当地和国际（全球化）的压力，他觉得让民主根深蒂固的前景是极其渺茫的。他发现拉美人民对政党、国会、司法体系和公职人员的信任极其缺乏。让他感到惊恐的还有一个发现，即偏爱民主胜过其他制度的人数（大多数国家仍超过 60%）和对本国民主运转感到满意的人数（大致在 27%）之间的巨大差距。只有乌拉圭（52%）和哥斯达黎加（50%）对民主水平的满意度达到 50%及以上。佩恩的平衡分析承认了加强拉美民主的因素和执行中的民主巩固计划，但他也指出，将言语变为切实行动的记录是曲折的。他得
338 出的结论颇令人不安：

> 现实是，除少数特例，统治的基础仍然是权力而非法律。司法系统关乎的不是正义，而是保护支付得起保护费的人，惩罚支付不起保护费的人。军队虽然让位于文官统治，但在许多国家继续拥有超乎预料的影响。除少数几个国家，选民可以在所有国家通过选举更换总统和议员，但大多数拉美人仍然是本国的居民，而非公民。在许多国家，问题不仅仅是制度中的腐败，而是腐败即制度。20 世纪 80 年代以来成就斐然，许多方面的进步是前所未有的；但总体来看仍然没有摆脱与生俱来的不稳定性和不确定性。

趋向平衡的观点

上述关于拉美的民主及其问题和局限性的意见是非常重要的,它们挑战了基本假设。这些意见并非是盲目乐观的——即拉美和拉美人民都坚决要求民主,稳定地且不可避免地稳步向前——而是认为:拉美可能并非如此迫切地渴望民主或者不想要美式自由;拉美有替代选择(强势政府);拉美的民主概念往往截然不同于美国;拉美的民主制度极其脆弱,以及拉美还有民主之外的其他优先事项。这些事实虽然令人尴尬,却是事实。这些事实表明,仅由美国兜售改革和对改革修修补补可能是不够的;拉美有着非常深厚和强大的非民主甚至反民主的倾向和传统。但如果这些暗示符合事实,那么美国对拉美地区的民主希望和计划可能是徒劳的。

另一方面,当前拉美的许多新因素不仅提高了民主生存的希望,而且增强了民主巩固的前景。今天的拉美截然不同于我们所知道的 20 世纪 60—80 年代的拉美。变化包括:

· 经济的繁荣度、活力、流动性和富裕度都进一步增强,低通胀,持续投资、贸易和经济增长的坚实前景,所有这些都巩固了民主的基础。

· 中产阶级的规模显著扩大——因国家而异——也帮助巩固了民主的 339
基础。基础设施网络、结社生活和机构——现在比以往更加强有力——有助于填补一直困扰该地区的组织真空。

· 声誉扫地的军队很大程度上受控于文官政府且没有——除非在极端的情况下——步入政治权力场的趋向。

· 政治文化,尽管仍有不少保留和疑虑,但比前几十年更加支持民主。

· 多元主义尽管仍然有限,但大大增强了。

· 冷战的终结,不仅结束了超级大国在拉美的对峙,而且使美国能够摆脱过去不允许出现第二个古巴的乖戾战略,使美古关系回到更加正常的基础之上；冷战的终结同时意味着整个西半球激进运动和破坏稳定的游击队运动的衰落，同时右派的反击也减弱了。

• 极端主义衰落，其他意识形态名誉扫地：不仅作为拉美主流意识形态的马克思列宁主义和露骨的威权法团主义丧失信誉（为民主扫清了道路），而且极右和极左政党与运动也处于颓势。

• 拉美渴望民主：虽然民主态度仍常是矛盾的或是有保留的，但拉美对民主，以及支持民主的基础设施建设的渴望从未如此强烈。

• 美国、人权组织和其他团体，以及国际社会都渴望民主：虽然冷战结束了，但美国在拉美仍保有强大的利益——而今美国将民主视作捍卫这些利益的最佳方式；此外，与前几十年相反，拉美民主的外部支持是两党合作，切断所有利益集团，且外部支持几乎是普遍的。

• 全球主义要求民主，这是新因素。在过去，美国会把透明度、问责制和民主等议题作为拉美的选项。但现在，民主和其他这些变化不仅仅是一种选择，它们成了必要条件。因为如果一个政权太腐败、太低效、庇护主义特色过于鲜明，那么地方资本可以选择逃往他处，拖垮经济，进而拖垮政治体系。更为重要的是，全球化、不实的公共帐目、缺乏体面的教育和司法制度、民主颠
340 覆或民主失灵，都将迫使外国资本逃往他处。现代的由电子控制的资本在世界上有 200 多个国家可供投资选择，流动性极大；它接收一切不稳定性、高度腐败或民主被颠覆的可能的暗示，而且会转移到其他地方。不仅私人投资将会枯竭，外国政府和国际贷款机构（世界银行、国际货币基金组织、美洲开发银行）的贷款、赠款和援助也会消失。如果没有这种资本流动，在外援日益减少的时代，地方经济和政治制度就无法生存。

因此，如果拉美精英能够理性思考（大部分都可以做到，不过有些军官和其他人可能仍抱持狭隘观念），那么就不会发生政变、反民主运动，当然也不会推翻民主。在这个阶段，由于全球资本主义的全部负重和国际压力都会降落到作恶者的头上，政变和反民主运动就完全是非理性的。1992 年秘鲁的藤

森，1993年危地马拉的豪尔赫·塞拉诺，以及1995年巴拉圭的利诺·奥维多将军都相当敏锐地发现，在当前形势下，反民主行动是得不到支持的。不过，2000年，藤森成功地实施了明显的选举舞弊，并且逍遥法外。因此，民主是唯一的选择——虽然民主可能会被调整和淡化。的确，在现阶段，全球化使得拉美在这个问题上别无选择：无论拉美是否想要民主，无论民主是否符合其历史和传统，民主都会占据统治地位。[①]

选项

让我们回到本章早先提出的选项和场景。如果人们承认拉美的目标是民主的话——这不仅是拉美人通过民意调查和其他方式反馈出来的目标，也是美国的既定目标——那么别无选择，只能努力尝试解决这个地区存在的所有所谓的“第二代问题”。这意味着需要付出高昂的代价和做出巨大的国内外努力来解决教育、不平等、不公正、军事改革、政府改革、分权、私有化、毒品、失业、不发达、环境、腐败和低效率等问题。1998年，由美洲国家元首参加的圣地亚哥美洲峰会确定了高达170项优先解决领域。但这个过长的优先事项列表超出了系统的承载能力，不仅是不现实的，也是无法实现的——短 341
期内肯定无法实现，长期来看可能也无法实现。毕竟，这需要两三代的改革，不仅是制度改革，而且是整个历史、文化和政治社会的改革。令人存疑的是，任何改革计划能否在这一时期持续下去。

第二个场景是需要检视目标本身。这些目标包括合格的民主，但其合格与否几乎总是按照美国模式界定和描述的，比如自由的、不受任何约束的开

① 我非常感谢在战略和国际研究中心的同事洛威·弗雷斯彻（Lowell Fleischer）和希德罗·韦因特拉布（Sidney Weintraub）支持我对于全球化的政治影响的理解：其中最为主要的一本书是 Thomas Friedmann, *The Lexus and the Olive Tree*, New York: Ferrar, Straus, and Giroux, 1999.

放市场。但是，这是否期望值太高？期望值高到了拉美当前发展阶段无法实现的水平，以致很大程度上导致拉美和美国的双重失望和幻灭？这种观点既非自认技高一筹，当然亦非像一些恶意诽谤那样是种族主义的①。但换言之，民主不会也不可能凭空产生，它需要坚实的基础和准备。拉美既少有民主基础和准备，又少有自治经验。拉美的政治文化，更不消说社会政治权力结构和国际环境（殖民主义、依附关系和冷战），长期以来一直不支持民主。拉美的基础建设、结社生活、教育制度、组织观念和组织效率，都完全没有达到支持民主稳定运行的水平。因此，场景二会在一定程度上进行目标降级：不要指望实现某种不切实际的、纯粹原始的民主模式，要接受拉美现在的样子，而不是理想化所希望的样子。这就意味着要接受有限的民主，接受有时不自由的民主，接受许多没有达到充分民主条件的不充分民主。换言之，即带形容词的民主。

还有第三种场景，即一种可称为美国国务院的场景。② 它结合了前面两个场景的要素。它表明，在话语上和向国会、媒体及公众兜售政策时，美国应该大力拥护民主。既然民主是美国作为一个民族（也是好政治）的整个历史和目标，那么美国应该继续成为支持民主、人权和社会正义的灯塔和“山巅之城”。事实上，美国公众对民主的支持丝毫不亚于政府，因此试图逆流而动是
342 愚蠢的——事实上，很少有人想这样做。因此，在总统的演讲中，在国会听证会的证词和公众陈述中，美国必须继续推进民主事业。而且，美国必须制定一系列的公共政策来实现这些目标，以助于逐步推动拉美迈向更高程度的

① Martin C. Needer, *The Problem of Democracy in Latin America*, Lexington, Mass.: Lexington Press, 1987.

② 此结论基于我对美国国务院官员的采访，还有我参与的多项政策制定的讨论观察，尤其是关于多米尼加共和国、委内瑞拉和墨西哥等国的讨论。有关政策讨论的背景可参阅 Howard J. Wiarda, “The 1996 Dominican Republic Elections”, Washington, D.C.: Western Hemisphere Election Studies Series. Americas Program, Center for Strategic and International Studies, 1966; and Wiarda, “U.S. Policy and Democracy in the Caribbean and Latin America, “Policy Papers on the Americas, Washington, D.C.: CSIS, 1995.

民主。

但在现实政治层面上，美国也需要做好妥协的准备，要从现实出发接受时常非充分民主的解决方案，要接受妥协模式和本书此前所比喻的百衲被模式。这并非要放弃充分民主的目标，而是要认识到达到目标需要时间，有时还会有挫折，有时接受半满杯子（比如三分之二，或四分之三，甚至四分之一）要胜过空杯子。近年来在拉美可以看到很多这样的例子：美国接受了这种妥协——但是继续主张民主并最终看到其政策得偿，因为各国采取进一步的措施巩固民主。这方面的例子包括秘鲁的藤森，多米尼加共和国的巴拉格尔和墨西哥的制度革命党。无论是这些人，还是制度革命党所代表的政治制度，现在不是，过去也不是民主的原初模式。然而，凭借耐心、理解、笼络和施压等手段，小心地平衡民主利益与其他合法利益（例如稳定），美国能够哄骗这些个人或国家走向更高程度的民主。我认为这种妥协并不吃亏。而且，在一个充满不确定性和少有道德绝对性的世界里，妥协肯定要胜过全面倒退到威权主义，或者陷入混乱和不可治理状态。可以肯定的是，拉美的民主和人权状况，尽管有其局限性和不完美之处，但远胜于 20 年前。[1] 美国需要基于
这一现实基础缔造拉美的民主。 343

---

① 比较 Howard J. Wiarda, ed., *The Continuing Struggle for Democracy in Latin America*, Boulder: Westview, 1977 和 Wiarda, *The Democratic Revolution: Democracy and Its Discontents, or Latin American Politics: A New World of Possibilities*, Belmont, Cal.: Wadsworth, 1995.

第十二章

拉美向何处去？

拉美的政治理论和政治传统截然不同于美国，其既反映了阶级结构、经济制度和政治体制，自身又影响着它们。在本书中，我们追溯、阐释和分析了这种理论和传统的起源和发展，并探讨了它的现代意义。本章的讨论既将拉美的理论和传统看作是自变量，又看作是因变量；既看作是拉美特殊发展模式的一个重要原因，又看作是对其基本的社会、阶级和制度结构的反映——这些复杂的相互支撑关系和这些解释因素的相对权重随时间变化而变化。[①]

美国政治制度的思想根源可以追溯到英国的普通法传统，约翰·洛克的有限政府理念，托马斯·杰斐逊对个人自由的重视，麦迪逊和托克维尔的权力制衡和多元主义理念，以及亚伯拉罕·林肯、伍德罗·威尔逊和富兰克林·德拉诺·罗斯福对自由和平等思想的发展。虽然这些理念在美国历史上——尤其是在内战中——并非没有遭到质疑，而且尽管并非美国的每一个

① 对于发展过程的不同思考可参阅 David Landes, *The Wealth and Poverty of Nations*, New York: Norton, 1998.

地方——比如,内战爆发前的南方——同样抱持这些价值观念,但按照路易斯·哈茨的说法,美国的主流传统长久以来一直是自由主义的。[①] 哈茨所谓的"自由主义",意味着都认同这样一种信仰,即代议制政府和有限政府、多元主义、平等、个人主义、自由,以及政教分离。几乎所有的美国人都抱持这些信仰。

拉美的政治理论和政治传统,虽同样主要源于西方,但其思想根源却截然不同于美国并赋予这些思想以别样的意义。拉美的政治传统不是源于洛 344
克、杰斐逊和麦迪逊,而是源于亚里士多德、柏拉图、罗马法、奥古斯丁、托马斯·阿奎那、西班牙中世纪思想、16 世纪新经院哲学思想家(如苏亚雷斯、卢梭、孔德、罗多),以及西班牙主义和法团主义。这些作家大多倾向于强调秩序、纪律、等级、权威、不对等、整体主义、有机主义,以及社会的集体或社区基础,而不是强调自由、平等、个人主义和多元主义。从根本上来看,这些都是保守的价值观念,与美国的主流政治文化形成了鲜明的对比。如果美国的主流传统,甚至意识形态是自由主义(哈茨),或利益集团多元主义(达尔、洛维等)[②],那么拉美的主流传统至少从历史上来看可以被称为天主教保守主义,或法团主义(我自己所称的)[③],甚或有机国家主义(斯捷潘)[④]。此外,拉美的这种思想传统和社会组织的传统并非一定被简单地看作是美国的"新兴"或"欠发达"国家版本,注定要向美式自由、多元和民主方向发展;相反,它是西方思想内部的一种非主流传统,有其自身的内在逻辑和政治动力,往往与北美的价值观和理解相悖。

不仅如此,从社会学的角度讲,如果美国,用哈茨的术语来说,是"生而自

---

① Louis Hartz, *The Liberal Tradition in America*, New York: Harcourt Brace, 1955.

② Robert Dahl, *A Preface to Democratic Theory*, Chicago: University of Chicago Press, 1956; Theodore Lowi , *The end of Liberalism*, New York: Norton, 1969.

③ Howard J. Wiarda, *Corporatism and National Development in Latin America*, Boulder: Westview, 1981.

④ Alfred Stepan, *State and Society: Peru in Comparative Perspective*, Princeton: Princeton University Press, 1978.

由”(born free)，即没有封建的过去(同样除了南方)以及与之相伴随的僵硬的两阶级特征，那么拉美就是“生而封建”(born feudal)，且这种特性一直延续到最近几十年。拉美是公元1500年、中世纪晚期和前现代时期的西班牙和葡萄牙的产物。这个时期对拉美的征服，既是从摩尔人手中重新夺回伊比利亚半岛的再征服运动的延伸，又是当时伊比利亚半岛出现的封建的中世纪社会的延伸：军国主义、绝对主义、阶级社会、法团主义、严苛的天主教和正统信仰、十字军东征、纠问制、重商主义，以及同征服紧密相连的土地、农民、财富和地位。中世纪晚期，西班牙和葡萄牙王朝的集权主义和绝对主义的倾向，以及新生的契约理论和有限政府理论一直遭到抵制，但这些趋向几乎均被斐
345 迪南和伊莎贝拉及其哈布斯堡王朝的继任者清除殆尽。因此，16世纪输出到拉美的，是绝对主义的哈布斯堡政治权威模式，而不是在天主教君主出现之前就已经开始出现的、受习惯法和集体权利钳制的负责任的君主制度。

哈布斯堡模式对拉美生活的各个领域均有影响。政治制度是自上而下的和威权主义的；从国王到副王到地方官员和土地所有者的每一级，都意味着绝对权威。经济上采取的同样是重商主义、剥削主义和国家主义。在社会上，则是严苛的两阶级制和等级制；具有浓厚封建色彩的每一个阶级都被固化，不得不接受自己的生活位置。在宗教方面，西班牙和葡萄牙的制度同样是正统的、绝对主义的和单一的；教会强化王权并通常成为捍卫王权的工具，而反改革的天主教教义则充当社会、政治、经济和文化等诸方面信仰的根基。从思想上来看，这个制度是自上而下的、新经院哲学的、以死记硬背天主教戒律和演绎推理为基础的。法律和教育的戒律同样遵循天主教信仰的戒律。

这些特质随后被移植到拉美，它们在这种环境中不仅延续了几个世纪，而且实际上获得了新生。在美洲，西班牙人和葡萄牙人不仅发现了亟待征服和控制的新大陆，可用作半封建庄园的辽阔土地，而且找到了现成的农民——土著印第安人。在美洲大陆，克里奥尔人可以生活在热带的封建的光

环中,自绝于现代西方文明的主流(新教改革、启蒙运动、科技革命、工业革命,以及由约翰·洛克和英国革命开创的有限政府革命),继续沉醉于其封建道路和制度,而此时西欧和北美的其他国家正迈向现代化。鉴于两个母国直至公元1500年的历史,不足为奇的是,比北美殖民地早100年的拉美殖民地,其建立的基础是封建和中世纪制度;而令人震惊的是,这种制度持续时间之长:不仅历经了3个世纪的殖民统治,而且穿越19世纪的独立时期后,延续至20世纪,其许多方面的特质甚至到今天仍然存续着。

18世纪,裂痕开始显现于这个非常单一、非常传统、非常保守、天主教色彩非常浓厚的社会。启蒙思想开始渗入,充满理性主义精神的君主在西班牙和葡萄牙上台执政并推行改革,耶稣会会士失去垄断地位并被暂时驱逐,新 346
教思想通过共济会渗透到军队和精英阶层。分裂也有其社会基础:农村依旧传统、守旧和天主教影响深厚,而城市则更加理性、自由和由中产阶级占主导。在殖民地,克里奥尔人和半岛人之间的分歧加剧了这种紧张关系——这种分裂将有助于拉美几十年后走向独立。然而,与1776年前的北美殖民地不同的是,这个时期拉美只经受了自由主义、理性主义和启蒙思想的微弱熏陶;在殖民地权力结构(军队、教会、官僚、土地精英)层面上,几乎没有感受到任何影响。

由于从大约1807年持续到1825年的独立斗争,自由和共和情绪高涨并频频挑战当时占主流地位的新经院哲学的正统性;在一些国家,自由派甚至短暂掌权。但在实现独立的数年之内,保守的反动势力卷土重来,并在未来30年或更长时间里主导了大多数国家的政治,原因是各独立军填补了因王室退出而制造的权力真空。在当时和整个19世纪的剩余时期,自由主义者和保守主义者经常竞夺政治权力。不过,即便当时,自由主义仍非主流;而且拉美的自由主义截然不同于美国的自由主义:它是卢梭式的而非洛克式的,它继续在自上而下的、有机主义的、精英主义的和等级制的框架下发挥影响,它从未完全发展成市场或自由企业的经济支撑。拉美的民主自由主义从未像在英国和美国那样取得多数支持或合法性，抑或显示出稳步进展，而是在政治上终结于19世纪的后几十年，经济上消亡于20世纪头几十年。

在政治领域，自由主义很大程度上被实证主义所取代或吸收。实证主义席卷拉美，在那里产生的影响远甚于美国。实证主义在拉美尤其有吸引力，原因有三：(1) 实证主义是涵括社会学、政治学和信仰在内的一整套体系，因此是一种比传统的托马斯主义更方便、更世俗、更现代的哲学。(2) 实证主义提供了一种自由主义者和保守主义者或多或少均认可的信仰体系，从而帮
347 助结束了19世纪两派之间的内战。(3)实证主义这种意识形态看似进步，但又容易顺应拉美的等级制、法团主义和精英主义等传统。实证主义席卷拉美，即使在今天也具有强大的影响力；拉美采取国家主导的观念实行工业化的改革，在第一次世界大战和两次世界大战之间这段时间，实证主义相继在智识领域、政治领域和经济领域取得胜利。国家主义随着进口替代工业化(ISI)广泛传播并成为主导经济哲学，而以自由放任形式为主的自由主义宣告死亡。[①]

实证主义使拉美能够顺应变化而无须大幅改变其基本结构。这是一种经典的伯克派保守主义的立场：为保持不变，你不得不主动做出至少些许程度的改变。至少还有4个在19世纪末20世纪初同样对拉美产生深远影响的主要思潮随后补充并增强了占据主导地位的实证主义哲学。第一个是民族主义，它通常与左派运动有关，但在拉美也许更突出的是作为一种右派现象。第二个是罗多主义，它带给拉美一种同样保守的文化民族主义意识，一种复兴和美化西班牙传统(包括天主教)的路径，一种正面地将拉美同“野蛮的”美国佬相提并论的方式。第三个，也与上述相关，是西班牙主义的概念和意识形态，它不仅证实了拉美天主教保守的、非(甚至反)自由的和反民主的

① Vincent C. Peloso and Barbara A. Tenenbaum, eds., *Liberals, Politics, and Power: State Formation in Nineteenth Century Latin America*, Athens: University of Georgia Press, 1996, introduction.

立场，而且赋予这种政治立场一个泛西班牙或伊比利亚美洲的维度。第四个是法团主义，它代表着历史哲学和当代政治战略的更新版本，即一种将有组织的劳工有机地笼络到主流政治制度而不深刻地改变潜在的社会政治或权力结构的方式。

马克思主义在拉美20世纪的发展就像自由主义在19世纪的发展一样，只是一种闪现着戏剧性瞬间的少数智识类型，而从未成为一种主流大众哲学。实际上，因为与拉美主导的新经院主义哲学思想相距甚远，自由主义和马克思主义一样，都激起了普遍的反对，这恰好是因为这两种思想均同拉美主流的新经院哲学相去甚远，由此招致保守派和天主教徒的强烈反应：除少数几个国家，在其他所有国家阻止自由主义或马克思主义获得绝对性胜利。此外，自由主义和马克思主义虽然都声称具有普遍适用性，却难以使其哲学 348
适应拉美的现实，因而也难以获得广泛的支持。另一方面，马克思主义在拉美获得热捧，按照奥克塔维奥·帕斯的观点，一部分恰恰是因为马克思主义非常接近于圣托马斯和天主教教义的整体哲学，且在世俗时代充当着其他信仰的一种便捷替代品——这种观点在知识分子中间尤甚。

尽管如此，到20世纪五六十年代，一种复活了却常被腰斩的自由主义和一种马克思主义的变种——菲德尔主义已经在拉美的诸多意识形态和政治运动中占据一席之地。然而，这两种意识形态从未——除了偶尔在某个时期——占据绝对多数地位，更不用说获得主流地位了。相反，在一些主要国家，比如智利、阿根廷、巴西和其他国家，左派(马克思主义)可以控制15%—30%的选票；中间派(自由主义)也可以斩获25%—30%的选票；右派(法团主义、保守主义和威权主义)同样操纵了大约三分之一的民众选票。在20世纪60年代的一个又一个国家，这种因任何一种政治派别都缺乏大多数支持而引发的分裂，正招致瘫痪、僵局、碎裂、一种“冲突社会”(西尔弗特语)、倾轧和崩溃。共识的缺失、当时政治的混乱，以及这些社会的严重分裂助推了20世纪60年代和70年代初的军事政变潮，迎来了一个或被称为“官僚威权主义”

(奥唐奈语)[1],“法团威权主义”(马洛伊和威亚尔达语)[2],或“有机国家主义”(斯特潘语)[3]的政治时代。

20世纪六七十年代的军政权、官僚威权主义政权和法团主义政权最终不仅自身精疲力竭,而且名誉扫地。纵然如此,当时仍然有许多学者认为威权主义、法团主义和有机国家主义可能是伊比利亚和拉美政治进程的永恒特征。此后,基本上所有的拉美国家都迎来了某种形式的民主转型。[4] 然而,这些国家的民主转型往往并不彻底,原因如下:它们的民主转型只意味着选举民主,而不一定是自由民主;这些民主的社会经济先决条件往往是薄弱的;民主的制度基础(政党和议会等)是不健全的;降临拉美的民主通常附带着各种
349 形容词——监护的、有限的、受控的、委任的、卢梭的、法团主义的、精英主义的——这表明与拉美的过去保持着明显的连续性。

此外,尽管拉美历史历经500年之久,但在仅有的10个处于民主统治的国家中,民主的制度根基、社会根基、经济根基、政治根基和哲学根基大多数仍然是脆弱的。而且,最近的调查显示,民主的支持率正在下降,而支持强势政府的情绪再度高涨。拉美是否因此即将开始一种新的循环——这一幕在拉美的历史中很常见——善意却弱制度化的民主体制最终被发现无力有效管控拉美分裂的、没有主心骨的力量,以致陷入不可治理状态,从而再次为威权主义的复活创造条件?或者拉美的民主现在是否已经足够稳定、巩固和制度化,从而能够生存,甚至蓬勃发展?

---

① Guillermo O'Donnell, *Modernization and Bureaucratic-Authoritarianism: Studies in South American Politics*, Berkeley: Institute of International Studies, University of California, 1973.

② James Malloy, ed., *Authoritarianism and Corporatism in Latin America*, Pittsburgh: University of Pittsburgh Press, 1977; Wiarda, *Corporatism*.

③ Stepan, *State and Society*.

④ Guillermo O'Donnell, Phillippe C. Schmitter, and Lawrence Whitehead, eds., *Transitions from Authoritarian Rule: Prospects for Democracy*, Baltimore: Johns Hopkins University Press, 1986; Howard J. Wiarda, *The Democratic Revolution in Latin America*, New York: Holmes and Maier, 1990.

前几页总结了本书的一些主要主题，我们可以从中得出什么结论？

第一，我们必须认识到，拉美有一种极其悠久而强大的政治思想和意识形态传统。这一发现与两种常见观点截然相反：其一，认为拉美没有任何值得研究的政治或意识形态传统；其二，认为拉美的政治如此混乱和滑稽而无法慎重考量。伊比利亚和拉美的传统可以一路追溯至希腊、罗马和《圣经》。它从圣奥古斯丁的天主教—基督教传统、圣托马斯，以及 16 世纪西班牙的新经院哲学家（主要是苏亚雷斯）那里找到了独特的灵感，它也从其他来源汲取养分，比如西班牙—葡萄牙的封建主义的特定制度、中世纪晚期、再征服运动及其随后不久遗留的社会政治条件（大庄园、两阶级制度、本土主义、断裂状社会、法团主义、军国主义、绝对主义等），以及我们本书所称的哈布斯堡模式——精英主义、威权主义和自上而下的统治。所有这些发轫于 1492 年的特征都从旧世界的西班牙和葡萄牙移植到了新世界的美洲。

第二，这种传统是连续的，几乎延续 2000 多年都没有中断过。拉美的传统可以线性地追溯如下：希腊、罗马、《圣经》、基督教、奥古斯丁、托马斯、再征服运动和伊比利亚半岛的中世纪、新经院哲学和哈布斯堡模式、卢梭、孔德、罗多、西班牙主义、法团主义、官僚威权主义、有限民主。这是一种非常保守 350
的、循规蹈矩的天主教传统，基本上没有受到与现代相关的科学、宗教、经济和政治革命的影响。的确，数个世纪以来，拉美与这些现代化潮流相隔绝，基本上不受这些潮流的影响。此外，新经院哲学主导的政治思想拒绝将政治与宗教分离开来（这和比较世俗化的西方一样），继续坚持政治、教育、经济、社会、法律均应得到正确的（天主教）理性和道德的拱卫。

这种主流思想传统在 19 世纪遭到自由主义的严重挑战，但并没有被根除，自由主义也没有完胜。在 20 世纪，它还受到马克思主义的挑战，不过最终是以官僚威权主义和法团主义的形式幸存下来。目前这种历史上占主导地位的拉美传统面临的挑战可能来自民主化，但我们不得不对这种潜在的冲突如何展开拭目以待：它是会导致引发根本性变革的真正冲突，抑或这种历史传统和行事方式会像过去曾吸纳许多其他信仰一样吸纳这种最新的信仰体系？

第三，这种传统影响了生活的各个方面。它不仅灌输了一整套政治和宗教信仰，而且还全面影响了社会、经济、法律、教育和智识生活，以及个人行为。一切的努力和生活的各个领域均无法摆脱这种长期占统治地位的、封建中世纪的、经院哲学—基督教理念的影响。各个方面充满了天主教和基督教的信仰：社会结构、经济行为、政治制度、推理方法、宗教信仰和个人信仰，这一切均源于相同的核心价值观和假设；社会和国家都必须同这种信仰体系保持和谐统一，而不是与之分化或多元化。这是一种大一统的信仰体系。

不仅如此，这种大一统的新经院哲学信仰体系具有许多现实意义和现世意义。它有助于解释一系列的现象：重商主义和国家主义何以在拉美历史上占据统治地位，以及为什么私有化和建立自由放任的自由市场经济直至今日仍困难无比；中央集权制和行政权主导的权力结构何以占据统治地位，以
351 及为什么建立更强大的议会、司法机构和地方政府会如此成问题；政党和仍然有限的多元主义制度为何脆弱并饱受质疑，美式利益集团游说制度为何有如此多的制约因素；哪怕是在民主化重新焕发的时代，在拉美大多数国家为何仍然长期存在着那种法团主义的（现在常冠以公私合作的标签）或以集体为中心的、自上而下的、精英控制的决策制度；拉美为何长期存在着与美国的利益集团多元主义截然不同的官僚政治和国家主导型政治；拉美为何重视常常与民主平等主义相悖的位阶、地位、等级和秩序等因素；尽管意识形态色彩浓厚的旧法团主义如今在拉美已名誉扫地，（更民主，更多元化的）新法团主义何以绵延至久，甚至卷土重来。的确，几乎在国家生活的各个领域，我们都可以发现拉美过去传统的思想和行动潮流在今天都有强烈的回响。这种回响有其历史根源，不会——可能永远也不会——被民主化和现代化的进程轻易抹杀。

第四，本书追溯的所有意识形态并非都具有同等的影响力。历史上占据

主导地位的信仰体系一直是带有托马斯主义和新经院哲学特点的罗马天主教。实证主义、罗多主义和法团主义之所以具有强大的影响力，部分原因是它们建立于这些根本信仰之上并对其加以扩展。相比之下，自由主义从未在拉美获得大肆追捧，但洛克式的自由主义顺应了这些主流信仰。马克思主义进驻拉美，甚至一度在两三个国家成为统治思想，不过它从未获得广泛的公众支持，也没有充分适应拉美的现实。而实证主义和法团主义均大受欢迎，原因有二：一则它们非常契合拉美的环境；二则它们吸纳了拉美的许多传统思想——有机主义、精英主义、自上而下的控制、大一统体制、威权主义，以及在不改变基本权力结构的情况下管理变革的方式。

第五，令人吃惊的是，拉美的这种政治思想传统几乎都是衍生的、二手
的，而非本土的。拉美的政治思想传统几乎都源自欧洲，只是在 1776 年以后
才受美国的些许影响；而到 20 世纪，美国已经逐渐取代欧洲成为拉美外部影
响和思想的主要来源。不妨看看本书讨论的政治哲学：托马斯主义、新经院 352
哲学、自由主义、实证主义、民族主义、西班牙主义、马克思主义、法团主义
等——几乎所有这些思想都有其欧洲背景。这些意识形态，几乎没有一种
（除了罗多主义和巴斯孔塞洛斯的“宇宙种族”思想）可以说是源自本土的。
然而，正如我们下面所看到的，拉美已经证明它具有绝对的天赋，能够对这些
外衍性的哲学加以改进使之适应于本地区的环境。

第六，拉美的政治传统和意识形态主要是西方的。拉美地区通常难以被归入第三世界，更不必说被认为是非西方的。[1] 尽管拉美作家不断地强调和寻求提升他们的本土根源，而且有各种印第安人运动、美洲黑人运动和黑人民权运动，但主色调长期以来一直是西方的和西班牙的。值得注意的是，西班牙价值观在拉美社会阶梯上向下渗透如此之深，精英们不仅坚守其价值观，而且如此成功地将这种价值观灌输到下层阶级（土著人和美洲黑人）。在

① 参阅 Lucian W. Pye, "The Non-Western Political Process," *Journal of Politics* 20 (August 1958), pp.468 - 486.

本书讨论的所有哲学和意识形态中，除本土主义，几乎每一种——无论在不同时期，这种根源联系是多么的微弱——都是欧洲的或西方的。

第七，拉美虽然很大程度上是西方的，但仍然代表着西方内部的一种独特传统或缩影[1]，它源自中世纪、封建主义和公元1500年之前形成的思想和意识形态传统。拉美从未——直到最近才部分——完全接受政教分离思想；拉美的社会、经济、政治，以及教育制度和实践仍然被灌输了天主教教义和具有前现代经院哲学根源的哲学。土地所有制、教会和军队的角色、政治威权主义传统、阶级和社会制度，以及重商主义的经济制度均可以从这种早期的、前现代时期找到其根源。拉美是1500年前后的西方社会的一个缩影，此后就一直受困于这套前现代的信仰体系，这就像南非的种族隔离制度是17世纪荷兰加尔文主义的产物一样——直到最近，南非同样也一直受困于这种模式。现在的问题是，拉美是否已经做出足够的变革以改变这种历史模式，抑或仍然保留着过去的强效残迹。

第八，拉美的力量和创造之源长期以来一直是将其历史传统顺应各种新
353 出现的突发情况。的确，在吸收、容纳和笼络各种新的意识形态、压力集团和社会运动并使其进入主流的、通常仍然占据主导地位的历史政治传统方面，拉美具有绝对的天赋异禀。首先是经济与商业精英（经由实证主义），其次是中间阶层（经由深化的实证主义、共和主义、罗多主义和西班牙主义），再次是有组织劳工（经由法团主义），而今则是妇女和土著人（经由新法团主义、公民社会和笼络手段），这些群体都逐渐被吸纳进政治体系。拉美传统的精英集团虽然遭到压制，但并没有瓦解；他们接受了某种可控的变革，但拒斥其他变革；他们展示了自己的灵活性和包容性，同时仍保持其传统本质和基本权力结构不变。同样，启蒙主义、自由主义、实证主义、法团主义、社会民主主义和市场经济的某些特质被拉美主流哲学吸纳的方式简直是惊人的。这是一种

① Louis Hartz, ed., *The Founding of New Societies*, New York: Harcourt Brace Jovanovich, 1964.

由精英控制的、渐进而少有激进变革的长期融吸(fusion-absorption)过程。

现在众所周知的是,传统制度能够顺从和吸纳变化而不是在压力之下瓦解和消亡,这种能力并非拉美所独有。大多数发展中国家都具有这种能力:不妨想想这些传统的韧性和耐性:东亚的儒家伦理[1]、印度的种姓社团[2],非洲的民族和部落制[3],以及中东的政治伊斯兰等[4]。这些传统制度曾被发展主义理论家视为"硬壳",注定会在现代化的冲击下破裂消失,或者被革命所清除。但这些传统都表现出强劲的耐性,顺应变化而不是被变化所压倒。所以,拉美的传统制度——天主教、精英主义、世袭制、法团主义和有机主义——并没有直面迎击一切变化,而总体上是足够灵活地吸纳吸收新的、勃兴的潮流并将其笼络进来。这就是这些传统制度存续时间如此之久的原因所在:即韧性和耐性的有机融合。[5]

第九,虽然拉美的传统制度依然强大,但在一定程度上正遭到削弱。随着新型经济企业脱颖而出,传统土地所有制及与其相伴而生的两阶级社会结构正面临消亡和改变。天主教不能再像以前那样保持对人口的控制,教会本 354
身也正经历深刻的变化。随着新的意识形态和信仰体系出现,随着社会经济继续向前发展,随着现代通信打破传统隔离,随着摇滚音乐、价值观念和风俗习惯等世界文化挑战传统信仰,拉美的政治思想和政治文化——本书的主题——也开始发生变化。识字率上升,西半球城市化率提高,中产阶级已经成为许多领域的主导者。全球化正在改变拉美的面貌,同时给其带来了全新

① Peter R. Moody, Jr., *Tradition and Modernization in China and Japan*, Belmont, Calif.: Wadsworth, 1995.

② Lloyd Rudolph and Suzanne Rudolph, *The Modernity of Tradition*, Chicago: University of Chicago Press, 1967.

③ Okwudiba Nnoli, *Ethnicity and Development in Nigeria*, Aldershot: Avebury, 1995.

④ Anwar Syed, *Pakistan: Islam, Politics and National Solidarity*, Lahore: Vanguard, 1983.

⑤ 对于拉美的传统的与现代的不同理论走向分析可参阅 H. C. F. Mansilla, *Tradicion autoritaria y modernizacion imitativa: Dilemas de la identidad colectiva en America Latina*, La Paz: Plural Editores, 1997.

的、难以抵抗的压力：改变传统方式。

因此，正在发生变化的并不仅仅是基本的信仰体系和意识形态，这些信仰的社会经济基础也随之在改变。尽管如此，拉美的保守主义、法团主义和新经院哲学的力量依然强大。虽然现在的拉美已然不是父亲辈的，更不用说祖父辈那个时期的拉美，但是传统信仰以及他们支持的政治候选人和运动在大多数国家仍然可以获得 30%，甚或高达 50%或 60%（视政治联合和结盟情况而定）选民的支持。尽管近几十年来现代化一直在推进，但在拉美，传统力量和思想仍然是一种不可小觑的力量——要明智、切合实际而不单是企望这些传统消失。

第十，这有助于解释为什么社会应对现代化的方式有不同路径和选择，并因此获得迥异的文化、社会、宗教、政治、历史和经济诸方面的经验。社会有多种方式应对工业化和全面现代化带来的冲击。[1] 就拉美而言，我们曾强调，主流影响一直是中世纪天主教、新经院哲学、西班牙和葡萄牙中世纪晚期的经历及随后同新世界的相遇、土地所有制和社会阶级制、世袭制、有机主义、持续的法团主义，当然还有其他特点。拉美的历史和背景的这些特质形塑了其延续至今的制度和发展模式。这些独特的经验和背景带来的结果是，没有任何两个发展中的地区会以完全相同的方式实现现代化。即使在全球化时代，也没有一条普世的发展道路，而是同时存在许多条。现代化的路线
355 图并非单途，而呈网状：多线程、多交叉点且有多个花枝可供攀缘。[2] 这里描摹的哲学传统为拉美特定的发展路径提供了一个框架，但在非洲、亚洲、中东、欧洲和北美，则一直有或将会有其他发展路径。

第十一，亦即最后一个结论，是拉美的传统之于当今民主的意义。表面

① Howard J. Ward. ed., *Non-Western Theories of Development*, Fort Worth: Harcourt Brace, 1998.

② Philippe C. Schmitter, "Paths to Political Development in Latin America," in Douglas Chalmers, ed., *Changing Latin America*, New York: Academy of Political Science, Columbia University Press, 1972.

看来,前景并不乐观:拉美的精英主义、威权主义和一元论似乎与民主不相容。但这里也回顾一下民主在拉美的界定:先源自中世纪的西班牙,后源自卢梭和孔德,一直是有机主义、精英主义、整体主义、一元论或法团主义的;也许这至少对有限民主而言并不是什么大障碍 。同时,第十章的证据表明,拉美的民主承诺已经遭到对冲。最新一波民主潮是由精英阶层根据自己意志掀起的;它受到各种的限制和约束(选举民主但并非一定是自由民主);它一定程度上是对外部压力的回应("做给英国人看");它是一种受控的民主和相当保守的民主,仍然带有形容词的民主。精英们应对这些新的民主压力的方式似乎与其应对此前的压力和意识形态挑战的方式并没有太大的不同:限制和控制过程,吸纳有限变化以防变化失控,保持灵活性并顺应不可避免的变化而不是被变化所湮没。

显然,这种温和的、受控的、通常自上而下的变化不会让民主的纯粹主义者和理想主义者感到满意。它代表着妥协,一个只有半满的玻璃杯。拉美民主在这个阶段通常包括各种混搭模式、折中方案和混合制度。但鉴于拉美的制度缺陷、社会经济欠发达以及历史上社会组织的缺乏,这种混合的民主制度可能是目前拉美许多国家发展民主的极限了。我们需要务实:民主半满总胜过没有民主,带修饰语的民主和人权总胜过根本没有民主和人权。此外,这种部分或有限的民主建立了一个未来进一步推进民主发展的平台。因此,用以解释并试图改变拉美的模式需要反映该地区复杂的、重叠的和多层
次的客观现实。 356

这不是一本主要讲政策的书,但的确有政策意义。[①] 本书提出了一系列的建议,例如:运动和政党如果能够在拉美的传统和新兴两种民主运动之间架起桥梁——比如智利、委内瑞拉、哥斯达黎加、萨尔瓦多、多米尼加共和国

---

① 作者最新成果包括 *American Foreign Policy: Actors and Processes*, New York: Harper, Collins, 1996;和 *Democracy and Its Discontents: Development, Interdependence, and U.S. Policy in Latin America*, Lanham, Md.: Rowman and Littlefield, 1995.

和尼加拉瓜等国的基督教民主党——就有很大的获胜概率；当选总统如果兼具强烈的民族主义者和家长式统治两种形象——比如阿根廷的卡洛斯·梅内姆、智利的爱德华多·弗雷、秘鲁的阿尔贝托·藤森、多米尼加共和国的华金·巴拉格尔、委内瑞拉的乌戈·查韦斯、墨西哥制度革命党的总统们——就有可能既获得选举成功又获得统治成功；民主运动和社会民主运动，如果要既获得选举成功又获得政策成功，就必须同拉美比较传统的思想和力量达成和解与妥协；一个政权，如果将自由市场同国家控制基本商品价格充分结合起来——比如巴西——就可能取得成功；但是，如果美国过于强势地推动反腐政策、自由市场、司法改革（在对拉美大陆体系缺乏了解的情况下）、公民社会改革（如果目标是不受任何约束的美式多元主义）、分权改革（鉴于拉美的国家管理模式是法式的，权力集中于政府各部）和一种甚至美国本身都无法达标的纯粹的、原初的民主和人权模式，那么就不可能奏效——否则如果推得过猛过快，就会导致碎裂化和不稳定。

拉美渴望民主是毋庸置疑的。与此同时，整个地区的民主与人权状况，虽存在明显的不完美之处，但远好于 20 年前。拉美渴望它们的民主既能够与其优先事项安排（包括强政府和行政领导权）相一致，又能基于本地区的实际情况。这可能意味着这种民主会有更浓厚的整体主义、中央集权、有机主义、家长主义和法团主义的理念，而许多北美人可能对此感到不安。此外，拉美希望它们的民主形式要在其可能实现的范围之内。那种根本没有或较少考虑拉美现实、充满理想主义的、教科书式的民主形式，拉美是不会采用的；因为虽然北美的顾问们面对通常是他们提出的方案制造的祸端，可以跳上飞机一走了之，但拉美人却不得不忍受这些愚蠢方案带来的后果。这就导致拉
357 美人——他们远比美国人更了解自己的历史、社会和发展潜能——对过远、过快地推进民主进程保持谨慎。这是可以理解的，因为如此常引发灾难，前车之鉴历历在目。坦率地说，如果换作是美国人，他们可能也会如此行事。

这种方案不是要不作为，而是说美国要在其他国家大肆瞎搞之前万分谨

慎。不是所有的民主模式都必须看起来和美国一模一样。我很欣慰地看到世界上有各种各样的民主模式；而且，我相信这种制度多样性是有益的，非独对单个国家而言，对民主本身亦然。凡美国和其他国家及国际机构能够发挥有益帮助之处，就让其伸出援手；然而，美国或其他外部力量，纵使抱持最大的善意，如果在一国有能力控制其民主进程之前就过快过猛地推进民主，就很可能导致一个重要国家陷入不稳定——墨西哥就是一个绝好例证。因此，最好让他国自行决定民主转型的速度和具体形式，因为无论美国的政策是超前或落后于受援国的国情，都可能给双方带来灾难。

美国可以在全世界倡导民主并成为民主的灯塔，但是必须细致、全面地了解所试图帮助的国家并对这些国家抱持同理心。美国的政策如果缺乏这种对他国动态和信仰体系的理解，其结果可能是徒劳的，或者更糟，百害而无一利：既伤害美国政策的对象国，又伤害美国政策本身。所以，通过倡导一种充分考虑当地文化和传统的审慎政策，美国可以为未来可能缔造的更高层次的民主奠定基础。 358

参考文献

Adie, Robert F., and Poitras, Guy E. *Latin America: The Politics of Immobility*. Englewood Cliffs: Prentice-Hall, 1974.

Aguero, Felipe, and Jeffrey Stark, eds. *Fault Lines of Demacracy in Post-Transition Latin America*. Miami: North/South Center Press. University of Miami, 1998.

Aguilar, Luis E..ed. *Marxism in Latin America*. New York: Knopf, 1968.

Ai Camp, Roderic. *Democracy in Latin America: Patterns and Cycles*. Wilmington, Del.: Scholarly Resources, 1996.

Alba, Victor. *Politics and the Labor Movement in Latin America*. Stanford: Stanford University Press, 1968.

Alexander, Robert J. *Communism in Latin America*. New Brunswick: Rutgers University Press, 1960.

——. *Organized Labor in Latin America*. New York: Free Press, 1965.

——. *The Perón Era*. New York: Columbia University Press, 1951.

Almond. Gabriel, and Sidney Verba. *The Civic Culture: Political Attitudes and Democracy in Five Nations*. Boston: Little, Brown, 1965.

Ameringer, Charles. *The Democratic Left in Exile: The Anti-Dictatorial*

Struggle in Latin America.Miami:University of Miami Press,1974.

Anderson,Charles W.*Politics and Economic Change in Latin America*:*The Governing of Restless Nations*.Princeton:D.Van Nostrand,1967.

Arguedas,Alcides.*Pueblo infermo*.Barcelona:Vda.de L.Tasso,1910.

Aristotle.*The Politics*.

Aron. Raymond. *Main Currents in Sociological Thought II*: *Durkheim*, *Pareto*,*Weber*.New York:Doubleday,1970.

Atkins,G.Pope.*Latin America in the International Political System*.2d ed. Boulder:Westview,1989.

Avineri,Shlomo, ed. *Karl Marx on Colonialism and Modernization*. New York:Anchor Books,1969.

Azevedo,Fernando de.*Brazilian Culture*:*An Introduction to the Study of Culture in Brazil*.New York:Macmillan,1950.

Azpiazu,José J. *The Corporative State*.New York:Herder,1951.

Bagú.Sergio.*Estructura social de la colonia*.Buenos Aires:El Ateneo,1952.

Bailey, Norman A. *Latin America in Worid Politics*. New York: Walker,1967.

Baily, Samuel L., ed. *Nationalism in Latin America*. New York: Knopf,1971.

Balaguer,Joaquín.*La isla al revés*:*Haitíy el destino dominicano*.8th ed. Santo Domingo:Fundación José Antonio Cano,1994.

——.*Memorias de un cortesano de la era de Trujillo*.Santo Domingo: Editora Corripio,1988.

Baloyra,Enrique. "The Salvadoran Elections of 1982-1991." *Studies in Comparative International Development* 28,3(1993):4-31.

Beer,Samuel H.*Modern British Politics*.London:Faber and Faber,1965.

Belaúnde, Víctor Andrés. *Bolívar and the Political Thought of the Spanish American Revolution*. Baltimore: Johns Hopkins University Press, 1938.

Berlin, Isaiah. "The Counter Enlightenment," 1-24. In *Against the Current: Essays in the History of Ideas*. New York: Viking, 1980.

——. "The Hedgehog and the Fox." In *Four Essays on Liberty*. New York: Oxford University Press, 1979.

Berger, Suzanne, ed. *Organizing Interests in Western Europe*. Cambridge: Cambridge University Press, 1981.

Bishko, Charles Julian. "The Iberian Background of Latin American History: Recent Progress and Continuing Problems." *Hispanic American Historical Review* 36 (February 1956): 50-80.

Bitarello, Beatriz Helena Domíngues. "Iberian Modernity and the Scientific Revolution of the XVII Century." Washington, D. C.: Library of Congress, Hispanic Division, June 14, 1994.

Black, Anthony. *Guilds and Civil Society in European Political Thought from the Twelfth Century to the Present*. Ithaca: Cornell University Press, 1984.

Blanco, Hugo. *Land or Death: The Peasant Struggle in Peru*. New York: Path finder, 1972.

Blanksten, George. *Perón's Argentina*. New York: Russell and Russell, 1967.

Bloch, Marc. *Feudal Society*. Chicago: University of Chicago Press, 1961.

Blossom, Thomas. *Nariño: Hero of Colombian Independence*. Tucson: University of Arizona Press, 1967.

Boilard, *Steve D. Russia at the Twenty-First Century: Politics and Social Change in the Post-Soviet Era*. Fort Worth: Harcourt Brace, 1998.

Botana, Natalio R. "New Trends in Argentina Politics." Paper presented at the Seminar on the Southern Cone, the Argentine-American Forum, Washington,

D.C., June 5-6, 1983.

Brennan, Gerald. *The Spanish Labyrinth: An Account of the Social and Political Background of the Spanish Civil War*. Cambridge: Cambridge University Press, 1971.

Buckland, W.W. *A Text Book of Roman Law from Augustus to Justinian*. Cambridge: Cambridge University Press, 1966.

Buckland, W.W., and Arnold D. McNair. *Roman Law and Common Law: A Comparison in Outline*. Cambridge: Cambridge University Press, 1965.

Burns, E. Bradford. *The Poverty of Progress: Latin America in the Nineteenth Century*. Berkeley: University of California Press, 1980.

Bushnell, David, and Neill Macaulay. *The Emergence of Latin America in the Nineteenth Century*. New York: Oxford University Press, 1988.

Bustamante, Jorge. *La república corporativa. Buenos Aires*: EMECE Editores, 1988.

Cabat, L., and Cabat, R. *The Hispanic World: A Survey of the Civilizations of Spain and Latin America*. New York: Oxford, 1961.

Callcott, Wilfrid Hardy. *Liberalism in Mexico*, 1857-1929. Hamden, Conn.: Archon Books, 1965.

Cardoso, Fernando Henrique, and E. Faletto. *Dependency and Development in Latin America*. Berkeley: University of California Press, 1978.

Castro, Américo. *The Spaniards: An Introduction to Their History*. Berkeley: University of California Press, 1971.

——. *The Structure of Spanish History*. Princeton: Princeton University Press, 1954.

Castañeda, Jorge. *Utopia Unarmed: The Latin American Left after the Cold War*. New York: Knopf, 1993.

Castañeda, Jorge, and Roberto Unger. "Latin American Alternative." Unpublished, 1997.

Cespedes, Guillermo. *Latin America: The Early Years*. New York: Knopf, 1974.

Chalmers, Douglas A., and Craig H. Robinson. "Why Power Contenders Choose Liberalization: Perspectives from Latin America." Paper presented at the Annual Meeting of the American Political Science Association, Washington, D.C., August 28-31, 1980.

Chroust, Anton-Hermann. "The Corporate Idea and the Body Politic in the Middle Ages." *Review of Politics* 9 (October 1947): 423-52.

Cohen, Carl, ed. *Communism, Fascism, and Democracy: The Theoretical Foundations*. New York: Random House, 1966.

Collier, David, ed. *The New Authoritarianism in Latin America*. Princeton: Princeton University Press, 1979.

Collier, David, and Ruth Berins Collier. *Shaping the Political Arena: Critical Junctures, the Labor Movement, and Regime Dynamics in Latin America*. Princeton: Princeton University Press, 1991.

Consultores 21. Cultura democrática en Venezuela: Informe analítico de resultados. Caracas, 1996.

Conde, Roberto Cortes. *The First Stages of Modernization in Spanish America*. New York: Harper, 1974.

Cox, Andrew, and Noel O'Sullivan, eds. *The Corporate State: Corporatism and the State Tradition in Western Europe*. Cambridge: Cambridge University Press, 1988.

Costa, João Cruz. *A History of Ideas in Brazil*. Berkeley: University of California Press, 1964.

Crow, John A. *Spain: The Root and the Flower*. Berkeley: University of California Press, 1985.

Crawford, W. Rex. *A Century oy Latin American Thought*. New York: Praeger, 1961.

Cunha, Euclydes da. *Rebellion in the Backlands* (*Os Sertões*). Chicago: University of Chicago Press, 1944.

Dahl, Robert. *A Preface to Democratic Theory*. Chicago: University of Chicago Press, 1956.

Dealy, Glen C. "The Pluralistic Latins." *Foreign Policy* 57 (Winter 1984-85): 108-27.

——. "Prolegomena on the Spanish American Political Tradition." *Hispanic American Historical Review* 48 (February 1968): 37-58.

——. *The Public Man: An Interpretation of Latin American and Other Catholic Countries*. Amherst: University of Massachusetts Press, 1977.

Dean, Warren. *The Industrialization of São Paulo, 1880-1945*. Austin: University of Texas Press, 1969.

del Aguila, Juan. *Cuba: Dilemmas of a Revolution*. 3d ed. Boulder: Westview, 1994.

de Lario, Damaso. Los Parlamentos de Espana. Madrid: Ed. Anaya, 1991.

del Río, Angel. *The Clash and Attraction of Two Cultures: The Hispanic and Anglo Saxon Worlds in America*. Baton Rouge: Louisiana University Press, 1965.

Deutsch, Karl W., and William Foltz, eds. *Nation-Building*. New York: Atherton Press, 1966.

Deutsch, Sandra McGee, and Ronald H. Dolkart. *The Argentine Right: Its History and Intellectual Origins*, 1910 *to the Present*. Wilmington, Del.: Scholarly

Resources,1993.

Diamant, Alfred. *Austrian Catholics and the First Republic*. Princeton: Princeton University Press,1966.

Diamond,Larry. *Promoting Democracy in the 1990s* . Washington, D.C.: Carnegie Commission,1995.

Dillon,Dorothy. *International Communism and Latin America*. Gainesville: University of Florida Press,1962.

Domínguez Ortiz,Antonio. *The Golden Age of Spain,1516-1659*. London: Weidenfeld and Nicolson,1971.

Domínguez, Jorge. *Cuba: Order and Revolution*. Cambridge: Belknap Press,1978.

Douglas,William A. *La democrácia en los países en desarrollo*. San José, Costa Rica:Libro Libre,1985.

Durkheim,Emile."The Solidarity of Occupational Groups." *In Theories of Society*,edited by Talcott Parsons.New York:Free Press,1965.

Ebel,Roland H."The Development and Decline of the Central American City State." *In Rift and Revolution: The Central American Imbroglio*,70-104,edited by Howard J.Wiarda.Washington,D.C.:American Enterprise Institute for Public Policy Research,1984.

——. "Thomism and Machiavellianism in Central American Political Development."Paper given at the 44th International Congress of Americanists, Manchester,England,September 5-10,1982.

Eisenhower,Milton S. *The Wine Is Bitter: The United States and Latin America*.Garden City:Doubleday,1963.

Elbow, Matthew H. *French Corporative Theory, 1789-1948*. New York: Columbia University Press,1983.

Erickson, Kenneth P. *The Brazilian Corporative State and Working Class Politics*. Berkeley: University of California Press, 1977.

Falcoff, Mark. *Small Countries, Large Issues: Studies in U. S.-Latin American Asymmetries*. Washington, D. C.: American Enterprise Institute for Public Policy Research, 1984.

Faóro, Raymundo. *Os Donos do Poder: Formacão do Patronato Político Brasileiro*. Rio de Janeiro: Ed. Globo, 1958.

Fichter, Joseph H., S. J. *Man of Spain: Francis Suárez*. New York: Macmillan, 1940.

Field, G. Lowell. *The Syndical and Corporative Institutions of Italian Fascism*. New York: Columbia University Press, 1938.

Foster, George M. *Culture and Conquest: America's Spanish Heritage*. Chicago: Quadrangle, 1960.

Freyre, Gilberto. *The Masters and the Slaves: A Study in the Development of Brazilian Civilization*. New York: Knopf, 1956.

——. *New World in the Tropics: The Culture of Modern Brazil*. New York: Random House, 1963.

Fukuyama, Francis. *The End of History and the Last Man*. New York: Free Press, 1992.

Galeano, Eduardo. Guatemala: *Occupied Country*. New York: Monthly Review Press, 1968.

Gardner, James. *Legal Imperialism: American Lawyers and Foreign Aid in Latin America*. Madison: University of Wisconsin Press, 1980.

Geertz. Clifford. *The Interpretation of Cultures*. New York: Basic Books, 1973.

Gerassi, John. *Venceremos! The Speeches and Writings of Ché Guevara*.

New York: Macmillan, 1968.

Gibson, Charles, ed. *The Black Legend: Anti-Spanish Attitudes in the Old World and the New*. New York: Knopf, 1971.

——. *Spain in America*. New York: Harper, 1966.

Gierke, Otto. *Political Theories of the Middle Ages*. Cambridge: Cambridge University Press, 1968.

Gil, Federico G. *Latin American-United States Relations*. New York: Harcourt, Brace, Jovanovich, 1971.

Glade, William. *The Latin American Economies: A Study of Their Institutional Evolution*. New York: American Book, 1969.

Góngora, Mario. *El estado en el derecho indiano*. Santiago: University of Chile, 1951.

Gott, Richard. *Guerrilla Movements in Latin America*. London: Nelso, 1970.

Graham, Richard. *Britain and the Onset of Modernization in Brazil, 1850-1914*. London: Cambridge University Press, 1968.

Grayson, George. *Mexico: From Corporatism to Pluralism?* Fort Worth: Harcourt Brace, 1998.

Green, O. H. *Spain and the Western Tradition*. Madison: University of Wisoonsin Press, 1963-66.

Greenfield, Sidney. "The Patrimonial State and Patron-Client Systems in the Fifteenth-Century Writings of the Infante Dom Pedro of Portugal." Occasional Papers Series, No. 1, University of Massachusetts, Center for Latin American Studies, 1976.

Griffiths, G. *Representative Government in Western Europe in the Sixteenth Century*. Oxford: Clarendon Press, 1963.

Guevara, Ché. *On Guerrilla Warfare*. New York: Praeger, 1961.

Gutierrez, Gustavo. *A Theology of Liberation*. Maryknoll, N. Y.: Orbis Books, 1973.

Hale, Charles A. *Mexican Liberalism in the Age of Mora, 1821-1853*. New Haven: Yale University press, 1968.

——. *The Transformation of Liberalism in Late Nineteenth-Century Mexico*. Princeton: Princeton University Press, 1989.

Hamilton, Bernice. *Political Thought in Sixteenth-Century Spain*. Oxford: Clarendon Press, 1963.

Halperin-Donghi, Tulio. *The Aftermath of Revolution in Latin America*. New York: Harper, 1973.

Hanke, Lewis. *All Mankind Is One: A Study of the Disputation between Bartolomé de las Casas and Juan Ginés de Sepúlveda in 1550 on the Intellectual and Religious Capacity of the American Indians*. DeKalb, Ⅲ: Northern Illinois University Press, 1974.

——. *Aristotle and the American Indians*. Bloomington: Indiana University Press, 1970.

索引

译后记

从发现本书时油然而生的使命感，到这本书的中文版终于要出版时的如释重负，是一次艰难的生产。

五年前，中拉关系加速升温，而我们对拉美的了解并没有随之加深。中国急需一种深刻理解拉美的意识，更需要——在这种意识增强之后——一种深刻理解拉美的路径。

我第一次读这本书的时候，就被它开篇第一句话诱惑了——“美国人很难理解拉美”，继而被吸引——“美国愿意为拉美做任何事情，就是不愿意理解它”。

虽然作者接着坦承，“实际上，我写这本书的目的正是要帮助北美人理解拉美”，但确确实实地，在我看来，这些话更像是说给中国人听的，这本书更像是写给中国人看的。中国比美国更缺乏对拉美的理解，而当下的中国也更需要理解拉美。

不止如此。这本书似乎成了霍华德·J. 威亚尔达展现他思想技艺的舞台：他旁征博引，追根溯源，熔古铸今，但始终以比较的大广角考察两个美洲的思想起源及其截然不同的特点。读至最后，你似乎忽然从“拉美何以如此”的迷宫走出：“拉美原来如此！”

我迫不及待，立即着手给霍华德·J. 威亚尔达教授写信，希望得到翻译授权。超出我预想的是，他很快就给我回信并答应了我的特别请求：为中文版写序。但同时一如预料的那样，他无法免费授予我版权；尽管如此，他仍热情地告诉我持有本书版权的出版社的联系方式，还亲自写信帮助联系。

幸赖中国社会科学院拉丁美洲研究所张森根研究员的大力帮助，浙江大学出版社最终购买了版权，从而正式迈出了本书走向中国读者的第一步。

遗憾的是，就在本书启动翻译后不久，一个不幸的消息传来：霍华德·J.威亚尔达教授病逝了。我感到非常遗憾和痛惜：不仅是因为中国读者无缘拜读他亲笔撰写的中文版序言了，更是因为他曾在邮件中表达过访问中国的渴望。事实上，我已经同他指导过的博士生——当时在外交学院做访问学者的 Judith Norton 开始着手准备他的中国之旅了。

这更激励着我一定要将这本珍贵的书籍以高质量的翻译出版。尽管这不是霍华德·J. 威亚尔达教授在中国出版的第一本书，但可能是他的众多拉美主题专著中最重要的一本。

鉴于本书涉猎领域极其广泛，且专业性较强，我决定在由我担纲主译的同时，请求两位专业人士的援助。一位是浙江外国语学院马克思主义学院副教授叶健辉博士，他承担了有关宗教和马克思主义的两章；另一位是阿根廷萨尔瓦多大学社会科学研究中心研究员邓与评博士，她承担了有关自由主义、实证主义和民族主义的三章。在此，为两位博士卓越而精致的译文向他们致以特别的敬意和谢意！此外，还要特别感谢清华大学发展中国家研究项目的袁梦琪博士候选人，她为本书的翻译和出版提供了巨大的支持和帮助。

全书最后由本人统稿，由张根森研究员负责校对。在我眼里，张森根研究员是一位退休后比在职时更努力的孜孜不倦的前辈。他曾有言，在我们当下没有能力研究好拉美的情况下，就应当推动翻译出版一些有关拉美研究的经典著作。这不仅是他的信条，更是他的行动指南。可以说，他的人格魅力是我坚持严肃地翻译完本书的动力之一。

正如本书所言，拉美是一座“活着的博物馆”：人类诞生以来的各种思想都在这里激荡和延存。其中，一些专业术语的译法并没有形成共识，我们在翻译过程中选择了相对有较多共识的译法。尽管如此，一些译法或仍有可商榷之处，期待读者朋友不吝提出批评或指正。

郭存海

2018年12月28日

于北京段祺瑞执政府旧址

本书得到中国社会科学院
登峰战略拉美文化特殊学科出版资助